李守孔著

中國近百餘年大事述評

——中國近代現代史論文集

（四册）

臺灣學生書局印行

三八　梁任公與民初之黨爭

一、引言

梁啓超爲晚清立憲運動之指導者，其言論足以影響當時之輿論。其所領導之「政聞社」，爲近代中國首先公開之政黨活動。民國以後，梁氏初組織「民主黨」，繼聯合舊日立憲派之共和黨改組爲「進步黨」，以擁護政府爲宗旨，以反對國民黨爲己任，袁世凱因利乘便，操縱其間，黨爭日烈，國步艱難。及袁氏下令解放國民黨，停閉國會，叛國跡象日漸顯著，梁氏居進步黨領袖地位，時人多歸罪之。因之民初政局之不安定，袁氏固爲罪魁禍首，而梁氏及少數官僚政客之趨炎附勢，要亦不能辭其咎也。

二、清季立憲派之發生

戊戌政變後，梁啓超避地東瀛，羨日本立憲而强，同年十月創辦「清議報」，以爲民權思想之鼓吹。光緒二十八年（一九〇二），梁氏改「清議報」爲「新民叢報」，宣傳改革仍不稍衰。日俄戰後，立憲呼聲震蕩全國，清宗室中開明份子亦多有維新趨向。及五大臣奉命出洋考察憲政，端方等時以書扎與梁氏相往還。計自光緒三十一年（一九〇五）秋冬間，梁氏代端方等草擬考察憲政、奏請立憲，並赦免黨人、請定國是一類奏摺在二十萬言以上。對於清季之立憲運動有莫大影響力。

光緒三十二年（一九〇六）七月，清廷頒布預備立憲之詔。明年秋，梁氏集合留日學界同志徐勤、馬良、徐佛蘇等，組織「政聞社」，發行「政聞雜誌」，以實行國會制度，建設責任政府相號召。當是時國內各地已有立憲團體之發生。若江蘇之「預備立憲公會」，湖南之「憲政公會」，湖北之「憲政籌備會」，廣東之「自治會」等，其中尤以設立上海之「預備立憲公會」爲最活動。由滬上名流張謇、湯壽潛、雷奮等所領導。其宗旨以開發地方紳民之政治知識爲目地，故自其思想上之系統觀之，對梁氏所領導之「政聞社」寄以深厚之同情。其後「政聞社」因清廷查禁在國內不能作公開活動，而預備立憲公會等團體，因主持者在社會上多具有相當之聲望，清廷不便橫加壓迫，是以會務頗極一時之盛，隱然爲君主立憲主義之中流勢力。

光緒三十四年（一九〇八）八月，清廷規定九年預備國會年限，命各省籌設諮議局，從此全國立憲運動乃有正式之領導機關，進行更加積極。宣統元年（一九〇九）六月，梁氏命政聞社員張嘉森、彭淵恂等，成立「諮議局事務調查會」於日本東京，發行「憲政新誌」，用作調查中央與各省之權限，及各種行政事務，藉求諮議局權限之確定，與政治之改良。與國內之立憲派相呼應。

同年九月一日，全國各省諮議局同時開幕。十月初，各省諮議局在江蘇諮議局長張謇領導下，爲聯合請願國會，各推代表，舉行各省諮議局聯合會於上海「預備立憲公會」事務所。會中選舉孫洪伊、劉崇佑等三十餘人赴京請願。梁氏亦派政聞社員徐佛蘇相隨北上，連絡各代表，共策進行。後因清廷缺乏立憲誠意，藉口人民程度不足，堅持九年預備國會期限，各代表乃別組織「國會請願同志會」以廣聲勢。而北京知識份子黎宗嶽、陳佐清等，亦設立「國會期成會」相支援。梁氏本人則於宣統二年（一九一〇）正月，在日本創辦「國風報」，繼續作憲政之鼓吹。對於國會內閣官制財政諸問題，均作切實之發揮。同年三月，由各省諮議局聯合會，合併各種請願國會團體，改組爲「國會請願代表團」，常駐北京，經費由各省諮議局解交，並創辦一言論機關，定名「國民公報」，以請願速開國會，提倡政黨政治，並維繫各省諮議局關係爲宗旨。由政聞社員徐佛蘇主持，梁氏多有文字發表於該報端，以其言論精闢，頗能開導國人憲政上之智識及興趣；而「國民公報」遂爲立憲運動之大本營。

宣統二年，（一九一〇）九月一日，資政院正式開院，各省諮議局聯合會留京代表多當選爲民選議員，請願速開國會運動更加展開。同年十月，清廷以人心所趨，下詔將立憲籌備期限縮短三年，規定將於宣統五年（一九一三）開設議院，組織責任內閣，資政院議員多表不滿。同年十一月，「中華帝國憲政會」成立，乃國會請願代表團演變而成，是爲我國最高立法機關內組織政團之肇端。宣統三年（一九一一）五月八日，「中華帝國憲政會」復改組爲「憲友會」，由孫洪伊、雷奮、湯化龍、蒲殿俊、林長民、徐佛蘇等所主持。一面繼續請願國會，暗中則響應同盟會之革命號召。從事起義之準備。

三、共和建設討論會與統一黨

民國成立後，在梁氏幕後策動下，以舊日資政院憲友會各議員爲骨幹，發起組織「共和建設討論會」於上海。隱奉梁氏爲領袖，而由孫洪伊、湯化龍、林長民等負實際會務責任。是時國人思想言論驟獲自由，各種政黨如雨後春筍紛紛出現。除領導革命創立民國之「同盟會」及其外圍組織具有悠久之歷史與持有遠大之政治理想外，其他類多官僚政客用作投身政治之工具。如「統一黨」、「統一共和黨」、「民社」、「中國社會黨」、「國民共進會」、「國民公黨」、「自由黨」、「共和實進會」、「共和統一黨」、「國民黨」、「國民協進會」、「民國公會」、「共和俱進會」、「共和促進會」、「國民新政社」等。其中以統一黨黨勢較盛，乃反對同盟會之有力團體。

先是章炳麟等所領導之「光復會」，爲同盟會組成之重要份子。辛亥革命後，章氏回國，臨時政府成立前，章氏獨倡異議，公開發表叛黨之言論，並示意張謇致書黃興曰：

統一最要之前提，則章太炎所主張銷去黨名爲第一，此須公與中山先生蚤計之，由孫先生與公正式宣佈，一則可融章太炎之見，一則可示天下以公誠，一則可免海陸軍行政上無數之障礙，願公熟思之，此爲民國前途計，絕無他意也，

可謂不了解政黨政治精神者也。迨南京臨時政府成立，章氏乃脫離同盟會，以江浙舊日光復會份子爲中堅，於民國元年元月三日成立「中華民國聯合會」，對於建都及參議院移址諸問題，顚倒是非，每向臨時政府及同盟會施以攻擊，未幾「中華民國聯合會」復與張謇領導之「預備立憲公會」合併，改稱「統一黨」。「共和建設討論會」份子多有加入者。同年四、五月間，章氏欲得梁氏之支持，特致書梁氏，說明創辦「統一黨」之經過曰：

> 自金陵光復以來，弟與雪樓、季直、秉三、竹君諸公即嘗隱憂及此，與諸君子相合爲中華民國聯合會，近改署統一黨，無故無新，唯善是與，聲氣相連，遂多應和，而同盟會氣燄猶盛，暴行孔多，旁有民社，則黎宋卿部下舊勳不平於南京政府者，雖與弟輩意見稍殊，大致亦無差異，以言政黨，猶非其時，若云輔車相依，以排一黨專制之勢，則□有□長耳，

該黨在臨時政府中僅次於同盟會之地位。擔任總長者，若內務之程德全，實業之張謇，交通之湯壽潛；而地方首長若蘇州都督莊蘊寬，浙江都督蔣尊簋等，均隸統一黨藉。

當時除同盟會外，各政黨之通病在多跨黨份子，無固定之主張與宗旨。統一黨其尤著者。民國元年五月，「共和建設討論會」兼統一黨領袖孫洪伊致函梁氏曰：

> 國人之在今日，除同盟會外，黨界本不甚嚴，其不滿於本黨之人，或轉以資敵，而折

入同盟會，或另發生小黨，（原注：例如直隸王君法勤、溫君世霖，原在統一黨，近皆出黨而入同盟會）。來函痛詆直隸統一黨之復雜，兩君皆健者，直隸同盟會員爲張君溥泉，該黨之傑出者，兩君之入黨，固無足怪，但倆君本與吾黨極密，使本會早日改黨，何至出此。

其恐懼同盟會之情可見。臨時政府北遷後，統一黨以反對同盟會爲己任，爲此後組織共和黨之先聲。

四、共和黨與民主黨

臨時政府既北遷，參議院内政黨鬥爭更加劇烈。同盟會因組織堅强，加以議長及各委員會委員長多屬黨人，居有舉足輕重之地位。前政聞社員徐勤屢自香港致書梁氏，促其早日歸國，組織大黨，以爭取政治之發言權。梁氏覆書徐勤，欲合併諸小黨，推舉黎元洪爲領袖，以與同盟會相抗衡。因致書臨時大總統袁世凱，討論國内各政黨之關係曰：

今國中出沒於政界人士，可略分爲三派：一曰舊官僚派，二曰舊立憲派，三曰舊革命派。舊官僚派，公之所素撫循也，除闒宂僉壬當淘汰外，其餘佳士大率富於經驗，宜爲行政部之中堅。……舊革命派自今以往當分爲二，其純屬感情用事者，殆始終不能與我公合併，他日政府稍行整齊嚴肅之政，則詆議紛起。但此派人之性質只宜于破壞，不宜于建設。……政府所以對待彼輩者，不可威壓之。威壓之則反激，而其燄必大張。又不可阿順之，阿順之則長驕，而其燄亦大張，惟有利用健全之大黨，使爲公正之黨爭，彼自歸于劣敗，不足爲梗也。健全之大黨則必求之舊立憲黨，與舊革命黨中之有政治思想者矣。

是爲梁氏見好袁氏之始。梁氏未返國前，民國元年五月五日，由章炳麟等奔走，以統一黨與黎元洪領導之「民社」爲核心，更合併潘鴻鼎領導之國民黨，清季資政院憲友會支派范源濂領導之「國民協進會」，及清季立憲派張國維領導之「民國公會」三政黨，改組爲「共和黨」。推舉黎元洪爲理事長，張謇、章炳麟、程德全等爲理事。在當時參議院一百二十席中，佔有四十餘席，儼然與同盟會取得相當之地位。同盟會爲實現政令統一，避免國務員之互起衝突，主張政黨內閣；共和黨則藉口避免黨爭，提出超然內閣主張。同盟會主張劃清總統與國務院權限；共和黨則欲事事秉命於總統。同盟會主張國務院爲政策一致之行政組織；共和黨則思國務員爲單獨之行動。同盟會主張國務院爲國家根本大計著想，應多負起責任；共和黨爲達成其政治目的，不惜利用機智與陰謀。同盟會主張開誠布公，國務院每一設施應兼顧全國多方面之利益；共和黨則主張因利乘便，不惜以某一方面爲犧牲。同一集權中央也，同盟會主張限制漸進；共和黨採取極端襲取。同一借外債也，同盟會主張依法應由參議院所通過；共和黨則同意政府得通權辦理。袁世凱遂利用共和黨，以逞其政治之陰謀。

未幾章炳麟因在共和黨內未取得領導之地位，加以不滿黨人之所爲，乃辭去理事職務，對外發表宣言，仍維持「統一黨」；甚且揚言欲以暗殺手段之共和黨人。統一黨在參議院擁有二十五席，居於第三大黨之地位，以其仇視同盟會，仍與共和黨保持相當之友好關係。惟因兩黨之內派系紛歧，人事複雜，雖居上游，仍非同盟會所敵。同年五月十九日孫洪伊致書該黨同志黃與之，力陳共和黨之弊，甚且反對梁氏加入共和黨。略曰：

滄公向掛名統一黨，共和黨即舉爲調查部長，滄公就之，既非黨魁。恐不能行其素志。卻之又必不能自由，爲種種方法所牽迫。試問該黨份子若何？現狀若何？章太炎宣言獨立，已兆破烈之端，滄公加入，亦必有一大部份破去。（原注：統一黨份子既不純，民社尤可慮。）黨勢驟衰，何從而振起之。（原注：勿以爲有副總統爲首領，其黨即可大可久，若以政黨言之，今日之副總統尚無此信用與價值也。）

於是「共和建設討論會」諸領袖孫洪伊、湯化龍、林長民等，在梁氏授意下遂與「國民協會」、「共和統一黨」、「共和促進會」、「共和俱進會」、「民國新政社」等六政黨，合併爲「民主黨」。民國元年九月二十七日舉行成立大會。對外發表宣言，以第三黨自居。是時同盟會早於八月二十五日聯合「統一共合黨」、「國民共進會」、「國民公黨」、「共和實進會」，改組爲「國民黨」，於是參議院中形成國民、共和、民主三大政黨鼎立之局。

同年十月，梁氏自日本返國，反國民黨聲勢爲之一振，共和、民主兩黨聯合之跡象日漸顯著。十月十七日共和黨理事長黎元洪特致電梁氏曰：

聞先生到京，忻快無似。國勢陧杌，宿彥漂零，黯黯前途，可憂可懼。先生負經世之略，剔歷中外，通變識時，此行固將發揚國徽，宣示政見，匪惟吾黨之幸，實亦民國之光。

梁氏在共和黨歡迎會之演說，竟抹煞同盟會革命之成果，謬將民國之創立，歸功於共和黨人。其言略曰：

去年八月，其蹶起以摧破二千年君主專制政治，使無復痕跡者，共和黨黨首及黨員之力也。去年八月十九以前，其間接鼓吹奔走思摧專制之燄者，誠不乏人。若夫直接實行，一蹴而倒彼魔王者，謂非共和黨黨首及黨員之功乎？八月十九以後，其被動響應協力以集事者尤不乏人，若夫主動首義，樹旗幟以爲天下先者，謂非共和黨黨首及黨員之功得乎？

民國二年二月十四日，梁氏遂正式加入共和黨。同日梁氏致書其女令嫻，說明其加入共和黨之原因，及當時參議院內各政黨形勢曰：

吾頃爲時勢所迫，今已正式加入共和黨，此後眞躬臨前敵也。計議員以二百八十八人爲半數，吾黨頃得二百五十，民主黨約三十人，統一黨約五十人，其餘則國民黨也。

三黨提攜已決，總算多數，惟我斷不欲組織第一次內閣。……政局危險不可言狀，此時投身其中，自謀實拙，惟終不能袖手奈何！

四月十四日，共和黨理事長黎元洪公讌該黨參、衆兩院（按：時正式國會已開幕）議員於北京萬牲園，與會者三百餘人。席間梁氏以「共和黨之地位與態度」爲題，發表演說，歷三時之久。認爲今後共和黨人之態度：㈠黨員自身宜取强立鮮明之態度。㈡對於政府宜取强硬監督之態度。㈢對於主義相近之黨宜取融洽態度。㈣對於主義相遠之黨宜取協商態度。關於黨人應注意之點：㈠忌黨內分黨。㈡萬事須公開。㈢黨員勿自居於客觀。㈣黨員戒自由行動。㈤黨員勿爭小節。是梁氏儼然居於共和黨指導之地位矣！

五、進步黨內之糾紛

民國二年二月上旬，全國各地正式國會議員選舉告竣，國民黨因有地方之雄厚勢力，獲得絕對之勝利。參衆兩院議席，合共和、統一、民主三黨尚不及國民黨三分之二。梁氏失望之餘，態度至爲消極。其四月十八日致其女令嫻書曰：

我黨敗矣！吾心力俱瘁，無如此社會何？吾甚悔吾歸也。吾復有他種刺心之事，不能爲汝告者。我心緒惡極，仍不能不作報中文字。……爲苦乃不可狀，執筆兩小時仍不成一字。頃天將曙，兀兀枯坐而已。

同年夏，內閣總理趙秉鈞因涉嫌宋案，大遭兩院之攻擊。共和、民主、統一三黨議員仍持袒護政府之態度。梁氏嘗論其事曰：

> 吾黨過去一年間，常取維持政府之態度，此誠事實，無所容諱也。然吾黨之維持政府絕非欲因以爲利，徒以現在大局決不能再容破壞，而暴民政治之禍更甚於洪水猛獸，不可不思患而預防之。

而共和、民主、統一三黨合併之議起，於是「進步黨」乃應運而產生。

民國二年五月中，在袁世凱幕後操縱下，先由三黨議員用懇親會方式商議進步黨之組織及政綱。同月二十九日乃召開成立大會於北京。到會者一千五百餘人。大會選舉黎元洪爲理事長，梁啓超、張謇、湯化龍、蒲殿俊、王印川等爲理事，張紹曾、馮國璋、周自齊、熊希齡、程德全等爲名譽理事。對外發表宣言略曰：

> 政黨政治以兩大黨對峙爲原則，必有一黨焉能以獨力制多數於國會，然後起而執政。失多數則引退以避賢路，而自立於監督之地位。兩黨嬗代，以多數民意之嚮背爲進退，則民視民聽之實克舉，而政象日即於良。

黎元洪名義雖爲理事長，以身居武昌，不負黨務實際責任。黨中重要決策則操諸梁氏之手。

進步黨成立未久，黨人因權利之爭，發生分裂現象。綜其原因約有下列數端：㈠進步黨幹部人物之居重要位置者如梁氏及湯化龍、林長民、孫洪伊等，皆屬舊民主黨籍，頗有壟斷之嫌。㈡舊共和黨所存黨費四萬元盡爲進步黨所提用。㈢三黨合併以前一二野心政客希望利用進步黨達成入閣目的，合併之後大失所望。於是兩院議員舊共和黨中民社派之張伯烈、鄭萬瞻、彭介石、胡鄂公等，與統一黨中之黃雲鵬、吳宗慈、王湘等四十餘人，宣言脫離進步黨。因黨人爭執不稍息。進步黨之勢爲之大減。

民國二年自春至夏，國會中主要之爭議爲宋案及大借款案。國民、進步兩黨採取極端對立之態度。六月十五日北京進步黨人大會，梁氏發表演說，謂宋案純爲法律問題，爲今之計，首在與青島德人交涉，引渡兇犯洪述祖，一切不難解決。至於大借款，應將此二千五百萬磅存放於代理國庫之中國銀行內，作爲準備金，由國會監督其用途。經大會付諸表決，作爲該黨之主張。是梁氏對袁世凱採取消極之妥協態度。當時進步黨某議員曾告衆人曰：

> 進步黨袒袁總統，袁總統助進步黨，事實上不可掩。但袁總統何愛於進步黨而助之，不過欲借以抵抗國民黨耳！一旦有數省地盤之國民黨消滅，進步黨又寧幸免？故兩黨實有利害共同之點，特愚者不察，專認國民黨爲敵。

則進步黨內並非無遠見之士也。

六、所謂第一流人才內閣

自宋案發生以後，趙秉鈞因涉主使之嫌，稱病不視事，陸軍總長段祺瑞代理內閣總理職務達兩月之久。國會中國民黨議員之法律派因國民黨既無組閣之希望，則欲推進步黨領袖湯化龍組織內閣，其用意在破壞進步黨與袁世凱之關係，以孤袁之勢；並可離間梁氏與進步黨之關係，以孤進步黨之勢。

同年七月三十一日袁世凱提名進步黨人熊希齡組織內閣，並得國會之同意。熊氏堅辭，袁氏力勸之始允接受。遲至八月二十八日熊氏抵北京就職，宣稱將組成第一流人才內閣。以閣員中陸、海軍不能變動，乃專注意其他七部，尤著重於財政與交通。初欲以財政任梁氏，因袁世凱早有任用周自齊之決定，乃由熊氏兼任以作抵制。而改任梁氏以司法。進步黨內對梁氏之入閣意見頗不一致，當時北京名記者黃遠庸記其事曰：

進步黨人對於任公之出處，確分兩派。第一肯定派，湯代龍、劉崇佑、林長民等主之，諸君皆向持大家幹一幹之說者也。其說亦有至理，大略謂：自民國成立以來，立憲黨人對於國家並無十分之盡力，而徒處於監督及旁觀的地位，於大義有所不安，故認任公之出，爲一絕好犧牲的時會。而第二之否定派，則理由甚多：㈠黨勢未固，任公入閣則黨益散漫，若謂愛黨者即非愛國，則根本上須將黨取消。㈡既爲政黨，須組織政黨內閣。黨員加入雖係個人自由，然任公非普通黨員，在彼自身未決意加入，黨中尤不宜慫恿之。㈢該黨前此雖無確定之黨義，但亦曾表示重要黨員最好不加入混合內閣之意。㈣就令犧牲之說果正當，然熊氏先不應以周自齊、孫寶琦分配重要之部，而將此閒部位置彼意中之所謂人才，雖在國務會議同一發言，而實行之權究在各部。要部據於官僚之手，人才僅可發言，則任公即不入閣，亦何不可獻策陳詞爲政府重。

九月十一日熊內閣正式成立，除熊氏自兼之財政，及梁氏之司法，汪大燮之教育，張謇之農商外，其餘各部，外交之孫寶琦，內務之朱啓鈐，陸軍之段祺瑞，海軍之劉冠雄，交通之周自齊，皆非進步黨人。即以張謇、汪大燮而言，論者尚謂含有別項性質。故真正能與熊氏攜手者，僅梁氏一人而已。

七、國會解散前後

民國二年四月八日，國會既開幕，先舉總統與先定憲法爲各黨派爭論之焦點。主張先舉總統者爲共和黨、民主黨、統一黨，以及國民黨中舊統一共和黨派。所持理由，認爲憲法之制定非短期間所能竣事，總統一日地位不定，增各國之惑疑，遺軍民之惴憂。明知將來勢必仍推袁世凱，何若先舉之以遂其願。主張先定憲法者，爲國民黨中舊同盟會派，所持理由，認爲正式總統之性質地位權限本於憲法，若先舉總統則本末倒置，必爲輿論所不容。及進步黨成立，袁氏禍國陰謀日漸暴露，其中革新分子一變舊日態度，多主張先定憲法後舉總統，以約束袁氏之行動。六月十五日進步黨開會討論時局，由梁氏任主席。梁氏發表演說，大意曰：

> 現今時局所亟應研究者爲總統與憲法之問題，鄙見對於總統問題主張仍推袁世凱，惟內閣則大半請假，幾等虛設，勢非改組不可。對於憲法問題，則主張先定憲法後舉總統。

經大會表決，即以梁氏之主張作爲該黨之政策。於是國民、進步兩黨之意見趨於一致。而先定憲法後舉總統之主張獲得勝利。其後因憲法起草委員會國民黨員居多數，袁氏恐所制憲法對其不利，八月十九日乃以其御用之憲法研究會所制定之憲法草案大綱二十四條，提出於憲法起草委員會，用作參考。引起國民黨委員之猛烈抨擊，且命政府代表退出會場。袁氏竟不擇手段假藉二次革命拘捕槍殺國民黨籍國會議員。八月底梁氏爲憲法國會問題致書袁氏曰：

> 前日因公餘俱樂部所逮捕之人，有數議員在內，國民黨中大起恐慌，其議員紛紛出京，其黨中魁桀之主持陰謀者，即思利用此時機，以消極的手段破壞國會。前日參議院表決，專議憲法，擱置他案，即將以此爲休會地步。一休會則紛紛散歸者多，國會不足法定人數，而彼輩破壞之目的達矣。重以政府以嚴厲態度臨之，彼輩益得肆其簧鼓。

啓超之意，以爲彼黨中與聞逆謀之人，誠不能不繩以法律，然與聞之人實十不得一二，其餘大率供陰謀者之機械而已。但使此輩不散至四方，則將來吸收之，使歸正軌，爲道正多。今最要者，乘此時機，使內閣通過，憲法制定，總統選出，然後國本始固。而欲達此目的，則以維持議員三分之二以上爲第一義。

對於國民黨極盡誣衊之能事。九月底，梁氏再致書袁氏曰：

古之成大業者，挾天子以令諸侯，今欲勘亂圖治，當挾國會以號召天下，名正言順，然後所向莫與敵。數日以前，國民黨之黨略一面在南昌叛，一面仍欲踞盤國會以搗亂，一兩日來見大勢不利，又一變其方針，專務煽動議員四散，使國會不能開。憲法起草委員會前擇定天壇爲會場，已設備一切，昨王正廷竟命將電燈拆毀，其意可見，蓋欲使起草永不能成立也。而彼黨議員正懷恐佈，故少數陰謀家益得利用之，以售其術。今吾黨目的，在設法維持議員使留京者在總額三分之二以上，現用種種方法或吸收使入本黨，或別設小團以容納之，取得亦已百餘人矣。又與彼輩約言，苟非有附逆實據，政府必不妄逮捕，脱有誤捕，本黨任爲保結，藉此以安其心，勿使作鳥獸散。

公開以袁氏之御用黨自居。先是八月初袁氏曾授意進步黨魁副總統兼湖北都督黎元洪，領銜致電國會，要求從速選舉總統。並致電梁氏曰：

戰禍雖紓，亂源未弭，揆察現狀，似須先舉總統方足以定人心固國本。且憲法千條萬緒，若概須急就成章，反致有扞格難行之患。俟其就緒，然後再徐議選舉，恐內外交訌，中央敷衍，國事益不可爲。公意如以爲然，即請急力主持，權衡乎輕重緩急之序，藉救危亡國之福也。

於是形勢再變，梁氏復主張先舉總統後定憲法。會二次革命失敗，國會中國民黨之穩健派亦誤認袁氏之最大野心僅在於取得正式總統，而當前除袁氏外實無適當人選，何若先行選出，既稱袁氏心願，亦且有利於民國。九月五日，衆議院乃以二百一十三票對一百二十六票通過先舉總統案。翌日復得參議院之同意。同月十二日，兩院聯合會中決議諮請憲法起草委員會，將關於選舉總統之必要部分從速於五日内制定，再由兩院通過施行。

十月六日，袁世凱既當選爲正式大總統，有恃無恐，乃全力以摧殘國會。欲擴大總統職權，同月十六日，首提出增修約法案於國會，國會置不議。十八日再致函憲法起草委員會，爭取憲法草案公布權，憲法起草委員會亦不作答覆。袁氏派代表陳述意見，復遭拒絕，乃通電全國反對憲法草案，以爲報復。

是時梁氏已認識袁世凱之真面目，進步黨人亦多有覺悟者。一部分進步黨人乃合國民黨之穩健派，於民國二年十月下旬組織「民憲黨」，以不畏强權擁護憲法草案相號召。袁氏以憲法草案公布在即，爲先發制人計，乃於十一月四日由内閣總理熊希齡副署，下令解散國民黨，取消國民黨議員資格，國會開會因不足法定人數，乃陷於停頓之狀態。

梁氏聞袁氏將下令解散國民黨，曾至總統府謁袁阻止，久之始得見，袁氏拒其請。至民國三年一月十日，袁氏復由內閣總理熊希齡副署正式頒發解散國會之命令。梁氏居進步黨領袖之地位大遭輿論之攻擊，尤爲進步黨內所不滿。進步黨籍衆議員劉偉爲此事特致書梁氏曰：

> 先生以黨魁入佐國務，以救亡爲大政方針，不審爲名乎爲實乎？爲名則全國生命財產豈堪再試；爲實則自公等入閣何爲以破壞國會爲其政策也。共和國不可無國會，夫人而知之矣。共和國之無國會自中華民國始，中華民國之無國會，自十一月四號始。四號之事孰實爲之，命令出自總統，副署出自總理，形式所在，責有攸歸，宜若司法總長進步黨理事之任公先生風馬牛不相及。然而道路之人，愛國之士，不問形式而苛求底蘊，不信謠諑而好察邇言，窮源探本，人有恆情，圖窮而匕首自見，事久而黑幕益張，雖有知者無如之何，衆口鑠金，竊爲高明危之。

梁氏悔恨而不能辯。於是民初之政黨鬥爭息，而帝制醞釀起。其後梁氏之參加護國運動，蓋贖前愆也。

八、結語

梁啓超爲近世一代學宗，其才華文章素爲青年所仰慕。惟觀其一生行事，常處於自相矛盾之中。晚清之時，梁氏之思想左右於排滿保皇之間，足爲革命運動之障礙。民國以後，復敵視國民黨，欲求見媚於袁世凱。乙卯、丙辰間，西南之護國運動，梁氏不無策動之功，而其與現政權妥協之態度固未改變。民國五年七月，袁氏雖死，而中國大局未定，梁氏急於取悅段祺瑞，力主撤消軍撫院，潛伏日後之政潮，助成軍閥之禍國，梁氏之失算，亦近代中國之不幸也。

附註：本文重要參考書目

❶丁文江編「梁任公先生年譜長編初稿」。
❷徐佛蘇「記梁任公先生逸事」。
❸胡漢民自傳。
❹張若孝「南通張季直先生傳記」。
❺張謇「嗇翁自訂年譜」。
❻民國經世文編。
❼易國幹編「黎副總統政書」。
❽鄒魯「澄廬文選」。
❾黃遠庸「遠生遺著」。
❿黎副總統政書。
⓫上海申報。

（臺北，新時代，第三卷第六期，民國五二年六月，頁二一至二六。）

三九　段祺瑞與民初政局

一、前言

段祺瑞在民國初年政壇上之影響甚大，功過參半，難作定論。一般稱其重要貢獻在於「三造共和」。一爲促成辛亥革命之成功，二爲反對袁世凱洪憲帝制，三爲討伐張勳復辟之亂。其實此三次表現，乃因緣時會，水到渠成，其目的僅在於鞏固北洋利益，及個人權勢，段氏對於民主政治並無深刻之認識。

段氏之最大弱點在於思想落伍，重實權，迷信武力。無完善之主義，及優秀之幹部與幕僚。然其個性倔强，重道義，不苟且，生活嚴肅，不若馮國璋之貪婪，徐世昌之勢利，曹錕之糜爛，故仍不失爲失敗英雄。況其克保晚節，希望中國富强之心始終不渝，似應予以適當之同情。茲討論其與袁世凱之關係，並分析其對於民初中國政局之影響。

二、辛亥革命前之段祺瑞

(一) 見信於袁世凱

段祺瑞之嶄露頭角，得力於袁世凱之提攜。段氏出身軍旅之家，本名啓瑞，字芝泉，安徽合肥縣人，生於同治四年（一八六五）二月初九日。父從文，早喪。祖佩，字韞山，清咸豐間從鄉人劉銘傳創辦團練，後任銘軍第三營統領，平太平軍，追剿捻匪，以功保提督銜，記名總兵。祺瑞自八歲至十五歲（同治十一年至光緒五年）讀書段佩宿遷任所，十七歲得堂叔從德之介，往補山東威海衛軍營哨書❶。

光緒十一年（一八八五），直隸總督李鴻章設立武備學堂於天津，由淮軍各營將領挑選兵弁子弟一百數十名爲學員，以二年爲期❷，祺瑞得入堂肄讀，學習砲科。光緒十三年畢業後，奉命至旅順監修砲台。明年選派赴德國柏林軍校深造，繼入克虜伯砲廠實習砲工。光緒十六年歸國，初任北洋軍械局委員，繼任威海衛隨營武備學堂教習。

光緒二十一年（一八九五）十月，清廷命袁世凱以浙江溫處道銜接統定武軍，練兵小站，袁囑旗籍道員天津武備學堂總辦廕昌推荐新軍幹部，廕昌乃介紹武備學堂出身之祺瑞及馮國璋、王士珍、梁華殿等應徵。（梁因某次夜操溺斃，故無聞。）是爲袁、段建立關係之始。袁氏練兵合統率訓練而爲一，對三人採取平衡發展手法，委馮國璋爲步兵學堂總辦兼步兵統帶，

---

❶ 吳廷燮「合肥執政年譜」頁一至三，民五十一年六月，文星書店影印。
❷ 李文忠公全集，奏稿卷六十，頁四十八至四十九。

段祺瑞爲砲兵學堂總辦兼砲兵統帶，王士珍爲工兵學堂總辦兼工兵統帶，因而有北洋三傑之稱，且有「王龍、段虎、馮狗」之綽號。「北洋軍閥統治時期史話」記其事曰：

袁組織了「新建陸軍督練處」，請老朋友徐世昌擔任參謀，唐紹儀擔任文案，又請天津武備學堂總辦廕昌推荐軍事人材，廕昌推荐了武備畢業生馮國璋、段祺瑞、梁華殿、王士珍四人。……

在清政府建軍的旗幟下，各省督撫爭先恐後的從各方面網羅軍事專門人材，充當練兵機關的幕僚長，授以主持練兵的實際責任，而本身僅擁有一個機構首長的空銜。袁所找到的幕僚長不是軍事專家，而是善於詩詞歌賦的翰林公徐世昌，這是他與各省督撫的不同之點。

當然他所找到的幾個武備畢業生不能不算是軍事人材，他和他們一見面，就主刻委派馮國璋爲步兵學堂總辦，兼督練營務處總辦，段祺瑞爲砲兵學堂總辦兼砲兵統帶，王士珍爲工程學堂總辦兼工兵統帶。這三個不同兵種的學堂都是隨營軍事學校，並且都是短期速成的性質，袁既要他們主持軍事教育，又要他們做帶兵軍官，就顯得袁所吸引的軍事人材是爲數甚少的。而這幾個寥寥可數的軍事人材，也不是合乎標準的軍事人材，因爲北洋武備學堂僅是清政府的一個裝飾品，從這裏培養不出優秀的軍事人材來。❸此爲北洋新軍中人材缺乏之主要原因。其後袁氏復加意提拔舊軍中武秩，若王懷慶、段芝貴、曹錕、陳光遠、張懷芝、盧永祥、雷震春、田中玉、孟恩遠、陸建章等，而受袁節制之舊軍將領有姜桂題、張勳、倪嗣冲等。彼等思想簡單，僅有功名觀念，只知對上級盲目服從，足證袁氏練兵之初，即以培養私人武力爲目的。

袁氏於「北洋三傑」中，嫌王士珍老實持重，馮國璋貪黷險詐，獨喜段祺瑞秉質陽剛。光緒二十六年（一九〇〇）祺瑞原配吳氏卒，翌年四月袁氏任魯撫期間，乃作伐爲娶故江西巡撫張芾孫女爲繼室。芾於同治元年（一八六二）五月任督辦陝西團練大臣期間，被回匪弑害於臨潼，子師劬，襲世職，以鹽運使銜補河南知府❹，隨袁氏叔祖甲三追捻敗歿。張氏遂以孤女留養袁家，袁氏視同己出，至是待段以婿禮，段對袁乃有受恩深厚之感。同年九月，袁氏繼李鴻章出任直隸總督，經劃聯軍撤退後接防事宜。十二月，袁氏以直隸幅員遼闊，又值兵燹未靖，門户洞開，請准於善後賑款項下撥發一百萬兩，募集精壯，趕速訓練，分佈填紮。光緒二十八年（一九〇二）正月，乃擬定募練新軍章程十九條❺。五月，袁氏奏設軍政

❸ 陶菊隱「北洋軍閥統治時期史話」第一册，頁六至七，一九五七年出版，以下簡稱「北洋史話」。
❹ 清史列傳卷四十張芾傳。
❺ 沈祖憲輯錄、袁克桓校刊「養壽園奏議輯要」，卷十三，頁三二一至三二九。

司於保定，主持訓練新軍事宜。下轄三處，參謀處由段祺瑞充總辦，兵備處由劉永慶充總辦，教練處由馮國璋充總辦。

光緒二十九年（一九〇三）冬，清廷設立練兵處，以慶親王奕劻爲總理，北洋大臣袁世凱爲會辦，主持全國編練新軍事宜。十一月九日，清廷從袁世凱請，授徐世昌內閣學士銜，充練兵處提調。段祺瑞以直隸補用道充軍令司正使，直隸即補道劉永慶充軍政司正使，候補道王士珍充軍學司正使，均賞給副都統銜，襄贊練兵事務❻。袁氏規定新軍高級將領採取考試方法選拔，恐段祺瑞不能及格，特在考前通關節於祺瑞，以市私恩。「北洋史話」記其事曰：

袁氏曾經規定新軍高級將領必須由考試擇拔，這是他用以表示用人唯賢的一個幌子，這次考中協統的是馮國璋，但是袁對北洋三傑同等看待，要使他們的地位平衡發展，以便造成互相牽制的局勢，從而加强他的控制。此時王、馮兩人都已升爲協統，袁對段抱有一人向隅之感，不久又要成立一協，袁怕段還是考不中，特在考試前私通關節，以保證能夠考中，並且取得協統的地位，這對段留下了一個極其深刻的印象。❼

❻ 清德宗實錄卷五二三，頁十。

❼ 北洋史話第一册，頁十三。

此爲祺瑞對袁終生難忘之一大因素。祺瑞於袁氏任職北洋大臣擴軍期間，歷充第三、第四、第六鎮統制官，尤以任第三鎮統制官最久。該鎮係由「巡警營北段」擴大改編而成，爲北洋各鎮之骨幹，亦爲袁氏之基本武力❽。

祺瑞於光緒末年迭任會考陸軍留學畢業生主試大臣，光緒三十二年（一九〇六）授福建汀州鎮總兵。光緒三十三年授鑲黃旗漢軍副都統，均留第三鎮統制原任。及袁氏罷職，歸隱洹上村，贈祺瑞以北京府學胡同價值三十萬巨第一所，時人驚爲異數❾。宣統二年（一九一〇）九月，祺瑞復任第六鎮統制，十一月改署江北提督，仍時與袁氏通音問。

(二) 寄腹心於徐樹錚

祺瑞生平視徐樹錚爲左右手，始終信任不疑。「合肥執政年譜」光緒二十七年（一九〇一）條記曰：「是年延蕭縣徐樹錚爲記室」❿。是爲樹錚追隨祺瑞之始。樹錚江蘇蕭縣人，生於光緒六年（一八八〇），「少穎悟，有神童之譽。」⓫光緒十八年（一八九二）中季才，馳譽

---

❽ 袁世凱繼任直隸總督之初，因依照辛丑和約規定，天津附近二十里內不得駐兵，乃抽所部精銳三千人改編爲「巡警營北段」，由段芝貴率一千五百人駐天津，餘分駐塘沽、北塘、山海關。

❾ 陶菊隱「洪憲六君子」頁二六，臺灣中華書局改稱「袁世凱竊國記」，民國四十三年一月版。

❿ 合肥執政年譜，頁五。

⓫ 柯紹忞「遠威將軍陸軍上將蕭縣徐公墓志銘」，引自「視昔軒遺稿」頁一二二，民國五十一年六月商務印書館出版。

鄉里。樹錚以日後天下大局繫諸袁世凱，光緒二十七年（一九〇一）春特至濟南投謁，適袁氏居喪，命道員朱鍾琪延見，朱素有名士之稱，問對頗不合。⓬而邂逅段祺瑞，遂被延爲記室，而確定其一生事業發展之路線。徐道鄰「徐樹錚先生年譜」記其事曰：

先生投奔袁世凱不成功，卻意外的碰到了段祺瑞（此時三十七歲），從此確定他一生事業發展的路線。黃伯度先生給我的一封信裡這樣說：「尊翁（指我父親）初見合肥，是在濟南，曾聽合肥說過：『某年冬十一月，至旅店—似爲高陞店—拜客，過廳堂，見一少年，正寫楹聯，字頗蒼勁有力。時已冬寒，尚御夾袍，而氣宇軒昂，毫無寒酸氣象。因詢之，謂投友不遇，正候家款。問以願就事否？則答以：值得就則可就云。因心奇之，約與長談，深相契，遂延攬焉。』」⓭

是爲段、徐結合之始。同年底樹錚隨祺瑞赴保定，任職參謀處文案，隨同士兵操作，堅苦卓絕。「年譜」記其事曰：

先生有一次說：一天他正在下操，可巧合肥陪著項城來參觀。看完之後，合肥就問項

⓬ 段祺瑞「陸軍上將遠威將軍徐君神道碑」，引自「視昔軒遺稿」，頁一一九。
⓭ 徐道麟「徐樹錚先生文集年譜合刊」年譜，頁一四五。

城，有沒有感覺到這一群兵士中有什麼特別的人，項城說：他覺得內中有一個人「一臉的書氣」，合肥就叫傳令兵把這個人喊進來，那就是他。⓮

論者每謂樹錚因係祺瑞得意門生，惟據「年譜」記載，段、徐僅性情投契，係友誼關係，並非師生輩份。其言曰：

先生在合肥家教書，教他的大公子宏業（字駿梁，此時十五歲），大概也就在這個時候，我母親說：合肥有好幾次示意，希望先生遞一個門生帖子，先生執意不肯，說：「我為什麼要矮下一輩」！後來和靳雲鵬鬧意見，合肥有時偏袒靳，我似乎也聽見他說過：「到底人家是師生」！⓯

復據樹錚子道鄰自述曰：「前幾年又在臺北看到合肥的孫子昌義，他說：爺爺囑咐的，每年擺供，祖先牌位旁邊，必須要擺徐爺爺的牌位，給徐爺爺磕頭。」⓰足可確定段、徐為平輩之交。

⓮ 同上書，頁一四六。
⓯ 同上書，頁一四七。
⓰ 同上書，頁三二八。

光緒三十一年（一九〇五），祺瑞保送樹錚赴日本留學，入東京士官學校，直至宣統二年（一九〇九）學成歸國，留日達五年之久。初隨祺瑞於第六鎮，及祺瑞署江北提督，駐節清江浦，乃奏調樹錚爲江北軍事參議⑰。是年殘歲，曾領千騎剿匪徐州境⑱。及辛亥十月，祺瑞以湖廣總督兼統第一、二兩軍，樹錚以總參議名義，隨祺瑞駐軍孝感，聲名漸著，對促成祺瑞贊助共和頗有影響之功。

三、段祺瑞與辛亥革命

(一) 段祺瑞未參予對革命軍戰爭

辛亥八月十九日武昌起義，二十三日清廷起用袁世凱，授爲湖廣總督，節制長江一帶水陸各軍。九月一日，清廷從袁世凱電奏，命段祺瑞酌帶得力將弁，剋日由海道北上，迅赴前敵，與袁世凱協商布置⑲。初四日復從袁世凱請，以軍諮使馮國璋充第一軍總統，段祺瑞充第二軍總統，在信陽一帶擇地集合，早圖規復武漢⑳。初六日，清廷授袁世凱爲欽差大臣，

⑰ 合肥執政年譜，頁八。
⑱ 視昔軒遺稿，頁二八。
⑲ 宣統政紀，卷六十二，頁三至四。
⑳ 同上書，卷六十二，頁十四。

命第一、二兩軍均歸袁世凱節制調遣，軍諮府、陸軍部不為遙制，以一事權[21]。九月十一日清廷復授袁世凱為內閣總理大臣，仍節制派赴湖北陸海軍。馮國璋先祺瑞南下，遂於九月十二日陷漢口。九月十七日第六鎮統制吳祿貞在石家莊被刺殺，清廷命祺瑞前往查辦。二十七日復命祺瑞署理湖廣總督。遲至十月四日祺瑞始請訓南下，八日抵漢口，而漢陽已於前一日被馮國璋所統第六鎮李純部攻佔，清廷賞馮氏二等男爵，此後武漢清軍與革命軍已停止衝突，故祺瑞始終未參予對革命軍戰事。

當是時袁世凱已命劉承恩、蔡廷幹南下與革命軍接洽議和，漢口俄國領事敖康夫（Ostroverkhov）從中調停，欲邀馮國璋與武昌軍政府代表孫發緒、夏維松談判，馮氏拒之。十月二日馮氏致袁內閣電曰：

俄領由劉道介請仍和平了結，匪仍執前議，作為無效。俄領欲先行罷兵，另開談判。其意：一、在我兵退漘口，靜候談判，事如不成，仍回原地。一、黎元洪不得攔阻此舉，隊伍不得渡過漢江。已將此意函致國璋，璋不敢擔任，函亦未收，聞渠即以此函轉達宮保。惟事已至此，萬無和理，退兵之議，更有難行。[22]

---

[21] 同上書，卷六十二，頁二十八。

[22] 文獻叢編，上冊，頁四七一，台聯國風出版社影印版。

段氏抵漢口之翌日，亦致電清內閣、軍諮府，主張乘時掃清黃陂、應城，以免清軍有後顧之憂，略曰：

綜觀全局，漢陽雖下，當休息兵力，威脅武昌，令其投誠，明知非口舌所能爭，然不得不示以仁義之名。乘時掃除黃陂、應城兩方，便無後顧之憂，而後專心武昌，請以鈞諭諄告，當能動當事之聽。此事宜令華甫（按：馮國璋號）竟全功，不可稍有移易。漢陽克捷，張敬堯執旂先登，應爲首功，密令石家莊傳布捷音，晉匪自當氣餒。㉓

可見最初祺瑞對革命軍之態度，與馮國璋並無二致。惟祺瑞比較認識大局，瞭解袁氏心理，能處處爲袁氏設想，不似馮國璋之亟欲有所表現也。故此後祺瑞思想逐漸轉變，成爲北洋將領推動共和之主要力量。

(二)北洋將領中段祺瑞首先贊同共和

保定陸軍學堂總辦廖宇春奔走和議期間，祺瑞暗中操縱之功居多。尚秉和「辛壬春秋」記其事曰：

㉓ 同上書，頁四七八。

段祺瑞主張和平，參議徐樹錚、曾毓雋等，既迭與湖北民軍往來，企共和，訂密約，乃復遣參議靳雲鵬北來游說各軍。雲鵬與陸軍學堂總辦廖宇春友善，宇春蘇人，而北京紅十字會會長夏清貽亦蘇人，與南軍有連，數人者私計，覆舊政府，立新政府，南北同趨，南軍欲共和，北軍忠袁氏，南軍能推袁内閣爲總統，則共和可望，而北軍易從，欲以此意疏達南北軍，乃相率赴鄂，白於祺瑞，祺瑞諱之。即遣宇春、清貽赴滬，晤達寧軍參謀顧忠琛，忠琛爲言於蘇都督程德全，副元帥黃興，興大喜，爲訂誓約五：一、確定共和，二、先覆清室者爲總統，三、優待清室，四、南北將士不負敵害責任，五、恢復各省秩序。約既定，宇春返鄂。㉔

其言大致可信。廖宇春「新中國武裝解決和平記」，記其十月十三日與前雲南總參議靳雲鵬（按：段祺瑞學生）、保定陸軍預備大學堂總辦張鴻逵等，討論促成共和計劃，欲推戴袁世凱爲總統之事甚詳。其言曰：

維時（十月十三日）余與靳君雲鵬（翼卿，雲南總參議）、張君鴻逵（志中，保定陸軍預備大學堂總辦），偶遇於京漢車中，（是日由京赴保）二君皆關懷大局，憂時志士也。而靳君尤發揚踔厲，有不可一世之慨。然是時朋儕相見，無敢昌言共和者，余等乃別尋密室，促膝

㉔ 尚秉和「辛壬春秋」，卷二十七，頁五至六。

而談。余謂二君曰：時至今日，危亡即在旦夕。二君以爲君主愈乎？共和愈乎？請一言決之。二君曰：十九信條，果能實行，君權既廢，責在內閣，中國不難轉弱爲强，與共和無異也。

余曰：十九信條，若須佈於革命起事之前，誠足以饜人心，乃不於其前，而於其後，際此天下擾攘，排斥君主之時代，雖百信條，亦不足取信於人，況區區十九信條乎？此等空言，何補中國之危亡。

靳曰：吾亦知十九信條，於議和恐無效力，然欲北軍服從共和，談何容易。

余曰：南北終於決裂，勢必兩敗俱傷，同歸於盡。目前雖有和意，然政體解決，目的不同，分道而馳，各宗一說，排解之術，尚待研究。

靳曰：余於共和，素所贊成，余於大總統一席，則不能無猶夷，竊揆北軍之趨向，必不甘聽命於南政府耳。

余曰：君之所慮，吾亦云然。吾輩所當研究之問題，正在此耳！以當代中國人材而論，新學界不乏堅卓環奇之士，然能操縱一切，有軍事上、政治上之經驗，威望素著，兼得外交上之信用者，無項城若。

靳曰：北軍之主動在袁，北軍將士之感情亦在袁，倘南軍果能贊成推袁之舉，則最後之問題，某雖不敏，尚可以利害陳說當道，從此迎刃而解，亦未可知。但保護滿清皇室，及恢復各省秩序之條約，似不可不預行議訂。

余曰：余等所籌之計畫，果能如願，匪特中國可保，皇輕克存，即項城與北軍諸將士之生命名譽，亦不致有所喪失，所謂一舉而三善備焉。但入手之策，須以國利民福爲前提，游說於兩方面，必可得當，且南軍已改變其最初方針，主張人道主義，注重政治革命，倘清帝能效法堯舜，宣佈共和，則優待皇室，自是應有之義。今吾試立一假定議和條件，以質二君。

(1)保存皇室之尊榮。
(2)組織共和政體，公舉袁項城爲臨時總統。
(3)優待戰時之將士。
(4)恢復各省之秩序。

以此四條爲標準，然後共謀進行，無所顧慮，誓非達此目的不止，二君以爲何如？

靳曰：綱舉目張，頗得要領，吾等敬如君約。

余曰：此事關係大局存亡，我輩須具決心，雖死不能中變。

靳曰：英雄任事，一言取決，若首鼠兩端，直傖父耳，君其毋慮。

張曰：靳君爲運動北軍之主力，廖君爲運動南軍之主力，各盡其責，何患無成。吾則勉附驥尾，遙爲二君之後援可耳。

靳曰：吾在雲南，殊憾蔡鍔輩不謀於我，爲排北舉動，余受創不死而生還者幸也。本當披髮入山，不復與聞天下事，第念袁、段二公，既陷絕地，且大局糜爛至此，若恝然坐視，漠不關懷，區區此心，良所弗忍。吾當先作漢渚一行，酬段公數年知遇之雅。段公天分絕高，不同流俗，必當有以報命。

余曰：天之留君北來，正所以救中國。存亡之機，唯君操之。僕不日當偕同志夏君清貽，赴南一行。南北兩方，彼此分任，利害禍福，在所不計。張曰：計畫既定，靳君可先成行，吾與夏君尚須謀面，以取南軍之信用，廖君其速爲介紹，商訂會晤之期，屆時當在京踐約也。於是三人乃共述誓詞，珍重而別，此即運動北軍贊成共和之緣起也。㉕

其爲袁、段謀劃之用心表露無遺。十月十六日祺瑞請辭湖廣總督。同日清廷諭曰：「現在軍事未靖，國步阽危，該署督文武兼資，韜略素裕，所請開去差缺之處，著毋庸議。」㉖爲祺瑞態度轉變之公開表現。

當是時袁世凱內閣已於九月二十六日成立，其左右陸軍大臣王士珍、副大臣田文烈等，窺袁氏篡奪政權野心，亦有贊同共和表示。廖宇春於十月十八日抵京，翌日謁王士珍。自十九日至二十二日連謁田文烈四次，密陳大計。田曾遣人持刺招飲，對共和有首肯之表示㉗。袁氏復慮馮國璋滯留武漢憤事，十月十九日改調爲禁衛軍總統，由祺瑞兼充第一軍總統，前

㉕ 廖宇春「新中國武裝解決和平記」，引自中華民國開國五十年文獻第二冊，頁四二二至四二四，以下簡稱「開國文獻」。

㉖ 宣統政紀，卷六十六，頁一至二。

㉗ 新中國武裝解決和平記，引自「開國文獻」第二編第二冊，頁四二八至四二九。

方戰事遂由祺瑞一人所主持㉘。

至於獨立各省革命軍將校，知天下大局操在祺瑞，致書祺瑞勸其促成共和者頗不乏人。保定陸軍學堂畢業湘籍軍官數十人曾致書祺瑞曰：

民立報館及各報館轉清軍司令官段祺瑞芝泉夫子鈞鑒：滿奴氣數已盡，非人力所能挽回，鄂省起義，響應東南，三分中國已有其二。此次民軍將校半出公門，夫子素明大義，同係漢人，試思戊申、己酉間（光緒三十四年、宣統元年），滿奴鐵良、鳳山輩所以傾軋夫子，及袁項城是何魄力？今漢族起義，若輩偷生，專用以施殘漢之策，縱夫子能善謀善戰，試問肝腦是何種族？殘殺同種以媚異姓，李鴻章所以見譏於外人也。鳥盡弓藏，前鑒具在，夫子清夜興思，能勿汗流浹背？見滿族坐擁巨貲，膜視國運，殺漢之聲日騰報紙，餉需募窮，軍中多數與民軍通消息者實繁有徒，滿清無論遲速終歸滅亡，夫子廬墓族戚均在南方，倘有知己之感情，供一姓之驅使，結仇天下，是何居心？生等不忍以夫子之道反害夫子，指日北上，師生對壘，相見干戈，生等所不忍，當亦爲夫子所不願也。從違順逆，夫子三思之。亡清陸軍部陸軍學堂湖南學生王者師、王恩渥、劉輔章、劉端廉、鄧超、高振濤、李節堅、劉文錦、張瑤、黃彥升、李益、簡驤、陶制治、譚澤瀛、歐陽震成、應充孟、廣珩、朱道根、汪口漢、楊作棟、王如

㉘ 宣統政紀，卷六十六，頁八。

春、黃清瑞、王英銳、曾佟、彭湘同叩。㉙

十月二十五日晨，廖宇春南下抵漢口時，馮國璋業已交卸，並定於午後回京。靳雲鵬已先至漢口，就任第一軍參議，與祺瑞左右早有密議。寥宇春記其事曰：

> 出晤同志靳君翼卿（現充第一軍參議），靳君密告余曰：「吾儕之計劃可以實行，此間參謀徐君樹錚、曾君雲沛，亦頗贊成。旋謁段公密陳大計，且述與夏君南行疏通之策，文池（按：孔慶塘號文池，官雲南臨元鎮總兵）亦在旁慫恿，極言此行關乎大局，段甚韙之。並訂密碼本，交靳君收藏。㉚

可爲祺瑞贊同共和之明證。及廖宇春十一月一日在滬與江浙聯軍總參謀顧忠琛議定和平辦法（按：一、確定共和政體。二、優待清皇室。三、先推覆清政府者爲大總統。四、南北滿漢軍出力將士各享其應得之優待，並不負戰時害敵之責任。五、同時組織臨時議會，恢復各地之秩序。）四日返回漢口後，與祺瑞更有進一步之密議。廖宇春記其事曰：

㉙ 上海民立報，新紀元一月三十日第三頁。

㉚ 新中國武裝解決和平記，引自「開國文獻」第二編第二冊，頁四二九至四三〇。

初四日午後四時抵漢，……晉謁段軍統於軍司令部，段公叩予協議情形甚悉，余先以日記進，繼陳述江南民氣激昂，所謂革命狂熱，已達極點，斷難和平解決。以大勢而論，倘存君主，南軍必不甘心，勢必仍出於戰。當此民窮財盡，餉源已竭，戰則兩敗俱傷，同歸於盡，能贊成共和，和局自易就緒。又恐北軍不能屈於南軍勢力範圍下，必有反抗舉動。惟推舉項城，則民軍之希望可達，北軍之威權不墜，兩方感情自能融洽，救時良策，無善於此。段公曰：項城焉肯出此？余曰：項城只可居於被動地位，而主動者則在公耳！段公意甚動，然猶陽以軍人不便干預政治爲詞，余向之略辯數語而退。㉛

祺瑞之矯揉造作躍然紙上。翌日（初五日）廖乃上書祺瑞，剖陳利害，書曰：

宇春兩月以來，惕於時局阽危，南北奔馳，焦慮苦心，寢食俱廢者無他，實以民心爲治國之本，國家存亡之樞紐，視民心向背爲轉移。現在民心既去，勢難挽回，財政外交毫無所恃，萬一餉源不濟，譁潰堪虞，列强乘虛，立將瓦解。待至束手坐斃之日，雖欲亡羊補牢亦不可得，非過慮也。蓋今者中國安危問題不過和戰兩途，其事至明，一言能決。然以大勢觀之，與其戰而兩敗俱傷，招豆剖瓜分之慘，曷若和而同心協力，爲福民利國之謀。況此次議和之初，春以個人名義前往長江一帶，悉心體察，竊見民

㉛ 同上書，引自「開國文獻」第二編第二册，頁四三九至四四〇。

黨雖逞血氣之私，亦似近於鹵莽，然本願所在，無非歆羡歐美之郅治，欲步先進之後塵，雪數十年喪師失地之讐，爲四百兆吐氣揚眉之計。是以一唱百和，舉國若狂。僉曰：民黨不死，共和不生，破釜沉舟，等於孤注。雖其中主張君主立憲未嘗無人，而爲大勢潮流所趨，如康梁一派，亦惟有改變方針，作助瀾推波之舉；否則稍生異議，必遭不測之殃。春小住滬濱，驚心動魄，知專使之和議，已陷於種種困難之危境，效力已失，險象叢生，倘有違言，便須決裂，禾復干戈相見，必致淪胥以亡。際此一髮千鈞，不得不求最後之解決，遂偕同志夏君清貽毅然與民黨最要機關開誠布公，陳說利害，並因勢利導，委曲疏通，而推崇項城一言，實先出諸彼黨之口，至優待北軍將士一節，亦皆樂於贊成。當因事有端倪，爰即星夜遄返，惟是個人私約，何補時艱，大力迴天，非異人任。若夫軍人不能干預政治，春私心熟計，竊不謂然。蓋聚人立教，原有經權，自古賢哲秉鈞，必達變通權，而後可以決大疑、定大難，若墨守常經，拘牽成例，事機坐失，雖悔何追。不然爲臣當忠，湯何以有放桀南巢之事？爲子當孝，禹何以有過門不入之時？無他焉，亦量其緩急衡其重輕而已。況乎我公兼膺疆寄，固有可以干預政事之權者哉。國事艱危，有如累卵，存亡二字，唯公擇之。淚竭聲嘶，繼之以血，臨風愴悼，不知所云。㉜

㉜ 同上書，引自「開國文獻」第二編第二册，頁四四〇至四四一。

是夜廖氏復私謁祺瑞於寢室車中，祺瑞語廖曰：「所言誠善，但項城立於最危險之境，不可不慎耳！」廖對曰：「祇要我公居於主動地位，項城之厄不難解也。」祺瑞深然其說，廖乃興辭而出。是祺瑞已堅定贊同共和之決心矣㉝。

初六日，廖宇春復分別與前敵清軍各將領晤談，說明南行宗旨，於是陽夏清軍人心一變，從此南北軍將士往來絡繹，已儼然成一家人。

四、段祺瑞對清廷遜位之影響力

㈠ 段祺瑞並未聯合北方軍人領銜通電主張君主立憲

段祺瑞之贊同共和已如上述，然一向談史者誤認爲民國元年二月（陰曆十二月十四日，以下改用陽曆）北洋將領主張維持君憲之通電，係袁世凱授意祺瑞領銜。其造因見之於李劍農所著「中國近百年政治史」，其言曰：

> 在中山就任臨時總統的那天（按：此誤），他（按：指袁世凱）授意於段祺瑞、馮國璋、段芝貴等，聯絡大小將校四十餘名，電請內閣代奏，主張維持君憲，極端反對共和，又

㉝ 同上書，頁四四一。

將此電傳達伍代表，措詞異常激烈。謂若以少數意見採用共和政體，必誓死抵抗，這是袁世凱使用北洋軍閥的武力作工具，來威嚇民黨最初的一次。（這一著，除了威嚇民黨之外，還可以堅清廷之信用，假補充軍費之名，搾取清室內帑，作特別使用。）袁於正月二日入朝，將段、馮等電意代奏時，謂民軍要求太酷，宜依段、馮等主張，即行討伐，惟苦於軍費無著，不能實行，願辭總理之職。清太后溫諭慰留，並發內帑黃金八萬錠，袁以售於各外國銀行，此爲確切事實。[34]

其實通電者不僅祺瑞未署名，參予廖宇春共和運動之將領均未署名。是日北洋軍人凡兩通電，均由古北口提督姜桂題、禁衞軍總統馮國璋領銜。一電係致清內閣，凡十五將領，主張死戰，要求請旨飭親貴大臣將銀行存款提充軍用。電曰：

革黨堅持共和，我北方將士十餘萬人均主君憲。現奉懿旨，將君主、民主付諸公決。然革黨强橫，斷不容有正式選舉，則必仍循少數人私見，偏主共和。我將士往返電徵意見，均主死戰，並已將利害電知唐、伍兩代表，然言戰必先籌餉，軍興以來，朝廷屢發內帑，已將告罄，懿親與國同休戚，亦應將私有財產全數購置國債，以充軍用。懿親以財產報國，軍人以性命報國，國存則款仍有著，國亡則財可殺身，明季覆轍可

[34] 李劍農「中國近百年政治史」上册，頁三三六，民國四十六年五月商務印書館版。

爲殷鑒。方今時局危迫，餉源枯竭，現聞北京各外國銀行有現銀不下三、四千萬兩，統爲親貴大臣所存放，應請旨飭下各親貴大臣分別提回，接濟軍用，作爲國債。並飭下度支部妥定章程，以便事後歸還。毀家紓難，自好者猶慷慨爲之，況各親貴大臣世受國恩，豈宜吝此區區？儻有不知大體，揞勒阻抑，或故意隱匿，不將所有現款全數實報者，並請從嚴治罪，以循私誤國論。果能湊集大宗鉅款，庶餉源既裕，戰備有資，我大小將士既犧牲性命，亦甘之如飴矣。事迫勢危，不勝悚惶待命之至。謹請代奏。姜桂題、馮國璋、張勳、張懷芝、曹錕、王占元、陳光遠、李純、潘榘楹、吳鼎元、王懷慶、洪自成、周符麟、聶汝清、張作霖。㉟

另一電係致南北議和代表伍廷芳、唐紹儀，凡二十一人，謂北方軍人主張君憲，國會應在北京召開。電曰：

唐大臣、伍代表公鑒：革黨主張共和，我方軍人主張君憲，現奉懿旨召集國會，公決國題，各省代表必須由正式選舉，國會尤宜開在北京，方合文明辦法。倘以上海少數人之私見、偏執、迫脅，直是野蠻專制作成，一、二人所爲，其餘不過盲從，司馬昭之心，路人皆見。果能即此成功，笑罵正可由他。無如中國幅員甚廣，四方不乏豪傑

㉟ 故宮軍機處電報檔。

之士，誰肯甘心降伏？即我軍人亦誓不承認。干戈相見，死亡枕藉，兩面所傷，非均是我四萬萬同胞乎？釁自誰開，不仁孰甚！兵連禍結，外人更難袖視，一經兵力干涉，瓜分立見，大陸永沉，恐亦非改革政治之初心，似亦非兩代表所願。謹進最後忠告，請熟思之。姜桂題、馮國璋、張懷芝、張勳、王懷慶、王占元、陳光遠、李純、曹錕、潘榘楹、吳鼎元、洪自成、張作霖、聶汝清、趙倜、伍祥禎、李際春、馮德麟、陳希義、李思遠、凌淮琪等，及各部將士同叩。寒。㊱

當是時袁氏方於昨日指清方議和代表唐紹儀逾越權限，擅與伍廷芳訂立和議條件，嚴予否認，並准唐氏辭職，姜桂題等之舉動容或爲袁氏所唆使，以爲要脅民國總統之工具，祺瑞之未參預其謀則可斷言也。

(二) 段祺瑞聯合北方軍人通電主張共和

元月中旬（十二月上旬），國父讓臨時大總統位予袁世凱秘密談判已臻成熟，袁氏乃授意慶親王奕劻於十二日（十一月二十四日）清廷王公親貴秘密會議中提出自動退位，接受優待辦法。十六日（十一月二十八日）袁氏在北京東安市場附近遭黨人張先培等投擲炸彈，中外大震。同日袁氏密請清廷早順輿情，贊成共和，以免九廟震驚，乘輿出狩。奏曰：

㊱ 觀渡廬「共和關鍵錄」第三編，頁二七至二八。

自武昌亂起，旬日之間，民軍響應，幾偏全國，惟直隸、河南未經叛離，然人心動搖，異於恆昔。臣世凱奉命督師，蒙資政院投票選舉，得以多數同意，設立內閣，組織雖未完善，兩月以來，將士用命，業已克復漢陽、漢口，收回山東、山西。然而戰地範圍過於廣闊，幾於餉無可籌，兵不敷遣，度支艱難，計無可出。籌款之法，羅掘俱窮，大局岌岌，危迫已極。朝廷念國步之艱虞，慨民生之塗炭，是以停戰媾和，特簡唐紹儀、楊士琦前往滬上，爲民請命，此萬不得已之苦衷，亦從未有之創舉也。屢接該大臣來電稱：民軍之意，萬衆一心，堅持共和，別無可議等語。現期已滿，展限七日，能否就範，尚難逆料。惟論目前情形，北方一隅，雖能稍保治安，而海軍盡叛，一旦所議不合，艦隊進攻，天險已無，何能悉以六鎭諸軍，防禁京津，而棄各戰地於不顧？危逼萬分，等於呼吸，宗社所寄，民命所關，早夜以思，良用悚懼。若激勵將士，勉强一戰，財賦省分全數淪陷，行政經費若如捕風，蒐討軍費，餉源何出？惟魯惟豫滿目瘡痍，地方素瘠，就地籌款，爲勢所難，常此遷延，必有內潰之一日。倘大局至此，雖效周室之播遷，已無相容之地。遼東已爲强鄰所虎視，庫倫早有背順之萌芽，悉索敝賦，力與一戰，未嘗不能收復一二行省，然而彼衆若狂，醉心民主，兵力所能平定者土地，不能平定者人心。人心渙散，如決江河，莫之能禁，爵祿已不足以懷，刀兵莫知所畏，似此億萬之所趨，豈一二黨人所能煽惑？臣等受命於危急之秋，誠不料國事敗壞至於此也。

環球各國，不外君主民主兩端，民主如堯舜禪讓，乃察民心之所歸，迴非歷代亡國之可比。我朝繼繼承承，尊重帝京，然師法孔孟，以爲百王之則，是民貴君輕，聖賢業已重法守，且民軍亦不欲以改民主，滅皇室之尊榮。況東西友邦，因此次戰禍，貿易之損失已非淺鮮，而尚從事調停者，以我祇政治之改革而已。若其久事爭持，則難免不無干涉。而民軍亦必因此對於朝廷感情益惡。讀法蘭西革命之史，如能早順輿情，何至路易之子孫靡有孑遺！民軍所爭者政體，而非君位；所欲者共和，而非宗社。我皇太后皇上，何忍九廟之震驚，何忍乘輿之出狩，必能俯鑒大勢，以順民心。[37]

會唐紹儀致電祺瑞，勸其贊成共和，迅令清帝退位[38]。同月二十三日（十二月五日）祺瑞遂公開致電內閣、軍諮府、陸軍部，報告所部弁兵已多與革命軍聯結，共和思想有不可遏止之勢。電曰：

昨夜四鎮參謀忽電傳來，謂施統帶云：二營目兵鼓噪特甚，求立即調往後方，以免意外，一、三營亦有染等語。今晨陳統制來，求即調開，有刻不容緩之勢。詢其所以，吞吐不言。瑞見情急，當准將該標調至李家寨，即派員密訪情形。據稱：該標目兵已與革軍勾通，約今夜叛去，四鎮亦有云云。側聞共和思想，近來將領頗有勃勃不可遏

[37] 張國淦「辛亥革命史料」，頁二九九至三〇〇。

[38] 民立報，新紀元一月二十九日第二頁緊要電報。

止之勢，徵今日之事，益信其然。但瑞職責所在，惟有旁引遠喻，力爲維持，未知能持久否？惟十九標又去，力益單弱，彼若環攻，惟有盡其力之所有，成敗利鈍未敢料也！祺瑞歌。㊴

措詞婉轉，對革命軍已有同情之表示。二十五日（十二月七日）段氏再電清內閣，以民心軍心均趨向共和，已與各路將領熟商，擬即聯銜陳請代奏。電曰：

恭讀上月初九日懿旨，政體付諸公決，以現在人民趨向，何待再卜，不禁涕泣久之。邇來各將領不時來言，人民進步非共和不可；且兵無餉補，餉械俱匱，戰守無具，敗亡不免，稍一遲回，東、皖、豫亦無完土，即皇室尊榮勢必因之而滅，瓜分慘禍將在意料之中。我輩死不足惜，將何以對皇室？何以對天下？已與各路將領熟商，始則責以大義，令其鎭靜，而竟刺刺不休，退有後言。昨聞恭王、澤公阻撓共和，多憤不平，要求代奏，各路將領亦來聯銜，壓制則立即暴動，敷衍亦必全潰，十九標昨幾叛去，業經電陳，是動機已兆，不敢再爲遲延，擬即聯銜，陳請代奏。㊵

㊴ 清軍機處電報檔。
㊵ 同上。

已公開提出共和之要求。翌日清內閣以徐世昌、袁世凱、馮國璋、王士珍四人名義，電覆祺瑞，戒勿輕舉妄動。電曰：

忠君愛國，天下大義，服從用命，軍人大道。道義不存，秩序必亂，不爲南軍所俘，便爲亂軍所脅，利害昭著，萬勿誤歧。我輩同澤有年，敢不忠告。務望剴切勸解，切勿輕舉妄動。聯奏一層，尤不可發，亦不能代遞，務望轉請諸將領三思。涕泣奉覆。昌、凱、璋、珍。[41]

是電由前內閣協理大臣徐世昌領銜，至馮國璋則非內閣閣員，況電文並無反對共和之明確表示，袁氏之故弄姿態至堪玩味。加以其既密奏共和於前，此電之欲欺騙國人之意不辨自明。同日祺瑞聯合北洋將領聯銜致電清內閣、軍諮府、陸軍部，並各王公大臣，請即電奏清廷，明降諭旨，宣示中外，立定共和政體。電曰：

爲痛陳利害，懇請立定共和政體，以鞏皇位，而奠大局，敬請代奏事：竊維停戰以來，講和兩月，傳聞宮廷俯鑒輿情，已定議改共和政體，其皇室尊榮，及滿蒙生計、權限各條件：曰大清皇帝永傳不廢；曰優定大清皇帝歲俸，不得少於三百萬；曰籌定八旗

---

[41] 同上。

生計，蠲除滿、蒙、回、藏一切限制；曰滿、蒙、回、藏與漢人一律平等；曰王公世爵，慨仍其舊；曰保護一切原有私產。民軍代表伍廷芳承認，列於正式公文，交海牙萬國和平會立案云云。海宇聞風，率土臣民，罔不額手稱慶，以爲事機至順，皇位從此永保，結果之良，軼越古今，眞國家無疆之庥也。想望懿旨，不違朝旭。乃聞爲輔國公載澤、恭親王溥偉等一二親貴所尼，事遂中沮，政體仍待國會公決。祺瑞等自應力修戰備，靜候新政之成。惟念事變以來，累次懿旨，莫不軫念民生，惟國家利福是求，惟塗炭生靈是懼，既頒十九信條憲法，誓之太廟，又允召集國會，政體付之公決，可見民爲國本，宮廷洞鑒，具徵民視民聽之所在，決不難降心相從。茲既一再停戰，民軍仍堅持不下，恐決難待國會之集。姑無論遷延數月，有兵潰民亂、盜賊蠭起之憂，寰宇糜爛，必無定土，瓜分慘禍，迫在目前。即此停戰兩月之間，民軍籌餉增兵，佈滿各境，我軍皆無後援，力太單弱。加以兼顧數路，勢益孤危；彼則到處勾結土匪，勒捐助餉，四出煽擾，散布誘惑，且於山東之煙台，安徽之潁、壽境界，江北之徐州以南，河南之光州、商城、固始，湖北之宜城、襄、樊、棗陽等處，均已分兵前逼，而我皆固守一隅，寸籌莫展，彼進一步，則我之魯、皖、豫即不自保，雖祺瑞等公貞自勵，死生敢保無他，而餉源告匱，兵氣動搖，大勢所趨，將心不固，一旦決裂，何所恃以爲戰？深恐喪師之後，宗社隨傾，彼時皇室尊榮，宗藩生計，必均難求滿志。即擬南北分立，勉強支持，而以人心論，則西北騷動，形既內潰；以地理論，則江海盡失，勢成坐亡。祺瑞等治軍無狀，一死何惜？特捐軀自效，徒殉愚忠，而君國永淪，追悔何及？甚非所以報知遇之恩也。況召集國會之後，所公決者，尚不知爲何項政體，而默察人心趨向，恐仍不免出於共和之一途，彼時萬難反汗，是徒以數月水火之患，貽害民生，何如預行裁定，示天下以至公，使食毛踐土之倫，歌舞聖明，零涕感激。咸謂唐虞至治，今古同揆，不亦偉哉！祺瑞等受國厚恩，何敢不以大局爲念？故敢比較利害，冒死陳言，懇請渙汗大號，明降諭旨，宣示中外，立定共和政體，以現在内閣及國務大臣等，暫時代表政府，擔任條約、國債，及交涉未完各事項，再行召集國會，組織共和政府，俾中外人民，咸與維新，以期妥奠群生，速復地方秩序，然後振刷民氣，力圖自強，中國前途，實維幸甚！不勝激切待命之至！謹請代奏。42

列名中元月二十六日（十一月八日）通電主張共和之將領甚多。最初爲四十二人，後增加王占元、何宗蓮、張士鈺、姜桂題、倪嗣仲五人，共四十七人，至二月二日（十二月十五日）伍廷芳得唐紹儀轉告段祺瑞復電時，又增加王懷慶、張懷芝、徐邦傑三人，遂成五十人，茲表列如下：

署理湖廣總督第一軍總統：段祺瑞。
古北口提督、毅軍總統：姜桂題。
護理兩江總督、長江提督：張勳。

---

42 吳廷燮「合肥執政年譜」，頁十至十一。

察哈爾都督、陸軍統制官：何宗蓮。
副都督：段芝貴。
河南布政使、幫辦軍務：倪嗣冲。
陸軍統制官：王占元、陳光遠、李純、曹錕、吳鼎元、潘榘楹、孟恩遠。
總兵：高金敍、謝寶勝、王懷慶。
參議官：靳雲鵬、吳光新、曾毓雋、陶雲鶴。
參議官：徐樹錚。
砲隊協領官：蔣廷幹。
陸軍統領官：朱灃藻、王金鏡、鮑貴卿、盧永祥、陳文運、李厚基、何豐林、張樹元、馬繼曾、周符麟、蕭廣傳、聶汝清、張錫元、施從濱、蕭安國。
營務處：張士鈺、袁乃寬。
巡防統領：王汝賢、洪自成、高文貴、劉金標、趙倜、仇俊圖、周德啓、劉洪順、柴得貴。
幫辦天津防務：張懷芝。
正定鎮徐邦傑亦同意，惟覆電較遲。[43]
李劍農「中國近百年政治史」，誤列爲元月二十七日（十二月九日），謂列名贊同共和之

---

[43] 臨時政府公報第八號，民國元年二月五日出版。

將校四十餘人，亦與事實不合。其言曰：

到二十七日，（袁世凱）自己的法寶也出現了，——就是段祺瑞等大小將校四十餘人聯名向內閣、軍諮府、陸軍部，並各王公發出一長電，主張立採共和政體，以安皇室而奠大局，請他們向皇帝代奏，這是袁世凱第二次使用北洋軍閥的武力作工具威嚇清廷。㊹

岑學呂「梁燕孫先生年譜」謂此電奏係梁士詒所從中策劃㊺。張國淦「辛亥革命史料」，謂此電係出自徐樹錚手筆，其言曰：

據曾毓雋言：「辛亥革命前敵各將領電請退位，係中央授意。一月二十五日段軍統四十二人通電，爲徐樹錚擬稿，稿就多日，段擱置不發。司令部駐孝感，不意某日所部第四鎭第七旅兵變，謠有轟司令部之說，廣水駐軍得信，急車來援，又與孝感兵車相撞，倉卒間不能鎭攝。乃急將此通電拍發，一面將司令部車北開，過信陽未停，一直到保定。內幕如此，而其效力乃至於不可思議也。」云云。曾係局中人，自是事實。㊻

㊹ 李劍農「中國近百年政治史」上册，頁三四三。
㊺ 岑學呂「梁燕孫先生年譜」上册，頁一〇六，民國五十年六月文星書店影印版。
㊻ 辛亥革命史料，頁三〇六。

以上兩說均有其可靠性。復據曹汝霖「一生之回憶」，記載南北和議期間，袁世凱從中操縱之陰謀，用梁士詒以定策，命祺瑞連合北洋將領以要脅清廷退位，其言曰：

總理大臣奏請派唐紹儀、楊士琦、嚴修爲議和代表，南下議和，嚴修辭不就，還派各省代表，每省一人，眞是冠冕堂皇，但各省代表只等於戲劇中之跑龍套而已。南方派伍廷芳爲議和代表，會議有正式非正式之分，重要會議都是密談，各省代表亦無從預聞，然於清室終處於不利地位。項城方面參予密勿者只梁士詒（燕孫）一人。梁亦善於用權謀，與袁水乳交融，相得益彰。唐紹儀則偏向南軍，梁唐之間，密電往來，由袁主持，梁亦時參意見。袁對清室存廢，尚在游移，聽說策士進言，以斬草不除根，春風吹又生，袁意遂決，定了三部曲，首由前方統帥以兵餉兩缺無法作戰，電請清帝退位，改共和政體，以存元氣；繼以駐外公使以外論贊成改制爲言，籲請改爲共和政體以保和平，終於逼宮遜位。遂密電段祺瑞聯名前方將士四十餘人來電籲請代奏，請清帝順從民意遜位，改共和政體。電文甚長，措辭婉轉得體，聞係徐又錚手筆。[47]

按：此一電奏已決定清廷之命運，以後清內閣再無勸說祺瑞等之電文，蓋當時北洋將領最初之兩種不同行動似乎有兩項可能性。一種可能性係袁世凱之兩面政策，一面授意祺瑞等運動

---

[47] 曹汝霖「一生之回憶」，頁九一至九二，一九六六年一月，香港春秋雜誌社出版。

共和以見好民國，一面授意姜桂題等恫嚇革命軍，以謀取臨時總統。另一種可能性係北洋將領祺瑞等窺袁氏野心，各爲袁氏設想君憲共和之不同主張。惟自元月十六日（十一月二十八日）袁氏密奏清廷實行共和後，兩派在袁氏操縱下，行動趨於一致，祺瑞遂成爲推動共和之領導人物。

㈢ 段祺瑞促成清廷退位

自元月中旬（十二月上旬）以後，祺瑞一面電請清廷主張共和，一面將所部集中孝感以北，以免與革命軍發生誤會；一面與京中北洋將領密商，暗中佈置，欲逼使清廷退位。同時代表北洋軍人，一面由唐紹儀作媒介與民國議和代表伍廷芳有所接洽；一面迭次直接致電孫總統，轉告黎元洪，勿再進兵，就近派員洽商，倘清帝不退位，可合兵北上㊽。元月二十六日（十二月八日）祺瑞所致唐紹儀電曰：

陽電悉（陰曆十二月七日）：瑞與各統兵大員於今日晨聯銜電奏，請定共和政體，都中已有部署，切告各路軍民，萬勿稍有衝突，以免貽誤大局。瑞齊。㊾

㊽ 民立報，新紀元一月三十日，緊要電報。

㊾ 民立報，新紀元一月二十九日，第二頁緊要電報。又黎副總統政書卷五，頁十五。

祺瑞另於二十七日（十二月十日）電致唐紹儀，認爲南北雙方應從大處著眼，早日實現共和，勿爲外人漁利。電曰：

三電鈞悉：某國欲漁利，又豈止一某國，尚有慫恿外蒙獨立，爲吞併之計。禍機之變，不知胡底？兄弟鬩牆，外猶禁侮，謀國利民福者，似宜遠瞻近矚，審愼出之。瑞夙抱宗旨不忍南方再有糜爛，塗炭生靈。且公使俱在都門，秩序一亂，是將授人干涉之柄。聯奏昨夜半已到京，今日未知如何？況兩軍相搏太近，時有衝突，已擬稍退，民軍不可再進，致生惡感，孫黃兩公統祈代爲致意。瑞青。[50]

唐氏轉電伍廷芳，伍乃於翌日分電南京孫大總統、黃陸軍總長，武昌黎副總統，及各省都督、北伐聯軍總司令曰：

詳觀此電，段君洵明大義，廷已屢電黎副總統，請派員與之接洽。黃陂等處兩軍尤爲接近，更須妥爲措置，並望孫大總統、黃陸軍總長致電段君，與之聯絡，以期一致進行，完全達到共和目的，是所切盼。廷芳儉。[51]

[50] 民立報，新紀元一月二十九日。
[51] 黎副總統政書卷五，頁十六。

黎元洪接電後，即於二十八日派員至孝感車站與祺瑞接洽，祺瑞派人接待，表示對於共和政體，久已同意，此次軍隊退卻，實不願與民軍衝突，損傷元氣。雙方方法雖不一致，而目的相同，乃協議革命軍駐紮祁家灣，相離五十里，免致誤會52。及聞清廷親貴阻撓共和，二月五日（十二月十八日）祺瑞復合王占元、何豐林、李純、鮑貴卿等九將領自信陽電奏，措詞激烈，斥責王公敗壞大局，聲稱即率全軍將士入京，與之剖陳利害。電曰：

近支王公、諸蒙古王公、內閣各府部院大臣鈞鑒：共和國體原以致君於堯舜，拯民於水火，乃因二三王公迭次阻撓，以致恩旨不頒，萬民受困，現在全局危迫，四面楚歌，潁州則淪陷於革命軍，徐州則小勝而大敗，革艦由奉天中立地登岸，日人則許之。登州、黃縣獨立之影響，蔓延於全魯。而且京津兩地暗殺之黨林立，稍疏防範，禍變即生，是陷九廟兩宮於危險之地，此皆二三王公之咎也。三年以來，皇族之敗壞大局罪難髮數，事至今日，乃並皇太后皇上欲求一安福尊榮之典，四萬萬人欲求一生活之路而不見允，祖宗有知，能不痛乎！蓋國體一日不決，則百姓之困兵燹凍餓死於非命者，日何啻數萬？瑞等不忍宇內有此敗類也，豈敢坐視乘輿之危而不救，謹率全軍將士入京，與王公痛陳利害，祖宗神明，實式鑒之，揮淚登車，昧死上達，請代奏。第一軍總統段祺瑞，統制王占元、何豐林、李純、協統王金鏡、鮑貴卿、李厚基、馬繼增、

52 同上書卷五，頁十五至十六。

周符麟。嘯。[53]

是電爲清廷之催命符。其後祺瑞合馮國璋等六十清軍將領，迭電伍廷芳，附和袁氏所提修正優待清室條件，主張「帝號相承不替」，及不用「遜位」一語。其二月八日（十二月二十一日）之電曰：

伍代表鑒：魚電敬悉。屢聞南方宣言，如國體改定，朝廷不失其安富尊榮，今條件中大清皇帝尊號相承不替，爲尊榮最要之大綱，靳而不予，抑獨何心？應請仍照原文，萬勿更易。遜位一語，軍界同人極爲駭異，應請修正。此兩層最關重要，絕對不敢附和，其餘各節均聽袁內閣與代表協商。如貴代表有和平解決之眞心，期免生靈塗炭，決不因此爭執，致敗大局也。（姓名略）[54]

是乃在袁氏授意下北洋軍人之一致行動。二月九日（十二月二十二日）祺瑞已北上抵達保定，復單獨分電南京孫大總統、黃總長，上海伍代表，武昌黎副總統，認爲政體解決已有頭緒，

---

[53] 渤海壽臣「辛亥革命始末記」，頁九四四至九四五，文海出版社近代中國史料叢刊本。又民立報，民國元年二月十三日新聞。

[54] 觀渡廬「共和關鍵錄」第一篇，頁一〇七。

主張南北政府同時取消，並預行推定臨時總統，電曰：

急。南京孫逸仙先生、黃克强先生，上海伍秩庸先生鑒：瑞昨日率兵到保。二次電奏想有所聞。政體解決已有端緒，善後手續自應預籌。鄙見宣布共和之日，兩方政府同時取消，臨時大總統並須預行推定。至臨時政府必要人員及臨時政府暫設地點，應由全體公同商定，即以退位之時，爲共和臨時政府成立之日，庶統治機關不致曠時，兩方不致陷於無政府之危險。諸君如以爲然，即請將應推之大總統及臨時政府必要之人員與地點，迅速電示，俾與北方軍界公議，免相猜疑。現在南北軍民均盼解決，望將善後綱領迅示，以便催促宣佈。瑞才疏身弱，毫無希圖，俟國利民福之目的達到後，當即解甲歸農，藉藏鳩拙，區區微忱，統希鑒原。段祺瑞。禡。[55]

足見祺瑞根本不承認南京臨時政府，及欲推袁世凱爲臨時大總統之用心。黎元洪致電上海伍廷芳，竟贊同祺瑞之主張，並建議各省代表赴鄂，籌商組織臨時政府[56]。同日署理直隸總督張鎮芳，復合祺瑞，及署理兩江總督張勳、署理山東巡撫張廣建、河南巡撫齊耀琳、安徽巡撫張懷芝、山西巡撫張錫鑾、署理山西巡撫李盛鐸、吉林巡撫陳昭常等九人，再請清廷速降

[55] 臨時政府公報第十四號（民國元年二月十三日出版）。
[56] 引自許師愼「國父當選臨時大總統實錄」下册，頁二八四。

明諭，宣佈共和。電曰：

共和國體，久延不決，危機四伏，險象環生，內多糜爛之虞，外召干涉之禍。徐州、潼關各前敵，屢以兵單力竭見告；登州、黃縣、高密相繼獨立，影響偏於全魯。俄則陰助蒙古、庫倫、伊犂，及黑龍江呼倫、臚濱各屬，群謀構變。日則屯兵朝鮮，進逼遼瀋，有乘隙思逞之志。直、豫等省黨人潛布，盜賊蠭起，閭閻驚恐，廛市蕭條，不但瓦解土崩，人民已陷火熱水深之境，且恐亡國滅種，皇室將有覆宗絕祀之憂。尚何有於朝廷？何有於宗社？何有於皇族？思之惴慄，言之慘傷。比者屢讀詔旨，以公天下為言，仰見宮廷俯順輿情，遠邁隆古，朝野喁喁企望，若待雲霓。而共和問題，遷延未定，遜讓政權之明詔，遲久未頒，中外失望，軍民解體。轉瞬春融，民軍北上，戰無可戰，和不及和，必召剝膚之災，可勝噬臍之悔。現在存亡呼吸，間不容髮，伏懇宸衷獨斷，速降明諭，宣布共和，悉以政權公諸國民。大計早一日決，即大局可早一日定，一轉瞬間，而四萬萬生靈得解倒懸之危，數百年宗廟陵寢仍保磐石之安。上以幸福於國民，下以尊榮酬君上，其為懿美，超軼唐虞，全國蒙庥，萬世仰德。鎮芳因事危迫，禍福利害，無待再計，不避斧鉞，呼籲上聞，遏勝涕泣禱祈之至。除陝西、甘肅、新疆三省電報不通外，鎮芳等往返電商，意見相同，謹聯銜請代奏。57

57 同上書，下冊，頁一二三八至一二三九。

此電之激烈不亞於二月五日（十二月十八日）祺瑞領銜之電奏。張鎮芳爲袁氏之表弟，在北洋將領中與袁氏關係最親，出於袁氏之授意甚顯。是爲同月十二日（十二月二十五日）清廷宣佈退位詔書之由來。該詔出自張謇手筆，原詔中無「即由袁世凱以全權組織臨時共和政府」字句，係袁氏發表時臨時竄入㊽。由祺瑞本月九日（十二月二十二日）所致孫總統等之電觀之，乃與祺瑞早所預謀，而非倉卒間所決定也。

五、段祺瑞在臨時政府之地位

㈠ 出任陸軍總長

民國元年三月十日袁世凱就任臨時大總統後，十三日提名唐紹儀組織責任內閣，三十日，任命祺瑞出任陸軍總長。袁氏之用意一方面利用段之聲望對抗同盟會，一方面可以挾持武漢首義分子。當時同盟會份子原擬推黃興蟬聯陸軍總長，以限制袁氏軍事特權，重要將領王芝祥、徐紹禎、顧忠琛等，以及民國協濟會等社會團體，均有通電表示㊾。袁氏拒不接受，然爲敷衍革命黨人，同月二十九日，特任黃興爲參謀總長，以黃興堅辭不就，四月一日復任命

㊽ 胡漢民自傳，引自革命文獻第三輯頁六二，又張孝若「南通張季直先生傳記」頁一五五。民國二十年五月上海中華書局版。

㊾ 民國元年三月份，上海「民立報」。

爲南京留守。

臨時政府北遷前後，祺瑞以北方軍人領袖地位，表面與南方革命軍將領頗能融洽相處，實爲袁氏之股肱。四月十五日陸軍將校聯合會致電民立報，告以該會成立數月，規模粗具，正會長黃興、副會長陳蔚，名譽會長黎元洪、段祺瑞、姜桂題、馮國璋、蔣作賓、徐紹楨，合新舊軍人爲一爐[60]。祺瑞以徐樹錚爲軍學處處長，其參謀處內容納之南方軍人僅湖北籍即在三百人以上[61]。段氏因國家財政困難，主張裁減軍隊，採取精兵主義。五月十三日隨同內閣總理唐紹儀在參議院所宣佈之政見略曰：

武昌起義，軍民不分，刻下政府統一，自當籌軍民分治之計畫，唐總理已言之矣。鄙人軍事學問，本甚淺陋，謹就所見，白於諸君。一曰消納軍隊，以恢復地方秩序：武昌起義以來，各省相繼招募，於是軍隊林立，較原有增多一倍不止，且率多倉促成軍，未受教育，既難保不爲地方之禍，而值此國家經濟萬分困難之時，餉項亦必不能繼。前數日開高級軍事會議，商議消納手續，大略辦法，業經擬定，總以解散後地方不至生他種危險爲斷。至解散軍士之費，以及軍官裁汰者之慰勞金，均應候參議院通過方能實行。

---

[60] 民國元年四月十六日上海「民立報」。

[61] 黃遠庸「遠生遺著」卷一頁一四四，民國五十一年六月文星書店影印版。

二曰擬制定軍官爲終身官：在東西各國，凡軍官皆爲終身官，我國不然，今日爲兵官，明日不爲兵官，即可就他項事業，殊非整頓軍事之道。蓋軍事乃專門學問，非研究經驗二者均有心得，不能勝統兵重任，倘不定爲終身官，則辦事難望切實，惟此事現在亦尚無把握。

三曰培植陸軍人材：中國陸軍人材，曾在外國留學者，統計之四五千人而已。此雖前一二年內所調查，然即目下實數，合格者亦不多。查每師團需用四五百軍官，四五千人僅敷十師之用，此外何所取材？是宜將軍官資格，確實調查，堪派往東洋者，則派往東洋；堪派往西洋者，則派往西洋，以便學成回國，可供錄用。至於水陸軍學校，亦應急速成立，加意培植，庶人材不至缺乏。

四曰編定將來徵兵制度：中國前此之兵，皆由招募而來，居處率無稽考，此後宜實行徵兵制度，庶人民當兵義務年限以及居住之地，皆可隨時查考。分爲軍官區、士官區，如此則兵之來去，均有定所，兵亂自然消滅。

五曰設立大製造廠：刻下中國雖有製造廠十餘處，然皆各自爲政，槍砲子彈，每不一律，甲處所製造者，乙處不能用；乙處所製造者，丙處不能用。是宜極力整頓，設法聯絡，某廠宜造槍，某廠宜造砲，某廠宜造子彈，以及某某廠每月每日能製出某物若干，分別指定，限期造成，而後軍械可期統一。

六曰設立被服廠：中國軍隊被服等事，向由商人承辦，非特形式上不能整齊，且於國家經濟，亦多損失，故被服廠萬不可不設。

七曰改良馬政：中國北方，素稱產馬之區，邇來蒙古各地，所產之馬，愈出愈小，即體格大者，其力量亦多不充足，騎馬或尚可用，若以爲砲馬，則萬不適用。夫軍事上以砲爲骨幹，倘拖運不靈，與無砲等。外國之馬，大於中國一半，故能負重行遠，軍事上往往得利，此馬政所以不可不講求也。

以上數端，第略舉目前應籌辦者，其他應改革之處，容當繼續提出，尚望貴院糾正，以匡不逮，實所幸甚。[62]

六月十三日參議院開秘密會議討論裁兵案，段祺瑞出席說明動機，頗受同盟會議員攻擊。北京名記者黃遠庸記其事曰：

參議院昨日（十三日）開秘密會，由陸軍總長出席，密議裁兵案，案之大略與記者前月專電所述無甚出入。聞參議院同盟議員頗有指斥北方日日添兵，南方何得獨裁，甚至昌言我們所以不主裁兵者，恐怕大總統要做皇帝云云。惹起全院風潮甚烈。[63]

同月十五日，內閣總理唐紹儀因憤袁氏漠視國務員副署權力，不同意王芝祥督直，改委

[62] 東方雜誌第九卷第一號，民國元年六月份「政府公報」附錄「參議院第五次會議速記錄」。
[63] 遠生遺著卷一，頁一六〇。

王氏赴南京遣散革命軍，離職出京，唐內閣瓦解，屬於同盟會四閣員（教育總長蔡元培、農林總長宋教仁、司法總長王寵惠、署工商總長王正廷（工商總長陳其美從未就職）同辭。而屬於袁系各總長，以祺瑞居首，仍留原任。同月二十九日，袁氏特任陸徵祥爲國務總理，八月十五日，袁氏據副總統黎元洪十三日來電，未經合法審判，槍殺武昌首義有功將領前湖北軍務司副司長張振武，將校團團長方維，輿論譁然，傳聞參預其謀者僅祺瑞、馮國璋、趙秉鈞、段芝貴四人。黃遠庸記其事曰：

據秘密探訪，袁總統於十三日接到黎副總統密電時（凡密電皆總統親自開拆），即命某官助之，開後取得密碼本，自行拆閱，神色異常倉皇，即命人打電話請趙秉鈞、馮國璋、段祺瑞、段芝貴四人至，秘密商議，良久良久之後，乃傳發一秘電致武昌，電底則中西碼並用，足知非一人所書。至翌日傍午，趙等四人至總統府，府中傳宣官謂方睡未醒，四人云不須傳報，總統醒後自知之。及總統醒，乃即問四人來未？即接見之，良久良久，又發一電至武昌，此電不由總統府電報房發，而由外間電報房發。此事果實，則有二種斷定：一即參與最先秘密商議者爲此四人，二即無事或關係軍務及內務範圍之內也。64

64 同上書卷一，頁二二七。

黎氏電京自請處分，袁氏乃令祺瑞電黎，謂所請處分，應勿庸議。電曰：

武昌黎副總統領鄂都督鑒：軍密。奉大總統令，眞電悉：張振武起義有功，固當曲予優容，寬其小眚，乃復蠱惑軍士，勾結土匪，破壞共和，倡謀不軌，實屬擾亂大局，爲民國之公敵。躊躇再四，未便加以寬典，留此元憝，貽害地方，已飭步軍統領軍政執法處將張振武，並同惡共濟之方維查拏，即按軍法懲辦。此外隨從諸人，已飭酌給川貲，俾歸鄉里，以免株連。副總統爲保全治安起見，自有萬不得已之苦衷，杜漸防微，爲民除害，足以昭示天下，所請求處分，應無庸議等因，相應奉達。陸軍部。[65]

從此黎元洪爲袁氏所控制，起義各省革命勢力，因以分化削弱。同月二十三日袁氏復命祺瑞列席參議院，答覆質問張振武案，說明政府捕殺張振武等不得已之苦衷，而爲袁氏所洗刷[66]。二十八日，參議員張伯烈、劉成禺等十二人，藉口張振武案政府蔑視約法，提出彈劾陸徵祥、段祺瑞案，以出席議員不足法定人數，未能開議[67]祺瑞與革命黨之關係始形惡化。

九月二十五日，袁氏改任趙秉鈞爲國務總理，祺瑞仍留陸軍總長原任。是時黃興方倡內

---

[65] 民國元年八月份「政府公報」公電第一一〇號。
[66] 民國元年九月份「政府公報」附錄。
[67] 民國元年八月二十九日上海「民立報」。

閣政黨主張，自趙秉鈞以下各總長皆加入國民黨，獨祺瑞及海軍總長劉冠雄，藉口軍人不過問政治，未曾加入。同年十一月一日，祺瑞授意徐樹錚創辦「平報」，社址設北京虎坊橋，作為陸軍部之機關報，由臧蔭松主編，林紓排日為撰筆記，是為徐氏與文士交遊之始。68

㈡ 代理國務總理

民國二年五月一日，國務總理趙秉鈞因刺殺宋教仁嫌疑辭職，袁世凱命段祺瑞代理69。先是袁氏不經國會同意命趙秉鈞、外交總長陸徵祥、財政總長周學熙於四月二十六日與五國銀行團（英國匯豐銀行、法國東方匯理銀行、德國德華銀行、日本橫濱正金銀行、俄國道勝銀行）簽訂二千五百萬磅善後借款合同，用作對南方用兵之準備，依法當交國會同意始為有效，而袁氏藉口去年九月二十七日總理趙秉鈞出席參議院會議時已經口頭說明，得到默認，故僅諮請國會備查，於是遂發生違法問題。袁氏以祺瑞代理總理，乃欲利用強硬手段對付國民黨人之意。

國民黨在參議院本居多數，乃於四月二十九日通過議員馬君武、王正廷所提出之反對大借款案，並咨文政府，認為借款合同未經國會議決，當屬無效。五月五日衆議院開會討論大借款案，祺瑞率衛兵出席備咨詢，告以「木已成舟，毋庸再議」，經國民黨議員鄒魯等詰問，

---

68 視昔軒遺稿頁五，平報週年紀念日感言。
69 政府公報，民國二年五月二日，第三百五十四號。

祺瑞詞窮，始承認「手續不完」⑩。而態度極爲傲慢。「北洋史話」記其事曰：

衆議院要求代理國務總理段祺瑞出席國會，答覆關於借款問題的質問案，五月五日這個第一號大將帶了很多武裝兵士出席衆議院，竟像身臨前敵一樣，議員們爲了他的威風所懾服，很多準備發言的人，都嚇得把話咽下去了。有幾個議員用十分和婉的語調，撇開借款問題不談，單就政府不咨交國會核議的手續問題，說了幾句不著邊際的話，段就暴跳如雷的說：「木已成舟，毋庸再議。」僅僅說了蠻不講理的八個字，這位大將就在一群武裝兵士的前呼後擁之下，威威武武的走了。⑪

衆議院中接近袁氏之共和、民主、統一三黨居多數，因祺瑞態度蠻橫，國民黨員利用會場情緒乃以二百十九票對一百五十三票多數表決：「借款並不反對，惟政府違法簽約未咨送本院查照備案，本院決不承認，應將合同咨還政府。」其後雖因三黨團結（按：同年五月二十九日三黨合併爲進步黨），未照決議案執行，而祺瑞與國民黨間之關係益加惡化。五月七日祺瑞爲善後大借款事，依據臨時大總統袁世凱咨文，通知參衆兩院，文曰：

⑩ 鄒魯「回顧錄」上册，頁五七。
⑪ 北洋史話第一册，頁一七三。

此次大借款之定議，係出於維持國家生存上萬不得已之舉，政府與銀行團反覆談判，全國皆知困難，並無何等反對，徒以該團條件嚴重逾恆，政府爲國權起見，不得不於死中求活，但求有一分之輕減，即少一分之負擔，是以交涉數月，未能就緒。直至上年九月間，始將國務院決議大綱提出參議院，要求同意。當經參議院討論，大體業經贊同，遂即依此標準接續磋商，中間情形變幻，垂成輒敗，迨上年底俄使因大賠款到期，追迫甚急，是時適合同稿亦已擬定，當於十二月二十七日與國務總理趙秉鈞出席參議院，一面報告交涉之經過，並俄使催款情形，一面即將合同底本分爲特別、普通條款，當場提出議案，經參議院將特別條款逐條表決，悉予贊同，末後又經議長將普通條件諮詢院議，僉謂毋庸表決，悉予贊同，即責成政府迅速照此進行。當經聲明銀行團如無別項挑剔，當於二十九日即行簽字，以免因大賠款牽涉他事。不意此項合同通過以後，銀行忽以巴爾幹戰局未定，及增加利息等問題，頓翻前議，磋磨數月，幾至無法挽回。今茲幸就範圍，大體悉如原議，實爲政府始願所不及，其中千迴百折，牽及國際，經過之困難，至今追思，有難言之苦衷，亦有不忍宣佈之隱痛。政府爲民服務，即係爲國效忠，但求大局之保持，何敢避人言之詰責。且臨時政府成立以來，外人之對我雖未認國家之資格，而可行使前清之債權。統計上年結欠洋款賠款及本年已過期之洋款賠款各省歷年欠之外債，已達英金一千二百萬磅之多，皆屬政府應負之責，屢次催逼，百無一應，國信不立，安能奠定邦基，每一念及，此心如痗。且前欠各款均有抵押，設再遷延，勢必橫加干涉。實行監督財政，致陷民國有破產之虞。彼時政府對於人民，不惟不能當此重咎，即萬死亦不足自贖。是此次簽字，固有不得已之情勢，且係按照前參議院表決之案，始行定議，正可證明政府之尊重議會，何敢蹈蔑視國會之罪戾，更何敢稍存輕視國會之心。若議院謂合同簽字，形式上手續略未完備，則政府又有不得不反覆聲明者。查上年十二月二十七日參議院會議，係屬秘密，政府爲鄭重起見，故提出方法，不用書面而用口頭，當時屢經聲明，係奉大總統提案，試思此種重要合同，國務員苟非奉有大總統命令，豈能以私人資格遽行請求院議。若謂僅止報告，則又何須將合同推出，而參議院對於報告事項更無逐條表決之必要。細觀當日議事錄情形，不辯自明。若謂未經三讀，則當日到院報告條文後，先經要求將此案一次通過，以省手續之煩。議長遂先諮詢全院，經衆贊同，免用逐條表決之法，以實行通過，是實與參議院法第三十八條政府要求省去三讀會原法相符。且表決以後，政府聲明簽字日期，彼時並無一人反對，假使當時銀行團絕無變動情事，則去年十二月二十九日早經簽字，何待今日，凡諸所言，在政府並非執法理之爭辯以圖卸責，按諸事實，委無絲毫遁飾之處。值茲財政艱窘，國際債權催逼更甚，借款一日不成，國本一日不定，此次合同簽字，在勢無可取消，倘國會能諒苦衷，實爲國家之幸，否則惟有向國民代表引咎自謝，以明責任等情。[72]

[72] 引自孫曜「中華民國史料」頁一三九至一四一，文海出版社近代中國史料叢刊本。

文中多藉口掩飾之詞，且祺瑞處處以奉大總統之命行事，已盡喪失責任內閣之精神。按：四月二十五日下午一時國民黨籍參議院正副議長張繼、王正廷得悉借款合同將於明日簽字，以時間倉促不及召集會議，乃以議長、副議長資格往晤袁氏，袁氏托故不見。次日上午始派總統府秘書長梁士詒回拜張、王二人，反覆陳述借款之刻不容緩。張、王知簽字地點在匯豐銀行，乃於午後分別向各銀行交涉，請求停止簽字付款。部分國民黨籍議員且守候東交民巷口，阻止政府代表進入；而合同竟於是晚簽字[73]。可見袁氏急於簽約之目的，不僅在償還欠債也。

七月十七日，袁氏以交通總長朱啓鈐代理國務總理[74]，會二次革命事起，（按七月十二日李烈鈞在江西湖口宣佈獨立，組織討袁軍，蘇、皖、粵、閩、湘繼之。）十九日以朱氏之呈請，仍令段氏代理。朱氏之原呈曰：

爲呈請事，竊啓鈐備員國務，無裨時艱，昨經瀝陳下忱，懇請罷斥，未蒙批示，茲復奉代國務總理之命，聆誦之下，悚怵莫名。竊思時會艱虞，百端待理，匡扶危局，責在中樞，自顧輇庸，斷難勝任。重以軍務紛繁，交通尤關緊要，即使殫心專職，猶恐隕越貽羞，更何敢肩任全局，益滋愆戾。再四思維，惟有仰乞鑒察下忱，收回成命，

---

[73] 鄒魯「回顧錄」上册，頁五七。
[74] 政府公報，民國二年七月十八日，第四百三十一號。

並仍照原呈所請，准免本官，無任屏營待命之至。[75]

同年八月二十六日，熊希齡組織「第一流人才」內閣，祺瑞仍任陸軍總長，在此階段，係袁氏對南方用兵期間，袁氏之用祺瑞代理國務總理，頗有「戰時內閣」之作用。

熊希齡內閣成立不久，欲將雲南都督蔡鍔由滇調湘，爲避免湖南人之反感，不主張派北洋軍隊駐防，祺瑞在國務院會議中與其採取對立態度，以鞏固北洋在南方之地位。李劍農「中國近百年政治史」記其事曰：

熊不主張派北洋軍隊去駐防，他決意將蔡鍔由滇調湘（蔡爲湘人），因爲蔡也想離去滇境，歸任湘事，並且已得袁的同意，（祇是表面上的同意，與同意王芝祥督直無異。）湘人都很希望，但是段祺瑞、段芝貴定要派兵去，段祺瑞在國務院與熊力爭，說熊不主派兵是姑息，段芝貴向熊說，湖南非大加清理，將有蘊亂長奸之懼，並說：「我輩已經打掃一次（指贛寧之役），若要我打掃第二次，我們有點不高興了。」兩段雖然沒有張明昭著的反對蔡鍔任湘督，意思是要把湖南放在北洋軍隊控制之下，把該省原有的軍隊消滅。[76]

[75] 同上書，民國二年七月二十日，第四百三十三號。
[76] 李劍農「中國近百年政治史」下册，頁四〇九。

此爲祺瑞爲袁氏設想之處，亦爲段、蔡不能並容之起因。

六、袁世凱當選正式總統後與段祺瑞之關係

(一)袁世凱利用段祺瑞挾制黎元洪

自南京臨時政府成立，至袁世凱當選正式總統，黎元洪以副總統兼湖北都督，久居武昌，有舉足輕重之勢。二次革命期間黎氏對袁氏在軍事政治上全力支持，爲討袁軍事失敗之重要因素。其後黎氏復聯合各省軍政首長領銜通電，要求先選總統後定憲法，甚至私電袁氏「獎敍袁克定翊贊共和之功」，惟仍爲袁氏所嫉視。及袁氏當選正式總統，調黎氏入京之意更堅。初欲派遣段芝貴繼任湖北都督，恐威望不足以服鄂人，乃命祺瑞赴武昌催駕，(按：祺瑞在辛亥年曾護理湖廣總督，而黎氏僅爲協統，地位遠出黎上。)「北洋史話」記其事曰：

早在袁接收南京臨時政府的時候，就發表過以黎爲參謀總長的命令，其用意就是想用這個有名無實的位置，來交換他的湖北都督。在對南方用兵的過程中，一會兒要他兼領江西都督，一會兒又要他兼領湖南都督，也不外乎是採取逐步的和走灣路的方法，想把他調出湖北來。……

袁預定以段芝貴爲湖北都督，由於黎完全倒在袁的方面與國民黨爲敵，袁不便使用

「假道伐虢」的伎倆。國民黨失敗後，袁不止一次的用久仰、渴慕等甜言蜜語引誘黎北上和他見面，事實上是「請君入甕」，這個老實人對切身利害的問題卻看得非常清楚，他推三阻四的沒有吞下這個香餌。如果袁用軍事壓力來解決這個問題，不但師出無名，會使「天下人爲之寒心」，而且可能激成事變。到十一月間，袁實在忍不住了，就想出一個霸王請客的方法，特派段祺瑞到漢口去勸駕，段是袁的第一號心腹大將，派第一號大將來邀請貴賓，這絕對不是一件平凡的事，黎事前一點也不知道有這件事情。十二日八日，段到漢口時，黎就知道不北上已經成爲不可能，曾邀集左右舉行了一次秘密會議，決定派都督府參謀長金永炎代理都督，他表示盡可能爭取早日回到湖北，但是段與黎只匆匆的見到一面，就替黎預備好到北京去的專車，九日就面催黎啓程北上，黎還在半途上的時候，十日北京就發布了總統命令，派段祺瑞代理湖北都督，派周自齊代理陸軍總長。

問題終於弄明白了，派第一號大將親自出馬，顯然負有押解黎即日北上和阻止黎重回湖北的雙重任務。黎是以副總統的崇高地位兼任湖北都督的，要調動這樣一個目標大的人物，就不能不派另一個目標大的人物接替他的位子，國民黨已經完全失敗，袁已經不怕黎「逼上梁山」，所以才敢採取這個霸王請客的辦法。[77]

---

[77] 北洋史話，第一册，頁二一〇至二一一。

祺瑞於十二月八日抵漢口，黎氏於九日乘專車入京，頻行特致電湖南都督湯薌銘、江西都督李純、浙江都督朱瑞。電曰：

本月八日（段總長）奉大總統命來鄂，召元洪進京，磋商要政。元洪已於九號晚起行。府中事委金（永炎）參謀代拆代行，段總長亦留鄂鎮懾，至元洪以後應否回鄂，尚須俟命，難以預定也。78

黎氏之不願赴京已顯露無遺。十一日晨七時黎氏抵京，當即晉見袁氏，袁告以已命祺瑞暫兼湖北都督，同日黎氏致電段氏曰：

元洪自鄂頻行，過勞遠送，至感厚意。茲於本日早七鐘到京，即入覲，大總統面諭，代理一節已有命令公暫兼等因，自維治鄂兩年，深愧無狀，得公替我，知免愆尤，聞命之餘，敢為全鄂軍民額手稱慶，特電馳賀，兼致謝忱，即維垂察。元洪現住小蓬萊，並以奉聞。

袁氏之早有預謀，不辨自明。黎氏抵北京後，自知不能回任，始於十二月十九日呈請袁氏辭

---

78 黎副總統政書，卷三十四，頁七至八。

去兼領湖北都督，袁氏立予批准。（民國三年五月二十六日，袁氏特任黎氏參政院院長。）[79]

民國三年二月一日，袁氏命祺瑞回京，復任陸軍總長，改以段芝貴爲湖北都督。（同年十一月三日，段芝貴奉召入京，由第二師長王占元代理。）二月十三日以土匪滋擾光山、潢川一帶，河南都督張鎭芳防剿不力，袁氏命祺瑞兼代河南都督[80]。四月三日，袁氏命河南巡按使田文烈兼護河南都督，祺瑞仍回陸軍總長本任[81]。祺瑞離京期間，由周自齊兼代陸軍總長。同年五月十四日，祺瑞保徐樹錚任陸軍部次長[82]，部務悉委之代行。

(二) 袁段之離心

先是袁氏自民國臨時政府北遷以來，即倚任祺瑞爲陸軍總長，其間內閣總理迭次易人，段亦數度外任疆圻，而其本職陸軍總長始終屹然不動。凡有關軍隊之編制調遣，將領之升黜遷補，除必須向袁氏請示外，悉由祺瑞決定，漸成軍權獨攬之局面。祺瑞之對袁，早年本極恭順，及職權逐次提高，態度亦隨之變化，袁則恐懼權柄下移，祺瑞尾大不掉，難以駕馭，不得不思有所防範。「北洋史話」記其事曰：

[79] 政府公報，民國二年十二月二十日，第五百八十六號。
[80] 同上書，民國三年二月十四日，第六百三十六號。
[81] 同上書，民國三年四月四日，第六百八十五號。
[82] 同上書，民國三年五月十五日，第七百二十六號。

北洋派的基礎建立于小站練兵時期。那個時期，袁的全副精力都用在建軍工作上。關於軍隊的編制與調遣，將領的選拔與補充，都是親自動手。後來由於北洋軍發展得太快，袁不能事必躬親，馮、段諸將的權力因之逐步提高。自從當了民國總統，袁的精力分散在政治、經濟、外交方面，更不能專心致志地用在軍事方面，而北洋軍在內戰中有了更大的發展，分布的地區日廣。此時北洋「三傑」平衡發展，互相牽制的局勢已經不存在了，王士珍退隱正定，馮國璋外調南京，在中央主持軍事的只有段祺瑞，鼎足三分之局一變而爲大權獨攬之局。陸軍總長一席長期由段擔任，關於軍隊的編制與調遣，將領的選拔與補充，除大問題有所請示外，也幾乎全由段主持。北洋軍的新生力量大多是段培養與提拔的，段的關係逐步代替了袁的關係。當然，袁對軍權看得很重，從來不肯放手，他在總統府設立軍事處，以便加强對全國陸軍的控制，但是軍事處長仍然是由陸軍總長兼任，因此並不影響段的實際權力。段是一個剛愎自用的人，以前沒有掌握中樞大權，對袁的命令是百依百順的。隨著職權的提高，對袁的恭順態度也日益減退，他不能容忍袁遇事掣他的肘，不甘心自處於有職無權的地位。而袁也疑心他日益攬權是爲了想在北洋派內造成一個小集團，以便於進而篡奪他的兵權和政權。這種疑心既然有了萌芽，就逐漸擴大成爲袁段之間的一道裂痕。[83]

---

[83] 北洋史話第二册，頁七十。

袁初欲收買雲南都督蔡鍔以牽制段氏，乃利用新式軍人對付舊式軍人之意。民國二年八月調蔡氏入京，十月初委為陸軍部編譯處副總裁（總裁為段祺瑞），十二月復任命為中央政治會議議員。民國三年五月蔡氏出任參政院參政，六月獲贈將軍府昭威將軍名號，七月兼海陸軍大元帥統率辦事處處員，十月充模範團教官（袁世凱自兼團長），十二月任全國經界局督辦[84]。升遷之速，民初無第二人可匹比。「北洋史話」記其內幕經過曰：

蔡被袁騙到北京加以監視後，經常與湖南同鄉楊度往來，通過楊的關係，與總統府內史夏壽田也有往來。楊早已看出袁對北洋舊將領不滿，並且有改造北洋派的意圖，因此與夏裏應外合地推荐蔡主持新的建軍工作，這個建議正與袁的想法相符合。當然如果蔡擁兵在外，袁對他是不放心的，而把他圈禁在北京城，叫他主持建軍工作，就沒有什麼可怕了。但是袁仍然顧慮到梁、蔡之間的密切關係，楊對此卻有不同的見解，認為「師生關係並不是牢不可破的，梁卓如就是康有為的得意門生，而現在康、梁分了家。如果總統結之以恩，蔡松坡必然樂為總統所用。」這種看法又與袁的見解相符合，他從來就是拿功名富貴來拉攏人的。因此他向夏壽田說：「小站舊人現在暮氣沉沉，我對南方人沒有成見，如果南方人不反對我，我未嘗不可以重用他們。如果松坡靠得住，午詒（按：夏壽田號）你就做他的次長吧。……

---

[84] 參照劉達武編「蔡松坡先生遺集」卷首年譜，民國五十一年六月文星書店影印版。

袁打算先派蔡爲參謀總長，以代從不到部的黎元洪，然後調任爲陸軍總長，以代替不聽調度的段祺瑞，根據楊的說法，蔡是預聞這個計劃，並且同意過的，……但是這個計劃並未實現，袁身邊有一個策士反對用南方人主持建軍工作，他認爲要完全解除北洋舊將領的兵權是辦不到的，只能逐步的削弱他們的兵權，使他們不致成爲中央的後患就夠了，用南方人主持建軍也是行不通的，因爲北洋派是一個有地方色彩的團體，要在軍事上有所改革，也只能用北方人，而不宜用南方人，對於這樣一個有關國家安危的大問題，只能行之以漸，而不能操之過急，否則禍變之來，可能不在將來而在今日，這個意見打中了袁的要害，因此用蔡鍔來改造北洋派的計劃就被擱淺了。⑧⑤

袁、段之離心第一個原因始於袁氏收回軍權，設立「海陸軍大元帥統率辦事處」，大元帥由袁氏自兼，陸軍、海軍、參謀三部總長均降爲辦事員，第一批所派辦事員有廕昌、王士珍、薩鎮冰三人，第二批所派有蔡鍔等。使陸軍部成爲有名無實之機構，段氏乃感到不滿，從此經常不到部中辦公，一切部務均有次長徐樹錚代行。「北洋史話」記其事曰：

統率辦事處是一九一四年五月九日成立的（按：五月八日之誤）由陸軍、海軍、參謀三部總長及大元帥所派高級軍官組織之。除三部總長爲當然辦事員外，第一批所派的辦事

⑧⑤　北洋史話第二冊，頁六八至六九。

員只有廕昌、王士珍、薩鎭冰三人。這是袁把全國兵權從陸軍部搶回到自己手裡的一個具體措施。自從統率辦事處成立以來，總統府軍事處就取消了，段祺瑞退爲辦事員之一，而且陸軍部的重要職權也都移到辦事處，陸軍部就成爲一個名存實亡的機關了。袁在清朝末年奉「旨」養痾時，曾將價値三十萬元的府學胡同私宅慷慨地贈與段。段在該宅闢有側門與陸軍部軍需司的走廊相通，經常由此門出入。自從統率辦事處成立以來，段就經常不到部，一切部務交由他的得意學生陸軍次長徐樹錚代拆代行。有一天，袁召段進府來查問一件公事，段答以「要到部查明」，袁就滿臉不高興地說：「怎麼還要查明，你的呈文不是已經送來了嗎？」這樣一來，使段很難爲情。事實上，他根本沒有看過這件公文，是次長代他簽名送上來的。事後袁向人大發牢騷說：「咱們北洋團體還成一個什麼樣子的團體，華甫（馮）要睡到十二點鐘以後才起床，芝泉（段）老不到部！」[86]

袁、段離心第二個原因在於袁氏之設置模範團。袁氏藉口北洋軍隊已呈暮氣，於三年十月二十三日設置模範團，以爲各軍之模範，其士兵由各省下級軍官連長排長等挑選，月餉從優[87]，直隸於統率辦事處，預定分五期訓練，每期半年，以訓練新軍十師爲目的，挑選保定

---

[86] 同上書，頁七一。
[87] 東方雜誌第十一卷第六期，頁二。

軍校第一期華北及東北籍畢業生二百八十人爲官佐，士兵除從北洋各師下級軍官中抽調外，並招考中等以上學校畢業生配合訓練。第一期袁自兼團長，以陳光遠爲團副，第二期則任袁克定爲團長，陸錦爲團副。兩期結業後，曾成立拱衛軍六個旅，其創立初意，原在削弱北洋舊將之兵權，由逐漸淘汰而集權於中央，同時鑒於段之剛傲倔强，怏怏非少主之臣，不得不揠苗助長，迅速扶植袁克定之軍事地位，以便繼承北洋軍系之領導，此種苦心部署，更令祺瑞惴惴不安。「北洋史話」記其內幕曰：

> 在大元帥統率辦事處成立以前，袁克定經常與德國丁克滿少校、法國白禮蘇中校等，討論軍事學和訓練新軍的問題，在廢省廢督遇到阻力的時候，袁克定向他父親建議，在統率辦事處直接領導下成立模範軍，由大元帥兼任團模範軍軍長。這個建議和清朝攝政王載灃集中兵權於皇室中央組織禁衛軍而自爲統帥的目的是一樣的。袁父子組織模範軍，其動機則是爲了削弱北洋舊將的兵權，實現中央軍事集權，以便於造成袁家子孫世代相承的家天下。
>
> 以前北洋的軍官來源是天津武備學堂，這個學堂久有段祺瑞主持控制，所以袁父子打算另闢途徑，用保定軍官學校和陸軍速成學校的畢業生爲模範軍的各級軍官。軍官學校也和武備學堂一樣，是廕昌在清朝末年創辦的。
>
> 可是袁畢竟是個膽小如鼠的人物，他鑒于清政府組織禁衛軍曾經招致北洋軍極大的反感，因而弄得軍事解體，他不能不顧慮到模範軍的目標太大，爲了避免可能發生的反

感，初步決定改爲模範師，最後決定成立模範團。模範團的性質與模範軍有所不同，它是一個軍官訓練班的擴大組織，在這個組織的基礎上逐步發展而爲模範軍。袁派王士珍爲模範團籌備處處長，直隸於統率辦事處，這就是用北方人、用北洋派宿將主持軍事以避免引起北洋軍反感的一種方法。該團成立於一九一四年十月二十三日，團本部設在北海，並在西城旃檀寺成立辦事處，袁自兼團長，以曾任赤峰鎮守使的陳光遠爲團副，王士珍、袁克定、張敬堯與陳光遠均爲辦事員。

同月二十七日，保定軍官學校第一期學生舉行畢業典禮，袁派陸軍上將、公府侍從武官長廕昌爲代表，到該校發給畢業文憑，每人贈軍刀一把。用大總統的名義發給畢業文憑，其目的在于建立袁與畢業生的師生關係，這是封建統治者的一種典型活動，而贈軍刀則是從日皇賜士官畢業生以軍刀的辦法學得來的。廕昌在這批畢業生中挑選了屬於直隸、河南、吉林、東三等省籍貫者二百八十人爲「模範團」的中下士，其餘派回本省見習，一律免其「覲見」。被挑選者都是北方人，可見袁的地域觀念是很濃厚的。

模範團的士兵，由北洋軍各師下級軍官中抽調，駐上海的第四師就被抽調了四百九十人。袁預定模範團分作五期訓練，每期訓練半年，可產生四個旅的模範軍軍官，暫以訓練十個師的軍官爲目標。

袁無論怎樣忙，每星期一定要騎馬來觀操一次，召集軍官訓話一次，各級軍官升級時一定要到總統府向袁叩頭謝恩，被挑選到模範團受訓的官兵一定要舉行效忠宣誓。一九一五年一月十三日，第一期全體團員到關岳廟宣誓，袁派蔭昌前往監誓。團副陳光遠宣讀誓詞八條：「服從命令、盡忠報國、誠意衛民、尊敬長上，不惜性命、言行信實、習勤耐勞、不入黨會。誓願八條、甘心遵守、違反其一、天誅法譴。」每讀一句，全體團員一定要高聲附和一句。以前袁在小站練兵時，各營都有他的長生祿位牌，軍官教導士兵說：「袁宮保是咱們的衣食父母，咱們必須對他盡忠出力。」他現在又通過以上手續，以養成模範團官兵對他個人的盲目服從。

模範團第一期結業後，袁就公開設立「新建陸軍督練處」，並用拱衛軍的名稱代替模範軍，成立了拱衛軍步兵四旅、砲兵一團、騎兵一團、機關槍營一營、輜重營一營。全部軍火都是事前在德國購來的。模範團第二期改由袁克定爲團長，陸錦爲團副，挑選一批中等以上學校學生與各師下級軍官配合訓練，但是由於參加了部分非軍官出身的學生，程度參差不齊，所以第二期結業後，只能成立拱衛軍兩個旅。模範團在第二期以後，就因袁的倒台而瓦解，拱衛軍的名稱也隨之而消滅。原有第一期成立的步兵四旅改編爲陸軍第十一、第十二兩師，師長爲李奎元、陳光遠；第二期成立的兩旅改編爲陸軍第九師，師長爲陸錦。[88]

袁、段離心之第三個原因在於袁、段對徐樹錚好惡之歧異。徐之爲人恃才傲物，段依之

---

[88] 北洋史話第二册，頁八十至八二。

若左右手，終生信任不疑；而袁嫉之若讎仇，必欲去之而後快。徐道鄰所編「徐樹錚先生年譜」，謂民國三年八月日本對德宣戰後，樹錚曾私運一列車軍火接濟青島德國守軍，事後竟得到祺瑞之認可。以當時中國之處境及歐戰形勢，此種舉動斷不能挽救德軍之危運。若消息外洩，必招致日本之藉端生事，而增加中國外交之困難。而徐氏不計後果，冒然行之，足見其措施之幼稚。原書記曰：

歐戰爆發我們是守中立的。日本對德宣戰，本也是看中了德國在中國的利益，尤其垂涎德國已經努力經營了十多年的青島。先生（按：指徐樹錚）知道青島德軍的軍火，是不夠作長期抵抗的，就趁著我們駐濰縣的軍隊調防的時候——我記得是第五師和第九師的對調——自己作主，運了一列車的軍火接濟守青島的德軍。這件事情，非得到當時作山東將軍的靳雲鵬的掩護不可。靳一連在好幾個電報裡問他：「我們是守中立的，怎麼好用軍火接濟其中的一方面？你一向是親日的，怎麼這一次卻反對日本？你瞞住了總統、總長幹這件事，萬一事情洩漏了怎麼辦？」先生的回答是：日本是中國最鄰近的强國，中國是一個積弱的國家，在最近一二十年內，中國想有任何作爲，祇要得不到日本的諒解，就沒有一件事能夠作得成的，這是他表面上所以要採取親日態度的原因。但是日本絕非中國的朋友，它不會要中國富强，將來眞正能夠作中國朋友的，祇有在美洲的美國，和在歐洲的德國。現在就青島的局面來說，德國是處在危困中的，這一批軍火，就是要和德國成爲「患難之交」。事情辦好，能爲兩國間建立永久的友誼，萬一失敗，國家就拿他個人來治罪，也不至於耽誤國家的大事。所以這件事絕對不能和總統、總長說明。這件事成功則國家有好處，失敗了不過個人受損失，希望他能幫忙。

靳雲鵬最後被他說服了，事情也辦得還順利——日本人沒有懷疑中國陸軍當局會暗中計算他們，段祺瑞事後也認爲辦得很對。在德國人方面，雖然沒有能夠因此守住青島，但是患難中的接濟，畢竟不會不發生影響。民國十四年，先生聘問德國的時候，德國政府對他招待的十分隆重，那時總統是興登堡，外長是斯特萊斯曼。聽說克虜伯砲廠還無代價的贈他一套製造大砲的藍圖。[89]

袁、段的關係既因徐樹錚而日益惡劣，袁屢欲罷徐陸軍部次長之職，因祺瑞堅決反對而暫時中止。「北洋史話」記其事曰：

陸軍部曾發生茶役偷置炸彈案，日本報紙指爲袁謀殺段的政治陰謀，從此段絕迹不到部。徐樹錚是段最親信的人，卻是袁最討厭的人。一次袁表示要調動徐，段實在沉不住氣了，就大聲回答說：「很好，請總統先免我的職，隨後要怎樣辦就怎樣辦！」[90]

---

[89] 徐樹錚先生年譜合刊，頁一五九至一六〇。
[90] 北洋史話第二册，頁七二。

袁、段之間，遂成水火無法並容之勢。

㈢　段祺瑞之反對帝制與退隱

民國四年春，帝制議起，祺瑞以與「刱造共和之義相背馳」，堅不肯附。會日本提出二十一條要求，袁氏欲對日讓步，以避免日本之干涉。祺瑞則主張强硬，甚至秘密動員，準備一戰[91]。曹汝霖「一生之回憶」，謂日使提出最後通牒後，袁氏召集各機關首長開會討論對策，獨外交總長陸徵祥遲到，以電話催請，知與英使朱爾典會晤。朱氏對祺瑞之積極備戰，頗有不滿之詞。曹氏記事曰：

> 朱使云：今日大會關係重大，我因關心，特於會前來見。日本因各國忙於歐戰，不遑東顧，提出最後通牒，意在挑釁，並非恫嚇，袁總統明白內外情勢，不至中他詭計。聞陸軍總長主張强硬對待，我知他已秘密動員，晚間運輸徹夜不停，已三星期，這明明是在備戰，設若開釁，不堪設想。……貴總長應負起責任力爭，不可聽任陸軍總長輕率之行動。[92]

---

[91] 梁燕孫先生年譜，頁二五五。

[92] 曹汝霖「一生之回憶」，頁一二八。

故五月七日下午三時之會議，參予諸人窺袁氏意旨，均主和平接受，獨祺瑞憤然作色。認爲日人欺凌過甚，不惜與之決裂。曹汝霖復記其事曰：

（上略）總統聽了陸外長報告，遂愼重發言，謂朱氏之言亦爲中國前途著想，日本此次提出之覺書，除了第五項各條，眞是亡國條件，今外部歷時四月，開會三十餘次，盡了最大之力，避重就輕，二十一條中議決者不滿十條，且堅拒開議第五項，外交當局恪守我的指示，堅拒到底，已能盡其重任，使日本最後通諜中已將第五項自行撤回，挽救不少。惟最後通諜之答覆，祇有諾與否兩字，我受國民付託之重，度德量力，不敢冒昧從事，願聽諸君之意見。段總長即表示反對，謂這樣遷就，何能立國？寧爲玉碎，不爲瓦全。總統說：「段總長之說自是正辦，然亦應審度情勢，量力而行，倘若第五項不撤回，我亦與段總長同一意見。現在既已撤回，議決各條雖有損利益，尚不是亡國條件，祇望大家記住此次承認是屈於最後通諜，認爲奇恥大辱，從此各盡各職，力圖自强，此後或可有爲，如朱使所言。若事過輒忘，不事振作，朝鮮殷鑒不遠，我固責無旁貸，諸君亦與有責也。」段總長猶持異議，謂：「民國肇興，即承認此案，倘各國效尤，如何應付。」總統又就大勢剖晰說明：「我豈願意屈辱承認，環顧彼此國力，不得不委曲求全耳！兩國力量之比較，您應該最明白。」段亦無言，遂告散會。[93]

[93] 同上書，頁一二九。

從此段益爲袁所不諒。值陸軍部有請求增加職員薪金呈文，袁親筆批示：「稍有人心，當不出此。」袁克定於對日屈服之後，公開向人表示：「陸軍不能作戰，部務無人負責，政府不能貿然抵抗日本。」[94]以譏諷祺瑞，祺瑞更爲之不安，乃於五月十五日藉口久病辭職，赴西山養痾。同月三十一日袁氏命王士珍署理陸軍總長，並發表明令，給祺瑞病假兩月，賜人參四兩，醫藥費五千元，遇有要政，仍需入府商議，令曰：

前據陸軍總長段祺瑞呈稱：自去年患病，飲食頓減，夜不成寐，迨至今春遂致咯血，多方診治，時輕時重，醫言血虧氣鬱，脾弱肺熱，亟當靜養服藥方能有效。迄今四月有餘，方值國家多故，未敢言病。現大局稍就平定，擬請開去差缺，俾得安心調理，冀獲速痊等情。當傳諭少給假期調養。茲據續請開去各項差缺，俾得安心調養，庶獲就痊等語。

查自辛亥改革以來，該總長勳勞卓著，艱險備嘗，民國初建，憂患迭乘，數年經營，多資臂助。因而積勤致病，血衰氣弱，形容羸削，迭於會議之時面諭該總長酌於一星期抽兩三日赴西山等處清靜地方調養休息，以期氣體復强，而該總長以國家爲重，仍不肯稍就暇逸，盡瘁國事，殊堪嘉敬。

茲據呈請開缺，情詞摯肫，本大總統爲國家愛惜人才，未便聽其過勞，致增病勢，特

[94] 北洋史話第二册，頁七二。

著給假兩月，並須給人蔘四兩，醫藥費五千元，以資攝衛。該總長務以時局多艱為念，善自珍重，並慎延名醫詳察病源，多方施治，切望早日就痊，立即銷假，在其假期內如有軍務重要事件，仍著隨時入內會議，以抒嘉謨，而裨國計。此令。[95]

段氏既離職，袁乃指使肅政廳彈劾徐樹錚訂購外國軍火浮報四十萬元，於六月二十六日免去其陸軍次長，改由田中玉繼任。此為著名之「三次長參案」。段氏所撰「陸軍上將遠威將軍徐君神道碑」記其事曰：

乙卯（四年）五月，藉病退養，季秋，籌安會設，議復帝制，與栔造共和之義相背馳。切言以為不可，致有財陸交三部參案。詳查陸軍，無隙可抵。[96]

在此期間，傳說袁、段即將決裂，甚至有袁氏陰謀刺殺祺瑞之流言。八月三日，段特發表辟謠電報。文曰：

二十年前大總統在小站練兵時，祺瑞以武衛學生充下級武秩，與大總統素無關係，乃

---

[95] 政府公報，民國四年六月一日，第一千一百一號。合肥執政年譜頁十五。
[96] 視昔軒遺稿，頁一一九。

承採及虛聲，立委爲炮隊統帶，升任統制，及大總統還山再起，祺瑞復見任湖廣總督，陸軍總長等職。以大總統知祺瑞之深，信祺瑞之堅，遇祺瑞之厚，殆無可加，是以感恩知己，數十年如一日，分雖部下，情逾骨肉。近數年來，祺瑞因吐血失眠，吁請息肩。乃包藏禍心之某國報紙，以挑撥離間之詭計，直欲誣祺瑞爲忘恩負義之徒，甚至僞造被人行刺之謠，更屬毫無影響。不得不略表心跡，以息訛言。[97]

祺瑞所謂「吐血失眠，吁請息肩。」純係推託之辭，益增世人之猜疑。同年八月十四日「籌安會」成立後，帝制運動日趨積極，祺瑞陰持反對態度。同月十九日袁氏乃正式明令解除祺瑞陸軍總長職，改由王士珍繼任。令曰：

陸軍總長段祺瑞，前因患病迭請開去各項差缺，業經先後給假三月，俾資調理。該總長公忠體國，卓著功勳，深望早日就痊，銷假任事。茲復呈稱病難速癒，續請開去差缺，以冀安心靜養等語。情詞懇摯，出於至誠，段祺瑞應准免去陸軍總長本職，仍留管理將軍府事務，及統率辦事處辦事員，以節勤勞，而資倚任，此令。[98]

---

[97] 北洋史話第二冊，頁七二至七三。

[98] 東方雜誌第十二卷第十號，中國大事記頁五。

同年十二月二十一日，袁氏錫封龍濟光等一百二十八人爲五等爵，獨不及祺瑞，祺瑞處境之危險可想而知。據「餘不足觀閣主」(周遊)之「捫蝨談」，謂祺瑞之能始終堅貞自守，受徐樹錚影響之功居多。其言曰：

(曾毓雋言：)項城蓄謀帝制之始，合肥微窺其隱，即召余(曾自稱)及又錚諸人秘商曰：「項城帝制自爲之跡，已漸顯露。我當年曾發採取共和之電，如今又擁項城登基，國人其謂我何？且恐二十四史中，亦再找不出此等人物！所以論公，我寧死亦不參與，論私，我從此只有退休，決不多發一言。」

後來帝制形成，合肥養病京郊。一夕，項城忽召余曰：「松坡已離京轉滇，芝泉亦知之乎？爲我轉告芝泉，此時忍坐視我滿頭白髮，遭人摧毀欺負耶？」繼又岔然曰：「沒有我，恐怕也沒有你們！我今年逾五十，位極元首，個人尚有何求？然不能不爲此一團體打算，我們不能讓人家打到大門口來！即有錯誤，第一個了解我，又能諒解我的，應該是芝泉。今乃剛剛相反，芝泉竟是第一個不了解我，不諒解我的。這令人不解！汝可轉告他」。

繼又曰：「最好芝泉能親自來見我」。於是提筆草就一函，交余遞段。段閱後決定仍不往見，囑余擬稿，加以矯正，交余面呈項城，於是我又往謁項城，作第二次之密談。

袁拆函一瞥，隨命余曰：「汝且退，明日此時，可再來此」。

余謁段報告見袁經過，段曰：「汝明日復謁項城，不必多費一詞，只聽其發付可也，生死且不計，何有於得失！」

余歸，竟夕不能成寐，想找又錚諸人一商，則又錚實爲與合肥同一鼻孔出氣之人。且合肥此種堅決態度，十之七八，受又錚影響爲多，乃作罷。

余謁合肥，請其在可能範圍内予以便宜行事。段鄭重聲明曰：「除不擁護項城做皇帝，及暫不謁見外，其他均可便宜行事。」又承相告曰：「昨晚又錚來稱：項城左右，已亟謀不利於我，併及又錚。聞他們只待上面點頭，便採取行動。我料此乃想當然事，但亦不可不防範之。」

我離合肥處後，頗有歧路徘徊之感。繼思又錚畢竟權奇倜儻人也，不如試一探詢其本意，然後請其相助。因速往某俱樂部見又錚，坦白告以一切經過。又錚又笑曰：「閣下誠坦白，但尚隱有一事，即項城大罵徐樹錚該死是也。」余亦笑曰：「事誠有之，何必贅述，以攖君之怒。」我乃更告以項城與合肥各執一端，無法向項城復命之苦，請智多星爲我設想。又錚先說笑……見余若有不豫色然者，始正經爲計曰：「閣下明日仍先謁項城，告以合肥擬俟稍癒，即親謁面呈密要。項城能得與合肥面談，必喜且不勝。然後吾人徐圖補救。茲事體大，不可造次。」余覺又錚所言極是，次日再謁項城。……此次謁項城爲第三度。見袁後即告曰：「段以茲事體大，決俟病體稍癒，躬親請謁，面呈一切。」又故意加重語氣，重說曰：「親來密商，比較方便，覺其病狀已好轉，大約最短期内，即可應命前來。」項城聽到最短期内可以會晤，立刻變爲喜悅。我正想乘機告退，但項城準備發言了。他一發問，問題便多。我暗中在咎又錚，以凡所作計，總帶幾分冒險性質。正在冥想，見項城檢交馮華甫親筆函曰，汝試一閱，必覺其眞有進步。我讀後，記函中警句云：「京以外事，倘有所命，決不敢辭。惟京內事，則極望菊人、芝泉諸兄，能切實秉命而行，不要爲其左右所誤。……」此一語明明係指合肥之信任又錚，最中項城之忌。我不待項城發言，即批評該函云：「無論東海、河間、合肥，皆屬國家柱石，似應同心協力，三位一體。……如相互猜忌則恐禍起蕭牆，非國家之福。」項城云：可爲我將華甫此意，轉告芝泉。旋又急曰：「且慢，又錚其人，亦小有才，如循正軌，可期遠到。但傲岸自是，開罪於人特多。芝泉如愛之，不應反以害之。……亦可爲我轉加勉勵，並可將去此函共閱。」

余自公府辭出後，即見合肥，告以已代爲權允病癒後往謁面談。並遞上河間致項城手函。合肥看罷，即擲之於地曰：「馮華甫本來是狗，現在看來，簡直連狗不如！」我說既已權允病癒往見，則不能稱病到底，事先應有準備才好。合肥曰：「又錚來過，亦爲此事擔心，汝可找又錚共商。」

我找到又錚，出示馮函，又錚曰：「我們還是抓定自己的原則，即第一：不論直接間接，積極消極，均反對帝制到底。第二：項城中途取消稱帝野心，據張季老相告，已完全失望。所以合肥還是始終稱病不見爲止。」我反駁曰：「不見固佳，但不能稱病到底。」又錚思之有頃，忽拍案叫曰：「得矣，我可派人揚言於梁燕孫、楊晳子輩，只要合肥願見項城，項城可答允合肥一切要求，所謂要求，包括人事調整云云。彼輩一聞此言，恐被指名調整，必多方設法以緩項城與合肥之見面，則吾人可從容坐視其變。」

余每暗服徐之勇邁而兼有雅量。因一再相約曰：「一切君所論，但請從速進行。」果然，此後多日，項城不再召我，又錚之謀告成矣。

忽一夕梁燕孫過訪，……曰：「頃間項城相告，謂據足下轉陳，合肥已允病癒往謁。果能如此，何事不可商量。第一、馮華甫即不敢再如目前之作壁上觀，而將一切責任推諸合肥身上。第二、東南西南各省督使，對我方必立刻改變觀念，而有所顧慮，以共尋求緩衝之道。則項城做不做皇帝，均得有時間從長計議。……」我答曰：「合肥已決定病癒往謁，但項城左右，恐非每個人都如閣下想法。……合肥個性，閣下所知，決不可供群小玩弄。」梁氏云：「足下之言是也，容將此意往陳項城，得其了解，再來就商。」

梁去後，余即往告又錚，徐曰：「有我徐某在，決不令此獠猖獗禍國也。」我問曰：「君謂南皮、項城，是半豪傑，作何解？」徐曰：「南皮一生，以罵人起家。項城一生，以騙人起家。非豪傑不敢以罵人，非豪傑不足以騙人。然眞豪傑，則既不罵人，更不騙人。今南皮與項城一罵人，一騙人，吾故曰半豪傑也。豪傑而曰半者，其他一半，屬屠沽故也。」徐氏述畢，關於梁燕孫與我晤談之應付，又錚毅然曰：「我料梁氏旨在窺探吾人意向，暫時決不會聳恿項城召見閣下。因我所做工夫重點，即在投彼輩所好。可使項城一時更不圖見合肥，請諸君高枕看我好謀。」我深信又錚之能，遂亦置之。

項城欲與合肥見面，終因又錚窺破項城左右意圖，略施拖延小計。不久蔡松坡雲南起義，項城亦勢成騎虎，不能登其大寶。某夕，又錚過訪，謂項城又有請合肥復出相維之意，幸爲其左右所阻。繼又曰：「祇要我們能消極到底，軍事方面，久持必生變，雖倒河傾海，亦無能爲力。」河海云者，指河間與東海也。又錚祇堅持此一策略，以成合肥再造共和之局，合肥亦能動心忍性，以增益其所不能。

又錚最重視者，爲項城將來如何收場，合肥又如何出而善後，我們爲其左右者之如何預籌也。又錚之中心主張，爲佛頭上著不得一點糞，無論項城以何種名義授合肥，縱使實際上授以全部軍權，亦不能接受。一接受，則頭上著糞，永遠難洗。反之，縱使空虞到委蛇伴食，予以閑曹，也當拒絕，不拒絕，頭上又著到糞了。故吾人不能輕易授人以口實。則項城之敗，敵人不一定能收全功，而我們則操勝算之一半。後來事實演變，一如其所料。雖以東海之善於操縱，河間之亟思染指，而北洋軍權，始終控制於合肥手上者，胥又錚此一堅決主張，爲奠定其基。

當袁氏取消帝制，手令東海，請合肥同籌善後，一切請合肥處理，惟不能再用徐樹錚。合肥一聽此言，大怒曰：「事到如今，尚一點不放鬆。我寧不幹，我又如何能幹！」

曾氏又云：「大徐最怕小徐，但有時亦愛小徐，且想利用小徐。而小徐終其身，祇接受其怕，不接受其愛，更談不到利用。而合肥則不然，能使小徐終其身不見其愛，只見其信任。不見其怕，更不見其利用。信任矣，愛何加焉。利用矣，怕必隨之。然則大徐之智出合肥下矣。」[99]

周文所記乃聞之祺瑞本人及其左右，可靠性極大。由此可見祺瑞與徐樹錚關係之密切，而祺瑞之人格遠過於馮國璋也。

（臺中，東海大學歷史學報第二期，民國六七年七月，頁一五至四五。）

---

[99] 原載香港「天文臺報」，民國五十年二月至四月。

四〇 蔣中正先生與討袁運動

一、引言

蔣中正先生自幼立志革命，民國紀元前四年（一九〇八）東遊日本，入振武學校肄業，因陳其美之介紹加入中國同盟會。民國紀元前二年（一九一〇），在東京初謁中山先生，傾談國事，中山先生許爲不可多得之人才。辛亥年武昌起義，由日返滬，奉命攻浙，任先鋒隊指揮官，光復杭州，厥功獨偉。旋任滬軍第五團團長，助陳其美謀定全蘇。民國元年三月，辭第五團團長赴日本，十一月一日創辦「軍聲雜誌」，親撰發刊詞，是年冬回歸奉化故里。民國二年六月，決心啓程赴德留學，特至上海晉謁中山先生告別，值宋教仁被刺，袁世凱違法大借款，罷免國民黨籍三都督，中山先生盱衡時局，知討袁終難避免，力勸蔣先生打消赴德留學計畫，於是蔣先生乃留滬待命，而參預轟轟烈烈之討袁運動。

二、參預二次革命

民國二年六月中，陳其美奉中山先生之命在上海籌畫討袁事宜，軍事、經濟事項分由蔣先生及張人傑負責。當時討袁軍之主力凡四部：一爲蔣先生重新收拾之舊屬，即原辛亥革命時所編練之滬軍第五團，民國後改稱陸軍第九十三團❶。二爲鈕永建率領之松軍。（按：六月十七日駐防松江海陸軍聯合，組織討袁軍，推鈕永建爲總司令，自動開赴上海，聽命陳其美所調遣）❷三爲陳果夫新召集之奮勇軍，約二百人，係收羅昔日四川陸軍小學鬧風潮退學到滬之學生❸。四爲其他駐滬各軍，其中以原守備上海製造局之六十一團、三十七團尤屬重要❹。

袁世凱深知上海乃革命黨人麕集之地，非厚集兵力無以鎮壓，乃命陸軍部抽調駐馬廠之步隊三營，計一千六百名，乘新康、新銘兩輪，於七月六日午後抵滬，海軍方面另派應瑞、新昌、安平等輪前來。陸軍部且以上海製造局乃軍械重地，得之即可掌握上海，擬調北方騎兵二十營助守，所有軍隊悉歸袁氏心腹淞滬鎮守使鄭汝成統率❺。復於黃浦江面配置海籌軍艦，命倪嗣沖、張勳部扼津浦路，徐寶山、蔣雁行部環伺京滬外圍，浙江都督朱瑞制陳其美

---

❶ 毛思誠編：民國十五年以前之蔣介石先生，第五編，頁一，香港，龍門書店影印版，一九六五年十一月。
❷ 鋒鏑餘生編：南北惡感新文牘，卷三，頁九，醒智書局石印，民國二年秋。
❸ 陳果夫：「癸丑討袁」，陳果夫先生全集，第五册，頁四五，正中書局發行，民國四十一年八月。
❹ 南北惡感新文牘，卷四，頁一六。
❺ 郭斌佳：「民國二次革命史」，武漢大學文哲季刊，第三集，頁六二八至六二九，台灣學生書局影印。

之後路，警戒森嚴❻，兩相對比，實力極爲懸殊。

七月十二日，李烈鈞在江西湖口起兵討袁，十五日黃興發難於南京，十六日陳其美乃就任上海討袁軍總司令，誓師討袁。宣言略曰：

共和政體，首重民意。不圖我國自改革以來，國賊袁世凱殘害忠良，袒護兇犯，搗亂司法之制，提倡暗殺之風，蔑視國會，干涉憲法，誣陷善類，擅捕議員，私借外債，喪失主權，重人民之負擔，啓各國之干涉。……近更派兵南下，破壞共和。擄掠姦淫，漢鄂之同胞既已慘遭蹂躪；示威進逼，潯陽之鼙鼓又復動地而來。奇惡窮兇，實在忍無可忍，不得已共圖討賊，保障共和。❼

革命黨人于右任所辦之「民立報」，復爲之作文字上之筆伐，並誇張革命軍之實力。七月十八日新聞：「本埠軍界及民黨，昨已一致決議，組織上海討袁軍，其總司令一席，由黃總司令委任前滬軍都督陳英士君。聞駐製造局之北軍營長等，亦均願嚮義，已派人見陳君，言我等同爲國民，決不爲袁世凱私人効力云。」❽七月二十一日新聞，對革命軍之實力渲染益

---

❻ 葉夏聲：國父民初革命紀略，頁七二，民國三十七年十一月自印。
❼ 中央黨史史料編纂委員會：革命文獻，第六輯，頁四六，民國四十三年十月出版。
❽ 民國二年七月十八日上海民立報，第九百八十號，頁一一。

甚：

滬上陸續到來兵士，除海軍不計外，有兩萬八千餘人，其六千人本原駐在滬，今仍作爲保護地方之用，其餘即松軍、杭軍，尚有別處調來者。今陳總司令（按：指陳其美）與黃膺白（郛）等商議，擬留半數駐中鎮守製造局及任保護之責，其餘出發到寧，與寧軍聯合赴贛會戰。❾

於是陳其美乃以南市久大碼頭中華銀行舊址爲司令部辦事處，任蔣先生、黃郛、張群爲參謀，沈勉淩、楊青時、吳潤如、王漢良、王漢强爲衛隊司令❿。陳其美接受蔣先生建議，仿辛亥革命期間之光復上海，先攻取製造局，奪取械彈。十八日，蔣先生、陳果夫成立奮勇軍於梅家弄某施醫局，發給槍彈，由任某、陳果夫任正副司令長。是晚十一時，合鈕永建之松軍佔領龍華鎮⓫。蔣先生乃親率幹部，於二十二晚二時進攻高昌廟江南製造局。由松軍、奮勇軍擔任左右翼，以倉卒起事，軍備不齊，且舊隸守局之第九十三團，爲上海鎮守使鄭汝成調至龍華寺，由其所部警衛軍駐守。海軍本中立，利汝成重賕，竟倫襲討袁軍。故二十三

❾ 民國二年七月二十一日上海民立報，第九百九十一號，頁一〇。
❿ 「民國二次革命史」，武漢大學文哲季刊，第三集，頁六五六。
⓫ 陳果夫：「癸丑討袁」，陳果夫先生全集，第五册，頁四五至四六。

日終日大戰，六十一團、三十七團，以及駐上海各部隊，包括砲兵，均加入戰鬥，討袁軍竟難取勝。奮勇軍已佔領吳淞西砲台，因黃浦江海籌艦突然發砲，損失慘重。是役討袁軍計遺失大砲十八門，子彈一百七十箱⑫。其中奮勇軍死十二人，傷三十一人，不知下落者九人，不得已復行退出⑬。

二十四日，陳其美集中主力於閘北，自動將南市放棄。二十八日，兩軍復大戰。是夜蔣先生潛往龍華寺運動舊部，路經製造局附近，爲警衛軍步哨所獲，以計逃脱。既抵龍華寺，九十三團團長陳其蔚以通敵避匿；蔣先生乃激該團以大義，遂率一營之衆，衝鋒奮進。合鈕永建部松軍猛攻製造局，袁軍頑抗，死傷慘重，營長張紹良陣亡。討袁軍砲燬海籌艦探照燈，各艦大懼，亂發鉅砲，討袁軍仍無進展。二十九日，討袁軍復分三路進攻：一由龍華，一由湖南會館，一由陸家坵。袁軍亦分三路相拒，戰況益烈。次晨討袁軍以彈藥告罄，不得已退至閘北，而租界外人及萬國商團與紅十字會，以連日激戰，影響商務，破壞租界秩序，曾於七月二十六日經公共租界工部局各西董會議，出示通告，略曰：

上海外國公界本爲商務而設，近數日來毗連之處亂起，阻擾商業，又復破壞本界秩序。

---

⑫ 日本產經新聞連載、中央日報譯印：蔣總統秘錄（中日關係八十年之證言），第四册，頁七〇，民國六十四年十月出版。

⑬ 陳果夫先生全集，第五册，頁四六。

現各外國領事官及工部局宣示，或在本界，或於本界以北毗連各鄉，不准作為行軍根據，及陰謀計策中點之用。兩方面中國兵弁，無論何方均須遷出本界北鄉之外，以免戰事波及本界，而保衛各國守分商民之安寧。且軍事領袖有連帶者，無論何黨，或文或武，亦應由本界及本界北鄉立即遷出，如違定行提究。[14]

乃於七月三十日，由英軍强迫在閘北湖州會館將討袁軍繳械。全體將士相對飲泣，遂無力再舉。蔣先生憤極，乃與張人傑馳赴南京，圖援助寧方之討袁軍，而黃興已出走，三軍無主，越宿而返[15]。此役之失敗，一誤於兵力懸殊，再誤於海軍助袁，三誤於軍心渙散，四誤於外力干涉，五誤於財力短缺，六誤於民心厭戰。袁氏遂無所顧忌，脅選總統，解散國會，廢棄約法，陰謀進行帝制。

三、率先加入中華革命黨

二次革命以九月十二日熊克武之重慶討袁軍失敗而告一結束，計討袁軍起兵凡贛、寧、滬、皖、粵、閩、湘、渝達八處之多，合計兵力逾十萬人，然此起彼伏，凡兩月卒歸無成。

---

[14] 民國二年七月二十七日上海民立報，第九九七號，頁一〇。
[15] 民國十五年以前之蔣介石先生，第五編，頁一至二。

故民國二年八月九日，中山先生抵日後，鑒於國民黨人組織之渙散，決定採取秘密方法，組織中華革命黨，重新建立革命陣營。凡參加者須各具誓約，犧牲個人生命自由權利，而以服從黨紀，盡忠職守，誓共生死爲宗旨。蔣先生於民國二年九月一日到達日本長崎，旋赴東京。十月二十九日由張人傑主盟，率先加入中華革命黨，（按：中華革命黨遲至民國三年七月八日始正式成立）編號一百零二號，係中山先生親筆，其誓約如下：

立誓約人蔣志清，爲救中國危亡，拯生民困苦，願犧牲一己之生命自由權利，附從孫先生，再舉革命，務達民權、民生兩目的，並創設五權憲法，使政治修明，民生樂利，措國基於鞏固，維世界之和平，特誠謹矢如左：

㈠實行宗旨，㈡服從命令，㈢盡忠職務，㈣嚴守秘密，㈤誓共生死。從茲永守此約，至死不逾，如有二心，甘受極刑。

中華民國浙江省奉化縣人蔣志清

中華民國二年十月二十九日

主盟人　張人傑⑯

民國三年五月初，蔣先生奉中山先生命返滬，主持滬寧討袁軍事。蔣先生自兼第一路軍

⑯革命文獻，第五輯，插圖，民國四十三年三月出版。

總司令，擔任潭子灣、小沙渡、曹家渡、梵王渡一帶進攻任務。以陳棨廷擔任真茹一帶奪取警署任務，何元龍擔任破壞鐵路電線，要截軍火任務。計畫既定，發動有期，爲淞滬鎮守使鄭汝成偵悉，分頭派軍警嚴緝。五月三十日夜半，閘北警局拏獲黨人陳喬英、王軍山二人，搜出黨人名單及行軍地圖筆記等物，於是小沙渡機關被破獲，械彈旗幟印信盡失，黨人陳喬英、王軍山、章得高、陳新民等在西砲台殉難。事後袁氏下令嚴緝蔣先生，並收買黨人王金發謀加以暗算。以王與蔣先生友善，可逞其計。是時蔣先生甚爲失意，鬱鬱不得志，一日晚至張人傑處消遣，旋復出另訪他友，而王金發馳報捕房，圍人傑宅大索。及蔣先生歸來，見門外人聲鼎沸，乃走避他處。六月，以在滬計畫受挫，東南難進取，應陳其美電召，復回日本⑰。

先是陳其美建議中山先生，以袁軍密佈東南，防範壓制不遺餘力，欲謀第三次革命，當於東北數省培植根基，以爲大規模之運動，中山先生諾之。陳其美乃於民國三年一月二十三日與戴季陶自神户啓程，首渡大連。瀕行慷慨告蔣先生曰：「辛亥革命手持寸鐵，集衆數百，武昌一呼，全國振盪者，革命之精神有以致之也。癸丑一役，據地數省，擁兵十萬，賊軍猖獗而全局失敗者，革命黨人鋭氣銷沉之所致也。」二十六日至大連後，乃設立奉天革命機關部，聯絡東北各省軍事首長，積極籌備發動事宜。陳其美在途中因感冒觸發舊疾，坐臥不安，故至大連後即住醫院治療，但仍扶病接見各地負責同志，共商大計。逗留半載，袁氏緹騎四

⑰ 民國十五年以前之蔣介石先生，第五編，頁五。

出，一面分頭密查，一面運動日本官廳採取壓迫政策，使黨人無復有活動之餘地。陳其美終不得志，既困於病，復受外交之掣肘，遂以東三省黨務委之方劍飛，而命陳寧等運動黑龍江軍隊，力謀三次革命之發動，仍歸日本⑱。

同年六月，東北同志寧孟言告總部曰：「吉黑兩省軍隊運動已成熟，請派員速往主持。」陳其美以在日事繁，乃命蔣先生與丁景梁前往經營。及抵哈爾濱，視察革命程度，與各地實況，發現當地革命情勢尚未成熟，在袁政府和日本勢力下毫無活動之餘地，知寧孟言張皇其詞，意在索款⑲，居月餘，會歐洲大戰起，蔣先生乃上書中山先生，陳述歐戰之趨勢，並倒袁計畫，略曰：

此次歐戰時期延長一日，即袁賊之外交勢力薄弱一日；範圍擴大一部，即吾黨外交關係勝利一步也。若吾黨不於此袁賊親西排東之外交失敗期內乘勢急進，則時不再來，後悔莫及矣。如全歐紛爭一起，則列强對於東亞之外交必難兼顧，吾知日本必於此期間竭力伸張其勢力，以鞏固其將來在東亞外交上之地位，此其暗排袁賊之陰謀，所以不能不實施其明助我民黨之策略也。……

---

⑱「陳英士先生癸丑後之革命計畫及事略」，先總統蔣公思想言論總集，卷三十六，別錄，頁七，中央黨史委員會編印，民國七十三年十月出版。

⑲同前書。

本黨今日之進行，以統一各省革命計畫，確定全盤整個方案，集中一點，注全力聚精銳以赴之，是爲今日第一之急務也。若夫命令不一，統御無方，則處處進行，即處處薄弱，進行終無徹底之時，即使遍地發動，有何效益？是故多方起事不足分袁之兵力，徒墮本黨之聲威，且喪本黨之元氣耳！……浙江之戰略，以地勢與兵力之關係，是海主陸從，西守北攻，爲今日惟一之根據地點。……浙江之軍人，猶屬昔時之革命分子，其思想其宗旨尚能較勝於他省。今日上級將校之與吾黨反對者，乃黨見與權利之關係，雙方激成，固求其同意而不可得。至於中級將校，完全爲利祿之關係，猶非出其本性之反對，吾如出全力爲之運動，尚冀其能完全發動也[20]

同年七月二十日，中山先生爲討袁事，致蔣先生及山田純三郎等其他東北起義同志函曰：「四次來信俱收悉，並得電報，茲即致巴君一函，附委任狀，乞爲轉致，一切計畫依前書所云，望能照此施行，以利大局。經濟一節，已在此間設法，一得，當即可電匯勿念。陳中孚、劉雍兩君，請隨時與接洽爲荷。順此奉候旅安。」[21]蔣先生在東北各地活動達三月之久，雖未能達成願望，卻獲得深刻之體驗，事隔四十年後，蔣先生回憶道：

[20] 「上總理陳述歐戰趨勢並倒袁計畫書」，同前書，頁四至五。
[21] 國父全集，第三册，頁二八九，中央黨史委員會，民國六十二年六月出版。

記得我在民國三年到東北去考察的時候，總理曾經對我說：「日本人如果不將東北（按：當指旅順、大連，和南滿鐵路而言）和台灣交還我們，並保證朝鮮的獨立，我們國民革命是不能停止的，你要將這個意思告訴日本將領。」那時候日本軍閥還意圖拉攏我們革命黨，我在日人的掩護招待之下，在東北的滿洲里、哈爾濱、長春等地住了三個月，最後在長春鐵道飯店日本軍人招待會上，我將總理的意思表達出來，並說明日本要協助中國革命，應該作列强的榜樣，首先作具體的表示。當時招待會的主持人是一位日本聯隊長，聽了我的話，大爲不滿，面紅耳赤而去，第二天就請我離開東北。㉒

於是蔣先生返回東京覆命，主張另闢革命途徑。同年秋，陳其美奉中山先生命赴東北，九月八日在奉天本溪湖發動失敗後，欲赴香港組織機關，乃取道東京西歸。臨別復告蔣先生曰：「時勢所造之英雄非真英雄也，吾甚愧癸丑以來，凡國內有聲望者，嘗具假面目以投機事業，不復能犧牲其性命，以致國弱黨隳，至於此極。吾已決心，吾願犧牲一己以博吾黨之代價，以挽革命之頹勢。吾願掃除中國惡魔，吾願建造世界之平等。」㉓蔣先生送至横濱輪次，慷慨陳言：「兄此去萬一不幸，爲袁氏所害，我當做兄第二化身，以完成兄未竟之

㉒ 先總統蔣公思想言論總集，卷二十一，演講，頁一八三。
㉓ 同前書，卷三十六，別錄，頁六。

志！」[24]陳其美在江浙一帶停留達半年之久，所擬江浙並舉計畫一直未能收效，遂於民國四年八月離滬返日。在東京本部會議中，其美倡議：「用兵者踏隙抵虛，乘人所不備，迺可有功。今袁軍蠭聚東南，不如事西南，力省而功什倍。」[25]中山先生與各同志皆深表贊同，乃決定從事於西南之活動。以粵東爲機樞，衆推陳其美主之。中山先生且命胡漢民往菲律賓，鄧鏗、許崇智、宋振等往南洋，加緊籌款，以爲舉義之資[26]。十月，陳其美啓程赴粵，道經上海，以滬地同志再三挽留，認爲袁氏進行帝制甚急，而海陸軍歸附革命黨者衆，可以資之以討袁，會中山先生亦有命其美留滬之電，其美乃滯上海，主持討袁軍事。

中山先生委陳其美爲中華革命軍淞滬司令長官，並派蔣先生、吳忠信、楊庶堪、周淡游、邵元冲、丁仁傑、余建光等來滬以助之[27]。蔣先生乃於九月三日離日赴滬。

四、規劃肇和之役

陳其美設總機關於上海法租界漁陽里五號，由蔣先生、吳忠信、楊庶堪、周淡游、邵元

---

[24] 何仲蕭：「永懷陳英士先生」，引自陳英士先生紀念集，頁六九，中央黨史委員會編印，民國六十六年二月出版。
[25] 邵元冲：「陳英士先生革命小史」，何仲蕭編：陳英士先生紀念集，頁二六三。
[26] 鄒魯：中國國民黨史稿，頁九九一，台灣商務印書館，民國五十四年十月出版。
[27] 潘公展：陳其美，頁九〇，勝利出版社，民國三十六年四月出版。

沖、丁景良、余建光諸人分任軍事、財政、總務、文牘、聯絡諸職務；而對蔣先生倚畀尤殷。時上海鎮守使鄭汝成擁精兵數萬，並控制海軍，爲袁氏東南之屏藩。九月二十日鄭汝成刺殺中華革命黨黨員范鴻仙，並將范鴻仙在軍中所部署之革命同志二百餘人逮捕或殺害。蔣先生爲料理范鴻仙善後，特負擔七百元喪葬費㉘。陳其美等深感欲在上海發動，非除鄭汝成不能竣功。適十一月十日駐滬日總領事館酒會慶祝日本大正天皇舉行加冕典禮，鄭汝成例須往賀，陳其美偵悉其由龍華鎮守使署至日本領事館所經路線，乃選死士十餘人，攜武器分佈各要隘，尤注意英租界外白渡橋一路，乃以果敢而嫻射擊術之王明山、王曉峰二人任之。明山山東萊陽人，曉峰吉林人，皆早年參加同盟會，沉默寡言，素重然諾。其美語之曰：「吾將靜候公等之成功與成仁矣。」是日晨，明山懷二炸彈，曉峰挾二駁壳槍，伺於白渡橋側。十一時許，汝成率其司務長舒錦秀，乘汽車駛至，將近白渡橋，以車輛填塞，徐徐緩行。明山出炸彈投之未中，訇然爆發，行人惶恐奔避，司機乃掉轉車身擬疾逃去。明山見事迫，躍而前，再擲第二彈，車蓋被炸碎裂，玻璃紛飛，鄭及舒受震而暈。曉峰乃疾登車，左手攀車欄，右手提駁壳槍，猛射鄭頭部十餘彈，更出第二槍，悉力射之，鄭立斃命，顱頸洞穿若蜂窠，血濺四方，舒亦重傷而踣。明山、曉峰二人立車側，意頗自得，中西警士皆氣懾不敢前。稍久，見二人仍不行，乃集百餘人成一大圜遙圍之。繼見其棄槍，乃執之拘於虹口警所。西警長訊之，二人侃侃而言曰：「鄭汝成輔袁世凱背叛民國，余等爲民除賊，使天下知吾人討賊之義，且

㉘ 蔣總統秘錄，第四册，頁一八六。

知民賊之不可爲。事之始末，皆吾二人爲之，勿妄涉他人。」詞氣慷慨，聽者動容，未幾皆成仁㉙。

鄭汝成既死，袁世凱大震恐，改以楊善德繼任上海護軍使，楊性庸怯，布置甚疏，黨人活動乃較便利。蔣先生以上海爲國際都市，交通樞紐，中外觀瞻之所繫，革命行動容易引起舉世之重視。因上海地勢三面環水，要確實佔領上海，必須控制水面，以配合陸上之策應㉚。乃擬定「淞滬起義軍事計畫書」，供作陳其美之參考。其要點如下：

㈠第一計畫　爲一般準備，以佔領製造局爲目的，先取海軍爲根據。預計陸上約需二百人，攻取砲隊約一百二十人，共需三百二十人，半用自來得槍，半以炸彈爲預備，敵情地形及其砲彈數須派人偵察。

㈡第二計畫　爲攻擊計畫，佔領海軍必須與陸上砲台同時佔領。襲取應瑞艦，並策動江陰砲台反正。吾軍根據定以艦隊爲主，砲隊營爲副，同時並舉較爲得計。其辦法强取往湖杭小輪船數艘，搭載人員直取軍艦，以出其不意。或强取南滿鐵路公司裝煤小輪船、舢舨，分載人員於艙下，艙面堆載煤炭，近艦時出而佔領之。

㈢第三計畫　爲攻取吳淞及經營海軍與龍華砲台之計畫。先圖吳淞，以龍華砲台與海

㉙　中國國民黨史稿，頁九九二至九九三。
㉚　楊虎：「肇和起義紀念」，民國三十年十二月六日重慶國民公報，中央黨史委員會庫藏。

軍同時佔領，則製造局無不可下之理。即海軍不能得手，龍華砲隊亦可獨立行動。若能與吳淞相呼應，事亦可爲。若僅規畫海軍，則下策也。其辦法如下：

1. 攻取吳淞：吾軍約有三百人數，二百五十枝自來得槍，由黃埔江乘船抵吳淞鎮上陸，直衝吳淞附近步兵砲兵各部隊，則吳淞砲台必可佔領，佔領後速設防禦工事，暫守吳淞，整頓步砲各隊，再取攻勢，出擊滬上各軍。
2. 經營海軍：經營海軍或龍華砲隊固爲善謀，惟經營海軍，如能與吳淞同時並舉，猶不失爲上策。否則單獨經營吳淞，亦不失爲集中擊要之計。
3. 經營龍華砲隊：龍華砲隊如未開往松江，則較攻取砲隊營爲尤易也。然其地前有高昌廟，後有松江，外有海軍，諸敵包圍其地，如吳淞不能爲之聯絡，則誠死地也。要當與海軍共謀，方爲妥善，否則萬難持久也。㉛

足見其策畫之周詳，與當年革命事業之艱苦。陳其美深表贊同，乃依之以爲發動之方略。原定年底舉事，爲袁氏所偵悉，乃派海軍總司令薩鎮冰以檢閱海軍爲名南下，於十二月三日命應瑞、肇和二艦六日駛駐廣東。其美以肇和已有連絡，若聽其離去，則前功盡棄，臨時改期十二月五日下午四時，乘各艦公宴薩鎮冰之際，與肇和艦長黃鳴球、艦上練習生陳可鈞等相約，發動起義。由其美電請中山先生任命黃爲海軍總司令，囑其暫匿滬寓。另任命陸戰隊

㉛ 革命文獻，第六輯，頁五二至五八。

長楊虎爲海軍陸戰隊司令，孫祥夫爲副司令[32]。當時計畫及分任職務如下：

㈠淞滬司令長官陳其美，參謀長吳忠信。

㈡淞滬總司令黃鳴球。

㈢海軍陸戰隊正司令楊虎，副司令孫祥夫。

㈣海軍以肇和艦爲總司令部，楊虎率一部分部隊佔領肇和，佔領後即開砲猛襲製造局。孫祥夫率一部分部隊分別佔領應瑞、通濟，以爲肇和之輔助。

㈤製造局同意之軍隊，及城內閘北所聯絡之軍警，聞軍艦砲聲，即同時響應。

㈥夏爾璵擔任在城內各城門舉火響應。

㈦薄子明等率領山東部份同志，攻擊警察總局。

㈧闞鈞、沈俠民、朱霞、譚斌等，擔任攻擊電話局、電燈廠。

㈨陸學文等擔任攻擊警察第一區工程總局。

㈩姜涵清、曹叔實、楊靖波、余建光等，擔任聯絡閘北方面軍警。（余建光並任散布告示檄文）。

⑪楊滄白、周淡游、邵元冲等，擔任留守總機關部，並辦理後方勤務[33]。

佈署妥當，乃於十二月五日午後，各同志分別出發。下午四時，黨人楊虎率幹部三十餘

[32] 何仲蕭：陳英士先生年譜，頁六六，文海出版社影印版。

[33] 何仲蕭編：陳英士先生紀念全集，上冊，頁一二九至一三一，文海出版社影印版。

人，由黃浦乘先購得之小艇，暗藏武器，假扮遊覽者，襲取肇和艦，艦上練習生陳可鈞等立即響應，惟黃鳴球則未回艦。楊虎犒賞官兵畢，命取砲彈準備進攻，而司庫不在，乃用大椎破庫，裝置向製造局射擊㉞。

孫祥夫所率陸戰隊，亦乘小艇擬佔領應瑞艦，以缺海關護照，不得傍岸停泊，半數已登汽艇，爲巡捕干涉，不得已而折回。陳其美得孫報告，命陳果夫、周淡遊隨孫同去，召集所部，務必上船，而孫部已四散，祥夫羞憤欲自殺，而佔領應瑞、通濟兩艦之計畫乃歸失敗㉟。

岸上討袁軍由朱霞、譚斌等率領，進攻電話局，已經佔領，而袁軍大隊反攻，復行放棄。吳忠信部陸學文等，襲取警察第一區工程總局，及電燈電話各局，警察潰散。及袁軍來援，討袁軍傷亡過半，不支敗退。薄子明率所部山東同志二百餘名，進攻警察總局，袁軍追蹤至，雙方激戰，革命軍傷亡甚重。製造局守軍同志，聞肇和艦砲聲，正擬響應，忽砲聲中止，疑爲失敗，遂不敢行動。

陳其美在法租界漁陽里五號總機關部調度一切，聞肇和艦砲聲，知已得手，偕蔣先生、丁景梁、徐朗西、周應時、吳忠信、俞信大等，冒險馳往十六舖指揮，及入南市步哨線，前進者漸稀少，獨餘其美與蔣先生二人，時正黃昏，燈火之下，且行且語，各哨未加注意。及抵工程總局，而砲聲頓絕，袁軍四集，始知應瑞、通濟兩艦附敵，各路皆失利，乃急僱船泝

㉞ 楊虎：「肇和起義經過」，中央黨史委員會庫藏毛筆原件。

㉟ 陳果夫：「肇和之役」，陳果夫先生全集，第五冊，頁五○。

十六浦由水道至法租界金利源碼頭登岸，折回總機關部，同志亦稍集，乃議再取應瑞艦㊱。先是總機關部以發動在即，革命同志進出頻繁，尤以十二月五日下午爲甚。鄰居法人見之，疑有危險物品，惟恐波及，乃向法捕房告密，法捕房乃於五日晚派警搜查。故其美、蔣先生回總機關部未久，法巡捕十餘人敲門入，執陳果夫。果夫見五六人持槍而入，故與巡捕爭執作響聲，其美、蔣先生、邵元冲、吳忠信等方議事樓上，聞聲自露台越屋而逃㊲。事隔多年後，陳果夫回憶其經過曰：

英士先生（其美）命我和周淡遊先生到（漁陽里）七號去拿械彈，送給孫祥夫，因爲我們械彈都放在七號屋子裡面。我剛跑出門口，聽見已另有人去拿了，便返室內。當時黑夜沉沉，寒風至烈，我關上了後門，俄而打門之聲甚急，把門一開，見一大隊巡捕前來。我們在後的只有兩個人，其一爲周應時的兄弟。巡捕包探五六人，拿著手槍瞄準我們，其時我無他法可想，臨時想出一計，一面抵抗，一面把門窗桌椅推動作聲，以便樓上同志知道。英士先生及校長（按：指蔣先生）、邵元冲先生、吳忠信先生、周應時先生、楊滄白先生等均在樓上，聽到聲音，便從從容容的從後面的屋頂跑走。當時還有丁景梁、余健光二同志自前門進來，和我們一齊被捕，巡捕們知道我們在樓下有抵

㊱ 民國十五年以前之蔣介石先生，第五編，頁一三至一四。
㊲ 陳果夫先生全集，第五册，頁五一。

抗，恐怕樓上更有準備，所以不敢立刻到樓上去。至於到七號拿械彈的同志們，聽到外面風聲惡劣，便跑出去，返身將大門一鎖，所以七號房子內東西，毫無損失。英士先生等跑走，幸僅一二人受玻璃微傷。樓下的人被巡捕檢查，凡有手槍者均被捕去。那些到總機關來接洽的，也在被捕之列。共丁景梁、余健光、丁士杰及周某等四人，以後他們都被驅逐出境，逃到日本去。我們沒有手槍的四個人，被關在一間房子裡，巡捕去了以後，我們才越宿而出。第二天早晨，四出找英士先生，最後於新民里十一號校長（按：指蔣先生）家中找到了。[38]

先是楊虎自肇和艦發巨砲後，見陸上並無動靜，以爲上海已被討袁軍佔領，爲避免誤傷同志，停止發砲。後以訊號詢問應瑞、通濟兩艦是否同意，兩艦回信號：「正在開會，當可贊同，請勿攻擊。」[39]楊虎等坦然不疑。六日晨，薩鎮冰、楊善德厚賄應瑞、通濟兩艦官兵二十萬元，兩艦官兵乃改變初衷。袁世凱之軍事參議楊晟，力主攻擊肇和艦，謂雖擊沉一艦亦在所不惜。六日晨，應瑞、通濟兩艦遂發砲向肇和艦猛轟。肇和艦出不意，死傷狼籍，衆議開至吳淞口，以不諳電氣起錨法，復被應瑞艦擊中汽爐，不能行駛。楊虎知事不可爲，易服遁至浦東，陳可鈞等十餘人，以傷重不能行，均被捕。可鈞怡然曰：「一切罪行，我自當之，

---

[38] 「陳英士先生革命事蹟」，陳果夫先生全集，第二册，頁一〇〇。
[39] 何仲蕭編：陳英士先生紀念全集，上册，頁一三四。

毋株連他人。」可鈞及黎巨鏐、曾紀棠三人被押解至北京訊辦，可鈞矢口如一，黎、曾被釋，可鈞從容就義㊵。

六日晨，陳其美等在新民里十一號蔣先生寓所，聞海上激烈砲戰，得知肇和艦遭受夾擊，立即準備小舟，欲前往肇和指揮，適楊虎脫險歸來，據其訴說，知肇和遭受夾攻後，同志中因無海軍人才，無法將錨起出，未幾鍋鑪中彈，事已不可爲，經同志扶至救生艇，僞裝煤炭工人逃出㊶。

肇和之役自起義至失敗不滿十二小時，革命同志被捕四十餘人，死二十餘人，傷七十餘人。陳其美於事敗後通告十九號中，檢討財力不裕，軍械缺乏，爲致敗之主要因素㊷。邵元冲分析失敗之原因：㈠不能同時佔領應瑞、通濟兩艦，致肇和艦陷於孤立之勢，而卒被兩艦所攻擊。㈡擔任陸上各方面攻擊之決死隊，武器均爲手槍炸彈，不能與正式軍隊之重武器對抗。㈢晚間總機關被破壞，幹部同志分散，無法按原定計畫進行，而對各方面之聯絡線亦因之斷絕。㈣陸軍方面不能確實響應，以爲海軍之援助，故陸地上無根據地可資憑藉㊸。其中尤以財力不裕最爲重要。

㊵ 袁良驊：「陳可鈞傳」，革命先烈先進傳，頁三七一至三七二，中華民國各界紀念國父百年誕辰籌備委員會，民國五十四年十一月出版。

㊶ 楊虎：「肇和起義經過」。

㊷ 中華革命黨本部通告，第十九號，中央黨史委員會庫藏。

㊸ 邵元冲：「肇和戰役實紀」，何仲蕭編，陳英士先生紀念全集，上冊，頁一三五。

綜觀此役，事前準備及事後撫恤，革命黨僅用四萬元，比楊善德賄賂應瑞、通濟兩艦之二十萬元，不能以道里計。惟陳其美辦理善後，措置裕如，迄無稍餒。曾告其侄果夫及楊虎曰：「事業失敗不足畏也，改過再圖，必有成功之一日，惟志不可頹，志頹則永無成，吾輩今後仍當積極進行，成功不過時間問題耳！」[44] 顧此次起義雖失敗，卻喚起全國之民心，討袁義師遂接踵而起。

五、襲取江陰要塞

肇和起義失敗後，陳其美乃變更計畫，欲襲取江陰要塞以控制長江。江陰距上海西北一百三十公里，係長江門户，如能得手，則江中海軍必難活動。由吳淞響應，先固要塞，然後進規上海，襲取製造局，以扼長江門户。當時江陰有方更生所統蘇軍第七十五混成旅防守，內有要塞礮八十門，機關砲四門，東西山、黃山、鵝山護台兵二百餘名。另有步兵兩團分駐長江南北岸，掩護砲台，攻取殊爲不易。

先是民國四年冬，陳其美已派尤民運動江陰駐軍，方更生所部多係楊州籍，原隸徐寶山部下，尤民透過友人劉子喻，結識方部第一四九團第三營第十一連連長掌仲權，因之該連排長陳新禮、巡官胡綏臣、砲目劉興傑、第一五〇團差弁吳克秀等，於民國五年二、三月間秘

[44] 「陳英士先生革命事績」，陳果夫先生全集，第二册，頁九一。

密至上海，由陳其美面授機宜，並給銀洋兩千元作爲交際費，且允獨立後上海當接濟餉械。該部第一五〇團第一營第二連連長姜錫鵬，第三營第九連連長張永生，亦自動潛匿來滬與楊虎接洽。陳其美乃派蔣先生、楊虎前往舉事㊺。

民國五年四月十四日，全體黨人集合於江陰城內大司馬街某酒菜館開會，決議該晚發難，以「騎虎」爲口號。夜十二時由掌仲權鳴槍二響爲號，黨人一團二營五連連長桑起亭等率部搶佔西山砲台，進攻司令部小頭山；吳克秀亦率二團一營進攻王府旅部，黨人先敗後勝，至十五日大江南北江陰、靖江兩縣已改豎革命軍旗幟。十六日晨，砲台駐兵第一四九團復發難，第一五〇團應之，方更生逃逸，餘衆潰散。七時宣佈獨立，公推尤民爲護國軍總司令，蕭光禮爲要塞司令，李玉庭爲團長，駐守江陰砲台附近，並派步兵一梯團，水師營船隻四十艘，機關槍兩架，戰砲十八尊，開往無錫㊻。惜因內鬨，僅十日而失敗。

造成內鬨主要原因，在於舉事領袖不能通力合作，總司令尤民出身綠林，經常依違於護國軍、革命軍之間，恣爲敲詐㊼。故與負責澄縣黨務之華彥雲時起衝突，致使方更生旅起義軍隊自動推舉該旅參謀長蕭光禮爲要塞司令。詎料蕭光禮受袁黨十萬元收買，當軍隊開赴無錫後，江蘇將軍馮國璋已派蘇軍第十九師楊春普部，由常州進攻江陰。二十五日，蕭光禮忽

㊺ 「江陰獨立經過」，革命文獻，第四十六輯，頁一九七至一九八。
㊻ 同前書，頁一九八至二〇四。
㊼ 游悔原：中華民國再造史，頁一〇五，文海出版社影印版。

下令各營於八時繳械，十時放餉，兵士始知受蕭所愚，卒致潰散。惟章武以澄軍五百人死守礮台，斃袁軍千餘人，夜十二時各要塞完全陷落，尤民被獲，當即被梟首示衆。章武部下得慶生還者，二人而已[48]。

蔣先生於砲台兵變期間，同行者皆宵遁，而獨留空壘中，至深夜二兵士來告曰：「壘已空，盍速行。」蔣先生乃命二人爲嚮導，離砲台出險返滬[49]。事隔十七年，民國二十二年八月，蔣先生回憶其事曰：

民國五年在江陰舉事的時候，一般同我去的革命黨員，到了最危險的關頭，都紛紛逃跑了，只留我一個人在江陰砲台上。……爲什麼我們能始終不懈的幹呢？沒有旁的，就是不怕死！我們每到最危險的時候，想到自己是爲革命而犧牲，便覺得心安理得，死得其所，所以不僅不怕，而且非常快樂！[50]

四月十八日，上海附近吳江、震澤等縣爲革命軍光復。時黨人由海外陸續回國，聚集上海，五月五日黨人百餘名，乘小輪三艘，由陳其美指揮，圖襲策電警艦，並欲强奪〇〇二號

---

[48] 革命文獻，第四十六輯，頁二〇五。
[49] 民國十五年以前之蔣介石先生，第五編，頁一六。
[50] 先總統蔣公思想言論總集，卷十一，演講，頁四四〇。

砲艇，事雖不成，而牽制袁氏兵力甚大。陳其美與蔣先生復計畫五月十三日再襲江南製造局，不幸初八日舊國民黨人岑春煊派攻製造局不成，引起袁軍特別戒嚴，以致中華革命黨人原先所運動之軍隊，內外隔絕，消息不靈，無法實現[51]。朱執信記其事曰：「陸上運動北兵，不止一次，雖未能發動，而袁世凱不得不留二師之兵於上海，以牽制英士先生。……使無英士先生督中華革命軍於上海，則袁氏至少可移一師以上之兵力於他方。當蜀、黔、湘、鄂之間戰事正殷之際，袁氏於彼方多此重兵，其結果如何，當爲國民所想見。」[52]足證陳其美、蔣先生之討袁義師雖受挫於長江下游，其價值仍莫大焉！

六、經紀陳其美喪事

先是陳其美在東京時，袁世凱以其爲革命黨之巨擘，曾許以鉅款五十萬元，請其赴歐美考察工商，不再過問革命事業。其美欲其一次付清，袁氏祇願分批。其美告袁黨曰：「個人無需此款，欲用此款，無非爲國耳！如能一次交來，可作革命費用也。」袁黨曰：「付君之款，非欲君進行，欲君退耳！君如不用此款，袁即備此款以殺君。君如取之，即有多金，又能保命，豈不兩全。」其美怒曰：「爾此來買我耳！余之一生，與中國國命有關，如中國將來

[51] 「陳英士先生癸丑後之革命計畫及事略」，先總統蔣公思想言論總集，卷三十六，別錄，頁一一。

[52] 朱執信：「論中華革命黨起義之經過」，革命文獻，第五輯，頁六四四至六四五。

有望，我決不能見殺於袁，袁必見殺於我；中國無望，我必死，何惜此身！」[53] 其美之不顧生死利害，報國之志於此可見。

肇和之役後，其美活動益力。民國五年春，護國軍已崛起，各地紛紛響應，袁氏復以重金賄其美離滬，其美仍拒之，袁氏羞憤，乃欲暗殺其美以洩恨。時其美所寓漁陽里及總機關薩坡路一帶，偵諜四佈，即人力車夫亦多被袁黨收買作爲眼線。同年五月，其美以辦事不順手，經濟困難，形容枯槁，精神萎頓，爲袁黨所悉，由許國霖、程子安、王介凡等，在白來蒙馬浪路三十九號僞設一鴻豊煤礦公司，勾通叛黨份子李海秋，詭稱公司在廣西有一礦地，擬向日商中日實業公司抵押借款，如其美能介紹簽約，則借款到手後，願以十分之四補助革命軍費，其美雖疑其事不確，而不顧生死，親冒危險，思得款以達革命之目的[54]。十八日下午二時許，由李海秋帶同許國霖等五人，至薩坡路十四號晤其美，甫坐定，海秋忽詭稱合同未帶，須親自取來，逕行他去，而二兇徒突自外闖入，拔手槍向其美面部射擊三槍，中頭顱要害，立時仆地氣絕，其美死時年僅四十歲。隔室同志聞聲趕救，兇徒復發數彈，丁仁傑等俱受傷，兇徒除王介凡在奔跑途中被擊斃外，餘均逃逸[55]。

陳其美死後，遺體被放置門外，慘不忍睹，親屬戚友不見一人，蔣先生乃雇車將之載回

---

[53] 「陳英士先生革命事蹟」，陳果夫先生全集，第二冊，頁九二。
[54] 同註五一。
[55] 施方白：「中華革命黨時期見聞錄」，革命文獻，第四十六輯，頁五六四。

法租界蒲石路新民里十三號個人藏身秘密寓處，治喪如儀。其美雖歷任要職，以獻身革命，身後遺留僅二十元。蔣先生乃向同志間東挪西湊，勉強籌足辦理善後費用。事隔九載，民國十四年蔣先生回憶其事曰：

民國五年之夏，英士遇害於滬濱，中正經紀其喪，中夜不寐，痛苦失聲，匪僅以慟其私，實慮無英士在，更難制止大憝之專橫。[56]

案發之後，上海「字林西報」、「德華日報」，均指出此乃「政治性質之暗殺」，係「布置甚週之一種陰謀」，隱指主使者即係袁世凱。「大陸報」且刊載新聞，稱北京政府不久前曾匯款七十萬元至上海交通銀行，專供暗殺黨人之用[57]。法租界捕房緝獲許國霖、宿振芳兩名，程子安則遠逃至美國，消遙法外。上海地方審判廳判許死刑，宿一等有期徒刑，而江蘇高等審判廳承審法官爲袁世凱開脱關係，則以許「雖係同謀，究非主動」，竟寬免其死刑。而主動者究係何人？則不徹究[58]。或謂警方調查結果，判明幕後主使者爲張宗昌，張曾以「幹掉陳其美，賞金十三萬元」，誘使兇犯下手。張出身土匪，辛亥革命之際，夤緣入陳其美部下，二

---

[56] 「祭廖代表仲愷文」，先總統蔣公思想言論總集，卷三十五，文錄，頁一一一。
[57] 「薩坡路暗殺案」，民國五年五月十九日至三十日，上海「時報」連載。
[58] 蔡寅：「陳英士被刺案情概要」，革命文獻，第四十六輯，頁一一二至一一五。

次革命失敗後，背叛革命陣營[59]。五月二十日，蔣先生自撰祭陳其美文，文曰：

維民國五年五月二十日，盟弟蔣介石致祭於英士先生之靈曰：嗚呼！自今以往，世將無知我之深，愛我之篤如公者乎！丁未至今，十載其間，所共者爲何事？非安危同仗之國事乎？所約者何辭？非生死與共之誓辭乎？而乃一死一生，國事如故，誓辭未踐，死者成仁取義，固無愧一生；而生者守信踐約，豈忍惜一死。嗚呼！大難方般，元凶未戮，繼死者之志，生者也；完死者之業，生者也。生者未死，而死者猶生。死者之志未終，而生者終；死者之業未成，而生者成之。不終不已，不成而不死亦不已，以履去春握別扶桑第二化身之讖語，以守我之信，堅我之約而已。

嗚乎！追念前情，悲多而樂少，思深而恨長。辛亥以前，謀浙謀粵，一事未成，患難日迫，感激日深，幾不知復有爾我之分也。辛亥以後，禍亂相尋，變故百出，非知愛之摯，鮮不爲奸人所中傷。癸丑一役，敗挫之餘，從公往來，不離朝夕者，曾幾何人。長逝以後，繼公事業，不渝初衷者，更有何人。向之趨炎附勢，排我斥我毀我誣我者，果何如乎？今之幸災樂禍，妒公忌公刺公者，又何如乎？誠耶！僞耶！是耶！非耶！不恨生前之中讒，惟願死後之可告慰耳。

噫！赤忱未剖，奸邪觝隙，忠言失察，竟成今日之禍。悲乎！哀哉！而今而後，教我

---

[59] 蔣總統秘錄，第四冊，頁二五〇至二五一。

勗我，愛我扶我，同安共危，同甘共苦，而同心同德者，殆無其人矣，已矣哉。感此蒼涼，吾復何言。世路崎嶇，人心嶮巇，瞻前顧後，徒增寒心。白髮在堂，黃口離抱，奉老扶少，更切苦思。公有其靈，來格來歆。㊱

一字一淚，足以見蔣先生報國之志矣。同年五月二十六日，蔣先生特撰「陳英士先生癸丑後之革命計畫及事略」一文以悼之。謂：「自古無不遭庸衆忌畏之志士，亦無安樂善死之英豪。」認爲其美之死可算賫恨以終矣㊷。

其美既殉國，黨人均痛哭失聲，當夜中山先生即往謁法總領事，要求迅速徹究主兇，又派黨人四出偵察在逃各犯。五月十九日，蔣先生乃邀集同志商議其後事㊸。民國六年五月十四日，陳其美歸葬湖州原籍。前二日，中山先生親撰祭文曰：

民國六年五月十二日，孫文謹以清酒庶羞敬奠故都督陳其美英士之靈曰：嗚乎！生爲人傑，死爲鬼雄。唯殤於國，始於天通。亡清季年，呼號奔走，瀕死者三，終督滬右。東南半壁，君實鎖鑰，轉輸不匱，敵胥以挫。孤懷遠識，洞燭奸宄，好爵之縻，避之

㊱ 先總統蔣公思想言論總集，卷三十五，文錄，頁五六至五七。
㊷ 同前書，卷三十六，別錄，頁一一。
㊸ 同註五七。

若浼。賊惡既淫，更張義師，奔敢云殿，自訟責辭。毖後懲前。文屬主張，彼甚文者，謬訕爲狂。君獨契文，謂國可救，百折不撓，以明所守。疾疢彌年，未嘗逸晦，我志鬱伊，賴君實篤。君總群豪，與賊奮搏，百怪張牙，圖君益渴。七十萬金，頭顱如許，自有史來，莫之或匹。君死之夕，屋欷巷哭，我時撫尸，猶勿瞑目。曾不逾月，賊忽自殂，君倘無知，天胡此怒。含笑九原，當自茲始，文老幸生，必成君志。嗚呼！哀哉，尚饗。[63]

是日，素車白馬綿亘達數里之遙，萬人空巷，同哭英雄，十八日遂葬於吳興峴山碧浪湖畔。民國十六年，蔣中正先生領導北伐，江淮底定，全國統一在望，湖州同志乃舉行紀念陳其美大會，並議決：㈠南京建立英士圖書館，㈡上海鑄立銅像，㈢湖州開辦英士學校，㈣杭州設立專祠。俾陳其美之革命精神光輝永垂不朽[64]。

七、中華革命軍東北軍參謀長

民國五年夏，蔣先生奉中山先生之命，前往山東，接任中華革命軍東北軍參謀長，襄助

---

[63] 國父全集，第四册，頁一四二一至一四二二。
[64] 湖社：「建議陳烈士殉難四大紀念物代電」，何仲蕭編：陳英士先生紀念全集，下册，頁五六五。

司令長官居正軍務。中華革命軍東北軍係山東討袁主要武力，亦爲中華革命黨唯一較具規模之隊伍，在整個反帝制戰爭中，具有重要之地位。此軍之所以稱東北軍者，以其骨幹係由關外民軍舊部和山東當地黨人合組而成。中華革命黨本部對此軍特別寄以厚望，決定齊魯之間如確有把握，可以應期而舉，將不惜一切犧牲投注於此⑥⑤。以領導人居正係中華革命黨中堅份子，在行動上具有濃厚之革命色彩，故不同於護國軍之只與袁氏一人爲敵⑥⑥。按：中華革命黨方略中規定，革命軍每佔一地，需明令保護外國教堂、學校、住宅，嚴禁私人招募軍隊，發表安民佈告，接收電報通訊機構等規定⑥⑦。五月初，居正命薄子明率一部攻周村，自率一部攻濰縣。濰縣爲膠東重鎮，袁軍師長張樹元堅守不下，乃分兵略取外圍各縣。遣呂子人攻高密，馬海龍攻諸城，劉廷漢攻昌樂、安邱，均次第克復；另命俞奮略地至臨淄、臨朐、益都等地。張樹元見四圍不守，乃於五月二十六日放棄濰縣出奔。革命軍曾於五月二十五日、六月四日兩度進攻濟南，膠濟全線盡爲革命軍所支配。

居正在濰縣，要求軍民人等，對待外人應予保護，通告民衆對城內外治安絕對負完全維護之責。禁止人民私藏武器，並嚴禁各隊自由募兵籌款⑥⑧。又以民主國家首重民權，行使民

---

⑥⑤ 「廖仲愷爲購械及山東討袁軍事致居正函」，革命文獻，第四十八輯，頁八一。
⑥⑥ 中華革命軍東北軍討袁檄，中央黨史委員會庫藏。
⑥⑦ 中國國民黨史稿，頁二九〇至二九五。
⑥⑧ 狄膺、李翊武編：居覺生先生全集，上册，頁三三七至三三八、三四三至三四四，台北，自印本。

權端賴自治，乃傳集各鄉士紳赴濰，共同進行磋商自治事宜，俾使民權伸張，而民政鞏固[69]。於是整編所部兩萬餘人爲兩師一混成旅，由蔣先生任參謀長，周應時、吳藻華爲參謀，陳中孚爲副官長，周道萬爲經理局長，朱霽青爲第一師長，呂子人爲第二師長，並兼第四旅長，尹錫五爲第一旅長，趙中玉爲第二旅長，修景林爲第三旅長，俞奮爲第一混成旅長，邵元冲爲濰縣警備司令，石俊卿爲警衛團長，夏重民爲義勇團長，劉廷漢爲昌樂軍務知事，鍾聘玉爲青島招待所主任[70]。

袁世凱於六月六日晨斃命，由副總統黎元洪繼任總統。六月九日，中山先生以大元帥名義下令停戰，命所有中華革命軍東北軍統歸陸軍部改編。於是發佈規復約法宣言，派廖仲愷至濰縣，命居正北上就參議員職，而以中華革命黨軍事部長許崇智代理總司令，從事收束[71]。

蔣先生於七月三十一日抵濰縣，時在中華革命軍東北軍改編之後，發現許崇智顯然未能完全掌握東北軍領導權，實權則操於副官長陳中孚之手。第一師長朱霽青爲陳中孚心腹，第二師軍中只知有陳副官長，而不知有居總司令[72]。不僅青島日本守備隊控制東北軍動向，駐

---

[69] 同前書，頁三四五。

[70] 施方白：「中華革命黨時期見聞錄」，革命文獻，第四十六輯，頁五六七；「山東革命黨討袁史略」，革命文獻，第四十六輯，頁二五五。

[71] 居正：「中華革命黨時代的回憶」，革命文獻，第五輯，頁九五。

[72] 民國十五年以前之蔣介石先生，第五編，頁一九。

濟南日本武官貴志彌次郎實參預一切敵後工作之籌畫[73]。各部隊領餉，經理局及各師只有總數而無名册，所有開支公私混淆[74]。糧局可自由支出，徵發各款可不經總司令部。經理局收支既不能統一，代總司令無權支配，各部隊長得以自由募款招兵[75]。一團槍械只有一連之數，子彈尤其缺乏[76]。各處衛兵不明口號，出入總司令部不需證件。士兵有身著軍服在各店舖座談者，部隊訓練亦不足，肩槍有槍身向上及向右者，士兵多不知本師旅、團、營、連番號及長官姓名[77]。各部隊及帶兵官間無法充分合作，向市民恫嚇敲詐乃至搶掠各村莊事件時有發生。是以東北軍並不能完全獲得百姓之擁護，雙方相處並不完全融洽。當時蔣先生深感東北軍「兵力不備，時機不正，財政困難，不特不能發展，且不能永久獨立。」[78]曾下決心，事無鉅細，竭力整頓，而權不集中，難著成效[79]。乃於八月十二日離開濰縣。

蔣先生真正出任中華革命軍東北軍參謀長僅十三天，一度赴北京觀察政局，旋回上海。東北軍亦隨之由北京政府加以解散，惟對革命黨則提供若干實際經驗，對蔣先生日後之創辦黃埔軍官學校，建立國民革命軍，可能有相當之關係。

---

[73] 淮陰釣叟：「青島茹痛記」，新青年雜誌，第二卷，第四號。
[74] 東北軍經理局通信簿，中央黨史委員會庫藏。
[75] 蔣參謀長日記，民國五年八月十一日、十二日，中央黨史委員會庫藏毛筆抄件。
[76] 同前，八月八日條。
[77] 同前，七月三十一日、八月一日條。
[78] 同前，八月十一日條。
[79] 民國十五年以前之蔣介石先生，第五編，頁一九。

八、結語

蔣中正先生為國父孫中山先生最忠實之信徒，生平與中華民國有牢不可破之密切關係。辛亥革命期間光復杭州，謀定全蘇，為一代偉人勳業之初露。自民國二年討袁運動起，至五年袁世凱敗亡，三年之間蔣先生秉承中山先生之命，率先加入中華革命黨，席不暇煖，活動於上海、東北、山東間。二次革命，發難滬瀆，馳援南京，事雖無濟，而志不稍懈。肇和之役，挫敗之餘，一度襲取江陰要塞以為資。影響所及，討袁義師四起。迨陳其美殉國，獨力經紀其喪事。任職中華革命軍東北軍參謀長期間，深慮驕兵悍將之不易大有所為，曾力事整頓。以約法恢復，革命軍遣散而去職，體驗所及，為日後創立國民革命軍所借鑑。

（台北，蔣中正先生與現代中國學術研討會論文集第二冊，民國七十五年十二月，頁四至二五。）

四一　中華革命黨與護國軍

一、袁世凱帝制醞釀期間反袁勢力之形成

(一)　中華革命黨對雲南軍界之活動

民國三年七月，中華革命黨在東京成立後，革命精神爲之一振，以討袁爲宗旨，以實現民權民生主義爲目標。同年十月，中華革命黨爲討袁事告全國同胞書略曰：「袁氏竊柄，以詐取，以術馭，以殺止亂，以力防民，以權利餌政客，以牢籠待將士，以金錢買軍心，以資格取官僚，以命令代法律，以諂媚策外交，萬機出自親裁，庶政不由輿論。」「願我同胞，知困知窮，知奮知起，一鼓作氣，凌厲無前，燭彼奸謀，聲罪致討，共樹白日旗旗，掃除獨夫凶燄，行者充役，居者助糧，重建共和，共襄義舉。十年老馬，願効率途之用，千里驊騮，能成開道之功。薄海內外，無老無幼，無男無女，悉以革命爲救亡第一要義，則吾人真正共

和之目的能達，自不難組織代表民意機關，訂定優良憲法，以爲永遠萬世遵循之準則。」❶乃號召全國同胞作一致之行動。其軍事方略係從全面著手，並非局限於一隅，或著重於一點。由國父擔任中華革命軍大元帥，每省軍事負責人稱爲司令長官，均由國父所任命，計浙江、夏爾璵（次崖），江蘇、周應時，福建、黃國華，廣東、鄧鏗，雲南、鄧泰中（和卿），湖南、林德軒，四川、盧師諦（錫卿），湖北、蔡濟民（幼襄），安徽、張匯滔（孟介），江西、夏之麒，貴州、凌霄，廣西、劉崛，山東、居正❷。其出兵計劃在民國四年討袁宣言中可窺見一斑：

> 今長江大河萬里以內，武漢京津扼要諸軍，皆已暗受旗幟，磨劍以待。一旦義旗起呼，義動天地，當以秦隴一軍出關北指，川楚一軍規畫中原。閩粵旌旗橫海，合齊魯以擣京左，三軍既興，我將與諸君子扼揚子江口，定蘇浙以樹東南之威。犁庭擣穴，共戳國賊，期可指日待焉。❸

可見雲南起義係討袁戰役中不可分割之一環。國父除任命雲南軍官鄧泰中主持滇省中

---

❶ 國父全集第四集頁八四至八八，民國四十六年五月中央文物供應社出版，以下同。
❷ 居正「中華革命黨時代的回憶」，革命文獻第五輯（總六六一）。
❸ 國父全集第四集，頁十四至十五。

華革命軍討袁軍事外，並派雲南同志呂志伊由日回滇，負責運動軍隊起義。於是雲南主要軍官楊蓁、黃毓英、羅佩金、趙復祥、劉雲峰、申學如、李日垓、趙伸、謝樹瓊等，皆同情討袁❹。此外陳其美亦派黨人楊大鑄持其親筆函至雲南，與董鴻勳、鄧泰中、楊蓁等有所密議❺。

民國四年十一月十日，國父覆海外同志希爐書曰：「陝西已發動，破十餘城，四川之黨軍亦屢敗官兵，而滇黔湘鄂蘊蓄尤厚，必有大成，先從西南造我根據。至長江各省縱彼官僚反正，我亦必佔要地，不落人後。」❻其後於五年一月二十日所致鄧澤如催匯討袁所籌軍餉函曾曰：「軍需浩繁，非鉅款莫濟。去年各處匯款盡用於雲貴川陝及沿江各地方。」❼同年一月，國父致袁軍部將勸勿助逆書復曰：「西南各省吾黨夙布實力，必能與足下義旗呼吸響應，互為聲援。」❽足證雲南護國軍之發動，中華革命黨策劃之功甚鉅，並給予經濟上之支援。

惟當時在雲南掌握軍政大權之唐繼堯，對於時局態度最初猶豫不定，呂志伊曾一度被捕

---

❹ 鄒魯「中國國民黨史略」頁七八，民國三十四年三月商務印書館出版。
❺ 何仲簫編「陳英士先生紀念集」，頁一七九至一八〇。
❻ 國父全集第五集，頁二一一。
❼ 同上書頁二一八。
❽ 同上書頁二二〇。

入警察廳，以鄧泰中、楊蓁力保，始得釋放❾。其餘黨人被捕殉難者甚衆。民國四年秋唐氏爲此曾致電袁氏曰：

去年以來，黨人忽改變方針，常令其黨羽來滇運動，已破獲多次，斬殺多人，以爲可以無事矣。乃近日又有所謂王蔭南，給予資財，投入者已有百數十人。捕獲王蔭南，檢出黨人名冊一本，共其事與謀者有百餘人之多。其爲首倡亂者蔡濟五、董建章、羅海峰、趙飛鳳、王蔭南等五人，蔡斬首，而王槍斃。❿

民國四年九月十一日，滇省同情革命各軍官舉行第一次秘密會議，呂志伊等亦列席，決定四項辦法：㈠唐繼堯如反對帝制，則仍推其爲領袖。㈡如唐中立，則禮送之出境。㈢如唐附和帝制，則殺之。㈣如實行二、三兩項，則擁羅佩金爲領袖，並推鄧泰中、楊蓁兩人負責試探唐繼堯真實態度⓫。唐以衆情所迫，不得不贊成討袁，故雲南軍界於十月七日、十一月三日復舉行第二、三次秘密會議時，唐繼堯及舊國民黨人李烈鈞、熊克武、方聲濤，但懋辛等均參加，情形更加熱烈。由此可見中華革命黨成立後，討袁軍事雖從全局著眼，獨對於雲

❾ 中國國民黨史略，頁七八。
❿ 雲南討袁黨人殉難或被捕概況，黨史會庫藏史料。
⓫ 中國國民黨史略，頁七八。

南方面特別重視，爲護國軍起義之一大推動力量。

㈡ 舊國民黨溫和派之反袁

民國元年八月二十五日，國民黨在北京成立後，因對袁世凱妥協、監視觀點之不同，黨內已有分裂之趨向。及宋教仁被刺案件發生，以 國父爲首，認爲袁世凱叛國跡象日漸顯著，主張趁其力量未充，起兵討伐，陳其美、居正、戴季陶、胡漢民等從之。而黃興、李烈鈞、陳炯明等，則認爲民國已經成立，法律非無效力，主張暫持冷靜態度⑫。及二次革命失敗，黨人紛紛走避日本，國父爲糾正過去國民黨時代之散漫無紀律，故於民國三年夏籌組中華革命黨期間，特別規定黨人須宣誓服從 國父命令。陳其美、居正、胡漢民等從之，而黃興反對甚力，部分黨人從之。雖經黨人從中斡旋，終無法挽回⑬。七月初，黃興離日赴美。同月八日，中華革命黨在東京召開正式成立大會。會歐戰發生，於是舊國民黨人李烈鈞、柏文蔚、熊克武、陳炯明、方聲濤、谷鍾秀、李根源、章士釗、楊永泰、林虎等百數十人，乃發起「歐事研究會」，作爲共同之組織。

民國五年一月，日本向袁世凱提出二十一條要求時，舊國民黨人黃興、李烈鈞、柏文蔚、陳炯明、鈕永建等，主張暫時停止革命，俾袁氏專心對外，乃聯銜發表聲明，表示在袁政府

⑫ 譚人鳳「牌詞」，黨史會庫藏史料。
⑬ 吳鐵城回憶錄，頁六五。

進行對日交涉期間，不應予以干擾。李根源、林虎、熊克武、冷遹、張孝準、耿毅、章梓、程子楷、陳强、龔振鵬、程潛等數十人，竟聯合發表公電，略曰：

吾人第一主見，乃先國家而後政治，先政治而後黨派，國苟不存，政於何有？政苟有成，何分於黨。故吾人之對政府非有惡於其人，而有不足於其政，雖欲大革其政，而決不敢有違於國。⑭

並由章士釗、谷鍾秀、楊永泰等，刊行「甲寅雜誌」，提出停止革命，以免妨害袁政府之對日外交⑮。時黃興方療疾費城，特致函馮自由，㖫其轉告國父，勿因反袁，使日本從中漁利，在美同志受「二十一條」刺激，及黃興等影響，亦紛紛電勸國父採取同一立場，惟不爲國父所接受。馮自由所著「林故主席與美洲國民黨」一文，記其事曰：

未幾，余（按：馮自由自稱）得子超（林森）先生自紐約函電，謂連日鈕愓生、馬素二君，約鄧夢碩、鍾榮光、謝英伯及森等，聯合致電中山先生，請示對日意見，可否暫停國內革命運動，實行一致禦侮，免爲國人藉口等語。……旋接總理覆電稱：「袁世凱蓄

---

⑭ 引自「正誼」雜誌第一卷第七號。
⑮ 馮自由「革命逸史」第三集，頁三九九。

意媚日賣國，非除去之，決不能保衛國權。吾黨繼續實行革命，即如清季之以革命止瓜分。」⑯

據此，可知中華革命黨與舊國民黨溫和派，雖同屬反袁陣營，但兩者在態度與精神上顯有甚大之差異。直至同年五月九日袁氏爲實現帝制野心，承認日本二十一條要求，國民黨溫和派失望之餘，始堅定其討袁之行動。黃興乃與陳炯明、李烈鈞、柏文蔚、鈕永建、林虎、熊克武、冷遹、張孝準、耿毅、章梓、程子楷、陳强、龔振鵬、趙正平、程潛、李根源等十七人，聯名通電，痛加申斥袁氏，略曰：

警報飛傳，外交失敗，喪權蹙國，勝清未聞。遠適異國，昔人所悲，況復聞此，更增愴怛。往者交涉方起，謠諑紛騰，與論責問黨人一致對外，俾政府專其心志，盡力折衝。……今茲結果，實由吾國自始無死拒之心，而當局又有不能死拒之勢，外人審此，恫嚇以乘，至不擬吾於困獸蠭蠆之論，其所以然，則一國政權集結一人之身，與吾接見者只見一人不見國民，人以一國而敵一人，吾則反之。夫以十五世紀或足僅存之政體施諸今日，群力角逐，民族競爭之秋，宜夫狡謀紛臨圖我，凡此一人所愛惜顧慮，惟恐或失者，彼皆資爲劫掠，以攫取吾諸父兄共有永保之土地財產，而不慮其不承諾，

---

⑯ 革命文獻第五輯（總六四〇）。

豈過情事？事有必至，後禍之來正未艾耳！⑰

惟舊國民黨溫和派組織不夠嚴密，仍保有昔日公開政黨之形態，不似中華革命黨之具有秘密排外性，故能在日後護國之役中與進步黨人攜手合作。當民國四年十月蔡鍔潛離北京後，原計劃與黃興共同行動，因黃興赴美，始獨自赴滇。既而張繼、李根源等，欲向上海外商借款二百萬元，以供西南起義之用，外商因所敬仰者惟黃興，聲明非黃興簽字始可，張繼電告黃興，黃興電商於 國父，經 國父同意，乃電託張孝準代表簽名。又電促李烈鈞、柏文蔚在南洋籌餉以資接濟⑱。

其他舊國民黨溫和派首要人物，李烈鈞在辛亥革命前曾任雲南陸軍小學總辦，在雲南軍界仍有其潛在勢力。中華革命黨成立後，偕曾任雲南講武學堂教官之方聲濤自日本前往南洋。而李根源（曾任雲南講武學堂總辦）、熊克武、但懋辛等，亦僑寓新加坡，互商討袁之進行。民國四年春，袁氏帝制陰謀日益顯著，國父爲促成黨人之團結，屢以函電催促李烈鈞等回滇活動。三月九日 國父致南洋同志書曰：

比來海內是非漸明，人心去彼而就我，加以內地同志奮發不懈，海外同志力予扶持，

⑰ 引自黃毅、方夢超合編「最近之國恥」，民國四年刊本。
⑱ 黨史會「革命人物志」（五），頁四五六至四五七，民國五十九年十月版。

民國不亡，共和必復，此可預決者。惟弟與同志諸兄所居異地，雖其間書信往來，可以道達情意，吾人爲目的而集合，孚感在於精神，然關於黨事進行各節，不獲相聚一處，商榷盡言，誠爲歉憾。且近頗聞有人懷挾私異，故作違言，此縱不能惑我同志諸兄，而中立者間爲所動，則亦於大業有妨。茲故特請許君崇智、葉君夏聲、何君天炯、宋君振，偕到南洋，與兄弟接洽，並宣佈弟近日之所懷。四君皆黨中要人，其歷史不待贅述。⑲

十二月初，討袁形勢日迫，李烈鈞與方聲濤密謀，由聲濤率雲南舊日講武堂學生鄒以莊、周汝康等先行，抵昆明後匿居騎兵教官黃毓成寓，舊日講武堂學生任軍官者皆來探視，而特別班學生李根澐（根源弟）尤爲慷慨激烈，共商發動鋤奸計劃。旋烈鈞率黨人陳澤霖、曹浩森、吳吉甫、周世英、韋玉等，乘舟至海防轉河內。因張繼在巴黎與法國內閣交涉之成功，法政府特電河內法國總督加以保護。居二日，烈鈞至老開，親電唐繼堯，略曰：「此來爲國亦爲兄，今到老開已多日矣，三日內即闖關入滇，雖兄將余槍決，向袁逆報功，亦不敢計也」。翌日繼堯復電略曰：「良朋遠至，將蒞昆明，造福至大，匪可言宣。堯喜迎公，特不敢預有表示，茲派舍弟繼虞躬迎，願稍候之。」⑳烈鈞乃於十七日與唐繼虞相偕至昆明。可爲舊

---

⑲ 國父全集第五集，頁一九五。

⑳ 李烈鈞護國之役，引自革命文獻第六輯（總八〇五至八〇六）。

國民黨溫和派與雲南當局攜手之明證，其推動護國軍起義之功亦有其不可磨滅之貢獻。

(三) 進步黨由擁袁到反袁

民國二年五月二十九日，進步黨成立於北京，乃共和、統一、民主三黨合併而成，推黎元洪爲理事長，梁啓超、張謇、湯化龍、蒲殿俊爲理事，原以擁護袁世凱對抗國民黨爲宗旨，亦即利用中國現有勢力，希望成爲國家之中堅安定力量。迨同年十月袁氏當選正式總統，叛國跡象日漸顯著。十一月四日下令解散國民黨，民國三年元月十日復頒佈解散國會之命令，進步黨人多有覺悟被其利用者。及袁氏圖謀帝制公開化，進步黨人乃利用對西南各省之影響力，發動討袁之軍事。梁啓超居進步黨領袖地位，蔡鍔係舊國民黨重要份子，因與梁啓超有師生之誼，與立憲派淵源甚深，故與進步黨有密切之關係。梁、蔡之攜手討袁，促成舊國民黨人與進步黨人之合作，爲推動護國之役鉅擘。

梁啓超在清季因戊戌政變宿恨，對袁世凱銜怨甚深。惟其政治抱負，反對破壞，主張用溫和手段就中國現狀加以改革，故民國以後積極聯絡袁氏，思引導中國走上立憲政治之常軌。民國二年九月，梁氏出任熊希齡內閣司法總長，三年二月，改任幣制局總裁。六月，復被任爲參政院參政。四年二月，再聘爲總統府政治顧問。七月，被推爲參政院憲法起草委員會委員。直至八月中旬楊度等發起籌安會，公開進行帝制運動以前，梁氏表面對袁氏並無積極反抗之表示。

梁氏對袁氏之離心，始於民國三年五月一日，袁氏利用「約法會議」制定「新約法」，改國務院爲政事堂，直隸於總統府，使梁氏感到「袁世凱的舉動越看越不對了」㉑，同年十二月二十八日，袁氏復利用參政院制定總統選舉法，改總統任期爲十年，連選永無限制，梁氏益悔恨被袁氏所利用。梁氏記其事曰：

去年（按：指民國四年）正月，袁克定忽招余宴，至則楊度先在焉。談次歷詆共和之缺點，隱露變更國體求我贊同之意，余爲陳內部及外交上之危險，語既格格不入，余知禍之將作，乃移家天津，旋即南下，來往於廣東、上海間。㉒

惟仍未採取行動之決心，六月間且隨馮國璋入京勸告袁氏，袁氏堅決否認稱帝野心，梁氏竟信之不疑。及八月中旬籌安會成立，梁氏忍無可忍，乃撰「異哉所謂國體問題者」一文，正式揭櫫其反袁態度，對楊度等予以無情之抨擊。略曰：

自辛亥八月迄今未盈四年，忽而滿洲立憲，忽而五族共和，忽而臨時總統，忽而正式總統，忽而制定約法，忽而修改約法，忽而召集國會，忽而解散國會，忽而內閣制，忽而總統制，忽而任期總統，忽而終身總統，忽而以約法暫代憲法，忽而催促制定憲

㉑ 梁啓超「護國之役回顧談」，引自飲冰室文集卷三十九，頁八八。
㉒ 梁啓超「國體戰爭躬歷談」，引自飲冰室文集卷五十六，頁十四。

法。大抵一制度之頒行，平均不盈半年，旋即有反對之新制度起而推翻之，使全國人民彷徨迷惑莫之適從，政府威信掃地盡矣。今日對內對外之要圖其可以論列者不知凡幾，公等欲將盡其匡救之職，何事不足以自效，何苦無風鼓浪，興妖作怪，徒淆民視聽，而詒國家以無窮之戚也。㉓

梁氏好友吳貫因自稱曾見梁氏此文原稿，謂其原文辭句較發表者更爲激烈，其中尚有「就令全國四萬萬人中三萬萬九千九百九十九萬九千九百九十九人皆贊成，而梁某一人斷不能贊成也。」經人勸說始加以删改㉔。惟此文一出，對當時人心仍發生重大之影響，復據「北洋史話」謂梁氏發表此文前留京進步黨人多不明梁氏對於政局之態度，故梁氏此文之發表勢在必行。略曰：

當籌安會成立的第二天，進步黨人徐佛蘇、袁思亮沒有懂得他們領袖的心理，還跑去見楊度說：「這樣重大的問題，不能不讓任公參加。」楊就請與梁關係密切的湯覺頓、蹇念益二人到天津與梁接洽。他們會見梁時，還沒有來得及開口說明，梁就拿出寫好的「異哉所謂國體問題」一文給他們看。梁自己說，他在動筆寫文之前，寫了題目後，

㉓ 梁啓超「盾鼻集」，論文第四，頁十七。
㉔ 吳貫因「丙辰從軍日記」，引自丁文江編「梁任公先生年譜長編初稿」中册，頁四五七至四五八。

好幾天都沒有寫出一個字來，他不能不顧慮到這篇文章發表後，進步黨人就會受到袁的迫害，像以前國民黨人被袁亂砍亂殺一樣。正在狐疑不決的時候，袁忽然派人到天津來，贈給他二十萬元，以十萬元補祝他父親的七旬大壽，以十萬元作為他出國的旅費。因此他覺得這篇文章就非寫不可了。㉕

於是進步黨要人湯化龍、徐佛蘇、湯覺頓、藍公武等，相率離京赴津，參加討袁之行列。至於蔡鍔，直至雲南護國軍起義，始公開表示反袁，在此以前，對袁氏之虛與委蛇，較梁啓超且尤過之。蔡氏自辛亥革命後，居雲南都督達兩年之久，民國二年十月辭職入京，由所部師長唐繼堯繼任。其軍事才識甚受袁氏所重視，袁氏先後委任爲政治會議議員、約法會議議員、參政院參政、經界局督辦、將軍府將軍（昭威將軍）、統率辦事處辦事員等職。袁氏欲利用蔡鍔改造北洋派，扭轉北洋將領「功高震主」、「尾大不掉」之趨勢，反遭到段祺瑞、馮國璋等之離心。「北洋史話」記其事曰：

袁打算先派蔡爲參謀總長，以代從不到部的黎元洪，然後調任爲陸軍總長，以代不聽調度的段祺瑞。根據楊（度）的說法，蔡是預聞這個計劃並且同意過的。在此之前，蔡先後被任爲政治會議議員、約法會議議員、參政院參政、經界局督辦、昭威將軍、大

㉕ 陶菊隱「北洋軍閥統治時期史話」第二册，頁一四八。

元帥統率辦事處辦事員等職，並且一度有兩廣巡閱使的呼聲，這些正是袁結之以恩的做法。統率辦事處辦事員的人選是極其嚴格的，一個南方人，又是一個非北洋派的下台軍人，能夠打入袁的最高軍事機構，在當時是絕無僅有的。[26]

蔡鍔最初亦頗思有一番作爲，替國家做些事業。曾約同閻錫山、張紹曾、蔣方震、尹昌衡等十餘人，組織「軍事研究會」，請在京外國軍事學家演講，每星期並有一、二次聚會，共同研究各種軍事問題[27]。蔡氏並著手撰寫「中國歷代經界紀要」、「各國經界紀要」、「經界法規草案」等書，直至民國四年五月九日袁世凱接受日本二十一條要求，蔡鍔對袁氏仍保持合作態度。當時其所致曾叔式書曰：

中日交涉不出吾人所料，可爲慨嘆，來日方長，眞不知稅駕之所。兄（按：蔡鍔自稱）之地位以普通眼光看之，似達矣，究於國家何嘗有絲毫之裨補，遑云兼善，殊不如獨善其身之爲愈。主峰（按：指袁世凱）曾語兄，交涉完須咬定牙根，思一雪此恥，此言若信，誠吾國無疆之福，兄誓以血誠報之，如仍舊貫，則惟飄然遠引，打個人之窮算盤

---

[26] 同上書頁六九。
[27] 劉達武編「蔡松坡先生遺集」，年譜，頁十六。

已耳！㉘

及同年八月十四日籌安會發生，蔡鍔以民國存亡所關，始以討袁爲己任。乃於次日搭夜車秘密赴天津，與梁啓超商議討袁之計劃。梁氏記其事曰：

蔡公說：「眼看著不久便是盈千累萬的人頌王莽功德，上勸進表，袁世凱便安然登其大寶，叫世界看著中國人是什麼東西呢？國內懷著義憤的人雖然很多，但沒有憑藉，或者地位不宜，也難發手。我們明知力量有限，未必抗得他過，但爲四萬萬人爭人格起見，非拼著命去幹這一回不可。」於是我們商量辦法，唯一的實力，就是靠蔡公在雲南、貴州的舊部，但是按到實際上，有好幾個困難問題：第一層這件事自非蔡公親自到雲南不可，……第二層我和蔡公的關係是人人知道的，然而我們兩個人討賊所用的武器各不相同，蔡公靠的是槍，我靠的是筆，帝制派既已有了宣言，我其勢不能不發表反對文字，但我的文字發表之後，便是我們的鮮明旗幟已經打出來，恐怕妨害蔡公的實力行動，我們再四商量的結果，只有外面上做成蔡公和我分家的樣子。㉙

㉘ 同上書，雜著，頁二二。

㉙ 護國之役回顧談，飲冰室文集卷三十九，頁八八。

故蔡鍔返京後，表面雖仍敷衍袁氏，贊成帝制，暗中派黃實、何鵬翔等赴滇聯絡，並電召滇黔重要人物至京商議。蔡鍔間數日一謁天津，與梁啓超共商大計。㉚其他滯留天津參予密商討袁大計進步黨重要人物有湯叡（覺頓）、蹇念益（季常）、陳國祥、徐佛蘇、戴戡、王伯群等人。其中戴、王二人係貴州方面代表，而戴戡在護國之役中尤有特殊之表現。

二、護國軍之發難

(一) 蔡鍔赴滇

雲南將軍唐繼堯之堅定討袁決心，雖由於衆情所迫，（詳本文一之(一)）蔡鍔電勸之力甚大。蔡鍔於雲南首義後所致梁啓超函，報告滇省舉兵發難醞釀情形曰：

滇中級軍官健者，如鄧泰中、楊蓁、董鴻勳、黃永社等，自籌安會發生後，憤慨異常，屢進言於蓂督（按：唐繼堯字蓂賡），並探詢主張以定行止，蓂以未得吾儕之意嚮所在，且於各方面情形不悉其眞相，遂一意穩靜，荏苒數月，莫得要領。㉛

㉚ 蔡松坡先生遺集，雜著，頁二七。

㉛ 同上書，軍政文電中，頁十六至十七。

蔡氏密友周鍾嶽亦記其事曰：

當袁政府設立籌安會時，蔡松坡先生爲經界局督辦，即命鍾嶽擬稿密電唐蓂賡（繼堯）將軍，略謂：「此間發起籌安會，討論國體問題，此事關係國家安危甚大，公意如何？」唐蓂賡復電謂：「中華民國國體已定，豈能動搖！如果實行，決難承辦。」㉜

可見唐繼堯之起兵討袁完全出之於被動。自民國四年八月至十一月中旬，蔡鍔與雲南連絡已告成熟，唐繼堯在滇省之各項佈置已漸完成，蔡鍔乃設計脫身離京，哈漢章「春耦筆錄」記其經過曰：

四年十一月十日，爲余祖母八十壽辰，宴客北京錢糧胡同聚壽堂，譚鑫培以同鄉交誼，串名角奏劇。蔡松坡同學往還素密，是日早至，謂余曰：「今日大雪，可在此打長夜之牌。」余知松坡有用意，即託劉禹生（成禺）代爲召集，松坡前執劉手曰：「我與你同案三年，今日要暢聚一夜，你要愼擇選手。」劉曰：「張紹曾顚，丁槐笨，二人如何？」松坡曰：「可，宜到隔壁雲裳家中，稍遲重要人物來，捧小叫天（譚鑫培）者必多，聽戲開席皆不必來請。」余應之，明知袁之偵探亦將隨往也。蔡、劉、張、丁聚博

㉜ 革命文獻第六輯（總八一一）。

終夜，天未明，松坡躊躇曰：「請主人來，我要走。」紹曾曰：「再打四圈，上總統府不遲。」松坡曰：「可。」七時，松坡由余宅馬號側門出，直入新華門，門衛異之，意以爲受極峰所傳，偵探抵府門，亦即星散，未甚意。松坡抵統率辦事處，侍者曰：「將軍今日來此過早。」松坡曰：「我錶快兩小時矣。」隨以電話告小鳳仙（原注：滬妓鳳雲在京張幟，易名小鳳仙，名噪甚，松坡暱之。）午後十二點半到某處同吃飯，故示閒暇，徜徉辦事處中，若無事者，人亦不察，乃密由政事堂出西苑門，乘三等車赴津。……

松坡走後，余受嫌最重，從此宅門以外，邏者不絕，劉成禹、張紹曾次之，丁槐則徉無所謂。小鳳仙因有邀飯之舉，偵探盤詰終日，不得要領，乃以小鳳仙坐騾車赴豐台，車内掩藏松坡上聞。余等亦宣揚小鳳仙之俠義，以掩人耳目。明日，小鳳仙挾走蔡將軍之美談，傳播全城矣。㉝

哈漢章係蔡鍔舊時日本士官學校同學，時任陸軍少將，二人私交頗篤，所記蔡鍔離京經過，自較一般之記載爲可信。十二月二日蔡鍔由津乘船赴日，旋經台灣、海防赴滇。十八日過蒙自，險遭袁黨阿迷縣知事張一鵾暗算，以機智得脱。十九日抵達昆明，備受當地軍民之歡迎，人心士氣爲之一振。當時上海「中華新報」駐滇記者无僞曾報導蔡鍔抵昆明後之情形甚詳，茲錄之如下：

㉝ 引自劉成禺「洪憲紀事詩本事簿注」卷二，頁四至五。

當蔡（鍔）、李（烈鈞）等未抵滇前數日，省中謠言蜂起，街頭巷議，謂省軍將圖變（原因某團兵士在肆中飲酒醉後，執一店夥，問袁世凱做皇帝，汝贊成否？汝若贊成，老子便將你開刀云云。此段新聞不數日而傳遍，市民遂大震恐，而一月之前亦有將軍游移莫決，舉義發動自下之說。）全城震駭，金融立見恐慌，富滇銀行四、五日間兌付現金五、六十萬，米價亦隨之大漲。（每擔由三元漲至四元餘，其他物價亦逐日加昂），風聲鶴唳，幾有草木皆兵之概。記者時住某客寓，住客多紛紛遷徙，友人多勸赴越南暫避，余漫應之，蓋余向抱樂天主義者也。

……

蔡（鍔）氏之行本極秘密，乃此秘密消息不瞬而傳遍三迤，白叟黃童莫不走相告語，額首稱慶，此公一至，必有以利國家而安我鄉土者。蓋以蔡氏於前此光復之役，嚴申紀律，秩序井然，匕鬯不驚，督滇數年，勤廉自矢，愼選牧令，凡守百官，莫不勤政愛民，以故百廢俱興，人民安堵，四境晏然，悍匪鉅盜捕治殆盡，且迭次出師，所向告捷，既服其威，復懷其德也。蔡氏抵省三日，金融恐慌立平，持票赴銀行取現者幾至絕跡，一切物價亦立復舊狀矣。㉞

足見蔡鍔之抵滇，關係雲南全局。先是蔡氏在天津與梁啓超所定出兵計劃：先由雲南潛運軍隊至四川布署妥當，然後再宣佈滇省獨立，使川省袁軍措手不及。及蔡氏抵滇，梁氏亦

㉞ 中華新報館編印「護國軍紀事」，第一冊，紀事門，頁六九至七〇。

於十二月十八日抵上海，謀策動江蘇將軍馮國璋以舉事。同月二十一日梁氏在滬接蔡氏來電，謂前隊將於十二月二十三日由滇出發，預定二十日後再正式通電滇省獨立。然因梁氏之一電，竟促使雲南方面變更計劃，提前於十二月二十五日發動。使袁氏有所準備，造成此後護國軍在川省之重大傷亡。李劍農「中國近百年政治史」謂梁氏聞袁氏將以國家重要利權許日本，恐國家損失過鉅，電促蔡氏從速發動。其言曰：

原來的計劃，本是要從雲南把軍隊秘密運到川境後，纔向北京發表，趁北方援軍未到，一舉奪取四川，擬在四川組織反袁的中心機關。（二十一日梁啓超在上海接得蔡鍔由滇電告，滇軍前隊定於二十三日出發，出發二十一日後，方發表獨立公文），但因上海方面得到外交上一種重要消息，恐怕發動過遲，於國家損失過鉅，（就是袁世凱預備以重要利權許日本，將派周自齊赴日訂約，日已允許。）梁啓超因由南京發電至滇，促蔡從速發表，故於前軍出發之日，（即十二月二十三日）便向北京發出取消帝制限期答覆的電文。蔡與梁書說：「宣佈過遲固有妨大局，宣佈早殊於軍事計劃大受影響。惟冀東南各省，速起響應，使賊軍不能遠突，則西南方面軍事乃易措手。……」後來川境軍事甚不得手，就是因爲宣佈太早的原故。㉟

㉟ 李劍農「中國近百年政治史」，下册，頁四四五至四四六，民國四十六年五月商務印書館台一版。

其實護國軍之提前發動，乃由於梁氏托潘若海、胡嗣瑗代發致雲南電報所激成。潘、胡係復辟分子，欲促成雲南起義以從中漁利。陸丹林「革命史譚」記其事曰：

馮國璋那時是江蘇督軍，馮的秘書長黔人胡嗣瑗，原屬滿清翰林，辛亥革命自命為遺老，後來得人介紹，夤緣馮任秘書長，兼金陵道尹，馮事無大小倚他如左右手。民四夏間，馮保薦他巡按使記名，怎知袁不准，胡抱恨在心，常常想找機會報復。恰值張動的顧問潘若海，常奔走徐州、寧、滬間，從事各方聯絡，和胡是文字知己，彼此同情反袁。……梁（啓超）到上海後，潘以同鄉關係特往訪梁，雖知梁與蔡鍔有密謀，但未知底蘊，於是設法向梁探索根源，而對梁說：「馮華甫（國璋字）是反對帝制的，不過因和袁歷史較深，不便發難，倘有別人首義，他必響應。可惜袁現在已偵悉馮的舉動，內調為參謀總長，不日離寧，失了固有地盤，難以附義。事已危急，刻下還無陳涉、吳廣的人們，實在可惜！」那時，梁一時不察，竟信為事實，且憶及那年秋天和馮相見，談及帝制事，馮也微露反對，前因後果，信之不疑。於是把倒袁計劃告潘，並請潘在南京代為收發密電。潘均答應，過了幾天，梁已接到南京復電，說一切照辦。那時，梁已準備入桂，於是吩咐潘赴寧，請馮密為部署一切，候電發難。原來當時的一般軍閥，自己向不看公事，任由秘書長判行。故在上海潘與梁所談和南京代表發出一切密電，馮均未之知，只是胡藉此而發洩報復袁氏之不肯任他巡按使記

名的的憤恨。㊱

梁氏至交黃群（溯初），當日曾代表梁氏奔走上海南京間，從事對馮國璋之聯絡。據其民國十八年致丁文江書，說明當日馮氏態度，及其幕中情形曰：

胡晴初名嗣瑗，貴州人，前清翰林，光緒末年曾任湖北督署文案，兼調查局總辦，其時弟亦在該局辦事，故與胡有舊交也。晴初於復辟之役爲著名之復辟派，即其熱心推倒項城，正爲其圖謀復辟之初步，弟與同人當時已知其意，故吾人之託胡與胡之肯受託者，實有交相爲用之意也。潘若海似與胡同宗旨，彼等反對項城全屬自動，且恐吾人或不反對，而使彼等失其助力，蓋其倒袁之動機，與吾人大不相同也。任公與若海有舊，似係康門關係（原注：此係推測，仲策當知其詳。）而與胡不過彼此相知耳！當時任公與胡之關係，若海牽線，若海亦當時馮之幕友也。惟胡爲馮之秘書長，頗有實權，其經手代任公所發之電，頗有爲馮所不知者，後聞任公第一次致松坡之電，似馮未之先知，而爲胡所代發者之一也。……

馮之內心固爲反對帝制，贊同起義，然因種種關係，致其態度頗不顯明，究竟不免略

㊱陸丹林「革命史譚」，頁六六至六八，民國三十四年八月獨立出版社版。

帶封建色彩，此意胡深知之。㊲

再據梁氏友人何鰨高「六十自述」記曰：

雲南起義後，岑（春煊）、梁（啓超）入肇慶，籌設軍政府，電招余與（溫）毅夫至端溪書院，探詢馮（國璋）、張（勳）態度，夜與任公對榻談，縷述蔡松坡京津密謀，歸咎（潘）若海、琴初（胡嗣瑗又號琴初），誑以金陵三日響應，盜印電滇，蔡即日宣佈獨立，致敍州死義軍三千人。㊳

梁氏託潘若海、胡嗣瑗代發之電報，係用梁氏與蔡氏事先約定之密碼，用一等官電於四年十二月二十二日在南京拍發，使蔡鍔等誤認梁氏已在南京，馮國璋即將響應，乃決定提前發難。

(二) 雲南首義

先是蔡鍔接梁啓超來電後，即於民國四年十二月二十二日與唐繼堯召集雲南軍政領袖，

㊲ 引自丁文江編「梁任公先生年譜長編初稿」中册，頁四七〇至四七一。

㊳ 吳天任「何鰨高先生年譜」，文海出版社近代中國史料叢刊本。

舉行討袁會議，議定誓詞曰：「擁護共和，我輩之責，興師起義，誓滅國賊，成敗利鈍，與同休戚，萬苦千難，捨命不渝，凡我同人，堅持定力，有渝此盟，神明必殛。」[39]二十三日遂由將軍唐繼堯、巡按使任可澄，及蔡鍔領銜，致電袁氏，要求：「立將楊度、孫毓筠、嚴復、劉師培、李燮和、胡瑛等六人，及朱啓鈐、段芝貴、周自齊、梁士詒、張鎮芳、雷震春、袁乃寬等七人，即日明正典刑，以謝天下，更爲擁護共和之約言，頒發帝制永除之明誓，庶幾民碞繁息，國本不搖。」限二十四小時答覆[40]。袁氏接電後，一面請英國公使朱爾典（John Jordon）致電昆明英國領事葛福（Herbert Goffe），以私人名義勸告蔡、唐勿與其爲敵，一面命政事堂於二十五日代覆一電，大意謂：雲南一向贊同君憲，唐繼堯曾兩次致電政事堂，籲請袁氏早定大位，曾於十月十二日、十二月十八日、二十一日，三度致電統率辦事處，衷心勸進，並報告已嚴密防範革命黨在滇活動，絕不致再有變故發生。「今據漾電（按：即雲南十二月二十三日致袁氏表示擁護共和之電），語多離奇，事隔三日，前後顚倒如此，想係他人所捏造。」請唐、任二人「另具印文，親筆簽名，迅速寄京，以明眞象。」[41]仍圖有所轉圜。同日雲南遂正式通電全國，宣佈獨立。次日在唐繼堯主持下，雲南各界舉行獨立大典，龔振鵬記其盛況曰：

---

[39] 雲南首義擁護共和始末記，上册，頁二十。

[40] 革命文獻第六輯（總七七八）。

[41] 政府公報，民國四年十二月二十八日，第一三〇七號，公電。

是時，軍政商警各界服禮服，咸集城中，各校男女學生手執松柏花圈一環，內標「擁護共和，伸討叛逆」八字，分集府門兩旁，秩序肅然，萬衆無聲。軍樂隊先奏樂，兼學生一隊隨而唱歌，鏗鏘鼓舞，聽者莫不肅然起敬。尋唐、蔡、李三公次第演說，宣佈獨立大旨，各界出而答詞，復奏軍樂，學生唱歌如初，互相敬禮，三唱中華民國萬歲、共和軍萬歲、雲南軍政府萬歲，聲振山谷，禮成，各執其事。㊷

於是合併將軍、巡按兩署，召集省議會，推舉唐繼堯爲都督，在都督府開武亭舉行誓師典禮。討袁軍首義諸將領初議採用「共和軍」名義，李烈鈞以其與共和黨名稱相混，表示反對，幾經會商，以此次起兵純以討袁救國爲宗旨，遂改稱護國軍㊸。不設領袖，採合議制，以蔡鍔爲第一軍總司令出四川，李烈鈞爲第二軍總司令出廣西，唐繼堯兼第三軍總司令，留守雲南，命徐進率先遣隊會同戴勘等出兵貴州。約定下列三事：

一、關於軍制軍令，凡涉以總攬之事，只以雲南軍都督府名義行之。

二、蔡鍔、李烈鈞爲聘任，來往文書用咨函。

三、對外文告唐、蔡、李三人共同署名。

故護國軍各軍總司令名義上雖隸軍政府，而組織大綱中並無統屬字樣，往來文件均係平

㊷ 護國軍紀事，第一册，紀事門，頁五九。

㊸ 同上書，頁六六。

等語氣。至於各種文告如「宣告獨立之通電」、「聲討袁逆之通電」、「聲討袁逆並宣布政見之通電」、「雲南軍政府代表中華民國致各友邦書」、「護國軍政府檄告袁逆罪狀文」、「表明心跡之誓告」、「致華僑特述舉義情形之通電」、「致駐外國各公使維持舉義之通電」、「尊重人道之告示」、「保護外人之通飭」、「致北方各師旅團營長勸響應義師之書牘」等，則由唐繼堯、蔡鍔、李烈鈞、任可澄、劉顯世、戴戡等共同列名㊹。

袁世凱聞護國軍大起，同月二十九日下令褫唐、蔡、任等各職，令曰：

唐繼堯、任可澄兩次勸進籲請早正大位，情詞肫懇，二十一日以前迭次電稱滇境雖有亂黨，秘密煽惑，現在防範甚嚴，決不致發生事變，乃未逾數日，遽變初衷。蔡鍔在討論國體問題發生之時，曾糾合在京高級軍官首先署名，主張君主立憲，嗣經請假出洋就醫，何以潛伏雲南，譸張爲幻，反覆之尤，當不至此。但唐繼堯、任可澄既有地方之責，無論此項通電是否受人脅迫，抑或奸人揑造，究屬不能始終維持，咎有應得，開武將軍唐繼堯、按察使任可澄均著即行褫職，並奪去本官及爵位勳章，聽候查辦。蔡鍔行跡詭秘，不知遠嫌，應著褫職奪官，並奪去勳位勳章，由該地方官勒令來京，一併聽候查辦。㊺

㊹ 各電均載「雲南首義擁護共和始末記」。
㊺ 政府公報，民國四年十二月三十日，第一三〇九號，公電。

護國軍初起時，總數不過二萬一千四百人㊻，比起訓練有素器械精良之數十萬北洋勁旅，大有相形見拙之勢。故袁氏不以爲意，尚不認爲是嚴重威脅。據當時袁氏親信擔任外交次長之曹汝霖回憶其事曰：

余知雲南獨立，蔡鍔興師，即入見項城，叩以滇事。他即問：「你與蔡松坡相識否？」我答：「他在日本士官學校時，我亦同在日，故與相識，回國很少見面。」項城即說：「松坡這人，有才幹，但有陰謀，且面有反骨，不能長命，我早已防他，故調來京。川滇等省，向無中央軍，故派曹錕、張敬堯率師駐川邊，以備不虞。今又派陳二庵（宧）率軍三旅入川，西南軍力薄弱，有此勁旅，不足爲慮。且龍子誠（濟光）傾向中央，坐鎮廣東，陸榮廷在廣西，亦不敢有所舉動，滇事不足平也。㊼

袁氏乃命雲南第一師長張子貞代理雲南將軍，第二師長劉祖武代理雲南民政長，令其逮捕唐、蔡以治罪，惟爲張、劉等所拒絕。袁分遣第三師長曹錕、第七師長張敬堯、第八師長李長泰相繼入川扼守。第六師長馬繼曾、第二十師長范國璋、第七混成旅長唐天喜佈防湘西，並調粵軍第一師長龍覲光取道廣西入滇，對護國軍採取包圍戰略。

㊻ 護國軍紀事，第一册，紀事門，頁四三。

㊼ 曹汝霖「一生之回憶」，頁一五四。

㈢ 護國軍川境之苦戰

蔡鍔所率護國軍第一軍，以羅佩金爲參謀長，遣第一梯團長劉雲峰率兩支隊長鄧泰中、楊蓁任左翼，取敍州。第二梯團長趙又新率兩支隊長董鴻勳、何海清，第三梯團長顧品珍率兩支隊長祿國藩、朱德爲中路主力，取瀘州。戴戡率黔軍熊其勳團，殷承獻率華封歌支隊，任右翼，出松坎攻綦江，規復重慶。左翼先出發，所領糧糈不敷兩月之用，加以山道艱難，進軍甚爲遲緩。民國五年元月五日蔡鍔致梁啓超書曰：

軍隊分駐地相距遼遠，交通復極不便，動員集中極爲濡滯，現第一梯團五日內可達昭通（距省十三站），其前鋒已將川邊之燕子坡佔領，（爲滇師入川要塞，係川境，距昭通十站，距敍州三站。）第二梯團日內由省出發，俟抵畢節（爲滇黔蜀用兵必爭之地，距滇垣約十三站）後，相繼進行。第三梯團須元宵後可集中省會，預計非二月中旬不能抵川境。㊽

蔡鍔所遭遇之困難可知。惟蔡鍔在四川方面早有佈置，蔡氏與四川將軍陳宧私交頗篤，四年夏曾將自己得力幹部雷飆、修承浩推薦給陳，陳用雷爲旅長，任修爲永寧道尹。四川將軍署中要職，如軍務科長、軍需科長等，均係蔡氏所介紹。四年九月，蔡氏致函雷飆，囑其

㊽ 蔡松坡先生遺集卷四，軍中文電，頁十七。

在四川治軍，「須處處留心人才，爲將來國家之用，凡各軍隊官長，尤應時刻留心，與之團結一致，毋忽。」[49]寓意甚深。同年十二月二十二日蔡氏再致電雷飈曰：

滇黔擬合編三師分出湘蜀，軍隊現已集中，剋日出發，積之（按：川軍第二師長劉存厚）師長速作準備，相機因應，不揣劉（存厚）、周（駿）兩師於滇黔之師未抵川境之前，能獨立發動否？如慮難支，不妨稍待。李植生日內啓程來瀘，與兄及積之接洽一切。[50]

復據劉存厚所著「護國川軍戰記」，謂蔡鍔率部行抵威寧後，曾與其電商共同戰略。蔡來電大意曰：㈠所部右翼黔軍已到松坎，即出綦江。㈡所部滇軍劉雲峰梯團取道昭通，向敍府前進中。㈢蔡鍔率中路滇軍趙又新、顧品珍兩梯團，取道畢節，向敍、永前進中。並詢劉氏今後作戰計劃如何？劉乃電告蔡鍔今後作戰計劃，俟中路滇軍先頭部隊入雪山關後，乘袁軍曹錕部未全部入川以前，即以主力攻取瀘州，以一部略取江安、南溪，對敍府之敵防禦，以掩護中路滇軍到瀘、納集中，然後聯合分向成、渝進展，以期達到倒袁之目的。旋接蔡氏復電，表示贊同，並將中路滇軍先頭行進之董鴻勛支隊，撥歸劉存厚指揮[51]。

---

[49] 同上書卷八，雜著，頁二一。
[50] 同上書卷四，軍中文電，頁一。
[51] 劉存厚「護國川軍戰記」頁九至十，民國五十五年六月四川文獻研究社印行。

護國軍左翼第一梯團劉雲峰部，於五年一月十六日行抵滇川交界地方，未幾即與袁軍川南鎮守使伍祥禎所部混成第四旅展開激戰，二十一日佔領敘州，川省大震。劉雲峰記述攻取敘州之經過曰：

討袁電發出後，余即出發，行至滇川交界之燕子坡，川督陳宧已派北兵第四混成旅長伍祥禎守之。此處乃滇川要路，居高臨下，未可仰攻，乃命鄧泰中率兵一營砲一門，在燕子坡對面小高地上爲佯攻，余同楊蓁率其餘隊伍由老鴉灘渡河，繞攻其側背，因出其不意，故一擊而敗之，敵即退守橫江。余從正面突擊，又敗之，敵遂退過江北岸守安邊。此處若由正面無法渡江，故仍令鄧泰中率兵一營砲一門在江之南岸，拂曉爲佯攻，余同楊蓁率其餘兵力，夜間十時出發，至上游距安邊五十里處，編竹筏渡江，繞至敵人背後攻擊，又敗之。安邊距敘府四十里，敵軍士氣餒甚，故不守敘而逃至花場，我軍遂安然佔領敘府矣。52

護國軍雖戰勝，其兵力之薄弱可知。陳宧命第十六混成旅長馮玉祥率部來援伍祥禎，馮本有討袁意，曾派其參謀長蔣鴻遇與劉雲峰議和，劉挾戰勝餘威，拒與談判，相持七、八日，馮佯敗北，退自流井，再遣人與劉接洽，仍無結果，於是馮激厲所部曰：

52 劉雲峰「護國軍在川省戰和之紀述」，載革命文獻第四十七輯，頁二四一。

滇軍討袁，與吾輩志同道合，余決不願以兵戎相見，今殊以吾輩處境不同，竟不肯推誠相見；且以我爲怯弱畏葸，視我如伍祥禎旅之流，以爲不值一戰，雖經多方表示，再三接洽，卒無結果。今未得與同志攜手，將先見疑於陳督，前後受敵，徒自滅絕。爲今之計，不如忍痛一戰，俾能稍挫劉之驕氣，使以同等視我，而後再進而共商大計，此實萬不得已之戰，想吾軍當能共體斯旨。[53]

三月三日，馮軍攀城猛攻敍州，翌日敍州遂陷，護國軍南撤慶符一帶。袁世凱聞馮軍之捷，於三月七日封馮氏三等男爵，獎賞四十萬元，命其繼續南攻，馮則頓兵不前，兩軍遂成對峙之局。

中路護國軍由董鴻勳部任先鋒，五年一月十日自昆明出發，十四日蔡鍔親統主力續行。二十一日，川軍劉存厚在納溪自稱「中華民國護國川軍總司令」，發出獨立討袁通電，略曰：

滇南首義，一檄遙傳，薄海同欽，景從恐後。存厚不敏，外審大勢，内問良知，痛此危亡，中心欲裂。爰整其旅，環甲出征，聯合滇黔，揮旌北討。誓擬成盟白馬，重翻五色之旗；行看痛恨黃龍，一掃群凶之燄。公等或衆望所歸之俊彥，或係手造民國之元勛，同領封疆，身關治亂，如何此日，遂負初心！寧以爵賞之羈，盡入奸雄之轂，

---

[53] 馮玉祥「十六混成旅護國之役」，載革命文獻第四十七輯，頁二五〇至二五一。

至令先人廬墓化作邱墟，不惜祖國莊嚴聽其沉滅！是可忍也，余甚惑之。抑我群豪，更猶有待，時乎不再，敢作先驅。嗚呼！枕戈飲血，事不同於鬩牆；撥亂扶危，義實嚴乎救國。倘袁氏能及時悔禍，還我共和，則本軍當捲此義旗，不爲已甚，皇天后土，實式憑之。54

乃合護國軍董鴻勳部攻瀘州。袁氏封瀘州川軍旅長熊祥生男爵，獎金三十萬元，命第三師曹錕、第七師張敬堯、第八師李長泰，及混成旅李炳之等部來援。曹、張等部均北洋精銳，衆多械精，自二月初起，月餘期間與護國軍戰於納溪、瀘州間，護國軍雖將士用命，所向克捷，終因餉械不足，兵力薄弱，不得已於三月九日整隊撤出納溪，移駐大洲驛一帶。據劉存厚所述中路護國軍陣地轉移約有以下數因：㈠敘州失陷，側背受到威脅，㈡袁軍龍覲光侵入滇省廣南，省境因袁氏利用金錢運動，土匪蜂起，臨安、箇舊，蒙自相繼失陷，雲南省城岌岌可危，在川滇軍有後顧之憂。㈢械彈缺乏，每槍平均子彈不過百發，難達攻克瀘州之目的。㈣護國軍傷亡過多，以寡難以敵衆。（在川袁軍共九師，較川省護國軍多三倍以上）55。惟護國軍仍能艱忍苦持，確已難能可貴。同年六月袁氏敗亡後，蔡鍔致梁啓超書說明當時之苦況曰：

---

54 護國川軍戰記，頁十三。
55 同上書，頁二九至三一。

查鍔直接所部，除川黔軍外，滇軍原有三梯團，近新到兩梯團，計共二十營，自滇出發以來，僅領滇餉兩月，半年來關於給養上後方毫無補充，以致衣不蔽體，食無宿糧，每月伙食雜用皆臨時東湊西挪，拮据度日。當兩軍對峙戰事方殷之時，群置給養之豐儉於不顧。今大局既定，恤賞之費不能不立爲籌給，以前欠餉不能不概予補發，息借之紳民貸款，不能不依限償還。56

可知蔡氏遭遇之困窘。而戴戡所率護國軍第一軍右翼，於同年二月後與袁軍曹錕部相持於綦江附近，亦難有所發展。同年三月十五日廣西宣佈獨立，川境護國軍精神爲之一振，形勢始爲之改觀。

三、西南各省之響應

(一) 貴州之獨立

雲貴本爲一體，辛亥革命期間，貴州各界於九月十四日推新軍教練楊藎誠爲都督。民國元年二月，貴州新軍作亂，楊藎誠辭職，由副都督趙純誠繼任，興義縣客籍紳士劉顯世，勾

---

56 蔡松坡先生遺集卷四，軍政文電下，頁二一。

結都督府衛隊而掌握實權。繼而雲南都督蔡鍔遣唐繼堯率兵至黔，劉顯世乃擁唐繼堯爲都督。二次革命後，蔡鍔被召入京，唐繼堯任滇督，乃以黔省軍民兩政付劉顯世。袁世凱以劉非新人物，且一時無法消滅其實力，乃託辭逐漸廢督，任劉顯世爲貴州護軍使，以戴戡爲民政長，(旋改任親信龍建章爲巡按使，以分劉勢)劉雖不懌，而無可奈何。乃改編所部團練爲步騎礮五十營，另編一混成旅，以外甥王文華爲旅長，駐紮黔湘之交[57]。

王文華字電輪，貴州興義人，貴陽優等師範肄業，在美國舊金山加入同盟會。宣統末年，曾創體育會於鄉，辛亥武昌起義，巡撫沈瑜慶命劉顯世募兵，以文華爲前隊隊官。貴陽光復，改升營長。及劉顯世繼任護軍使，其一切建軍計劃及實施皆文華主之。文華兄王伯群，爲貴州出席政治會議代表，當梁啓超、蔡鍔在京津密謀討袁之際，王伯群及戴戡等均參予其事。彼此約定雲南護國軍起，黔軍作壁上觀。伯群告蔡鍔曰：「貴州意嚮，余弟文華能左右之，且所部皆勁旅，可一戰也。余兄弟早知民國必危於袁氏，磨厲以須者久矣。」鍔曰：「今始知君昆季非常人也，黔有把握，滇勢不孤，尚何猶豫，吾當冒險如滇矣。」[58]伯群密飭文華秣馬厲兵，應時起事，文華即請於顯世，設模範營，更番抽調各級幹部，施以政治訓練，告以護國大義，衆咸感奮。

護國軍起義後，劉顯世左右熊範輿、郭重光等以保境安民勸顯世，顯世頗爲所感，乃有

---

[57] 參照文公直「最近三十年中國軍事史」上册，頁三九七至三九九。

[58] 張鏡影「王文華傳」，引自「革命先烈先進傳」，頁四五二。

暫守中立之聲明。五年元月蔡鍔爲此致書梁啓超曰：

黔省當局初頗踴躍，繼以該省準備一切，頗需時日，各省意存觀望，甚至倡言立異。加以袁政府之虛聲恫愒，龍建章之暗中把持，心志爲之阻喪，未敢同時宣布，然一切部署，仍著著進行。[59]

王文華力促之曰：「吾與民國誓共生死，事在必行，今日頭可斷，志不可奪，請都督以第一團告變，殺身滅族，文華自當之。儻天相民國，事而有成，名利仍歸都督也。」[60] 當此之時，王伯群已返黔活動，戴戡所率護國軍已進入黔省，加以黔軍官佐均同情王文華，劉顯世不得已乃計劃起兵。

民國五年一月十八日，貴州各界代表一千七百餘人開大會於貴陽，決議推舉劉顯世爲都督，劉衹允以現職維持治安，乃以攻滇缺乏餉械爲詞，向袁世凱索求軍費三十萬元。一月二十五日袁氏所撥之款運至，戴戡所率滇軍（步兵一營，砲兵一隊）已到貴陽，貴州遂於一月二十七日通電宣佈獨立，推舉劉顯世爲都督，即日委任戴戡爲中華民國護國軍第一軍右翼總司令，與滇軍相聯合，受節制於蔡鍔，率兵攻川。其對外布告略曰：

---

[59] 「蔡松坡先生遺集」卷四，軍政文電中，頁十七。
[60] 王文華傳。

袁氏背叛國家，窺竊神器，逞其凶欲，舉兵逼黔，我父老昆弟憤其僭竊，痛其兇殘，以大義相責，重任相託，本都督顧念國家，關懷桑梓，不忍四方豪俊無限頭顱心血鑄造之民邦淪於奸人之手，重以逆軍溯湘流而上，咄咄逼人，亡國破家，迫於眉睫，爰於一月二十七日俯順輿情，宣佈獨立。[61]

貴州為響應護國軍討袁之第一個省份，影響國內人心國際視聽甚大，故當時京津泰晤士報評論曰：

由戰略上而論，北京政府失去貴州，其影響甚大，不特不能由側面攻滇，且革命人數又增，復多予以擴張勢力及進攻湘省之機會也。……如承認貴州之宣告中立，同時又匯款至黔，發給軍餉等事，北京政府之孱弱固已掩無可掩矣。……計自茲始，北京政府不能復否認南方有危時局之說，若欲恢復其對於南省的權勢，惟有竭彼全力以求一勝而已。[62]

貴州獨立後，戴戡率步兵六團由遵義趨重慶，與袁軍曹錕部相持於綦江附近，未能大有

---

[61] 黃毅「袁氏盜國記」下篇，頁一六六。
[62] 護國軍紀事，第二冊紀事門，頁七四至七五。

所成。(已詳本文二之㈢)而入湘兵力不過兩團，目的僅在牽制袁軍入川兵力，不料竟能處處得手，所向克捷。第一團長王文華出鎮遠，二月三日克晃州。第三團長吳嶬鸞出黎平，二月五日克黔陽，六日克洪江。於十三日兩軍會攻沅州，激戰一晝夜，十四日光復之。由銅仁別出之支隊，亦於二月十六日克麻陽，遂合力攻克芷江，分遣奇兵連下鳳凰、乾州、寶慶、安化、永順、保靖、綏甯等地，直逼辰谿、常德。劉顯世因廣西態度不明，恐在湘黔軍過於深入，接濟困難，遂下令停止進攻，並撤回一部分軍隊鞏固後方。駐湘袁軍亦因第六師長馬繼增暴卒，無力進攻，雙方乃相持於辰谿、寶慶之間。三月中旬，袁軍獲得增援，發動反攻，復陷芷江、麻陽等地，會廣西獨立，停戰議起，雙方均頓兵不前[63]。

㈡廣西之獨立

廣西將軍陸榮廷出身行伍，對袁世凱之離心，一因資格與廣東將軍龍濟光相埒，而四年十二月袁氏册封各省軍人，封賞不如龍氏。龍獲一等公爵，陸祇獲一等侯爵。旋龍因平惠州有功晉封郡王，而仍不及陸氏。二因袁氏任命王祖同以巡按使銜會辦廣西軍務，以分陸之權勢。三因陸氏長子陸裕勳自京歸廣西省親途中，被袁氏毒斃於漢口。加以舊國民黨溫和派之策動，進步黨人之勸說，陸氏反袁意志更加堅定。舊國民黨人李根源記其事曰：

---

63 參照游悔原「中華民國再造史」頁五七至五八，文海出版社近代中國史料叢刊本。

鈕惕生（永建）、林隱青（虎）冒險入南寧說陸幹卿（榮廷），陸表示討袁須西林（岑春煊，祖籍廣西西林，人以爲號）來方易辦。時袁世凱以王祖同在桂監陸行動，並以龍濟光、覲光重兵臨桂，鈕、林兩君不顧生死，毅然敢往，陸公接見密室，表示護國，其念舊之篤，持義之正，非古之豪傑君子哉！[64]

岑春煊亦爲舊國民黨人，清季曾任兩廣總督，與袁世凱嫌隙甚深，地位足與頡頏，陸榮廷係其舊部，因有歡迎岑氏來桂領導表示，岑氏記其事曰：

廣西都督陸榮廷，亦密謀繼起，誘致廣東入滇之師，困於桂境，急電相告，並派員曾彥至南洋迎余歸主持大計。余迫於群情，遂力疾約同般之騄君回滬，與溫宗堯、梁啓超、李根源、林虎、楊永泰、文群諸君相見。余即住於溫宗堯家，招待甚至，可感也。當是時雖有雲南起義，而餉械俱缺，難於持久。因之廣西亦未敢昌言討賊。余見逆勢猶盛，非有實力爲助，懼其功敗於垂成也，乃約同章士釗、張耀曾二人，東渡日本，說其當局，共討袁逆。彼邦亦深惡袁世凱，謂余能討袁，必盡力相助，遂締結條約，以個人名義，借得日幣一百萬元，併兩師炮械，攜之歸國，西師始得東下。[65]

---

[64] 李根源「雪生年錄」卷二，頁十一。

[65] 岑春煊「樂齋漫筆」，頁二十。

先是陸榮廷久慕梁啓超之名，特派代表唐伯珊（紹慧）至上海，請梁氏來桂籌劃舉義事宜，梁亦致函陸氏促其響應護國軍，梁氏記其事曰：

當雲南首義之初，廣西之響應久爲全國所期待，凡曾與陸幹卿將軍接者，共信其無變也。荏苒兩月，音響轉寂。於是漸或竊竊焉憂之。正月下旬，吾致幹卿一書，將三千言，爲反覆申大義，剖利害，吾與幹卿既未前識，且茲事苟非內斷諸心者，即游說何由進？吾書不敢期於有效，盡道而已。二月十九日，吳柳隅介見一客，曰陳協吾（祖虞），自言奉幹卿相招，且曰：「我朝至，桂夕發矣。」……幹卿所爲必欲致我者，自謂不堪建設之任，非得賢而共之不輕發也。如所言，幹卿之器識抑過人遠矣。吾遂不謀於衆，許以立行。[66]

雲南方面曾派吳擎天、李宗黃來桂聯絡，陸亦派曾彥至滇，有所接洽。袁命陸氏出兵攻擊護國軍，陸以餉械不足，請袁大量接濟。袁心知有異，表面遣龍濟光兄覲光率粵軍赴桂助戰，以堵陸氏之口，實則授意龍氏，俟陸氏離南寧後即取而代之。陸、龍本兒女姻親，陸曾派人與龍氏密商合作獨立，龍氏不聽，而龍氏率兵取道桂境入滇之舉又無詞可拒，乃建議龍氏少帶士兵，多攜槍械，謂兵士可在桂沿途招募，實則預作制龍之謀。龍濟光亦因粵中革命

---

[66] 梁啓超「從軍日記」，載飲冰室文集卷五六，頁一。

黨人四伏，無法派出大軍，故覲光入桂之兵僅三千人。民國五年一月三十日，龍親至南寧見陸，陸辭以病，命與巡按使王祖同議軍情，龍居南寧兩旬，僅募桂兵四千人，新舊合組共二十營，由陸氏撥助將弁，並由其子裕光偕行，號一萬二千人，分五路大舉攻滇。

袁命陸率兵攻黔，陸向袁索軍餉百萬，袁半與之，陸堅持初請，袁盡與之，而索械益急。袁大惑疑，三月七日，改任陸爲貴州宣撫使，另任廣西第一師長陳炳焜兼護廣西軍務，促陸速行，以爲調虎離山之計。惟陸、陳之間關係密切，非可離間。陸表面受宣撫貴州之命，親率十二營移駐柳州，以示攻黔，暗中徵調各處軍隊向柳州集中。頻行召集軍事會議，陳炳焜議論激昂，說陸曰：「事新君則不忠，背舊主則不義，不念裕勳則不慈。」陸氏憤亟，乃當衆立誓曰：「皇天后土，鑒臨廷等，一德一心，驅逐國賊，保衛民生，如有違異，飲彈而死。」[67]乃計劃取道桂林進窺湖南永州一帶[68]。

三月十二日，滇桂軍夾擊龍軍於百色一帶，龍軍腹背受敵，十三日悉數繳械投降。十五日乃以陸榮廷、梁啓超、陳炳焜等名義，正式宣告獨立，推陸榮廷爲都督，在南寧設立都督府，並檄告遠近，略曰：

自帝制發生，人心大惑，無信不立，榮廷早慮國家危亡，顧念改革以來，民力凋殘，

---

[67] 李劍農「中國近百年政治史」下册，頁四四九。
[68] 游悔原「中華民國再造史」，頁七七。

邦基杌隉，萬不欲以一夫作難，再致同室操戈。遍自滇中首義，黔陽從風，長江川湘，雷動響應，國民眞意昭若日星，袁氏宜翻然悔罪，削除僞號，尊重民意，以張四維，乃竟包藏禍心，離間將士，以金錢爲買命之法，以名器爲傭奴之酬，猛虎斑羊，營蠅狗盜，玩五族於掌股，希萬世之帝王，此而可忍，寧爲有人？及今不圖，其何能國？茲我三省父老兄弟枕戈以待，投袂奮起，洒涕中原，瞻言馬首，榮廷雖身起草茅，尚知綱紀，不得不率此舊部，完我初心，誓除專制之餘腥，重整共和之約法。除聯合雲貴聲罪致討外，敬告各省文武忠勇志士，協心戮力，誅彼獨夫，載宣國威，庶內慰四年死義之英魂，外固萬國締交之大信，仗茲正義，彈壓河山，無任嘔心瀝血，傳檄以聞。[69]

於是分兵三路，一向湖南永州，一由梧州向韶關，一由南寧出欽、廉。而梁啓超則於三月四日率其同黨湯覺頓，偕同陸榮廷來歡迎代表唐伯珊離滬赴桂。過港時晤舊國民黨人李根源、林虎等，相談融洽，乃迂道海防而至南寧，贊助護國軍有所謀劃。

先是護國軍起義後，袁世凱原定民國五年元旦登極之計劃被迫延期。及廣西獨立。對整個大局更有決定性之影響，使在四川艱苦作戰之護國軍益定討袁之信心。而袁氏知帝制不成，乃於三月二十二日正式宣佈撤消帝制；惟仍保持其總統職位不肯放棄。並用黎元洪、徐世昌、

---

[69] 黃毅「袁氏盜國記」下篇，頁一七〇。

段祺瑞三人名義，致電護國軍，要求停戰。護國軍則以袁氏退位爲條件，不達目的，決不終止。

三 廣東之獨立

廣東之獨立係革命黨人（包括中華革命、舊國民黨溫和派）、進步黨人，及其他反袁勢力通力合作之結果，彼此之間不相統屬。就其派別言之，約可歸納爲三類：㈠純粹中華革命黨人，以朱執信爲首，用中華革命軍名義起義。㈡舊國民黨人，以陳炯明爲首，一切佈告皆書廣東大都督陳炯明字樣，旗幟則用共和軍，亦有用護國軍者。㈢進步黨人及其他反袁份子，以徐勤爲總司令，王和順副之，稱護國軍，其份子包括清季之黨政團體，民國以後之進步黨，及舊革命黨人九烈所領導之中和堂等。廣東將軍龍濟光所部兵力約五萬人，取媚袁氏，殘害黨人不遺餘力，袁氏對龍亦極盡籠絡之能事[70]。

先是中華革命黨成立後，國父命鄧鏗、朱執信負責廣東討袁軍事。民國三年十一、二月間，廣東黨人在鄧、朱策動下，先後光復惠州、東莞、博羅、佛山、虎門、南海、順德等地，不幸均爲龍濟光所壓平[71]。惟黨人個別之奮鬥仍始終不懈，其中民國四年七月鍾明謀刺龍濟光一事，死難尤爲壯烈。

[70] 民國日報鈔稿「廣東獨立之真象」，載革命文獻第四十七輯，頁四二七。
[71] 朱執信「報告討龍之役書」，載革命文獻第五輯（總五九九至六一〇）。

雲南護國軍起義後，五年一月十六日，黨人陳炯明在惠州所屬起兵，陳任正總司令，林海山副之，命先鋒隊葉匡、黃飛龍等，在淡水附近圍攻龍濟光部一營，苦戰十餘日，雙方死傷均重。林海山則佔領平山，別遣支隊攻博羅。二月七日，革命軍襲擊廣州兵工廠，三月七日襲擊長洲砲台，二十六日潮陽駐軍團長莫擎宇受黨人運動，佔領潮州，宣佈獨立。二十八日欽廉道尹馮相榮、鎮守使隆世儲以護國軍將至，受陸榮廷函勸，宣佈獨立。於是廣東境內討袁軍紛起，海軍各艦亦爲黨人所佔領。就其機關而論，殆不下數十處，計以「中華革命軍」名義所佔領之城鎮共三十一處，軍艦二艘，以陳炯明所領導之「護國軍」名義佔領之城鎮共七處，軍艦一艘。以徐勤所領導之「護國軍」名義佔領之城鎮一處，軍艦二艘。龍濟光勢窮力竭，向陸榮廷求和，陸允廣東獨立後，與滇、黔保證龍之地位，及其家族之生命財產，龍以平素殘殺黨人太多，恐不被所容，而廣東禁煙督辦蔡乃煌等係袁氏親信，復從中阻撓脅制，龍乃一面與陸協商，一面密電袁氏速派重兵來粵協防。袁即令駐滬第十師盧永祥部南下增援。師行有期矣，旅滬粵人聞悉大憤，一面勸告招商局拒載袁軍南下，一面電龍殺蔡乃煌以謝粵人。四月四日寄泊省河寶璧、江大兩艦駛附民軍。次日魏邦平率艦隊馳抵海珠，預備進攻廣州。粵垣軍中亦鼓譟不已，高懸旗幟，上書「聽候龍濟光、張鳴岐宣佈獨立」，龍知民怒已極，旦夕將發，乃致電袁氏請示辦法，袁覆以：「獨立擁護中央」，龍遂於四月六日下午三時召集官紳商民於觀音山，會議獨立事宜，衆推龍爲廣東都督，龍即日拘囚蔡乃煌而宣布獨立，其所發表文告無一語指斥袁氏。略曰：

爲布告事，現據廣東紳商學各界全體公呈，粵省連年災患，地方已極凋零，近來各省多已反對袁氏，宣佈獨立，粵省危機四伏，糜爛堪虞，各界全體爲保持全省人民生命財產起見，集衆公議，聯請龍上將軍爲廣東都督，以原有職權保衛地方，維持秩序，此係擁護共和天經地義，請即剛斷執行等情。查閱來呈，持議甚韙，本都督身在地方，自以維持治安爲前提，刻經通電各省各機關各團體，及本省各屬地方文武，即日宣佈獨立，所有各地方商民人等，及各國旅粵官商，統由本都督率領所屬文武，擔任保護，務須照常安居營業，毋庸驚疑。72

四月十二日，革命黨人與龍部將領及陸榮廷所遣代表湯覺頓、譚學衡、王廣齡等，並廣東討袁軍將領徐勤、呂仲銘、王偉等，會議於廣州海珠，龍部統領顏啓美當場槍殺湯、譚二人，王廣齡、呂仲銘亦傷重不治，且有多人受傷，徐勤自後窗逃免，因之群情益憤，鋤龍之志更堅。護國軍集中梧州者萬餘人，龍濟光不得已，乃遣張鳴歧與陸榮廷、梁啓超相見於梧州。陸榮廷與龍濟光，本有同事之誼，又係姻親關係，本不願對粵用兵，梁啓超爲顧念大局亦不得不委曲求全，乃向龍提出七項協定：㈠交出蔡乃煌、顏啓漢。㈡分調警衛軍出省。㈢整頓濟軍（即龍濟光軍）軍紀，解散偵探。㈣陸到廣州住所臨時酌定，龍來陸所會晤，陸不上觀音山。㈤濟軍將來一半自衛，一半征贛。㈥指定東園爲桂軍屯所。㈦龍如能將前六項照

---

72 黃毅「袁氏盜國記」下篇，頁一七五。

辦，即維持其現有地位。[73]龍全部接受，陸、梁乃統兵入粵，屯駐肇慶，迎岑春煊主持一切。惟廣東革命黨人一致反對龍仍留粵督，直至護國之役結束，少數地方仍有戰事。四月二十四日，龍槍殺蔡乃煌，顯示堅決討袁態度，廣東遂納入桂系勢力支配之下，革命黨人鄒魯記其事曰：

> 雖然岑氏（按：指岑春煊）反對袁世凱，但是不願用武力推翻龍濟光，想和他妥協。因爲廣東的革命力量——就是廣東原來的軍隊和民軍——都是本黨素所聯絡的，假使龍被推翻，廣東立刻變爲本黨的勢力。岑氏爲此保留龍濟光，讓他去打革命黨，而用軍務院的名義號召各省，賣空買空，壯他的力量。龍濟光明白了這種情形，知道他們不但不助革命黨，還希望他去打革命黨。並知道此後可無西顧之憂，他就積極對付革命黨了。……及至粵省各處起義，各省發難者復多，龍遂殺袁氏所派的蔡乃煌，宣佈獨立，繼續與岑等互相勾結。[74]

桂系勢力之入粵，對此後中國政局發生不良之影響，使民國六年後　國父所領導之護法運動橫遭挫折。

---

[73] 「廣東獨立記」，載護國軍紀事第三冊，紀事門，頁三七至三八。

[74] 鄒魯「回顧錄」上冊，頁七八。

四、兩廣都司令部與軍務院

(一) 兩廣都司令部之成立

護國軍討袁期間，兩廣都司令部之成立，爲粵桂合作之具體表現，係舊國民黨人與進步黨人捐棄成見，合作討袁之共同組織。成立於民國五年五月一日，推岑春煊爲兩廣護國軍都司令。岑氏於民國初年曾任國民公黨名譽總理，後合併於國民黨，因與袁世凱自清季以來之宿恨，倒袁工作始終不懈。民國二年春，宋教仁被刺後，岑氏曾與國父、黃興等密商討袁計劃，國民黨要人李根源記其事曰：

今年四月，余抵滬，次日孫、黃兩先生往西林（岑春煊）處會議，約（汪）精衛與章行嚴（士釗）、寧太一（調元）及余同往。次日又偕孫、黃會於趙竹君先生鳳昌宅，始知孫、黃、岑有所結合。[75]

二次革命前夕，國民黨積極籌劃討袁，岑與國民黨利害一致，活動益爲積極。名記者黃

---

[75] 李根源「雪生年錄」卷二，頁七。

遠庸記其事曰：

最近政界之衝動人物，莫過於岑春煊，眼前方苦於枯窘乾燥，忽有岑三（按：岑春煊行三，故有岑三之稱）出馬幫國民黨消息。……海上政客震於岑之重名，莫不嚮往，顧一見而失望者亦至多。……惟章太炎始終譽岑不去口。……國民黨之聯康、梁，出自章行嚴主張，至其聯岑，或有疑為出自餘杭章君（按：即章太炎）者，其此次來京，雖措詞宛轉，然尚不主推袁而主推岑為總統，謂以資格人物論，岑何遜於袁，且資格乃在袁上。……聞岑在滬時，孫（中山）、黃（興）四謁不見，後由哈同花園主人約集，乃相遇於席中，岑頗責孫、黃不應用胡（漢民）、李（烈鈞）暴烈僨事，孫、黃答胡有學而李有才，革命初創，亦不得不爾，因此為緣，岑遂儼然為上賓。比來對滬中過訪者，輒稱別人都怕袁世凱，我決不怕，我倒要同他試試看。又或稱我本無意大總統，今既有現成的，或亦不妨一試。[76]

及二次革命發生，國民黨議推黃興為討袁軍總司令，岑春煊為討袁軍大元帥，旋以各處軍事失利，國父、黃興命李根源、馬君武等隨岑由滬赴粵活動。岑抵廣州，即派人持其手書往勸龍濟光兄弟反正，同時又親往陳炯明軍中撫慰，而袁氏已先發制人，粵軍師長鍾鼎荃、

[76] 黃遠庸「遠生遺著」卷二，頁一一五至一一六。

旅長張我權等。均爲梁士詒所賄買，陳部乃露不穩跡象。龍且率部進迫三水，陳炯明倉皇出走，八月四日岑春煊與李根源等由廣州乘船至澳門，再轉香港，因英人禁止登岸，乃赴南洋檳榔嶼，寄居華僑胡子春家暫作寓公⑰。

時舊國民黨人李烈鈞、陳炯明、柏文蔚等在南洋成立水利速成社，作爲共同討袁之組織，岑隱然以舊國民黨領袖自居，派周孝懷、章士釗爲其駐日代表，與 國父商榷合作辦法。民國四年四月馮自由從美國至日本，即曾參加 國父設宴招待周、章等盛會⑱。

岑居南洋達三年之久，雲南首義後，因陸榮廷力邀始行返國，初至上海，後至日本籌借餉械（詳本文三之㈡），於四月十四日偕同章士釗、溫宗堯、周善培、程子楷、楊永泰、文群、吳貫因、曾彥等微服至肇慶，與陸榮廷、梁啓超等相會，時值龍軍和民軍衝突之後，陸、梁爲調和計，推岑爲護國軍兩廣都司令⑲。

兩廣都司令部組織法共十四條，第一條規定：「兩廣護國軍都司令統轄廣東、廣西兩省軍隊，管理一切軍務，兼籌政務財務。」⑳司令部即設於肇慶，梁啓超任都參謀，李根源任副都參謀，章士釗任秘書長（後章赴滬，由盧鑄代理），冷遹爲參議廳長，溫宗堯爲外交局長，楊永泰爲財政局長，曾彥爲餉械局長，蔣方震爲作戰計劃主任，趙正平爲編制兼諜查主任，

⑰ 岑春煊「樂齋漫筆」，頁二十。
⑱ 馮自由「革命逸史」第二集，頁四〇一。
⑲ 雪生年錄卷二，頁一二。
⑳ 都司令部設立始末，載護國軍紀事，第四冊，紀事門，頁十至十一。

繆嘉壽爲後方勤務主任，鈕永建爲駐滬軍事代表，谷鍾秀爲駐滬政治代表，乃由進步黨、舊國民黨溫和派份子雜湊而成。

兩廣都司令部所轄軍隊：莫擎宇爲第一師長，李耀漢爲第二師長，莫榮新爲第三師長，林虎爲第四師長，張習爲第五師長，車駕龍爲第六師長，儲世隆爲第七師長。程子楷爲獨立第一旅長，魏邦平爲混成第二旅長，唐紹慧爲混成第三旅長，胡思清爲將校團團長，周天祿爲海軍司令[81]。其實各機關除參謀部、秘書廳外，多無事可辦。外交僅二三大事，由岑、梁主持。龍濟光對都司令部催款索械陽奉陰違，廣東民軍領袖動言有兵數千或數萬，皆浮爛虛報，岑氏所能指揮者僅桂軍而已。至五月八日都司令部改組爲軍務院，成立時間僅八日。

(二) 浙陝川湘諸省之光復

滇、黔、桂、粵四省獨立後，各地討袁軍蠭起，其中舉省響應護國軍者則有浙江、陝西、四川、湖南，其背景雖各不同，均爲促成袁氏敗亡之主要力量。茲分述如下：

甲、浙江　廣西獨立消息傳至上海，黨人相率入浙，與駐軍旅長童葆暄等密謀獨立。及廣東獨立，葆暄乃要求浙江將軍朱瑞表明態度。朱瑞與巡按使屈映光皆袁氏死黨，不肯接受。參謀長金華林、師長葉頌清、旅長葉煥華等附之。民國五年四月十一日，朱瑞納金華林獻計，擬誘葆暄入署殺之。事洩於葆暄，乃於是夜率所部二十三、二十四兩團入城，進攻將軍署，

---

[81] 雪生年錄卷二，頁十二。

守兵不戰而潰，朱瑞易服踰牆逃遁，金華林等不知下落。二十二日杭垣各界集會，推屈映光爲臨時都督，童葆煊爲總司令，通電各處，與袁政府脱離關係[82]。

惟屈映光態度曖昧，用浙江巡按使兼總司令名義，致電袁氏，解説其不得已之苦衷。五月一日殺革命黨人夏爾璵於杭州梅花碑，引起公憤[83]。旅長周鳳歧、外海警察廳長王萼宣、台州鎮守使張載揚、嘉湖鎮守使呂公望等，均表不滿。屈知不容於浙人。五日自請辭職，浙江各界乃公舉呂公望爲都督。六日呂氏就職，通電獨立各省，正式討袁，略曰：

袁世凱背誓食言，殃民禍國，諸公仗義，簡甲興師，攘除奸宄，蕭勺群慝，義聲所播，天日爲昭。浙江雖僻在偏隅，誓同護國，獨立既倡，萬衆一心。茲於五月六日，正式就任，區區之志，誓在蒐討義旅，爲國馳驅，期與諸公東西策應，雖萬險在所弗辭。事屬同仇，義無反顧，翻雲覆雨，竊所痛心，停戰牽延，猶非所望。諸公所義，必宏遠謨，幸錫南針，共圖北首，枕戈待命，臨電神馳。[84]

乙、陝西　陝西民俗强悍，革命黨人衆多，將軍陸建章以殘殺黨人爲己任，人民素所厭

---

[82] 游悔原「中華民國再造史」，頁一〇〇至一〇一。
[83] 黨史委員會「革命人物誌」（三），頁四四三至四四四。
[84] 黄毅「袁氏盜國記」下篇，頁一九〇。

惡。雲南護國軍起，屬境黨人四起，南自三原，東至黃河，西抵隴上，北至綏德、米脂，均爲黨人勢力範圍。陝西駐有陸軍兩旅，混成旅四旅，其中以陳樹藩所統率之第三旅爲最强悍。陳原任陝南鎮守使，駐軍漢中，陸懼川省戰事失利，陳氏響應護國軍，特調陳氏移防陝北榆林；然陝北爲革命黨根據地，陳氏活動益力。五月初，敗陸建章子承武於三原，並生擒之，九日正式宣佈獨立，分兵三路直搗西安，袁軍節節敗退，陸建章求降。十五日陳將陸承武放歸，並允將其全眷護送出境。翌日和議正式成立，陳樹藩率軍入城，出示安民，十七日與陸氏合詞致電北京，略曰：

> 秦人反對帝制甚烈，數月以來討袁討逆各軍風起雲湧，樹藩因欲縮短中原戰禍，減少陝西破壞區域，於九日以陝西護國軍名義，宣告獨立，一面請求建章改稱都督，與中央脫離關係。建章念項城二十載相知之雅，則斷不敢贊同，念陝西八百萬生命所關，則又不忍反對。現擬各行其是，由樹藩以都督兼民政長名義，擔負全省治安，建章當即遄返都門，束身待罪，以明心跡。[85]

於是陳樹藩乃就都督之職，委任陸承武爲陝西護國軍總司令，將軍隊編成二師，任曹成英爲第一師師長，李歧山爲第二師師長，送陸建章出境，派兵駐守潼關，以防袁軍西犯。

---

[85] 高勞「帝制運動始末記」頁一一五，文海出版社近代史料叢刊本。

丙、四川　四川自護國軍攻入後，各地黨人紛紛響應。劉存厚任四川護國軍總司令，熊克武任招討使，陳澤霈任巡閱使。及廣西獨立，四川將軍陳宧曾派員與蔡鍔商議停戰事宜，蔡則表示非袁氏退位，無法妥協。四月三十日，蕭德明獨立於大竹，自稱中華護國軍四川東路總司令，檄告全省，照會鄰縣。五月一日警備隊長某，獨立於安岳。六日川軍獨立團第一營連長張某，獨立於隆昌。十二日川軍第二混成旅長鍾體道，獨立於南充，組織護國軍川北總司令部，電告獨立各省，勸陳宧迅即宣佈獨立。此外如榮昌、達縣之駐防軍隊，亦紛紛舉事，省城各界人士皆渴望陳宧早日有所宣佈，上書陳情面謁要求者日必數十起，四川情勢岌岌可危。五月十九日，陳宧以事迫，召集軍事會議，憤然曰：「軍人者，中華民國之軍人也，非袁世凱一人所得而私有也。袁氏帝制自爲，我軍人爲之冤斃者，不知凡幾，殺者不可復生，彼猶靦然自居總統，欲驅我軍人而與之爭，民國之謂何？爾自等家僕今已決與袁政府脫離關係。」[86]各軍官咸表贊同，次日召集紳商學界會議，商討軍事及財政進行事宜，二十二日正式宣佈獨立，略曰：

帝制發生以來，川民陷於水火之中，無所控訴，至爲痛心。本都督前曾一再電請袁總統退位，並宣示必達目的之決心，冀得和平解決，免生民再蹈兵戈之苦，此本都督之苦衷，中外所共諒也。乃遷延至今，迄未得明確之答覆，是袁氏不念川民之疾苦，且

---

[86] 護國軍紀事，第五期，記述門，頁四六至六十。

將自絕於川民。本都督因民之不忍，不能不代川人與袁氏告絕，於二十二日通電京外，正式宣佈與北京袁政府斷絕關係。袁氏未退位以前，以政府名義處分川事者，川省皆視爲無效。87

於是依照民國元年官制，廢除將軍名號，改稱都督，凡軍政民政均由都督治理，是日午前十時各機關首長均著禮服齊集軍署，參加典禮。各學校均放假，並懸掛國旗三日以爲慶賀。

陳宧除將馮玉祥、伍祥禎二混成旅擴充爲兩師外，另加招新兵一師，以爲討袁之需88。

丁、湖南　護國軍起義前數月，國父已分命黨人在湖南活動，於是廖湘芸、楊王鵬、李毓松、李棠、龔鍊百等返長沙，羅劍仇、李達武、方漢儒等返湘西，李國柱、鄒永成等返柳州、寶慶。民國五年元月十九日，黨人在長沙舉事不克，殉難者有楊王鵬等二十八人，僅廖湘芸得脫。羅劍仇、方漢儒等聞之憤甚，即於大庸、永順等處起義，李達武、張學濟等在沅陵應之。時袁軍馬紀貞師駐湘西，防堵護國軍，甫至青浪灘，爲羅、李等所統之革命軍要擊，袁軍潰散，紀貞自殺，惟長沙仍被袁氏爪牙湯薌銘所盤據。同年四月初，國會兩院議員集議滬上，湯薌銘之兄化龍亦與會，黨人議員覃振當衆斥化龍曾在袁政府任職，已喪失其議員資格，並派黨人楊纓甫、王負澄尾化龍欲圖之，化龍大懼，乃向旅滬湘省黨人譚延闓、唐

87 袁氏盜國記，頁一九六。
88 革命文獻第四十七輯，頁二七三至二七五。

蟒、龍璋、曾繼梧、趙恆惕、陳復初等要求妥協。雙方接洽於譚宅，湯薌銘所遣代表陳裕時亦與會，譚等以薌銘離湘爲條件，化龍允諾。於是譚延闓赴武漢，龍璋、曾繼梧等百餘人至長沙。薌銘以廣西、廣東、浙江等省相繼獨立，知袁必敗，表示遵守滬約，惟因袁軍倪嗣冲駐守岳州，受到威脅，乃陰命零陵鎮守使望雲亭於四月二十六日宣佈獨立，稱湘南護國軍總司令，陸榮廷部護國軍乃安然通過永州，分四路前進，首克祁陽，繼敗袁軍於飛龍嶺，五月六日克武岡，十日克衡山，數日之內新寧、沅州、乾州、郴州、耒陽、平江、湘鄉各州縣，相繼入於護國軍之手。十九日衡陽亦宣佈獨立，二十四日湘西鎮守使田應詔在鳳凰宣佈獨立，薌銘勢窮力蹙，乃派代表赴桂林與陸榮廷交涉，請其暫緩進兵。陸則要求撤退駐湘袁軍，湯遂電商於袁，將倪軍撤出岳州，湯氏乃去肘腋之患。遂於二十五日電請袁氏退位，二十八日晚召集高級文武官員討論獨立辦法。時護國軍已派馬濟至長沙，與黨人密約，欲殺湯氏以雪憤。二十九日黨人廖湘芸命李岳峰於日豐洋行機關部裝置炸彈，欲圖行事，因安放雷管失慎，炸彈觸發，聲震全市，湯氏益懼，即於同日正式通告各省，宣佈獨立。略曰：

民國產生託命於法，上自元首，下隸庶民，均有遵守之義務，是必法律平等之原則，亦即共和政治之精神。乃項城蔑視約法，僞造民意，帝制自爲，民怨沸騰，義師以起。蓋項城破壞我四萬萬人民託命之約法，即不啻害我四萬萬人民之生命。各省先後起義宣告獨立，實法律上正常防衛，我人民以後能否生活於法律，我中華民國以後能否漸進於法治，全視此次護法戰爭能否得最後之勝利。[89]

惟湯氏獨立後，因袁氏斃命，日以鞏固權力猜防革命黨爲能事，黨人益憤激，謀聯合主客軍以逐之。定於七月三日撲攻督軍署，會黨人程潛率部由湘潭至長沙，湯乃調補充團兩營禦之，補充團大敗，湯知勢不可留，乃於四日夜率親信由小吳門出城悄逃，署中辦事人員亦星散，由湖南護國軍總司令曾繼梧，用暫行代理都督名義，出示安民[90]。

(三) 軍務院之組織及作用

軍務院係兩廣都司令部之擴大組織，係獨立討袁各省對內對外之共同結合。倡議於民國四年秋梁啓超與蔡鍔在天津密謀討袁時，五年初梁氏滯滬期間構想更爲具體。據當時滇軍駐滬代表李宗黃回憶曰：

那一天梁啓超和我專闢一室，促膝而談，他侃侃然伸論「名不正則言不順」的大義，然後便倏然轉爲：「外國人問起護國軍討袁之役究由何人領導？設有何種機構？令我們難以置答。……當今之計，我們亟應設立一個總其成的機構，或者竟是政府組織亦

[89] 袁氏盜國記，頁一九八至一九九。
[90] 革命文獻第四十七輯，頁四九七。

好。護國討袁，對外則爭取外交同情，對內也有以號召全國軍民。」……當時我還是試探的問梁氏道：「梁先生的意思，是應該成立一個何種名義的機構呢？」他很快的答覆我道：「當今正值軍事時期，我想不妨先行成立大元帥府，推大元帥一人，統率全局。」[91]

及同年三月梁氏南下，過香港時與舊國民黨人李根源磋商，決定將來總統仍應推黎元洪，以示護國軍非爲爭權利，確係擁護國體爲宗旨。惟獨立各省不可無聯合機構，若以政治命名，勢必引起未獨立各省反對，應以軍事命名，稱之爲「軍務院」[92]。故梁氏與黃群（溯初）離港赴海防途中，即在船上起草軍務院布告、軍務院組織條例，以備他日之所需。及梁氏抵桂，推動軍務院更爲積極。雲南都督唐繼堯已有贊同表示，因廣東龍濟光獨立問題發生枝節，遲遲未能實現。陸榮廷且欲推岑春煊爲粤、桂、滇、黔四省都司令，梁氏恐引起滇黔之不滿，造成護國軍內部之分裂，於四月二十八日致電獨立各省都督曰：

大約時局最終之解決，其一當視四省實力，其二當視外交。外交承認略有成議，所以

---

[91] 李宗黃回憶錄，第二册，頁一六五至一六七。
[92] 吳貫因「丙辰從軍日記」，民國五年三月二十日條，引自丁文江編「梁任公先生年譜長編初稿」中册，頁四七七。

遲遲者，因統一機關久未成立，而正式負責之人今雖由四省宣言，舉黃陂（黎元洪）依法繼任總統，然未能親臨指揮。前奉蓂公（唐繼堯）書，知軍務院組織，極蒙贊許，惟人地兩問題待商。竊意撫軍長一職，以滇省首義之勛勞，自非蓂公莫屬，黔、桂、粵當無異辭。惟爲交通計，其地點似不能不在粵。蓂公既不能來粵，擬增設副長攝職，推西林（岑春煊）任之。……但使軍務院告成，內部自能統一鞏固，迅圖發展。[93]

可見梁氏對軍務院負責人選早已成竹在胸。因陸榮廷、梁啓超意見之不盡合。五月一日兩廣都司令部成立後，未能發揮實際功效，加以浙、陝已響應獨立，川省亦有討袁表示，擴大組織勢在必行。五月五日梁啓超偕同李根源等冒險赴廣州，勸說龍濟光，並徵求其同意，乃於五月八日通電全國正式成立。院址設廣東肇慶舊端州書院，推唐繼堯、劉顯世、陸榮廷、龍濟光、呂公望、岑春煊、梁啓超、蔡鍔、李烈鈞、陳炳焜、戴戡、羅佩金爲撫軍。（呂、戴、羅係日後補列）並推唐繼堯爲撫軍長，岑春煊爲副撫軍長，梁啓超爲政務委員長，唐紹儀爲外交專使，王寵惠、溫宗堯副之。范源濂、谷鍾秀爲駐滬代表，李根源爲北伐聯合軍都參謀。在軍務院組織條例中，雖有各省代表會組織，以院址在肇慶，交通不便，並未成立。

軍務院組織條例共計十條，第一條規定：「軍務院直隸大總統，統一籌辦全國之軍機，

[93] 梁啓超「盾鼻集」，頁四二至四三。

並行戰事及其善後一切之政務。」[94] 是軍務院之撫軍長同於國務總理，撫軍即等於各省都督，代表會與立法院相似，其目的在爭取國家正統之賡續。其組成份子係由舊國民黨、進步黨，及西南軍系三大勢力結合而成。至於迭在全國各地起義之中華革命黨人則遭排斥，而無一人參加。故軍務院成立之次日，國父所發表之「討袁二次宣言」，即以消弭黨派爭執相號召。略曰：

袁氏今日勢已窮蹙，而猶徘徊觀望，不肯自歸於失敗，此固由其素性貪利怙權，至死不悟，然見乎倡義者之有派別可尋。竊疑黨爭未弭，覬覦其猜忌自紛，而不能用全力以討賊。殊不知閱牆禦侮，淺人審其重輕，而況昔之政爭已成陳跡，今主義既合，目的不殊，本其愛國之精神，相提攜於事實，見仇者雖欲有所快，無能倖也。今日為衆謀救國之日，決非群雄逐鹿之時，故除以武力取彼凶殘外，凡百可本之約法，以為解決。共和之原甚非野心妄人所得假籍者也。[95]

即以舊國民黨人而論，與進步黨人基本政治立場本不相同，其合作討袁係暫時性質，故在袁氏敗徵顯露軍務院成立之後，雙方已無法繼續合作。李烈鈞記其事曰：

---

[94] 「軍務院設立始末」護國軍紀事，第四冊，紀事門，頁十四。
[95] 國父全集第四集，宣言，頁一八。

岑春煊者，西林人也。在清季任兩粤總督，爲人耿直古贛，甚合岳武穆「文官不要錢」之訓誡，故余亦樂與合作。次日往謁，並訪諸友，梁啓超亦在座。余私詢根源：「護國義舉，安用保皇黨爲？」根源曰：「公弗責之甚，渠行將去此。」越三日，則聞啓超已離肇慶矣。根源爲政學會首領，時論少之，殊未知根源於民國固有殊勳也。96

梁氏卒以不容於衆，乃於五月十六日取道香港赴上海，惟　國父仍力勸中華革命黨人主動與其他反袁勢力和衷共濟。同月二十三日所致田桐、居正、朱執信等電曰：

文回滬後，已宣言與各方面協同一致，聲討國賊。此時袁逆負隅戀棧，而南方義軍勢力猶薄，各地方進行，彼此不相協，則更使袁賊得間。請兄體察此意，一切事宜務求於討袁各派協同進行，以收群策群力之效。至於旗幟，雲貴桂浙均已一致遵用五色旗，吾黨亦宜一律沿用，俾不致同一討賊之軍而有猜疑。至於武力進行爲目前唯一方針，請諸同志更加努力，以期早除國賊，而奠國基。97

其遷就大局之苦心於此可見。同日　國父並有「致岑春煊盼泯息内爭共起討袁電」，略

96 李烈鈞護國之役，引自革命文獻第六輯，頁九一。
97 國父全集第四集，頁二五九。

曰：「南方健兒素稔順逆，得公提挈鼓行而進，壯偉何似？誦公宣言有不分黨派省派之語，實獲我心，主義目的既合符節，允當共力進行。粵省獨立以前，義師先起，鬪至今猶與濟軍（按：龍濟光部）相持，大敵當前而內紛不息，事甚無謂。文已電同志，俾泯猜虞，併力求事實上之一致。請公亦正告濟軍，一方務嚴約束，勿復生釁，庶幾同心協力，共伸天討。」⑱終因滇、桂、粵諸將領之私心自用，而不見實效。

先是滇、黔、桂、粵、浙諸省獨立後，四月二十二日袁氏准徐世昌辭職，改任段祺瑞爲國務卿。五月八日復改政事堂爲國務院，命段氏組織內閣。而段氏及江蘇將軍馮國璋等對於帝制亦持反對態度。加以四川、湖南獨立，袁氏衆叛親離，悔恨羞憤，加以尿毒症病入膏肓，乃於六月六日晨三時斃命，袁氏退位問題遂無形解決。次日副總統黎元洪繼任總統，討袁戰爭告一結束。

六月十日，軍務院以撫軍長唐繼堯名義，致電黎元洪提出要求四事：㈠恢復舊約法，㈡雙方停戰，㈢恢復舊國會，㈣召集軍事特別會議，討論軍事重要問題⑲。旋要求將楊度、梁士詒等十三禍首依法懲辦。六月二十九日，黎氏發佈恢復國會命令，七月十四日通緝懲辦帝制罪魁，惟對握有兵權之北洋軍人倪嗣冲、段芝貴等則不敢涉及。軍務院原擬待八月一日國會開幕後始行撤消，因梁啓超急欲見好於段祺瑞，在滬致電各撫軍，不必一定堅持原議。另

⑱ 同上書。
⑲ 庾恩暘「雲南首義擁護共和始末記」下册，頁八八至八九。

電唐繼堯於十五日將軍務院撤消，時論多集怨之。吳貫因記其事曰：

軍務院之始設立也，宣言俟袁氏退位，黎公就職，國會召集，國務院依法成立時始行取消。至是袁死黎繼，而國會亦已有召集之明令，所欠者則國務院未依法成立耳！故激烈之士以此集怨於梁任公，以任公贊成取消軍務院之說也。取消軍務院之議倡自浙江督軍呂公望，梁任公起而和之，於是軍務院諸撫軍皆贊成此議，遂宣告軍務院取消。怨任公者，以取消之議任公之電最有力，此說誠然，雖然若以取消為非，當先怨首倡之呂，不當獨怨附和之梁，況附和者舉撫軍皆是也，何獨梁任公，獨叢怨於梁，苟非借以快私忿，持論寧得平乎？⑩⑩

吳氏之論，對梁氏多有所偏袒。蓋當時梁氏對時局之影響力為呂公望塵所不及，苟無梁氏之推動，斷不能徵得多數撫軍之同意也。

五、結　語

雲南護國軍之起義，係中華革命黨、舊國民黨，及進步黨人共同合作之表現，掌握滇省

⑩⑩　丙辰從軍日記，引自「梁任公年譜長編初稿」中册，頁四九七。

軍政實權之唐繼堯，最初態度實猶豫不定，殘殺黨人甚衆，因左右均同情討袁，加以受蔡鍔之影響，討袁立場始告堅定。護國軍起義前後，梁啓超固有其重大之貢獻，惟其重一隅而忽略全局，處處遷就現實；故袁氏雖敗亡，北洋勢力依然存在，西南滇桂軍之勢力反因之而大增。

是以就護國軍推翻袁氏帝制而論，其功實不可沒，但袁氏失敗後，如何從事建設，使中國成爲一個真正民主憲政政府，則爲護國軍諸將領所忽略。在討袁之役中，全國上下雖表現出激昂慷慨之民氣，卻並未轉化爲反北洋軍閥、反帝制餘孽之革命。因之民國形式雖幸保留，南北各地反動封建勢力依然存在，割據地盤觀念反潛滋暗長，阻礙中國政治進步與民主運動之發展。

自民國五年七月南北統一後，初有黎元洪、段祺瑞之失和，繼有民國六年參戰之爭，演成督軍團干政與國會之再被解散，進而有張勳復辟醜劇之發生。國父率領中華革命黨人，號召護法，以西南軍閥之專横，崎嶇粤滬之間達六年之久，直至民國十三年春中國國民黨改組，黄埔軍校建立，革命基礎始告鞏固，護國軍之役影響可不大哉！

（台北，中華學報第二卷第一期，民國六十四年一月，頁一一一至一四四。）

四二　南洋華僑與討袁運動

—一九一四至一九一六—

一、前言

孫中山先生嘗謂華僑爲革命之母，對於辛亥革命、討袁、護法、北伐統一，以及對日抗戰，均有其不可磨滅之貢獻。其中南洋華僑因人數衆多，且由於地利之便，關係尤爲鉅大。

自一九一三年二次革命失敗，迄一九一六年討袁運動期間，孫先生對南洋同志期望最爲殷切，曾委鄧澤如爲中華革命黨財政部長，鄧雖懇辭，仍負責南洋各支部、分部之籌設及募餉事宜。惟因舊國民黨人別組織『歐事研究會』，製造分裂，起初未能發揮預期之效果。直到袁世凱公開帝制後，雙方始協手合作，共同致力於討袁之大業。其間南洋同志之毀家抒難，熱心捐獻，尤有値得稱道者，據朱執信記載：「一九一六年廣東各地中華革命軍總數約一萬七千餘人，大小數十戰，支持達四五個月之久，及袁世凱敗亡，解散之日不索公家一錢，所費數十萬元，皆由華僑所籌助。」❶此外南洋華僑並實際參加討袁軍事行動，自英屬、荷屬、法屬各地歸國者多到廣東方面匯齊，分由周之貞、鄧鏗所領導，屢次在汕頭、江門、石龍等地發難❷。

本文以資料關係，討論範圍雖不免涉及南洋各埠，實以星馬地區為主要對象。

二、中華革命黨南洋各支分部之成立

一九一三年秋，二次革命挫敗期間，孫中山先生於八月九日自上海取道台灣抵達日本神户，十八日經橫濱至東京，鑒於革命聲勢之頓挫，乃決定組織中華革命黨，以討袁為目的，以實現民權民生主義為宗旨，不求黨員之數量，但重黨員之素質。九月二十七日，王統、黃元秀、朱卓文、陸惠生、馬素等首立誓約，由孫先生任介紹人，並為之主盟❸。以南洋華僑力量之應重視，故積極擴展該地區之黨務。乃命黨內之中堅份子鄧澤如、周之貞等負責星、馬地區黨務，戴金華、李思轅等負責菲律賓黨務，蕭佛成、陳逸村等負責暹羅黨務，孫德彰、朱卓文等負責港、澳地區黨務，黃隆生、黃景南等負責南安地區黨務，鄧子瑜、鄭螺生等負

---

❶ 朱執信「論中華革命黨起義之經過」，載《革命文獻》第五輯，頁六四四至六四五，民國四十三年三月，中國國民黨黨史史料編纂委員會出版。

❷ 邵元沖口述、許師慎筆記「中華革命黨略史」，載《革命文獻》第五輯，頁一〇四至一〇五。

❸ 中華革命黨黨員名册原件，中國國民黨中央黨史委員會庫藏。

責荷屬東印度群島黨務[4]。於是分別成立黨之組織，共同爲討袁活動而努力。

同年十二月二十日，孫先生特致書勉勵南洋同志鄧澤如等，勿因二次革命失敗而氣餒[5]。並以旅日諸同志經濟困難，衣食堪慮，望能竭力接濟。一九一四年二月四日，孫先生復致書南洋同志，告以已在東京成立幹部，繼續努力，策劃進行討袁[6]。四月十八日，孫先生以中華革命黨成立在即，再致書南洋同志鄧澤如、李源水等，說明中華革命黨之精神，在「犧牲生命自由權利，服從命令，盡忠職守，誓共生死。」以鄧澤如久居南洋，聲譽素著[7]請其本此宗旨，在南洋各埠設立支部，以張黨勢。六月十五日，孫先生另致書南洋同志陳新政，申論組織中華革命黨之意義，指示各支部組織，宜分科辦事，祇可設置部長、副部長，不可設置總理、協理，一切要秘密進行，無庸大張旗鼓，介紹黨員，尤宜審慎[8]。於是鄧澤如乃先後至南洋各埠，成立中華革命黨支部、分部，茲表列其名稱及重要份子如下[9]：

芙蓉支部　鄧澤如，伍熹石、梁英、譚元貴、鄧子實、黃堯。

霹靂支部　鄭螺生、朱赤霓，區慎剛、李源水、謝八堯、林成就。

---

❹ 葉夏聲《國父民初革命記略》，頁八七，民國三十七年十一月，孫總理侍衛同志社印行。
❺ 《國父全集》，第三冊，頁二八二至二八三，民國六十二年六月，中國國民黨中央黨史委員會出版。
❻ 同上書，頁二八四。
❼ 同上書，頁二八五至二八六。
❽ 同上書，頁二八七至二八八。
❾ 鄧澤如《中國國民黨二十年史蹟》，頁一二五至一二六，民國三十七年六月，正中書局出版。

雪蘭莪支部　陳占梅、張志昇、彭澤民。
庇能支部　朱定和、廖桂生、王鏡波、林世安、張援民、鍾豪。
星加坡支部　鄧子瑜、徐統雄、吳熾寰、黃吉宸。
巴生支部　譚進、吳采石、曾紀孔。
麻坡支部　劉靜山、鄭贊卿、湯秀山、鄭文炳。
麻剌甲支部　沈鴻柏、龍道舜、鄭荆召。
星加坡分部　李陵溪、盧耀堂。
星洲瓊僑分部　黃義華、崔霸東。
芙蓉瓊僑分部　符蘭亭、陳敬初。
關丹分部　陳廷明、徐漢生。
文冬分部　鄧少民、甘鼎卿。
庇能瓊僑分部　邢璧珊。
砂勝越分部　羅誠芝、楊子葵。
砂羅立嗶分部　宋成
沙叻分部　陳汝繩、林星桃。
朱毛分部　招潤生、歐雨初。
太平分部　梁省躬、陸元陞。
布地分部　梁基建、呂順安。

端洛分部　張勤生。
拿乞分部　梁棟英、張松泉。
金寶分部　黄瑞麟、黄如筠。
安順分部　鄧子賢。
實吊遠分部　陳良知。

一九一四年六月二十三日，中華革命黨在日本東京舉行選舉大會，衆推孫先生爲總理，七月八日中華革命黨遂告成立。是時黨人以宣誓「服從孫先生再舉革命」，及蓋指模問題引起意氣之爭，會歐戰發生，日本對德宣戰，遠東形勢一變，八月二十五日，部分黨人李根源等，乃發起歐事研究會以爲抵制，其中不乏旅居南洋黨人❿。孫先生爲此，特於七月二十九日致書南洋洪門同志，告以凡投身革命黨中，以救國爲己任，爲國民謀自由平等，對於黨魁則服從命令，對於國民則犧牲權利。深望諸同志固結團體，振起精神，再做革命，以盡愛黨愛國之責任⓫。

十月十二日，孫先生委任伍熹石爲芙蓉支部長，伍藴生副之。張永福爲星加坡支部長，

❿　李根源《雪生年錄》，卷二，頁一〇，曲石叢書本，民國十八年元月，出版地點不詳。
⓫　《國父全集》，第三册，頁二八九至二九〇。

陳楚楠副之⑫。十月二十八日，孫先生委任黃甲元爲烈港支部長，陳新政爲庇能支部長，沈選清爲巴城支部長，林溫良副之。梁允煊、陳孔忠、吳熾寰、鄭少芝、李霞舉、何德如、盧耀堂、鄧王瑜爲星加坡聯絡員⑬。

十二月三十日，孫先生爲將國民黨改組爲中華革命黨，於致壩羅同志函中，指出國民黨早已失其作用，「名存實亡。惟黨人『革命之精神日久彌堅，未稍磨滅。』『有今日破壞之能力，始有他日建設之餘地。』」故特通告海外各埠國民黨支部、交通部，如未經加入中華革命黨者，務希填寫誓約，遵照總章，重新改組，「外雖不妨暫仍其名，內必一律厲行其實⑭。」

一九一五年四月二日，孫先生委陳民鐘爲中華革命黨怡郎埠支部長，佘以和爲副支部長。溫君文爲巴城支部副支部長，函囑其注意考察黨員，並告左右曰：「吾黨秘密事何以袁政府總能得消息？」⑮三日，孫先生致函泗水黨人陳鐵伍，望與海外同志竭力籌款，以去民賊⑯。七日，孫先生委蕭佛成爲中華革命黨暹羅支部長。十九日，委曹伯忠爲中華革命黨仰光支部副支部長。五月四日，孫先生委寸海亭爲緬甸分部長。五月十二日，孫先生委立明昶爲庇能

⑫ 中華革命黨總務部機要處文件分發簿，中國國民黨黨史委員會庫藏。
⑬ 同上註。
⑭ 《國父全集》，第三册，頁三一三至三一四。
⑮ 謝持《總理囑件記錄》，中國國民黨黨史委員會庫藏史料。
⑯ 《國父全集》，第三册，頁三二四。

籌餉局長，陳廷楷、寸海亭、周之禮爲緬甸籌餉委員。二十五日，孫先生委陳楚楠爲星加坡籌餉委員，簡讓之爲香港籌餉委員。六月八日，孫先生委陳楚楠、林作舟爲南洋及芙蓉籌辦福建軍債委員，許崇智、宋振、黃展雲爲南洋各埠籌辦福建軍債特派員⑰。六月十日，孫先生准黨務部長居正呈，委許逸夫、郭劍存、徐洞雲、李天如等爲星州聯絡員⑱。六月十九日，孫先生委鄧子瑜爲南洋荷屬籌餉委員。七月九日，孫先生委饒潛川爲仰光籌餉局長⑲。其時南洋同志葉獨醒、陳楚楠等，爲厚集黨勢，彼此函商，欲從事黨中意見之調停，以李烈鈞、柏文蔚、陳炯明等已離南洋，赴歐洲游歷，未收大效⑳。同年八月四日，孫先生覆楊漢孫書，論統一黨權與服從命令，說明改組中華革命黨之原因，及舊日同志之不瞭解宣誓眞諦。略曰：

自第二次革命失敗後，弟鑒於黨事之不統一，負責之無人，至以全盛之民黨，據有數省之財力兵力，而內潰逃亡，敵不攻而自破，懲前毖後，故有中華革命黨之改組，立誓約，訂新章，一切皆有鑑於前車，而以統一事權，服從命令爲主要。其時李協和（烈鈞）、柏烈武（文蔚）俱在東京，李即以犧牲一己自由附從黨魁爲屈辱，柏既受盟立誓，

---

⑰ 中華革命黨總務部機要處文件分發簿。
⑱ 《革命文獻》第四十八輯，頁六一至六二，民國五十八年九月，中國國民黨黨史史料編纂委員會出版。
⑲ 中華革命黨總務部機要處文件分發簿。
⑳ 《革命文獻》第四十八輯，頁一一九。

卒為人所動搖，不過問黨事。譚石屏（人鳳）之主張略同於李，陳競存（炯明）在南洋，弟前後數以書招之，亦不肯來。……

夫一國三公，祇足敗事，政治上專制之名詞，乃政府對於一般人民而後有之，若於有所屬之官吏，則惟有服從命令而已，不聞自由意思也。……而在秘密時期，軍事進行時期，黨魁持權，統一一切，黨員各就其職務能力，服從命令，此安得妄以專制為詬病，而不自由為屈辱者？㉑

明白道出孫先生堅持服從黨魁之理由。迨陳炯明游歐歸南洋，一九一五年十月十五日，為中華革命黨黨章及誓約問題，覆葉獨醒函則辨稱：「弟與中山本無絲毫意見，其改組新盟，實在去歲。維時居東京同志如黃（興）、李（烈鈞）、柏（文蔚）、譚（人鳳）、熊（克武）諸公，以及各省重要黨人，多半以其章程誓約有背民黨宗旨，均期期以為不可，未敢盲從。弟實居南，未聞其事。故游歐之後，乃知吾黨因新盟之故，一時未能步調一致，乃詢其章程誓約，實未妥善，欲出而轉旋，以中山當能從善如流也。南旋之後，聞改章易約之事一時未易辦到，遂止南中，暫候機會。然中山曾亦以書見招，弟亦不憚以書致效，忽忽至今此事未能達到，致勞同志有本黨未有一致之憂，殊深抱憾。至章程誓約應否改良，判諸良心，無須贅述，述

㉑《國父全集》，第三冊，頁三三三至三三四。

之反近於詆譏。」㉒言辭之間，對中華革命黨誓約問題，隱寓不滿之意。

三、鄧澤如星馬之奮鬥

中華革命黨成立後，依照海外籌餉章程規定，限革命成功後三年內兩倍償還，凡助資萬元以上者記大功一次，政府成立後從優認爲代表，參預政事，組織國會。凡助資千元以上者記功一次，將來歸國經營礦山及各種實業，享有優先權利。凡助資百元以上者，雖未入黨，亦得有公民資格❶。一九一四年九月八日，孫中山先生函告南洋同志鄧澤如，已委其爲中華革命黨財政部長，並寄去籌餉章程，命其與各熱心同志發起籌餉局，指導海外黨員依章辦事。並希望能早日來東京就職，以爲相助❷。九月三十日，鄧澤如函覆孫先生，對籌餉章程提出修正意見，認爲定期三年過遲，不如佔領一省後即時償還。各地籌餉局長不必由支部公舉，應由總部直接委任，由總部財政部交付收款憑據，以免濫發之弊。並告以目前因要經常往來南洋各埠，策勵籌款，無法抽身前赴東京就職❸。孫先生於十月二十日函覆鄧澤如，接納其

㉒《革命文獻》，第四十八輯，頁一二二至一二三。

❶同上書，第四十五輯，頁四〇至四一，民國五十八年三月，中國國民黨黨史史料編纂委員會出版。

❷《國父全集》，第三冊，頁二九五。

❸《中國國民黨二十年史蹟》，頁一二九至一三〇。

建議❹，乃由本部規定：「海外各支分部籌募款餉，一律直匯日本東京，交本部核收，然後由本部按照國內各省進行情形，分別緩急，酌量支配❺。十一月一日再函鄧澤如，附有委任狀，囑其勉就中華革命黨財政部長之職，以南洋英、荷各屬籌款事宜相托❻。十二月十一日，澤如覆涵孫先生，說明所以堅辭財政部長，乃因「現下身在南洋，自信雖能於南洋方面竭其能力，以資辦理，而東京事務必難顧及。」「且東京財政事務不特較南洋爲尤繁，而部長不在東京於事實上尤多窒礙。」❼孫先生接鄧函後，十二月二十八日改委鄧爲南洋各埠籌款委員長，並派鄧鏗、羅翼群至南洋，宣傳改組中華革命黨之意義❽。一九一五年一月二十五日，孫先生致函鄧澤如、李源水、鄭螺生，介紹曹亞伯至南洋考察礦務，並請其接待指導❾。遲至同年二月十二日，孫先生始另委張人傑、廖仲愷爲中華革命黨本部財政部正副部長❿，在此之前，張、廖係代理性質。

南洋各埠以歐戰影響，華僑雖甚熱心，募款則並不如理想。一九一五年四月十日，鄧澤如爲芙蓉、怡保等地籌款困難，特致函孫中山先生曰：

❹《國父全集》，第三冊，頁三〇三。
❺中華革命黨總務部致海外各支部匯款直寄東京本部通告，載《革命文獻》，第四十五輯，頁五〇。
❻《國父全集》，第三冊，頁三〇五至三〇六。
❼《中國國民黨二十年史蹟》，頁一三〇。
❽《國父全集》，第三冊，頁三一二。
❾同上書，頁三一九。
❿中華革命黨總務部機要處文件收存簿，中國國民黨黨史委員會庫藏。

芙蓉屬同志日增，茲寄上誓約一百二十張，請早日將黨證寄來，俾黨員有所依據爲要。此間籌款既因歐戰影響，而少數眞確同志，亦應付已疲，惟無論如何，弟當竭其力之所能，以盡義務之一份。查庇能前同盟會有存款萬餘元，當此事機迫切，自當提撥充用，蓉、怡同志均極贊成。惟此款現爲陳新政所據，藉以招待李協和（烈鈞），而別倡緩進主義。由先生賜來一函，詢問此款，弟當通知蓉、怡兩埠同志，聯往詰問，則此款可提用也。⓫

孫先生以財用燃眉，而陳新政把持之款一時無法到手，曾於五月二十六日至函南洋同志，計劃變賣庇能同盟會舊置房屋，預計可得兩萬元，統匯東京總部應急⓬。另由陳其美、張人傑自上海致函南洋同志鄭螺生等，報告內地軍情，望速募款以爲軍用，並報告已收到之匯款支配情形⓭。

一九一五年九月三十日，孫先生致書南洋同志，派陳其美、胡漢民、許崇智、楊庶堪、宋振、鄭鶴年、鄧鏗七人，分赴南洋各地籌餉，並協辦黨務。其中陳其美、許崇智、鄧鏗、鄭鶴年係至英、荷及暹羅各屬，胡漢民、楊庶堪、宋振係赴菲律賓⓮。十月三日，孫先生爲

⓫ 鄧澤如「中國國民黨史稿」，引自《革命文獻》，第四十五輯，頁五三五。
⓬《國父全集》，第三册，頁三二六。
⓭《革命文獻》，第四十五輯，頁五九五至六〇〇。
⓮《國父全集》，第三册，頁三三九。

此特致函鄧澤如，告以：「兩年以來，謀之非不急，任事者亦各盡其力，乃輒因經濟支絀，往往功敗垂成。」希望陳其美、許崇智、鄧鏗等到後，「匡勸不逮，爲指導一切。」⑮惟陳其美抵滬後，因當地同志堅留其主持討袁軍事，謀刺淞滬鎮守使鄭汝成，策動海軍反正，得孫先生同意，乃滯留上海，未曾同行。

十一月六日，孫先生以各地革命軍全面發動在即，特函告吉隆坡諸同志，略謂：「現已規畫大舉，除陝、蜀已動外，滇、黔、湘、鄂、寧、皖皆已遣人深入，一月之內可動，望竭力籌濟。」⑯同月十二日，許崇智、鄧鏗、鄭鶴年三人乘日輪伏見丸抵星加坡，帶有公債券、獎章、獎狀甚多。公債券係以日幣爲準，共四十五萬八千二百元，分一千元、一百元、十元、五元、一元五種。獎章分一、二、三等。規定購公債券一萬元以上，給金質一等有功章。購公債一千元以上，給銀質二等有功章。購公債一百元以上，給銅質三等有功章。經手勸銷十萬元以上，給一等有功章。經手勸銷一萬元以上，給二等有功章。經手勸銷一千元以上，給三等有功章⑰。

鄧澤如聞許崇智等來南洋，親往星加坡相迎。十三日，鄧澤如付鄭鶴年川資二百元，請其先往荷屬，十四日乃偕許、鄧至庇能，寓居宜春草堂⑱。十五日鄧澤如偕許、鄧往麻六甲，

⑮《中國國民黨二十年史蹟》，頁一五九。
⑯中華革命黨總理辦公處收發登記簿，中國國民黨黨史委員會庫藏。
⑰《中國國民黨二十年史蹟》，頁一六〇至一六一。
⑱同上書，頁一五九。

訪問同志沈鴻柏，共商籌款辦法。旋乘汽車往麻坡，與當地同志鄭贊卿、張和平、蔡廷瑞、鄭文炳等至華僑公會，演講討袁進行辦法，及勸銷公債事宜。下午返回麻六甲，寓龍道舜同志家中。是晚鄭成快、曾國辦、沈鴻柏等踴躍捐輸。十六日晨，鄧澤如復陪許、鄧往芙蓉，晤伍熹石、梁英、譚元貴、朱位南諸同志於閱書報社。下午往吉隆坡，寓青年會，訪陳占梅、張志昇、陳家鳳、彭澤文諸同志，勸購公債。十七日往金寶，約同志黃心持同往壩羅，寓樂林俱樂部，與區慎剛、鄭螺生、朱赤霓、李源水、吳芬、林成就、楊壽楠、馮業生、謝八堯諸同志，共商籌款辦法。區慎剛認購公債一萬元，黃心持認購三千元，鄭、朱、李、吳、林、楊、馮、謝各人，均認購公債逾千元。十八日，鄭螺生偕許崇智往實吊遠，翌日乃返壩羅。二十日，鄧澤如偕許、鄧由壩羅取道太平埠，到達庇能，邀區慎剛、鄭螺生同行。許、鄧乃由庇能搭船前往荷屬爪哇各埠。

十二月五日，上海肇和艦起義失敗，黨人死難者百餘人，經營善後，需款孔急。十二月十六日，許、鄧由荷屬返抵星加坡，仍寓播磨日本旅館，鄧澤如得電後，即赴星相晤，並交銀千元與鄧，帶往上海交陳其美收。十九日羅翼群由港抵星加坡，許、鄧派羅往荷屬，派陳耿夫、張岳運攜帶債券往暹羅。鄧澤如乃籌五百元與羅、陳等作川資之用，二十六日許、鄧遂自星加坡搭日本郵船返回上海⑲。

十二月二十五日，雲南護國軍起義，一九一六年元月二十日，孫先生致書鄧澤如，鼓勵

⑲同上書，頁一六〇。

各地籌餉局，速催未匯之款即匯東京或香港，以俾軍用⑳。截止討袁成功，依照鄧澤如所列中華革命黨債券徵信錄，雖收到東京中華實業公司第三次招股徵信錄股票銀日幣四十五萬八千二百元，發出股票銀日幣三十三萬九千八百二十四元，尚存股票銀日幣十一萬八千三百七十六元。惟實際收到則不足十一萬元，加以支出浩繁，兩相對抵，僅存銀六千九百六十二元六角二分㉑。另據中華革命黨總務部收支數目清册，自一九一四年七月三十日起，至一九一五年一月三十一日止，中華革命黨共收到世界各地華僑個人及團體捐款，計日幣二十六萬八千四百四十一元，而支出則爲日幣二十六萬九千零二十一元，透支五百八十元，由孫先生設法墊出㉒。可見南洋同志之捐獻已接近半數，如加上朱執信在南洋，安南、香港等地單獨所募及借得之款五萬四千餘元，則南洋同志捐款則接近總數三分之二。惟一九一五年以後，由於歐事研究會在南洋之阻撓，而美洲華僑在中華革命黨美洲總支部長馮自由及副部長林森之努力下，利用舊金山博覽會機會，舉行懇親大會，發起募捐討袁軍餉，所得之款反而有後來居上之勢。袁世凱敗亡後，合南北美各地中華革命黨分部，先後匯交東京本部者，高達日金一百二十萬元，包括林森於一九一六年歸國親交孫先生之十八萬元㉓。

---

⑳《國父全集》，第三册，頁三九五至三九六。
㉑《中國國民黨二十年史蹟》，頁二一二。
㉒中華革命黨總務部收支數目清册，引自《革命文獻》第四十五輯，頁五二至五九。
㉓馮自由《革命逸史》，第三集，頁三八六至三九〇。重慶，商務印書館，民國三十三年六月出版。

四、朱執信南洋籌餉

一九一四年九月朱執信南洋之籌餉，早於許崇智、鄧鏗等赴南洋之前一年，當時朱執信尚未加入中華革命黨，故非中華革命黨本部所派遣，純係個人之單獨行動，其所募得之款爲同年十一月與鄧鏗在廣東討伐龍濟光之主要經費來源，不在中華革命黨總務部收支之內。其時正值第一次世界大戰初起，南洋商業凋殘之時，但各地華僑認捐仍十分踴躍，僅怡保一埠即募得二萬元❶，加上香港、安南等地及借款，高達五萬四千八百餘元❷。

朱執信於一九一四年九月十四日抵達星加坡，寓鄧子瑜家，鄧即致電芙蓉鄧澤如前往相商。鄧澤如乃於翌日偕周之貞往星加坡鄧子瑜家晤朱執信。朱表示鄧鏗乃奉孫先生之命主持廣東討袁軍事，其本人係與鄧鏗共謀發難，事機已迫，無款不能辦事。十六日，鄧澤如乃偕同朱執信、周之貞，經吉隆坡、壩羅、庇能返芙蓉，過掛羅、庇勝，出麻六甲、麻坡，至十月一日返抵星加坡，歷時達半月之久。各地同志認捐極爲踴躍。三日執信搭法國郵船返香港，十日到達❸。

---

❶《中國國民黨二十年史蹟》，頁一四二。
❷ 同上書，頁一五六。
❸ 同上書，頁一四一至一四二。

朱執信於週歷南洋途中，所致霹靂鄭螺生、李源水函中，感謝南洋同志捐款之踴躍，略曰：「別後至芙蓉、吉隆坡、麻坡、麻六甲等埠，以怡保之義舉爲之勸勉，並允籌助。霹靂各埠以兩先生之力，當更發揚也。……弟此次南來，適當開戰之後，各同志均於商業凋殘之際，傾產相助，衷心感佩，非楮墨所能罄❹。」

不過此次朱執信驅逐龍濟光之籌款行動，曾一度引起與孫先生之間誤會。蓋中華革命黨之組織，在謀黨權之統一，與經費統籌運用，而當時南洋情況比較複雜：一則由於中華革命黨組織係採秘密方式，在南洋發展遭遇困難，因此各地舊國民黨支部、分部，或改名或不改名，或改組或不改組，顯得步驟有些零亂❺；如同年十一月十八日陳新政致陳其美函中指出：「各埠雖略有報告改組，而來函之難就緒者亦有大半。……前辦同盟會時，不收會金尚難一致，而況今欲每人決定十元乎？」❻再則李烈鈞、陳炯明、柏文蔚、譚人鳳、周震麟等歐事研究會份子，在南洋別立「水利公司」名目，有所活動，以逃避居留地政府之干涉❼。因此孫先生此時在給南洋同志信中，特別强調：款項須統匯東京本部，再由本部策應各處。一九一四年九月八日，孫先生給南洋同志鄭螺生信中，指出廣東軍事雖派鄧鏗主持，惟「經

---

❹《朱執信先生文集》，頁七〇五，中國國民黨黨史委員會，民國七十四年六月出版。
❺陳新政《華僑革命史》，頁三七，線裝鉛印本，出版時地不詳。
❻《革命文獻》，第四十八輯，頁一〇八至一〇九。
❼《中國國民黨二十年史蹟》，頁一三四。

費則由弟處接濟。」❽不能直接到南洋募款。正巧此時因爲情勢需要，朱執信以個人身份赴南洋籌款，自然特別引起孫先生之注意。誤認爲朱執信籌款係出諸個人別立門户之行動，故乃分函南洋同志陸文輝、李源水、鄧澤如等，拒絕朱執信籌款之要求❾。所幸孫先生發函時，朱執信已完成任務返回香港，故未曾發生不愉快事件。就孫先生而論，由於南洋情勢複雜，爲貫澈中華革命黨服從與統一精神，故勸阻個人之籌款行動。就朱執信而言，彼既受命於鄧鏗，在南洋籌款之際，對同志聲稱粵事係孫先生委鄧鏗主持，所得款項囑南洋同志逕匯香港機關部，由鄧鏗簽收❿。其個人並不經手，態度可謂光明正大，實亦未脫離孫先生所領導之中華革命黨陣營。此一誤會，至一九一五年底，在孫先生致函南洋華僑同志解釋之後，乃全告澄清，而朱執信亦正式加入中華革命黨⓫。

朱執信自南洋返港途中，一九一四年十月五日，在舟次致書南洋同志曰：「刻弟因身赴戰地，所有關於款項事項，應由弟簽名者，統歸高維兄代理。以後所有經高維兄簽字之款，雖未有弟簽名，弟當同負責任也。」⓬十月十日朱執信抵香港後，十月二十四日致函鄧澤如，

❽《國父全集》，第三册，頁二九六。
❾同上書，頁二九九。
❿民國三年十一月六日，鄧澤如上中山先生函毛筆原件，中國國民黨黨史委員會庫藏。
⓫民國四年十二月十九日，秋谷（朱執信）致鄧澤如函毛筆原件，中國國民黨黨史委員會庫藏。
⓬朱執信親筆函原件影印，中國國民黨黨史委員會庫藏。

除對南洋僑胞捐款表示謝意外，並列舉各處已匯到款之用途⓭。十二月二十二日，鄧鏗復爲討伐龍濟光事，致書鄧澤如，說明其舉兵計劃⓮。一九一五年一月十日，朱執信復致書南洋同志，報告利用在南洋各地之募款，從事討伐袁黨廣東將軍龍濟光之佈署，並列舉收支詳目⓯。可爲其涓滴歸公之明證。

五、歐事研究會與南洋僑界

一九一四年七月二十八日，歐戰爆發後，旅日部分革命黨人鑒於世界局勢之嚴重，醞釀成立歐事研究會，列名者有黃興、李烈鈞、熊克武、程潛、程子楷、李執中、彭允彝、陳炯明、鄒魯、陳獨秀等百數十人❶。八月十三日，該會發起人曾有「協議條件」四項：㈠力圖人才集中，不分黨界。㈡對於中山先生取尊敬主義。㈢對於國內主張浸潤漸進主義，用種種方法，總期取得其同情爲究竟。㈣關於軍事進行，由軍事人員秘密商決之❷。八月十三日，日本對德宣戰，二十五日大會宣告成立，主張暫時停止反袁活動，使袁世凱能專心對外。事

⓭《中國國民黨二十年史蹟》，頁一四三至一四四。
⓮《革命文獻》，第五輯，頁二八至三〇。
⓯《朱執信先生文集》，頁七一〇至七二二。
❶《雪生年錄》，卷二，頁一〇。
❷引自「吳稚暉文件」，中國國民黨黨史委員會庫藏。

實上部分歐事研究會人士如林虎、柏文蔚、熊克武、鈕永建、殷汝驪等，亦同時參加中華革命黨。其後黃興等雖赴美，而隱爲歐事研究會領袖。歐事研究會人士活動地區，國內以上海爲中心，國外則集中香港，以爲西南起義之策應。李烈鈞、陳炯明等，則於游歐後滯居南洋，南洋同志頗有受其影響者。如庇能中華革命黨支部長陳新政上書中華革命黨總部，即認爲歐事研究會主張緩進理由非不可取。略曰：

袁氏雖縱橫，尚不敢明目張膽言全體國民無國民之資格，況吾黨新敗之餘，逃亡海外乎？其餘章程亦多未洽，故未敢贊成。且主張緩進，期以五年，再起革命。黃先生主張緩進之理由，謂國人過於信任袁氏，待袁氏野心暴露，吾黨起而攻之，易於爲力。❸

孫先生爲使討袁行動收統一之效，一九一四年九月八日，特致函南洋鄧澤如曰：「李烈鈞等攜有鉅款數十萬，交陳楚楠、林義順兩君經營商業，不審確否？乞密中一調查報知。」❹按：陳炯明於二次革命廣東獨立失敗後，與馬育航、鍾秀南等，於一九一三年八月四日離粵，曾攜百萬鉅款，在星加坡設立拓植公司，經營橡膠生意❺。旋赴歐洲游歷，一九一四年十一

---

❸《革命文獻》，第四十五輯，頁六〇一。
❹《中國國民黨二十年史蹟》，頁一二七至一二八。
❺一九一三年十月二十三日，「龍濟光致北京政府電文」，見《近代史資料》，一九六二年第一期，北京，中華書局，一九六二年五月出版。

月中旬，與李烈鈞先後東歸，李居庇能，陳居星加坡，佈告海外同志，以歐戰已起，日本且佔領膠州灣，革命應取緩進，不妨暫時與袁合作以舒國難，並以革命黨實力不足爲慮。旋復乘廣東水災，組「水利公司」，派人至各埠募款，聲言辦郵船，並派學生赴歐美留學，學習駕駛飛機，所至輒阻撓中華革命黨之組織，反對孫中山先生❻。

一說「水利公司」又名「水利促成社」，陳炯明等取「水利」二字，乃寓討伐「洪憲」之意。採取公司集資辦法，俟成功後附給利息❼。李烈鈞本欲岑春煊出面領導❽，因岑推辭，遂由陳炯明、李烈鈞邀約旅居東京歐事研究會員林虎、柏文蔚、鄒魯、譚人鳳、周震鱗、趙正平、龔振鵬等赴南洋共商進行，由陳炯明出資招待，並與在美之黃興，在東京之劉大同互相聯絡❾。鄧澤如以黨人不容分裂，於同年十二月一日致函李烈鈞，勸其服從孫先生，共圖三次革命。十二月四日，陳炯明、羅覺菴乃自星加坡往掛羅、庇勝訪鄧澤如，並與之偕往壩羅，相約鄭螺生、李源水、區慎剛等同志，六日共赴庇能，與李烈鈞及當地同志陳新政等晤面，商討討袁進行辦法。八日會談中，陳炯明舉出當時黨人鄧鏗、朱執信在惠州石龍起義，一舉

❻ 鄧澤如「中國國民黨史稿」，引自《革命文獻》，第四十五輯，頁五九二至五九三。
❼ 陳演生《陳競存先生年譜》，頁一九至二〇，一九八〇年八月，香港龍門書店印行。
❽ 曾毅《護國軍秘密運動史》，引自《革命文獻》，第四十七輯，頁四四，中國國民黨黨史史料編纂委員會，民國五十八年六月出版。
❾ 《陳競存先生年譜》，頁二〇。

而敗例子，力言各埠同志需募助鉅款，否則討袁斷難成事❿。鄧澤如謂：「無論如何進行，要皆不能離開中華革命黨之旗幟。」李烈鈞則言：「吾輩今日之主旨，以惟倒袁政府爲目的，……中山先生新組中華革命黨，實乃取銷海外已成立之國民黨，……現在惟有各行各是，盡力辦去，務達討袁之目的而已。」⓫不過陳、李均表示：「對於（孫）先生十分愛戴，斷無不從之理，惜乎總章不善，易惹國人反對，未敢盲從。總之，宗旨既同，異途同歸，雖未加入本黨，係形式上之不同，其實精神如一，將來得以傾袁，仍欲輔助（孫）先生，施展革命之策，卻非爲個人而生私心云云。」⓬鄧澤如返壩羅、芙蓉時，遂召集各同志，指出陳炯明、李烈鈞、譚人鳳、柏文蔚、宋淵源等，有反對中華革命黨，另樹一幟之企圖。

李烈鈞則於十二月五日致南洋同志鄭螺生、李源水等函中，認爲對袁不應專持武力解決，主張穩立根基。進行要點：「第一須結合大群，用溫和方法指導國人，以至誠之心團結同志。第二須聯絡可恃並中立軍隊，破壞反對軍隊，務求有進可以戰，駐可持久之實力。否則隨便動手，易招國人之輕視，而增袁黨之聲威。」⓭一九一四年十二月二十九日，李烈鈞由南洋致書日本歐事研究會諸同志，答覆對黨務之看法。略曰：

---

❿ 鄧澤如「中國國民黨史稿」，引自《革命文獻》，第四十五輯，頁五九三至五九四。
⓫ 同上書。
⓬ 民國三年十二月九日，陳新政上孫中山先生書原件，中國國民黨黨史委員會庫藏。
⓭ 《李烈鈞先生文集》，頁四〇四，中國國民黨黨史委員會，民國七十年十二月出版。

本會組織原爲樹立中堅，團結本黨健者。聯絡此外要人，即應有歐美大政黨精神，不爲利動（指黨務），不爲勢屈（指黨爭），標揚正義，獨立進行，不期收近效，期收遠效，不期容於他黨，期見信於國人。若在進行時期，即不宜輕言改組或合併，而在萌芽時期，更無論矣。此點務宜注意，設一不愼則國人仍視吾輩爲搗蛋鬼，而好人且裹足矣。⓮

並告以參加歐事研究會諸同志在各地之行止，及正計劃進行者數事：㈠在南洋開辦商業中學，及一種淺近雜誌鼓吹一切。㈡派人分赴爪哇、蘇門答臘、婆羅洲、曼谷、西貢、海防、小呂宋、調查聯絡一切，設立辦事處。㈢分設支款處於上海、香港、海防三處，供研究會之需。㈣國內軍隊正運動中，成則可得一師，餘兵不成亦可暗助小款，並希望留日會中同志南來共襄盛舉⓯。

一九一五年一月二十日，李烈鈞覆函孫先生，婉辭東京之行。會中日二十一條交涉事起，二月二十五日，乃由黃興領銜，合李烈鈞、陳炯明、柏文蔚、鈕永建，聯名致祖國同胞電，略曰：

⓮ 同上書，頁四〇六至四〇八。
⓯ 同上書。

竊覽世界諸邦，莫不以民族立國，以內之事縱爲萬惡，亦惟族人自董理之，倚賴他族國必不保。……夫祇知媚外亦有窮時，專務欺民，何異自殺。吾國經此懲創，實乃迷夢猛醒奮發獨立之秋，曰存曰亡，惟視民氣。⑯

一九一四年十二月十一日，鄧澤如乃上書孫先生，報告李、陳別立水利公司，反對中華革命黨，及其與李烈鈞等接洽情形，略曰：

推測李、陳有三原因：㈠因與東京總部意見不合，欲運動海外華僑，打消東京機關。㈡因東京與各路已陸續籌款進行，故主張使人預備大款，勿使妄交別人，一則阻止東京總部之進行，二則留此款爲將來助彼等之用。㈢因東京現已進行，彼等若不出，則現在不能對人，將來於己無益，故不得不出而組織水利公司。更有庇能陳新政輩，欲效辛亥時總攬南洋同盟會機關時，藉黨分潤。⑰

於是鄧澤如乃在壩羅、芙蓉兩埠召集同志開會，說明反對水利公司之理由：「㈠東京總部現已組織成立，且已陸續辦事，而李、陳方欲從新組織，其辦法必不及東京之完備，其進

⑯《黃克强先生全集》，頁二四三至二四五，中國國民黨黨史委員會，民國五十七年十月出版。
⑰《中國國民黨二十年史蹟》，頁一三一至一三三。

行必不及東京之迅速。㈡吾人已贊助中華革命黨，斷不可又贊成反對中華革命黨之人，以反對中山先生。㈢東京總部派人在粵謀舉事，事機正在緊急，而李、陳等尚未舉動，斷無濟緩不濟急之理。㈣李、陳等以預備大款然後舉事，但今時機已迫，若集得大款恐永無能辦之日。革命黨做事，有一分財力，辦一分工作。㈤南洋同志多數信仰中山先生，今李、陳反對中華革命黨，在南洋籌款亦必無效，徒礙東京之進行，而延袁世凱之命耳！」⓲衆咸然其說。

當時南洋除歐事研究會之「水利公司」外，李貞白、李濟民、劉震寰、陳養初等，別組織「少年再造黨」，亦以反對再舉革命爲號召，縱橫南洋各埠，遠及歐洲大陸⓳。惟南洋各埠同志，因鄧澤如等之揭露真象，漸知李烈鈞、陳炯明之宗旨，不獨與中華革命黨政見不同，蓋欲別樹一幟，爲一黨之首領也。因此受其影響者僅陳新政、林義順、蔡熾三，及客籍少數份子而已。

六、革命黨人合作討袁

一九一五年春，中日二十一條交涉期間，歐事研究會重要份子，鑒於國難之嚴重，曾由林虎、熊克武、冷遹、張孝準、耿毅、章梓、程子楷、陳強、龔振鵬、趙正平、程潛、李根

⓲ 同上書。
⓳《國父民初革命紀略》，頁八七。

源等十二人，發表通電，略曰：

吾人第一主見，乃先國家而後政治，先政治而後黨派。國苟不存，政於何有？政苟有成，何分於黨。故吾人之政府，非有惡其人，而有不足於政。雖欲大革其政，而不敢有危於國。吾徒屏居海外，修學待時，無力使之加良，亦何忍使之加惡。❶

是時國內報紙有謂「歐事研究會」欲假借外力推倒袁政府，黃興遂在二月二十五日與陳炯明、柏文蔚、鈕永建、李烈鈞等聯名通電澄清此事，否認假借外力以倒袁。認爲「世界諸邦莫不以民族立國，一族以內之事縱爲萬惡，亦惟族人自董理之，倚賴外族，國必不保。」❷可見黃興等人於外交緊迫時，並不願以激烈行動妨礙袁政府。黃興甚至致函馮自由，請其轉告孫先生，「愼勿驅虎進狼。」孫先生覆電稱：「袁世凱蓄意媚日賣國，非去之決不能保衛國權，吾黨繼續實行革命，猶如清季之以革命止瓜分。」❸長琦中華革命黨同志亦致函柏文蔚，指出「歐事研究會」緩進主張之不當。蓋「袁氏實爲誤國賣國之魁，設非急速去袁，則禍至無日。」「今日所見惟日本國耳！假如歐洲戰事底定，必及於東亞問題，俎上之肉挾均利均勢

❶ 引自《正誼雜誌》，第一卷，第七號，出版日期、地點不詳。
❷ 《黃克强先生全集》，頁二四三至二四五。
❸ 馮自由《革命逸史》，第三集，頁三九九。

之名義臨之，庸得免耶！故吾人於此惟有反其本而已，急持革命主義，一致進行，然後安內攘外之實可以言也。」❹

同年春，孫先生鑒於南洋黨人因受「歐事研究會」影響，少數同志思想發生混淆，特派鄧鏗、羅翼群離日赴南洋，宣揚孫先生改組中華革命黨之意旨。二月五日，鄧、羅訪鄧澤如於芙蓉，澤如告之曰：「近日陳炯明、李烈鈞在庇能函邀柏文蔚、譚人鳳、周震麟等南來，反對中山先生改組中華革命黨，別立名目，曰水利公司，以避居留政府之干涉。」❺建議鄧鏗等速返東京，請孫先生派許崇智或陳其美南來聯絡各埠同志，方能有濟，因各同志均仰慕許、陳兩人故也。澤如並爲鄧鏗介紹各埠同志，握手言歡。及鄧鏗等歸東京，孫先生乃於三月九日致南洋同志函，決定派許崇智、葉夏聲、何天炯、宋振等赴南洋，以聯絡黨勢。四月四日，許崇智、宋振自日本東京抵芙蓉，攜有孫先生致鄧澤如函。六日，澤如乃偕同許、宋直往壩羅。九日約同區慎剛、鄧螺生乘汽車至庇能，十日經高煙巴里文礁、巴眼色海太平，十一日經沙叻而回壩羅，十三日到吉隆坡，十五日返芙蓉，回掛羅、庇勝。十八日往麻六甲，二十日離星加坡，六月五日返東京，謁孫先生，報告南洋情形，並述及鄧澤如之熱心贊助，懇切招待，使南洋同志對中華革命黨有所認識❻。

---

❹ 鄒魯《中國國民黨史稿》，頁五二一至五二三，民國五十四年十月，台灣商務印書館再版。
❺ 《中國國民黨二十年史蹟》，頁一三四。
❻ 同上書，頁一三六至一三八。

一九一五年五月九日，袁世凱卒接受日本二十一條要求，加以帝制公開化，舊國民黨人以及歐事研究會派，原主暫停革命者，亦因受此刺激而豁然大悟，轉而採取積極態度。據黨人葉夏聲記載，其時奉孫先生之命，歷訪南洋，宣揚主義，據理闢謠。「五九」前夜，與華僑人士在星加坡競賽啞謎，翌晨揭曉，終爲葉勝，華僑竟失聲痛哭，頓悟受愚❼。遂一致參加討袁之行列。黄興與歐事研究會份子陳炯明、李烈鈞、柏文蔚、鈕永建、林虎、熊克武、冷遹、張孝準、耿毅、章梓、程子楷、陳強、龔振鵬、趙正平、程潛、李根源等十七人，聯名通電，痛斥袁氏之賣國。略曰：

當此舉國聽命内訌盡熄之時，政府膺四億同胞付託之重，一味屈讓，罔識其他，條約既成，國命以絕。……夫以十五世紀或足僅存之政體施諸今日，群力角逐民族競爭之秋，宜夫狡謀紛臨圖我，凡此一人所愛惜顧慮，惟恐或失者，彼皆資爲劫掠，以攫取吾諸父兄弟共有永保之土地財產，而不慮其不承諾，豈過情事？事有必至，後禍之來正未艾耳！」❽

歐事研究會重要份子周震鱗所撰《關於黄興、華興會和辛亥革命後的孫黄關係》，曾有以

❼《國父民初革命紀略》，頁九五。

❽引自黄毅、方夢超合編《最近之國恥》，民國四年刊本。出版處，地點不詳。

下記載：「克强先生離日赴美後：（按：黃興於一九一四年七月初離日，七月十五日抵舊金山。）歐事研究會同仁逐漸認識到革命組織不可分離，覃振首先加入了中華革命黨，並擔任湖南支部長，主張解散歐事研究會。我原先因不同意中山先生所要求填寫入黨部詞，和打指印的做法，拒絕參加中華革命黨，但我是始終反對黨內派別分立的，此刻在覃振同志的力促下，也就按入黨手續參加了。同時李烈鈞等也陸續辦理了入黨手續，中山先生大爲嘉慰。從此一般同志皆能蠲除成見，又復團結在中山先生統一領導之下，繼續共同進行艱苦的革命戰鬥。」❾故同年十二月二十五日雲南護國軍發難，「水利公司」重要人物李烈鈞、李根源、方聲濤等，均爲主要份子。陳炯明則赴東江一帶舉義討袁，與袁黨桂軍龍濟光部作戰。舊國民黨人岑春煊且約章士釗、張耀曾東渡日本，以個人名義向日本政府借得日幣一百萬元，並兩師炮械，攜帶回國，護國軍始得東下❿。

關於中華革命黨之討袁軍事行動，其出兵計劃係從全面著眼，此可於一九一五年十月之討袁宣言中見之：

> 今長江大河萬里以內，武漢京津扼要諸軍，皆已暗受旗幟，磨劍以待。一旦義旗起呼，義動天地，當以秦隴一軍出關北指，川楚一軍規畫中原。閩粵旌旗橫海，合齊魯以掎

❾ 引自左舜生《黃興評傳》，頁一八三，台北，傳記文學出版社，民國五十七年三月出版。

❿ 岑春煊《樂齋漫筆》，頁二〇，台北，文星書店，民國五十一年六月出版。

京左，三軍既興，我將與諸君子扼揚子江口，定蘇浙以樹東南之威。黎庭擣穴，共戮國賊，期可指日待焉。」[11]

可見雲南起義係討袁戰役中不可分割之一環。孫先生除任命雲南軍官鄧泰中主持滇省中華革命軍討袁軍事外，並派雲南同志呂志伊由日回滇，負責運動軍隊起義。於是雲南主要軍官楊蓁、黃毓成、羅佩金等，皆同情討袁。此外陳其美亦派黨人楊大鑄持其親筆函至雲南，與鄧泰中、楊蓁等有所密議[12]。

一九一五年十一月十日，孫先生覆海外同志希爐書曰：「陝西已發動，破十餘城，四川之黨軍亦屢敗官兵，而滇、黔、湘、鄂蘊蓄尤厚，必有大成，先從西南造我根據。至長江各省，縱彼官僚反正，我亦必佔要地，不落人後[13]。至於中華革合黨在海外所募之款，雖從全面討袁軍事著眼，實多用於西南各省，尤以雲南爲最多。此可於一九一五年十一月十九日中華革命黨財政部長張人傑致南洋同志書中見之。略曰：

尊處前月杪電匯五千四百三十二元，經已妥收，並由本部製發收條，夾入孫先生致函

---

[11]《國父全集》，第一冊，頁八一九。
[12] 何仲簫編《陳英士先生紀念集》，頁一七九至一八〇，台北，文海出版社影印版。
[13]《國父全集》，第三冊，頁三四三至三四四。

中寄上，計當達到。兩月以來此間所資爲活動者，以金山四萬爲最大宗，其次則暹羅萬餘，再次則小呂宋與尊處，其他各埠爲數過小，難以濟事。蓋鄂、湘、蜀、粵、滇、黔、滬、桂等處，皆需鉅款，始有可爲。除鄂、蜀、滇、黔四省已如數給付外，湘、粵兩省僅能分次支給。至其他重要地點，雖於軍事上有大價值，然以來款不足，遂不免有顧此失彼之患。……一俟滇省舉事，黔、蜀即當聯成一氣。⓮

一九一六年一月二十日，孫先生致南洋同志鄧澤如催匯討袁所籌軍餉函曾曰：「軍需浩繁，非鉅款莫濟。去年各處匯款，盡用於雲、貴、川、陝及沿海各地方。」⓯同年一月，孫先生致袁軍部將勸勿助逆書復曰：「西南各省吾黨夙布實力，必能與足下義旗呼吸響應，互爲聲援。」⓰足證雲南護國軍之發動，中華革命黨有其策劃之功，並給予經濟上之支援。

李烈鈞回憶其一九一五年冬赴滇時，偕方聲濤、林虎、陳澤儒、何子奇等同行，得李根源、張本欣之助，獲借現銀五十萬元。清季李烈鈞曾任雲南陸軍小學總辦，李根源曾任雲南講武堂總辦，方聲濤曾任雲南講武堂教官，在雲南軍界均有其潛在勢力，故與滇中軍政領袖羅佩金、李日垓、黃毓成、何國鈞、段承巇、謝汝翼、鄧泰中、楊蓁、田樹伍、范石生等早

⓮《革命文獻》，第四十五輯，頁五九七至五九八。
⓯《國父全集》，第三冊，頁三五九至三六〇。
⓰同上書，頁三六一至三六二。

有連絡，及蔡鍔、戴戡、王伯群等相繼至，唐繼堯之志益決，而護國軍之義師以起⑰。

七、南洋華僑之討袁宣傳與行動

二次革命失敗後，國內革命黨人宣傳機關幾乎全部關閉，南洋舊日保皇報轉變爲保袁報，言論之荒謬更甚於前。孫先生爲對付袁黨活動，糾正其歪曲宣傳，先後曾派鄧鏗、許崇智、何天炯、宋振、鄒魯、葉夏聲等，往南洋英、荷、法、美所屬，及暹羅等地，從事革命之宣傳，收到極大之功效。鄒魯曾記一九一四年冬到南洋各地宣傳討袁之經過曰：

到了新加坡，知道英方袒護袁氏的情形更甚於香港，袁氏種種不法行爲，一概不予發表。因此我在那兒對僑胞説：袁氏要做皇帝，個個都不相信，這樣籌款當然非常困難；所以不得不暫時擱起，決定先從宣傳入手。我先撰了一本小冊子，書名是《袁世凱陰謀帝制之眞相》，專事宣傳袁氏帝制的陰謀，以及披露他破壞民國的罪狀。同時國内及從日本、歐洲回來的同志日多，各方共同宣傳，那兒才漸漸曉得袁氏帝制的眞情。……陽曆年底我由新加坡動身，沿路宣傳，並分發小冊子，一直到檳榔嶼，各地同志同鄉秘密歡迎，非常熱烈，我很感激。這本小

⑰ 李烈鈞「雲南起義之經過」，載《李烈鈞先生文集》，頁四七五至四七六。

冊子全文雖然祇有七八萬字，但是卻有很大的成效❶。

另據葉夏聲記載：由其所撰經中華革命黨本部審定之《革命救亡論》，曾由其攜往洋英、荷、法、美屬及暹羅等地，宣揚革命，募集軍餉，黨勢爲之大振❷。「水利公司」主要份子李烈鈞亦謂：「過南洋時爲僑胞所知，來謁見者極踴躍，乃一一接見，遂在檳榔嶼小住，赴各處書報社，歡迎會，鼓吹革命討袁。」❸南洋當地同志亦多印發宣傳品，分寄各處，一致聲討袁氏。其中以星加坡之《國民日報》爲最著，係庇能黨員陳新政、丘明昶、雷鐵崖、林福全、丘文紹、徐洋溢等人所發起❹。

星加坡中華革命黨第二分部，除發起救國儲金，將所募得之款匯往東京總部外，並派邢慧觀等赴惠州，參加討伐袁黨龍濟光之軍事行動。後因惠州軍事失敗，陳炯明委邢爲建國軍支隊司令，在陳村一帶編組討袁軍。同時邢愛群、陳峻山諸同志，相繼返國，亦助力不少❺。及護國軍大起，袁氏被迫取消帝制，一九一六年四月十日，孫先生爲招集南洋幹部，訓練以爲他日中下級軍官之選，特致書鄧澤如，略曰：

❶ 鄒魯《回顧錄》，頁七五，獨立出版社，民國三十五年七月出版。
❷ 《國父民初革命紀略》，頁九〇。
❸ 李烈鈞自傳，引自《李烈先生文集》，頁二六。
❹ 鄒魯《中國國民黨史稿》，頁五二二。
❺ 《革命文獻》，第四十五輯，頁六一二至六一三。

南洋同志，久受薰陶，且不乏壯勇可造之資，是以專函奉託注意，速為物色此等人士，資遣到東。（此時地點尚未確定，特先定此計劃，尊處同志一面招徠，日間當再以地點告知。）再加以軍事上之訓練，用備他日中下級軍官之選，此策甚關重要，幸祈加意毋忽。至軍旅之外，敢死有為之士，正好乘此時機用之，而對待毒蟲猛獸，須兼用直捷了當功夫，亦望物色其人為要❻。

六月六日，袁氏斃命，討袁軍事結束，訓練華僑軍事幹部計劃乃告擱置。整個討袁期間，南洋華僑因歐戰關係及袁黨之破壞，捐款雖不如美洲之多，實際參加討袁軍事行動人數則非常之衆。一九一六年九月三十日，孫先生在上海歡迎從軍華僑大會，以「心堅則不畏大敵」為題，發表演講，略曰：

今日特設酌於此，為歸國從軍華僑洗塵，以表示本黨酬謝諸君之熱心。抑此次華僑隊自海外萬里歸來，參加革命事業，不特為中華革命軍之光榮，於國民思想亦大有關係。……此次華僑歸國效力者，美洲、南洋、呂宋、安南各地皆有，比之第一次革命時僅得少數之人，可謂極盛。然若更有破壞共和者，則歸來效命，以擁護共和之人數，必

---

❻《國父全集》，第三冊，頁三八〇至三八一。

又盛於今日百十倍矣❼。

同年十二月十日，孫先生分致中華革命黨海內外各支部分部函，陳述華僑從軍之經過，及遣散之情形至詳。略曰：「此次推翻帝制，各埠華僑既捐鉅資，以為軍費；而回國效命決死，以為黨軍模範，復踵相接，其堅忍勇往之忱，誠不可多得者也。計次此回國從軍之華僑，可分為兩部：其一部為活動於廣東方面，主由南洋英、荷、法領地之華僑組織之，而美洲及日本等處之華僑參與焉。他則為活動於山東方面者，主由加拿大及北美合衆國華僑組織之，而南洋及日本之華僑亦參與焉。廣東一部份，始僅組織決死隊十餘人，謝伯堯、羅金蘭主其事。攻擊肇和之役，死傷者幾半，餘亦皆九死一生，始得脱險。未幾又以數十人往攻汕頭鎮守使署之役，奮勇先登，逐去馬存發；既而莫擎宇來爭汕頭，中華革命黨軍不欲自相攻擊，遂去歸而組織華僑決死隊。其中多各歸其鄉，糾集子弟以助大軍，如吳業剛、李子華等之兩攻江門，其功尤著。既而以袁世凱死，中華革命軍解散，一部份仍入石龍，助鄧仲元（鏗），一部歸入周之貞所統轄之華僑護國軍，皆有戰績。……當解散時，廣東款項至絀，每人所給不過幾元，其曾經戰役者亦不過三十元。」❽可為對整個討袁期間海外華僑歸國，直接參與各地軍事行動之詳細説明。不僅稱道其冒險犯難不計得失之精神，認為華僑之光榮即中華革命

❼ 同上書，第二册，頁三七〇至三七四。
❽ 同上書，第三册，頁四二五至四二七。

黨之光榮，也是國家之光榮⑨。

八、結　語

華僑與中國革命有不可分割之關係，一九一四年至一九一六年中華革命黨討袁時間，南洋華僑因人數眾多，且因地利之便，貢獻頗爲鉅大。除捐款外直接返國參加革命行動者爲數甚多，而以廣東地區爲最眾。孫中山先生對南洋各地中華革命黨支部、分部之設立極爲關切，命鄧澤如統籌一切，所推薦之各支部、分部長，由中華革命黨本部直接加委，除朱執信爲討伐廣東龍濟光，至南洋募款係單獨行動外，孫先生迭次派遣許崇智、鄧鏗、鄭鶴年、羅翼群、鄒魯、葉夏聲、何天炯、宋振等同志赴南洋，與當地同志共商籌款辦法。由於舊國民黨人李烈鈞、陳炯明等，拒絕宣誓「服從孫先生再舉革命」，及蓋指模問題，別組織歐事研究會，在南洋以「水利公司」相號召，企圖另樹一幟。故一九一四年秋歐戰發生後，主張暫採緩進態度，對袁世凱妥協讓步。一九一五年春，中日二十一條交涉期間，更主張與袁攜手，一致對外，使中華革命黨在南洋之活動大受影響。惟當同年夏，袁氏承認日本二十一條要求，帝制公開化，舊國民黨人中之歐事研究會份子，頓悟受愚，乃與中華革命黨合力以討袁。中華革命黨本部除派人至雲南積極活動外，所募之款多用於西南各省，其中尤以雲南爲最鉅。歐事

---

⑨同上書，頁四二七。

研究會主要份子李烈鈞、方聲濤、李根源等，與進步黨人有相當之淵源，乃共同促成雲南護國軍之起義，而有三次革命之成功。

（香港，兩次世界大戰期間在亞洲之海外華人學術討論會，香港中文大學、南洋學會主辦，一九八七年九月。）

四三 民六政潮與南北分裂

一、引言

民國六年夏，北京政府由府院衝突演變爲參加歐戰之爭，總統黎元洪、國務總理段祺瑞，反對贊成各不相讓，國會中舊國民黨議員「憲政商榷會」派，欲利用機會實行倒閣，段氏則憑藉督軍團要脅解散國會，卒演成張勳復辟之醜劇。

同年八月，復辟亂平，馮國璋繼任總統，段祺瑞再任總理，銜恨宿怨，一面命各省選派參議員組織參議院，以代行國會職權，籌辦新國會之選舉；一面不經立法程序，公佈對德奧宣戰之命令，國本飄搖，法統斷絕，於是兩院議員響應　國父孫中山先生號召，紛紛南下集會廣州，組織護法政府，選舉　國父爲軍政府大元帥，從此我國形成南北對立局面。直至民國十七年國民革命軍統一全國，十餘年間，北方直皖奉三系互爭雄長，西南軍人跋扈自恣，國父往來滬粵，進行蹉跎，全國人民陷於水深火熱之中，國家元氣毀傷甚鉅。是以民國六年爲民國歷史上一重要歷程碑，姑誌其政潮始末，與護法政府成立之經過，以就正於史學先進。

二、國會之重開與政潮之起伏

(一)國父號召護法與國會之恢復

民國五年夏，各省紛紛反對洪憲帝制，袁世凱以衆叛親離，憤恚病篤，於六月六日晨斃命北京。翌日，黎元洪乃以副總統繼任爲大總統。時　國父居滬，以討袁之目的已達，一面電令全國各地討袁軍立即停戰，維持地方秩序，靜待和平之解決；一面於六月九日發表規復約法宣言，略曰：

今袁氏自斃矣，凡百罪孽，宜與首惡之身俱盡。繼茲以往，其遂可以罷戢干戈，與民休息耶？抑猶有所持耶？………袁氏凡百罪孽，皆由其以天下爲私之一念而來。殘暴專制既無不爲，而又以金錢詐術濟之，以至於敗。今若求治無他，一言以蔽之曰，反其道而矣。庶事改良，或難驟舉，至於規復約法，尊重民意機關，則唯一無二之方，無所用其躊躇者。………文志在共和，始終不貳，曩以袁氏叛亂，故誓爲民翦滅鉅凶，今茲障礙既除，我國人當能同德一心。共趨政治之正軌，文亦將盡國民一分子之義務，

爲獻替之芻蕘。❶

同日另致電黎元洪，勉其以國民公僕自居，略曰：「公以首義元勳，夙繫人望，民國創始，文慚薄德，與公追隨。………中邦專制，歷數千年，共和方新，忽被摧挫，去亂圖治，願力反前人所爲。有如規復約法，尊重國會，尤不容緩。民國總統，職曰公僕，一切僭制妄作，宜即屏除，庶幾氣象一新。」❷黎氏覆電嘉納，而遲未施行。同月十八日，黎氏再遣郭同持函晉謁　國父，僅徵詢對於國事意見，仍不及恢復約法國會事。書曰：「元洪猥以輇材，膺茲重任，萬端待理，獨力難勝，惟仰賴當代偉人，同心共濟。………茲派郭君同趨詣臺階，敬承明教，凡關於軍國大計，統希指陳一切。」❸十九日　國父又電勸之，告其恢復約法國會，「內外期望，惟此爲先。」略曰：

文前電請規復約法，尊重國會二事，爲根本要圖。覆電已承嘉納，顧經過旬日，尚未實行，此間傳聞謂因審愼手續，其實約法停廢，國會解散，俱係前人越法行爲，今日宣言承認遵守，不過以適法之法令，變更不法之命令，其間毫無疑義，內外期望惟此

---

❶ 國父全集第四集，宣言，頁一九至二一，民國四十六年五月，中央文物供應社出版，以下同。
❷ 同上書，第四集，文電，頁二六一。
❸ 黎元洪致國父函原件，黨史會庫藏史料。

爲先，一切糾紛宜令速解，願公無復顧慮。辱公明問，文謹申前言，以當芹曝。囑派代表一節，稍緩當再電告。❹

復以段祺瑞掌握北洋勢力，二十三日馳函段氏曰：「日前規復約法，尊重國會，爲共和根本之大計，而內外視瞻所存，文已再三爲黎大總統言之，願執事翊贊當機，不爲莠言所惑，重陷天下於糾紛，亦文之望也。」❺段氏給終不以恢復舊約法爲然。段氏曾於六月中旬通電各省，公開主張維持新約法，略曰：

或謂三年約法不得以法律論，雖以命令廢之而無足議，此不可也。三年約法履行已久，歷經依據，以爲行政之準，一語抹煞，則國中一切法令皆將因而動搖，不惟國際條約關係至重，不容不再三審愼，而內國公債以及法庭判決，將無不可一翻前案，如之何其可也。或又謂三年約法出自約法會議，約法會議出自政治會議，與議人士皆政府命令所派，與民議不同，故此時以命令復行元年約法，祇爲命令變更命令，不得以變更法律論，此又不可也。三年約法所以不饜人望者，謂其起法之本，根於命令，而何以元年約法獨不嫌以命令復之乎？且三年約法爲世詬病，僉以其創法之始不合法理，近

❹ 國父全集第四集，文電，頁二六四。
❺ 同上書第五集，函札，頁二三〇。

於縱恣自爲耳！然尚經幾許諮諏，幾許轉折，然後始議修改。而今茲所望於政府者，奈何欲其毅然一令，以復修改以前之法律乎？此事既一誤於前，今又何可再誤於後？知其不可而欲尤而效之，誠不知其可也。如謂法律不妨以命令復之，則亦不妨以命令廢矣。今日命令復之，明日命令廢之，將等法律爲何物？且甲氏命令復之，乙氏又何不可命令廢之？可施於約法者，又何不可施之於憲法，如是則元首每有更代，法律隨爲轉移，人民將何所遵循乎？❻

足證其藐視臨時約法之意願。同月二十五日，海軍總司令李鼎新受黨人唐紹儀、鈕永建等運動，以海軍總司令名義，與第一艦隊司令林葆懌、練習艦隊司令曾兆麟等，集合各巨艦於吳淞口外，發表獨立宣言，要求維護約法國會，略曰：「黎大總統雖已就職，北京政府仍根據袁氏擅改之約法，以遺令宣佈，又豈能取信天下，厭服人心？……今率海軍將士於六月二十五日加入護國軍，以擁護今大總統，保障共和爲目的。非俟恪遵元年約法，國會開會，正式內閣成立，北京海軍部之命令概不承受。」❼馮國璋以淞滬爲其轄區，誠恐海軍發難不利於己，急電黎、段速謀根本解決，黎、段始有所戒懼，二十九日乃循 國父主張，申令恢復國會。令曰：

❻ 岑學呂「梁燕孫先生年譜」，上册頁三四六至三四七，民國五十一年六月文星書店影印版。
❼ 東方雜誌第十三卷第八號，中國大事記。

共和國體，首重民意；民意所寄，厥惟憲法；憲法之成，專待國會。我中華民國國會自三年一月十日停止以後，時越兩載，迄未召復。以致開國五年，憲法未定，大本不立，庶政無由進行。亟應召集國會，速定憲法，以協民志，而固國本。憲法未定以前，仍遵行中華民國元年三月十一日公布之「臨時約法」，至憲法成立爲止，其二年十月五日宣布之「大總統選舉法」，係憲法之一部，應仍有效。⑧

同日復申令：「茲依臨時約法第五十三條，續行召集國會，定於本年八月一日起繼續開會。」⑨於是黎氏之地位係依臨時約法所繼任。同日黎氏任命段祺瑞爲國務總理，三十日黎氏發表段氏所提各部總長人選如下：外交總長唐紹儀（未到任前由陳錦濤兼理），內務總長許世英，財政總長陳錦濤，海軍總長程璧光，教育總長孫洪伊，農商總長張國淦，交通總長汪大燮，司法總長張耀曾（未到任前由張國淦兼理），陸軍總長由段祺瑞自兼。（旋於七月十二日改任孫洪伊爲內務總長，未到任前由許世英暫兼，范源濂爲教育總長，許世英爲交通總長。）⑩七月六日總統黎元洪下令改各省將軍爲督軍，巡按使爲省長。（按：袁世凱於民國三年五月二十三日下令修改地方官制，改各省都督爲「將軍」，民政長爲「巡按使」。）十四日，

⑧ 政府公報，民國五年六月三十日，第一七五號。
⑨ 同上書。
⑩ 政府公報，民國五年七月十三日，第一八八號。

中令懲辦洪憲禍首。八月一日，國會重開於北京，假衆議院行開幕式，參衆兩院議員出席者五百十九人。十九日，黎元洪至國會補行就任宣誓。九月初，兩院追認段祺瑞爲國務總理。十月三十日，兩院補選馮國璋爲副總統。

時黨人李根源等，逆料段祺瑞之不可恃，主張就黃興、岑春煊、陸榮廷，甚至 國父數人中，推舉一人爲副總統，以厭南人之望，因受制於袒馮同黨議員，致未實現，李氏記其事曰：

> 選副總統聲囂然，本黨議員成立益友社，孫洪伊操縱其間，群趨向馮國璋，余請開臨時會於殷鑄夫宅，詳説段祺瑞專横，一年内必有事。副席務舉南方人，由克強、西林、幹卿中任擇一人，否則請孫先生屈就，必爭此席，不能舉馮國璋也。彼聯馮倒段者，抑知馮、段爭長，乃彼北洋内部問題，如對南方，馮也段也一例仇視。同人多迷於孫洪伊，不以余言爲然，黨中投預選票，(到百八十餘人)陸榮廷得多數，袒馮者(秦廣禮等)起而用武，一鬨散去。十月三十日，開選舉會，馮國璋當選。⑪

先是黎元洪既就總統之職，爲表崇德敬功之意，特聘請 國父爲總統府高等顧問，國父辭不受。國父覆黎氏書略曰：

---

⑪ 李根源「雪生年錄」頁七四，文海出版社近代史料叢刊本。

得手諭，獎飾逾量，併以高等顧問相屬。執事仁德，涵蓋萬方，憂國至誠，天下共見。文雖術慚匡濟，志匪隱淪，況在艱屯之秋，實有風雨同憂之誼，豈建設之方始，而蒭蕘之不供？但使國家有事，謀及庶人，文必竭其愚慮，以裨高深。至於前席隆禮，顧問鴻號，受者不無短綆之愧，評者或生尸饔之譏。敢請鑒此悃誠，收回成命，臨風緬想，無任屏營。⑫

國父之高風亮節於此可見。其後黎氏迭電 國父北上共謀國是，國父以黎氏爲帝制餘孽所包圍，予以婉辭。九月八日，分別致函黎元洪、段祺瑞，及內務總長孫洪伊，派胡漢民、廖仲愷入京，與黎、段共洽國事，協同孫洪伊擴充北方黨務，團結國會議員同志⑬。

(二) 國會復會後之政黨形勢

國會既重開於北京，舊進步黨人梁啓超、湯化龍等，一面謀與段祺瑞合作，一面大唱不黨主黨，暗中則分別結合同志，組織「憲法研究同志會」、「憲法討論會」，用作政爭之工具。前者以梁啓超、王家襄、陳國祥、林長民、藍公武、籍忠寅、周大烈爲領導人物；後者以湯化龍、劉崇佑、梁善濟、李國珍等爲領導人物，本係各自爲謀，後因對抗國民黨人起見，於

---

⑫ 國父全集第五集，函札，頁二四一。
⑬ 國父致黎、段、孫各函原稿，黨史會庫藏史料。

民國五年八月底合併，改稱「憲法研究會」，兩院議員參加者一百五十餘人，主張中央集權及一院制，不規定省制，對於段內閣始終採取擁護之態度。

舊國民黨人急進、溫和兩派，以在國會運用之便，形式上復合爲一，張繼、林森、孫洪伊等，仍用國民黨名義，連絡舊日同志，於九月九日成立「憲政商榷會」，兩院議員參加者四百餘人，對於憲法問題主張採用兩院制，提倡地方分權主義，對段內閣採取監視之態度。惟因分子複雜，精神上之結合，頗形渙散。內中約分爲三派：(一)客廬系，以張繼、王正廷、吳景濂、谷鍾秀、張耀曾等爲主要人物，多屬國民黨之穩健派。(二)丙辰俱樂部，以林森、居正、田桐、褚輔成、馬君武等爲主要人物，態度急進，可代表中華革命黨派。(三)韜園派，以孫洪伊、丁世嶧、溫世霖等爲主要人物，屬舊進步黨人，當帝制運動發生時，此派曾倡言反對，南下與國民黨採取一致之行動。

憲政商榷會後由三派重組爲四派：(一)谷鍾秀、張紹曾等脱離客廬系别組織「政學會」。(二)商榷會主要份子改爲「益友社」。(三)「丙辰俱樂部」與「韜園派」合組爲「民友社」。(四)王正廷、褚輔成等復自「益友社」中分出，組織「政餘俱樂部」。

至其他小政黨，若孫潤宇、陸宗輿等之「憲政討論會」，黄雲鵬、解樹强等之「平社」，李慶芳、康士鐸等之「憲法協議會」，楊士聰領導之「憲政會」，張伯烈領導之「憲友會」，景耀月領導之「蘇園」，梅光遠領導之「衡社」，劉瑩澤領導之「友仁社」，趙連祺領導之「潛園」，王人文領導之「靜廬」，多屬官僚政客之利害結合⓮。舊國民黨人周震麟，鑒於國會黨派之變化，及「憲政商榷會」組織之渙散，於同年十一月四日上書　國父，報告北京政情，並請國父北上領導。略曰：

數月以來，目擊各黨分裂變幻情形，幾不可究詰。然細測所以橫溢旁出，渙散無紀之故，總不外群龍無首，指揮之作用全無，烏合之衆，不堪任戰。長此不改，則議會之精神將無形喪失，政局前途，皆不堪設想矣！

現在詳察各方情狀，均感此種痛苦，各有覺悟，以爲非得歷史最深信望最著之偉人，標舉黨幟，出任黨魁，必不足以提挈群倫，納諸軌道。國民黨自同盟會改名後，分子複雜，秩序早亂，兩次革命，其反覆變節拋棄主義專意獵官者，實繁有徒。今之所謂中華新報派、肇慶派少數人，始則利用不黨主義以分裂我黨，繼則利用我之不急急成黨，彼乃力謀脫去母黨，另組新黨，隱結陰謀派，推岑、梁（按：指岑春煊、梁啓超）爲黨魁，且妄言少川（按：唐紹儀別號）已入其彀。似此鬼祟百出，若不立下最大決心，求一根本救濟之法，其將何以保殘局而策來茲耶？

夫國民黨破綻畢露既如上述，則所謂根本救濟之法云者，必不在保存國民黨之空名，而在結合進步黨之孫伯蘭（按：孫洪伊別號）及章太炎（按：章炳麟別號），與民社混合之新

⓮ 參照楊幼炯「中國政黨史」，頁八九至九三，民國二十五年十二月商務印書館出版。

共和派。此兩派者，在民國二年前政見雖有不同，自第二次革命至今，早與眞正之國民黨愈接愈近，較之國民黨中新官僚分子品格，固相霄壤矣。伯蘭派崇拜先生，久出至誠。伯蘭之爲人，社會中幾以南中健將克强相比擬。共和派原爲同盟敵系，自爲官僚所利用，早知悔憤，咸以先生爲不可磨滅之黨魁。此兩派既竭誠奉戴先生，且有黎、馮兩公（按：指黎元洪、馮國璋）爲之後援，先生一出負擔責任，則議員中坐得二三百人，合之國民黨可靠分子三百人，共得五百餘人，占國會人數三分之二而强，則目前政局變遷已可漸操民黨之手，共和基礎之穩固，將亦於此舉卜之矣。爲吾黨權利害，爲國家謀安全計，無有善於此者。此事少川、漢民、仲愷（按：指唐紹儀、胡漢民、廖仲愷）諸公早已陳述於左右。惟前此機勢，尚未如今日緊迫，故未立見施行。近日溥泉、伯蘭、濂伯、仲愷、子琴（按：張繼號溥泉、吳景濂號濂伯，田桐號子琴）及各同志中堅，見岑、梁旗下之張、谷派（按：指張紹曾、谷鍾秀），儼然爲叛黨獨立之行動，吾人若用迅雷不及掩耳之手段，立樹黨幟號召國人，則彼惡齪官僚，自不能得多數表同情，不過成立一無用之小黨而已。否則彼有黨之行動，我無黨之組織，凡熱心組黨分子，難免多數闌入該黨。辛亥兵罷，同盟會組織遲誤之前車可鑒也。此意彭巨川兄此次專來滬陳述，當蒙採納矣。至黨之成立，黨之鞏固，黨之發展，皆須先生從速到京一行。倘得先生率同漢民、太炎各領袖先過南京應酬一番，隨來北京留連數月，則不僅黨可發展，國家社會亦必賴以少安。但陰謀派必多方造謠，尼先生之行，幸勿中其奸計，坐誤遠謀也。⑮

是時 國父亦有在北方復黨之意，故於黨人林森來滬請益時，勉其聯合同志以爲組織大黨之準備。十二月四日，林森自北京上書 國父，報告北京政局變化情形，略曰：

此番到滬，暢聆槼誨，受益良多。返京以來，即將先生意旨傳佈於各同志議員，所提組合大黨主義，各議員均表同情，深佩碩畫。現伯蘭已出内閣，谷、張意見自可漸消於無形。且西林（按：指岑春煊）、協和（按：指李烈鈞）近都蒞滬，與吾人同一主張，彼等欲在政界討生活，不得不從岑、李爲標幟。故最近特派王有蘭、呂天民、李肇甫等五人赴滬，與各領袖接洽，本不脱聯絡意味。由是觀之，在京政客之趨向，悉視駐滬各要人爲轉移耳！茲居改選參議員期迫，各政團更渴望大黨早日成立，庶有競爭之實力也。近聞華甫（按：馮國璋别號）遲早加入吾黨，要隨黄陂爲進止。回京時曾進府面詢及内閣近情，談次雖未涉及造黨方略，而已表贊同民黨眞意，共護共和爲己任之心志，溢於言外。不久將派人往南京與華甫商榷一切，可望同一進行，對於國家社會兩有裨益也。最近内閣變更有三政象，姑列以爲參考：第一次准段辭職，以伍廷芳代理總理，

---

⑮ 周震麟上國父書原件，黨史會庫藏史料。

以參謀總長代理陸軍總長。第二次提出徐東海（按：指徐世昌）爲總理，國會通過後，徐辭不受職。第三次提出伍秩庸（按：伍廷芳別號），通過後即組織新內閣。以上三種，爲新近之説，究徐果否辭職？抑只爲排段面子歟？尚不可以決定。惟此種內閣，又是蝦龍合混之怪相耳！政局多變，亦緣未有雄大政黨操提全局之故，是以在滬既決以大黨爲補苴，迅望奮勵促成，以副衆望爲禱。⑯

革命黨內分子之不純，北京政府之混淆於此可見。國父有鑒於此，於同月二十二致黨人郭標書，略曰：「現在國會雖爲我黨主義所組織，表面上未見政黨出現，實際我黨仍佔大多數。內閣唐少川辭職後，雖名爲有黨人在內閣中爲總長，實恐無甚氣力，且爲官僚所化，殊不足恃也。」⑰ 是故 國父遲遲未作北上之行。

㈢ 府院衝突與參戰之爭

先是黎元洪既繼袁世凱爲總統，段祺瑞以黎氏在清季官職不過協統，遠出己下，（按：段曾任統制、提督、湖廣總督）以機遇躋列大位，意頗輕之。及重任國務總理，以徐樹錚爲國務院秘書長，徐氏越權跋扈，與總統府前後任秘書長張國淦、丁世嶧，及內務總長孫洪伊水

---

⑯ 林森上國父書原件，黨史會庫藏史料。

⑰ 國父全集，第五集，頁二四〇。

火不容，深爲黎氏所不滿。陶菊隱所著「北洋史話」記其事曰：

徐到職不久，就露出專斷態度來。一天因發表福建三個廳長的命令到公府辦理蓋印，黎偶然問到三個人的出身和歷史，徐就很不耐心的說：「總統不必多問，請快點蓋印，我的事很忙。」當他出府後，黎向手下的人氣鼓鼓的說：「我本來不要做總統，而他們也就公然目無總統。」⑱

丁世嶧爲袪除府院關係之不當，提出府院辦事手續草案，藉以提高總統職權。段祺瑞遂藉故請假，不到院視事。後經徐世昌入京排解，至十一月二十日黎元洪下令將孫洪伊免職，復令徐樹錚辭去國務院秘書長職，雙方爭執表面似趨緩和，而黎、段間之嫌隙反因之而加深。副總統兼江蘇督軍馮國璋於民國六年一月一日聯合各省軍政長官，致電北京政府加以排解，請總統信任總理，總理秉持大政，兩院議員力持大體。略曰：

我大總統謙德仁聞，中外所欽，固無人不愛護，自繼任後尤無日不廑如傷之懷，思出民於水火。然而功效不彰，實惠未至，雖布德意，無救倒懸。推原其故，在乎政務久不振，政務久不振在乎信任之不專。前因道路傳聞，府院之間頗生意見，旋經國璋電

---

⑱ 陶菊隱「北洋軍閥統治時期史話」卷三，頁五四，一九五七年出版，以下簡稱北洋史話。

詢，奉大總統覆示，謂虛己以聽，負責有人，是我大總統亦既推心置人腹中矣。皇天后土，實聞此言。國璋等咸爲國家慶！以我總理之清心沈毅，得此倚畀，當可一心一德，竟厥所施。今後政客更有飛短流長，爲府院間者，願我大總統我總理立予屏斥！國璋等聞見所及，亦當隨時參揭，以肅綱紀，而佐明良。任賢勿貳，去邪勿疑，然後我大總統可責總理以實效，總理乃無可辭其責。有虛己之量，務見以誠；有負責之名，務徵其實。獻可替否，此國璋不敢不推誠爲我大總統告者也。⑲

仍然不見功效。同年二月，段氏嗾使張勳脅黎氏逼丁世嶧辭職，改由夏壽康繼任，黎氏益不能平。孫洪伊、丁世嶧皆國會議員，乃利用國會伺機以圖報復。

先是民國三年七月，歐戰發生後，北京政府曾宣佈局外中立。至民國六年二月，德國採取無限制潛艇政策，中立各國咸表憤激。美國首先與德國斷絕外文關係，同時勸告中立各國採取一致行動。二月五日駐北京美公使芮恩施(Paul S. Reinsch)攜照會至外交部，請求中國作滿意之答復。九日北京政府乃向駐京德使趕出抗議，同時咨覆美公使，與美國採取一致之行動，並將此意通告各國政府，於是對德參戰問題遂成以國人討論之對象。

當是時段祺瑞方與日本寺內正毅內閣勾結，擬採用「近交善鄰」政策，借參戰之名，謀求日本援助，以實現武力統一中國之迷夢。故參戰苟獲實現，中國內戰必然發生。國父權

⑲ 梁燕孫先生年譜上冊，頁三五五至三五六。

衡輕重，以歐洲戰局勝敗尚未可知，而段氏之勾結日本，危機甚大，故極力反對參戰。乃於本年二月中旬特口授要義於朱執信，命其草成「中國存亡問題」一書，暢論世界大勢，以朱執信之名義出版。內容計分十章：（一）中國爲何加入協商國？（二）加入之利害，（三）中國加入非美國宣戰之比，（四）中國加入與各國之關係，（五）大英帝國之基礎，（六）英國百年來之外交政策，（七）協商國勝後之英國外交，（八）協商國戰敗或無勝敗講和後之英國外交，（九）中國之存亡——其一，（十）中國之存亡——其二。國父在結論中稱：「中國今日如乘奔驥而赴峻坂，其安全之途，惟一無二，而由此惟一無二之途，不特可以避現時之危，且可以爲永遠不敗之基。吾不憚千百反覆言之曰：以獨立不撓之精神，維持嚴正之中立。」⑳三月九日，國父並致電參衆兩院，說明不宜加入協約國之故。略曰：

一國之地位能否上進，須視自力。加入之結果於中國有紛亂之虞，無改善之效，則頭等之想像恐未可幾。且爲中國損者，同時又使協商諸國之弱點暴露，將致發生他種困難，則欲爲人道助恐反爲德人所利也。……文於中國加入一事，再三熟慮，審察南方情況，灼知加入以後，必起兩種危險：其一爲排外之盲動，其二爲回教徒之離叛。華人排外，性根久伏，遇隙必發，一旦開戰，則必有國內敵人損傷及我之事，其圖報復者將不辨國籍，恣行殺戮。第二之團匪，彈指可見，回教徒在中國勢力不可侮，若

---

⑳ 國父全集，第六集，專論，頁三二至九三。

與土戰，彼必循其宗教之熱狂起而反抗，中國從此大亂，危亡指日可見，此豈徒中國之不利而已。㉑

同日　國父另電英首相勞合喬治（Loyd George），阻止勸誘中國參戰。以中國若參戰，適與兩國有害，因其不僅「妨害中國之國家生活，且傷損英國之遠東威嚴。蓋自中國人視之，協約國欲中國加入之一念，適爲協約國自認不能與德對抗之一證也。」㉒當是時總統黎元洪、副總統馮國璋，以及國會內丙辰俱樂部等黨派，並全國多數人民團體，皆支持國父之主張，而國會內研究系、益友社，及政學會等，則贊同對德宣戰。其所持理由，認爲宣戰後可以提高中國國際地位，加以協約國勝利在望，戰後可收回列強在華之特權。黨人李根源即有同樣之主張。李氏記其事曰：

陽曆一月七日，總統設讌送行。（按：李氏新授陝西省長）垂詢對德宣戰案。余答：「當茲大勢所趨，爲自身國際地位計，惟有斷然宣戰。拘守中立，一旦歐戰終局，列強視我居於何等？此不能不下決心，但須府院國會一致。」黎公頗首肯，惟曰：「孫先生有反

㉑同上書，第四集，文電，頁二七二。
㉒同上書，第四集，文電，頁二七一。

對宣戰通電如何?」余曰:「孫先生此舉未免昧於時勢,不可從,宜派人赴滬疏解。」㉓

先是三月三日,段祺瑞率領各部總長赴總統府晉謁黎元洪,提出一件訓令駐日公使章宗祥電稿,請黎氏簽印拍發,大意如下:

中國政府已決定對德絕交,所有中國希望之條件:(一)庚子賠款德奧方面永遠撤消,協約方面緩還十年。(二)現行進口稅實抽百分之五,改正貨價後,實抽七分五,裁釐後抽十二分五。(三)解除辛丑條約中國於天津周圍二十里內不得駐兵,並解除各國駐兵使館及京津鐵路之約束。以上三端,深信日本政府對中國友好之誠意,請求援助。㉔

黎氏以問題重大,此時尚未取得國會同意,不宜對外發表。段氏以目的不遂,憤然曰:「總統既以內閣所爲爲不合,無妨另簡賢能。」即日提出辭職書,離京赴津。會馮國璋於上月二十三日來京,乃往調解,以總統不再干涉對德外交,並撤換總統府秘書長爲條件,段氏始於六日返京任職,其致駐外各公使電,旋即照發。

㉓ 李根源「雪生年錄」,頁七八。

㉔ 李劍農「最近三十年中國政治史」,頁四〇〇,民國十九年十月上海太平洋書店出版。

三月九日，段氏宴請國會議員於迎賓館，疏通對外意見。十日午後二時，參衆兩院各開秘密會議，段氏偕外交部參事伍朝樞等，先後出席於兩院，報告外交經過，並述對德絕交之不得已，請求兩院之贊助。衆議院即日投票表決，以三百三十一票對八十七票通過對德絕交案。翌日參議院亦以一百五十九票對三十五票加以通過。會駐京德使送達德政府對我之覆文至，反責中國不能履行中立國義務，十四日乃由總統黎元洪正式宣佈與德國斷絕外交關係。

中國之對德由抗議而絕交，雖由於段祺瑞之堅決主張，而美總統威爾遜誘導中國，與美國採取共同行動，以壯聲勢，俾戰事得以早日結束，要爲主要力量。當時美國駐北京公使芮恩施，週旋於中國政要之間，奔走勸導，實爲推動此一政策之中心人物。芮氏著有「使華記」(An American Diplomat in China)，載其經過甚詳，茲節錄部分內容，以見黎、段對德外交政策之不同。

> 我趨謁總統時，他正用過晚飯，豫悅的在公府坐候，英文秘書郭泰祺君隨侍在側。黎氏顯然被此一嚴重問題所驚擾，需要時間加以考慮。他祇是緘默靜思，不發一言。由於他無直接表示，而祇由側面發問的情態中，顯露了他的懷疑和不贊成。他問：「現在戰局如何？交戰國家彼此的力量及其消耗的程度究竟怎麼樣了？」他又問：「協約國方面縱然得到美國幫助，是否即能贏得勝利？」最後他說：「此一牽涉甚廣的國際措施，影響中國內部至鉅，有待詳細考慮。」總統的秘書似乎對於我們有利的建議，已獲得甚深的印像。他不免與總統小有辯論。我當即指出此一代表正義，並經妥爲安排

的國際積極行動，可能對中國發生轉移內部長期黨爭的影響。當我說出此一行動的道義方面，總統對我完全同意。我當即敦促他應該當機立斷，以免群言龐雜，夜長夢多。……之後，我便趨車前往段總理官邸，段氏當時在中國的地位，至爲重要。……在他身旁有外交部伍朝樞君，談判此案伍君始終擔任傳譯。……段將軍對我們的建議，交談後立即接受。他說：「德國如能改變潛艇政策，自屬明智，只要美國不加入戰團，她在陸上作戰，力量足以壓倒敵人，不致失敗。」看起來，他可採取中國前此未曾有過對德絕交步驟，不像總統顧慮太多。㉕

中國之對德絕交，原係受美國之影響，美國於四月五日對德宣戰，北京政府亦擬追隨。五月一日國務會議議決對德宣戰，七日送咨文於衆議院，依據約法第三十五條咨請同意。衆議院於八日開秘密會議討論，決定十日開全院委員會審查。部分反段議員擬借此實行倒閣，政潮遂告發生。

三、段祺瑞之破壞法統與國會之再解散

㉕ 引自姚崧齡「芮恩施使華記要」，民國六十年四月傳記文學出版社出版。

㈠「督軍團」與「公民團」

護國討袁期間，由江蘇將軍馮國璋發起，於民國五年五月十五日舉行南京會議，討論袁氏去留問題，出席未獨立各省代表二十餘人，因獨立各省拒絕與會，討論經旬，無結果而散。會袁世凱斃命，同年六月九日安徽督軍張勳召集北方七省與會代表在徐州會議，段祺瑞派段芝貴代表參加，決議數端：(一)絕對抵制迭次倡亂之一般暴烈份子參預政權。(二)嗣後中央設有弊政足為民害者，務當合力電爭，以盡忠告之義。(三)固結團體，遇事籌商，對於國家前途，務取同一之態度。衆推張勳為領袖，並計劃擴大進行，是為督軍團之由來。九月二十一日，張勳復召集第二次徐州會議，由秘密「七省攻守同盟」，擴大為「十三省區聯合會」。段祺瑞派曾毓雋代表參加，製定聯合會章十二條，以圖保持本身利益。時舊國民黨人李根源新授陝西省長，奉黎元洪電召入京，過徐州時張勳迎於車站，留住兩日，招待甚殷，已窺知段祺瑞、張勳勾結之陰謀。李氏記其事曰：

> 過徐州，張勳迓於車站，入住二日，知徐州為督軍團大本營。又見萬繩栻、解四端，及張文生等，言談間，隱約得其陰謀。段、徐利用張造亂，張則利用段復辟也。❶

---

❶ 李根源「雪生年錄」，頁七四，文海出版社近代史料叢刊本。

民國六年一月七日，復由安徽省長倪嗣冲發起第三次徐州會議，段祺瑞派徐樹錚代表參加。❷及對德宣戰案起，段乃利用督軍團作爲武力之要挾。據孫毓筠所著「復辟陰謀紀實」，謂北洋軍人迭次之徐州會議，實以對付革命黨人爲目標，亦爲此後復辟之張本。其言大致可信，茲錄之如下：

當去歲袁氏帝制失敗之日，西南諸省不肯罷兵，迫促退位之電一日數至。袁系要人勢窮力竭，仍百計欲圖挽回。徐世昌方任總理，密與張勳、倪嗣冲輩電商實行復辟。謂民黨煎迫至此，不如以大政歸還清室，項城雖退位，仍得居總理大臣之職，領握政權。議定後，由梁士詒、張鎭芳等，向清室再三商懇，卒被拒絕。外交方面亦迭次遣人刺探，未能遽得同意。

袁氏既歿，南京、徐州迭開會議，均將復辟一事列入議案。及袁氏櫬輿回彰德時，北洋軍人首領咸往致祭，又曾秘密會議，由徐世昌主席，提議復辟，在場諸人一致簽名贊成。其後徐州第二次會議，表面雖爲反對民黨閣員及國會，內幕仍爲計劃復辟進行手續。到會諸武人中，以倪嗣冲主張爲最激烈，張勳屢以機會未至爲言，反遭倪之斥責。最後決議，一俟運動某國（按：指日本）得其同意，即刻舉行。事爲某國軍人探知，其天津駐屯軍司令某少將，即由朱家寶作書介紹，赴徐面謁張勳，力勸速辦復辟，

❷ 李劍農「最近三十年中國政治史」，頁三九四。

且謂該國陸軍亟願設法援助。同時肅親王善耆，及蒙匪首領巴布生布，亦派有代表來津，經某國軍人介紹，與朱家寶、雷震春、張鎭芳等接洽，謂某國已以最新鎗械接濟蒙古，開春後即大舉南下。雷震春允爲運動張家口軍隊，居時響應。旋赴徐州、蚌埠，與張、倪約定，俟蒙匪至張家口時，即借防守京師爲名，派兵北上，擁戴宣統復辟。並以所議辦法，密電張作霖，要求居期一致行動。❸

中國對德絶交，原係受美國之影響，美國於四月五日對德宣戰，段祺瑞因欲採取一致之行動，四月二十五日召集督軍團到京開會，討論對德宣戰問題。出席者凡九督軍，二都統，二省長，十六代表。（計：山西督軍閻錫山、河南督軍趙倜、山東督軍兼省長張懷芝、江西督軍李純、湖北督軍王占元、吉林督軍孟恩達、直隸督軍曹錕、福建督軍李厚基、安徽省長倪嗣冲、察哈爾都統田中玉、綏遠都統蔣雁行、浙江督軍楊善德代表趙禪、奉天督軍張作霖代表楊宇霆、陝西督軍陳樹潘代表瞿壽禔、甘肅督軍張廣建代表吳中英、黑龍江督軍畢桂芳代表張宣、湖南督軍譚延闓代表張翼鵬、熱河都統姜桂題代表馮夢雲、新疆督軍楊增新代表錢桐、江蘇督軍馮國璋代表師景雲、貴州督軍劉顯世代表王文華、雲南督軍唐繼堯代表葉荃、晉北鎭守使孔庚等。）當經決議，簽名贊成對德宣戰。其意蓋欲以武力威脅國會，以促成對德宣戰目的之實現也。

---

❸ 原載上海中華新報，引自革命文獻第七輯，頁四七至四八。

五月一日，國務院國務會議通進對德宣戰案。三日督軍團公宴國會議員，代表段氏疏通參戰案，多數議員並無堅決反對表示。七日國務院致送咨文於衆議院，依據約法第三十五條咨請同意。衆議院乃決定十日開全院委員會，討論參加歐戰案。屆時段氏收買乞丐流氓數千人，名爲「公民團」，包圍議院，各持「陸海軍人請願團」、「五族公民請願團」、「政學商界請願團」、「學界商界請願團」、「北京學界請願團」、「北京市民請願團」等，各種旗幟，並以傳單分送到院各議員。議員有不接傳單，或接納稍遲者，多被群衆毆辱，因而受傷者有鄒魯、龔政、陳策、吳宗慈、郭同等，多屬國民黨份子。❹並有「公民團」代表趙鵬圖等六人，入謁議長，聲稱必須當日將宣戰案通過，否則不許議員出院一步。當經議長拒絕，即將全院委員會改爲大會，電話邀請國務總理、內務總長、司法總長出席質問。下午五時頃，兼署內務總長范源濂到院。七時頃，總理段祺瑞繼至。時院外紛擾益甚，當由段氏命警察總監吳炳湘將「公民團」解散。吳氏至門前溫語無效，乃招馬隊至院，將「公民團」强迫驅離。兩院議員對段氏益加反對，參戰案遂擱置不議。事後外交總長伍廷芳、司法總長張耀曾、農商總長谷鍾秀、海軍總長程璧光，先後辭職。（財政總長陳錦濤、交通總長許世英因故早辭）於是國務院僅餘段氏一人。❺國父在滬聞悉段氏擾亂國會，特於五月十一日與唐紹儀、唐繼堯、岑春煊等，聯名致電黎元洪，請求懲辦滋擾國會之僞「公民團」，電曰：

❹ 衆議院公報第二期，第一一二號，民國六年五月十三日。
❺ 東方雜誌第十四卷第六號，中國大事記，頁二一一。

宣戰之議，元首不敢專斷，而徵意於國會，乃京師不逞之徒，自稱請願公民，毆傷議員，欲行迫脅，使國會不得自由表決。法治之下而有此象，我公不嚴加懲辦，是推危難於議員，而付國論於群小，何以對全國人民？應請速發嚴令，將僞公民團犯法亂紀之人，捕獲鋤治，庶保國會尊嚴，而杜宵人之指嗾，國民幸甚。❻

旋接黎氏覆電，語意含混，僅謂「滋事之徒，已付懲辦」。十四日 國父再與岑春煊、唐紹儀、章炳麟、溫宗堯等，聯名致電黎氏，請嚴懲滋擾國會暴徒之主使者陸軍部諮議張堯卿等六人，及國務院參議陳紹唐等。認爲倘「現行犯事之凶徒，而爲首造意者，得以逍遙事外，將來奸宄縱惡，伊於胡底？」勸黎氏奮斷，「勿令勢要從旁掣肘，以爲創謀亂法者戒。」❼十六日復單獨電促北京各政團及兩院議員，否決對德宣戰案，略曰：

此案關係國家存亡，現在外人不待我國之意見，已自行開議宣戰後對付德人之方法，將來百事能否由我作主，可以推知。且自絕交之後，米價飛漲，沿江窮民已有枵腹仰屋竊嘆者。民以食爲天，將來宣戰之後價更增長，其苦又將百倍，若又釀變，誰尸其

---

❻ 國父全集第四集，文電，頁二七四。

❼ 同上書第四集，文電，頁二七五。

咨？亡國之險既在目前，否決即救亡之道，其他政事可暫不論。❽會段氏於十五日、十八日，兩次咨請眾議院從速議決宣戰案，十九日眾議院開會，議員褚輔成動議，謂閣員辭職者甚衆，俟全體內閣改組再行討論。當即以二二九票對一二五票通過，棄權者五十四人，並以此意咨復段氏。於是由討論參戰案，轉變爲對段氏之不信任，蓋欲促其辭職也。

(二) 黎元洪被迫解散國會

先是國會復會後，於民國五年九月十五日起開始審議憲法草案，因各黨派對中央集權地方分權，及國會兩院一院制爭執不決，日久未能通過。及對德宣戰案起，以梁啓超爲首之研究系，暗中與督軍團勾結，欲利用督軍團擊敗國民黨，居於國會中大黨之地位。「北洋史話」記其事曰：

就在衆議院決定討論外交案的同一天，督軍團又在倪嗣冲宅舉行緊急會議，研究系的重要人物公然參加這個會議，督軍團決定採取最後一個步驟，對國會再施以壓力，迫使通過對德宣戰案。否則督軍便聯名呈請總統，解散國會，此項目的未達以前，各督

❽ 同上書第四集，文電，頁二七五至二七六。

軍相約不離京，以便集中力量，對國會和總統作戰到底。❾

同日（五月十九日），督軍團由倪嗣冲包辦，藉口憲法草案議決案各條不適國情（按：時憲法草案即將二讀通過），以年長之吉林督軍孟恩遠領銜，强詞奪理，呈請總統黎元洪下令解散國會。略曰：

憲法會議近日開會情形，尤屬鬼蜮。每一條文出，既恆阻止討論，群以即付表決相譁請。……如認此憲法爲有效，則國家直已淪胥於少數暴民之手。如憲法公佈而群不認爲有效，則禍變相尋何堪逆計？推原禍始，實由組織憲法之根基不良所致。考之各國制憲成例，不應由國會議定。故我國欲得良妥憲法，非從根本改正，實無以善其後。不於此時急行剗除，恐憲法全部二讀會不日告終，條文已定。三讀會不過修正文字，於立法議旨不能再有改移。三讀既竟，當日即可逕由憲法會議宣佈施行。彼時即欲補苴，勢將無及，强圖挽救，又必釀成絕大釁端，不蹈違法之行，即造革命之實。恩遠等觸目驚心，實不忍坐視艱辛締造之局，任令少數之人，倚法爲奸，重召鉅禍。欲作未雨之綢繆，應權利害之輕重。以當事與國會計，固國會重；以國會與國家較，則國家重。今日之國會既不爲國家計，是已自絕於人民代表資格，當然不能存在。

---

❾ 北洋史話，卷三，頁一二三。

……惟有仰懇大總統權宜輕重，毅然獨斷。如其不能改正，即將參眾兩院即日解散，另行組織，俾議憲之局得以早日改圖，庶幾共和政體永得保障。❿

足見諸人之目無法紀，固皆昧於立憲之精神也。黎元洪置不覆，二十日邀請國會各政團領袖談話時，堅決表示：「不違法，不蓋印，不怕死。」以維護國會之尊嚴。二十一日黎氏召孟恩遠等八人入府，剴切說明依照約法總統無解散國會之權，是晚十一時諸督軍乃相率離京赴津。二十三日黎氏應國會要求，遂以外交總長伍廷芳副署，免去段祺瑞總理之職，即以伍廷芳代理國務總理。二十六日由國會通過由李經羲繼任，二十八日黎氏正式下令任命。

初各省督軍既離京，當晚在天津開會一次，旋乃同赴徐州，與長江巡閱使張勳有所密謀。段祺瑞則於免職當日憤然出京，瀕行通電全國，略曰：「查共和各國責任內閣制，非經總理副署，不能發生效力，以上各件未經段祺瑞副署，將來地方國家因發生何等影響，祺瑞概不能負責。」⓫無異教導督軍團反抗中央。

五月二十八日，安徽省長倪嗣冲致電參謀總長王士珍，奉天督軍兼署省長張作霖致電總統黎元洪，干涉中央罷免段祺瑞內閣總理職。二十九日倪嗣冲竟首先叛變，通電全國與中央脫離關係。略曰：

---

❿ 東方雜誌第十四卷第七號，中國大事記，頁一九八。

⓫ 革命文獻第七輯，頁二九。

大總統繼任以來，群小攬權，擾亂政局，議員乘機構釁，日事紛擾，派別競爭，權利攘奪，正人多方沮抑，黨人則竭力疏通，以致贓私之案層見迭出，幾於政府一空。所訂憲法，議員專制，險象環生，實堪浩歎！爲大局計，爲小民計，非籌解決方法，不足以拯危亡，世有救國之英傑乎？嗣冲不敏，願隨其後矣。自今日始與中央脫離關係。⑫

旋即扣留津浦路火車，運兵赴津。於是奉天督軍兼署省長張作霖、陝西督軍陳樹藩、河南督軍趙倜、省長田文烈、浙江督軍楊善德、省長齊耀琳、山東督軍兼省長張懷芝、黑龍江督軍兼省長畢桂芳、幫辦軍務許蘭洲、直隸督軍曹錕、省長朱家寶、第二十師師長范國璋、福建督軍李厚基、綏遠旅長王丕煥、山西督軍閻錫山、第七師師長張敬堯、第八師師長李長泰等，均先後宣告與中央脫離關係。倪嗣冲、曹錕之兵竟薄豐臺逼北京。張作霖於五月三十日之通電，推崇段祺瑞有功民國，認爲今日政治之不良有過於袁政府時代。電曰：

迺者中央失政，群小弄權，棄法律若弁髦，以國家爲兒戲。命令等於專制，憲法出以陰謀，國本動搖，人心驚怵，憂時之士咸疾首蹙額，皇皇然若喪亡之無日者。推原禍始，皆由公府暨全院中少數暴民植黨營私攘權奪利之所致也。

---

⑫ 同上書，頁三十三。

大總統寛柔仁厚，人所共知，國體改革之初，提一旅之師出謀國是，對於一般暴烈份子舉動，何嘗不加以制裁，欲納斯民於軌物之中，曾幾何時，判若兩人。上年項城逝世，當時海内屬目段公。而段公深信今大總統能尊重民權，力趨正軌，乃願擔任内閣總理，以相扶持，薄海喁喁望治，額手稱慶，以爲國家得人，庶魚水交歡，吾儕小民可以出水火而登衽席。乃大總統繼任之後，群陰構難，狼狽爲奸，公道毫無，黨爭相尚，公府幕僚處，仍遣黨潛結陰圖，破壞民國，國務院竟至贓案迭見，縱任遁逃。次言國會，尤可寒心，假憲法以售彼狡謀，藉會議而逞其私忿，清季年之召亂，無類此之荒謬絶倫，袁政府之不良，猶覺彼善於此。若不亟圖匡救，且將日就淪胥。作霖分屬國民，興亡有責，睹茲危局，深用痛心，願代同胞共抒義憤，如中央政府能解決國會，改選眞確民意之議員，删定暴民專制之憲法，一面屏除黨見，組織良好内閣，以維大局而安人心，中國前途或尚有振興之一日。倘意存袒庇，別蓄野心，作霖當率遼奉子弟，直搗京師，懲彼奸人，衛吾社稷，區區血誠，天日可矢，伏維公鑒。⑬

黎氏通電勸告，並派員分赴各地宣慰，均無效果，全國頓成杌隉不安現象。其時獨安徽督軍張勳表面不與其事，初以「十三省區聯合會」名義，要求黎元洪退職，繼乃表示願任調停之責；暗中則欲實現其復辟之陰謀。黎氏以張勳地位超然，乃用李盛鐸、王士珍謀，於六

⑬ 同上書，頁三五至三六。

月一日令其來京，藉以緩衝。令曰：

據安徽督軍張勳來電，歷陳時局，情詞懇摯，本大總統德薄能鮮，誠信未孚，致爲國家禦侮之官，竟有藩鎮聯兵之禍，事與心左，慨歎交深。安徽督軍張勳，功高望重，至誠愛國，盼即迅速來京，共商國是，必能匡濟時艱，挽回大局，跂予望之。⑭

六月二日，督軍團在天津設立各省軍務總參謀處，分軍事、軍機、軍需等部，以雷震春爲總參謀，通電全國，聲稱：「出師各省，意在鞏固共和國體，另訂根本大法，設立臨時政府，臨時議會。」⑮三日，馮國璋亦致電參衆兩院，請辭副總統一職以相要脅。七日，張勳率兵五千北上。八日抵天津，遣所部陸續進京，致電黎氏，提出五條件：(一)解散國會，(二)段祺瑞復職，(三)去群小，(四)督軍參與制定憲法，(五)大赦帝制黨。否則不負調停之責⑯。黎氏迫不得已，只得允其所請，惟總統下令例須國務總理副署，而新任國務總理李經義尚未到職，兼代國務總理伍廷芳又以解散國會事違憲，拒絕副署，相持數日，至六月十二日，黎氏卒以情勢惡劣，乃命步軍統領江朝宗代理國務總理，副署發佈解散國會之命令。

---

⑭ 張曜「中華民國史料」卷四，頁三四七，文海出版社近代史料叢刊本。
⑮ 東方雜誌第十四卷第七號，中國大事記，頁一九八。
⑯ 邵元冲「總理護法實錄」，引自革命文獻第九輯，頁九。

略曰：

查參衆兩院組織憲法會議，時將一載，迄未告成，現在時局艱難，千鈞一髮。兩院議員紛紛辭職，以致迭次開會均不足法定人數，憲法審議之案，欲修正而無從。自非另籌辦法，無以慰國人憲法期成之喁望。本大總統俯順輿情，深維國本，應即准如該督軍等所請，將參衆兩院即日解散，剋期另行選舉，以維法治。此次改組國會本旨，原以符速定憲法之成議，並非取銷民國立法之機關，邦人君子，咸喻此意，此令。⑰

此爲國會之第二解散，黎氏亦爲民國以來破壞法統之第二人。同日黎氏復致電各省，陳述其不得已之苦衷，略曰：

皖、奉發難，海內騷然，衆矢所集，皆在國會，請求解散者，呈電絡繹，異口同聲。元洪以約法無解散之明文，未便破壞法律，曲徇衆議而解靖難，亟思遜位避賢，還我初服。乃各路兵隊，逼近京畿，更於天津設立總參謀處，自由號召，並聞有組織臨時政府與復辟兩説，人心浮動，訛言繁興。安徽張督軍北來，力主調停，首以解散國會爲請，迭經派員接洽，據該員復述，如不即發命令，即行通電卸責，各省軍隊自由行

⑰ 政府公報，民國六年六月十三日，第五一一號，命令門。

動，勢難約束等語。際此危疑震撼之時，誠恐藐躬驟然引退，立啓兵端。匪獨國體政體根本推翻，抑且攘奪相尋，生靈塗炭，都門首善之地，受害尤烈。外人爲自衛計，勢必至始於干涉，終以保護，亡國之禍，即在目前。元洪籌思再四，法律事實，勢難兼顧，實不忍爲一己博守法之虛名，而使兆民受亡國之慘痛。爲保存共和國體，保全京畿人民，保持南北統一計，迫不護己，始有本日國會改選之令。忍辱負重，取濟一時，呑聲茹痛，內疚神明。所望各省長官，其曾經發難者，各有悔禍厭亂之決心。此外各省亦皆曲諒苦衷，不生異議，庶幾一心一德，同濟艱難。一俟秩序回復，大局粗安，定當引咎辭職，以謝國人。天日在上，誓不食言。⑱

時黨人吳鐵城稽留北京，體察黎氏在位一年期間政局阢隉不安之原因，而記其事曰：

> 黎氏在位一年之間，北方政潮洶湧，大局臲卼不安，舉國惶惶不知所歸。我當時稽留北平，默察時事，以爲根本的病因在於一般國民對民主國體的認識不足，身爲國家主人翁，而自視如待罪的羔羊，委之命也運也。也因爲滿清敝政之後，民生疾苦，不敢奢望國治天下平，但願因循苟安。語曰：「姑息養奸」。於是大奸小奸簇起。
>
> 至於紛擾的近因：一由民元臨時約法先遭袁氏輕蔑，繼遭袁氏毀棄。黎氏繼任，大家

---

⑱ 革命文獻第七輯，頁三八至三九；中華民國史料卷四，頁三四六至三四七。

只視爲順理成章的安排了一個現實問題，而沒有視爲恢復國家法統的轉捩。於是當時僅有的根本大法，未爲各方所尊重，軌轍糢糊，國本飄蕩。

二、由黎氏只是一位懂得人情世故的懦弱武夫，始終因人成事，未能擇善固執，故頻遭橫逆，而優柔取容，絕無革命人物的資質，更不能責以弭亂圖治。

三、是袁世凱早年練兵小站，對清廷國防毫無價值，惟自資爲竊國的工具。袁死之後，其舊部遍佈各地，相呼應糾合而形成北方實力派的主流，時人統稱之北洋軍閥，飛揚跋扈，毀法亂紀，當時非黎元洪所能克制，亦爲往後十年混亂的禍根。

四、由於北平爲老官僚的窟宅，鼎革後尤產生了許多新政客，新舊滋生，依傍門户，播弄是非，腐蝕政治，於是但見社鼠城狐跳梁於朝，而海内輿情，或爲所蔽，或爲所用，偶有正論，亦惟托庇於租界，而影響不廣，故視聽混淆，議論龐雜，使全無一中心的意念。⑲

所論頗有見地，實爲民初亂源之所在。六月十四日張勳偕同新任國務總理李經義及康有爲由津至京，各省督軍乃先後通電取消獨立，天津所設立之「各省軍務總參謀處」亦告撤消。二十四日李經義就任國務總理及財政總長兼職，兩院議員則紛紛南下，在上海設立通詢處，通電全國，不承認黎元洪此次解散國會之亂命。

⑲ 吳鐵城先生回憶錄，頁四九，民國四十六年三月版。

四、護法政府之成立

(一) 國父號召討逆救國

當段祺瑞要脅解散國會時，五月二十二日 國父合岑春煊、唐紹儀、章炳麟等，致電段氏及參衆兩院遵守約法，勿以國家爲犧牲。另電黎元洪及兩院議員，願黎氏「秉至公以待有功，嚴誅譴以懲有罪。信賞必罰，勿事調停，人心助順，自無不克。」願兩院議員「與憲法共死生，勿惶遽奔散，稍存讓步，以保民國代表之尊嚴。」❶及督軍團公開叛變，六月六日 國父與章炳麟聯名致電兩廣巡閱使陸榮廷、雲南督軍唐繼堯，及西南各省督軍省長，討逆救國，電曰：

倪逆叛亂，附者八省，亦有意圖規避宣告中立者。督軍省長受任命於元首，當服從教令，不得自言中立，進退失據。按中立者即脫離中央關係之謂，其與獨立唯舉兵不舉兵之異，然爲竊地拒命一也。昔袁氏稱帝，各省或力不能相抗，於是宣告中立，以中立爲脫離帝制可也。今之所謂中立者，果脫離何國何人何政府耶？若脫離民國，當爲

---

❶ 國父全集第四集，文電，頁二七六至二七七。

四萬萬人所擯棄，若脫離總統政府，亦與叛逆不殊，巧避作賊之名，以爲叛人壅遏義師，是即謀叛各省之屛蔽，不應聽其巧詐，回避不攻，使叛人有所蔭庇。❷

國父復以倪嗣沖等之叛國，實爲復辟之先聲，同月八日再單獨致電粤、滇、黔、川、桂、湘各省督軍省長，促其出師討逆。略曰：

倪逆等舉兵，謀另組政府，爲復辟先聲。繼以西南各省宣言擁護中央，外交團亦皆反對，於是藉口調和，希圖解散國會，推翻憲法。國會爲立國中心，憲法爲立國大本，公等既忠誠愛國，擁護中央，即應以擁護國會與憲法爲惟一任務。今日法律已失制裁之力，非以武力聲罪致討，殲滅群逆，不足以清亂源，定大局。倪等所謂調和者，于進退失據之時，猶作以退爲進之計。民國與叛逆不能兩存，擁護民國與調和不可兼得。望公等主持大義，剋日誓師，救此危局，作民保障。❸

同年五月中，段氏既與國會相持，海軍總長程璧光以大局危迫，電令第一艦隊司令林葆懌率艦駐紮大沽，以備緩急。及叛督集會天津，璧光乃於六月四日晨入見黎元洪，告之曰：

❷ 同上書，文電，頁二七七至二七八。
❸ 同上書，文電，頁二七八。

「今叛督稱兵圍困京邑，凌迫元首，危害國家。為大總統計，宜急離京暫避其鋒，免為要脅，西南各省暴力所不逮，璧光願躬率艦隊，護我大總統南下，號召義旅，殲除橫逆，庶幾共和可保，國命有託，願大總統速行勿疑。」黎氏猶豫不能決。璧光敦促再三，黎氏卒無行意，惟命璧光先行出京，集中艦隊，相機行事。璧光乃於六月五日返大沽，瀕行訪伍廷芳問計，廷芳告之曰：「國事至此，非一手一足所可挽回。孫中山、唐少川、岑雲階三君在野，未嘗一日忘國事，現皆居滬。君抵滬後與之計議，國事可為也。」❹璧光於六月九日抵上海，謁國父請示方略。國父促其即行討逆，勿以經費為慮，璧光即召林葆懌及各艦長會議，決定討逆為天下倡。六月十日，國父以謂停戰事之人，即主張復辟之人，復與章炳麟聯名致電黎元洪，盼速清除禍國罪魁徐世昌，及倡亂督軍省長護軍使輩。略曰：

張勳、熊希齡自任調停，倪嗣沖、湯化龍復稱擁戴。調停戰事之人，即主張復辟之人，擁護元首之人，即主張廢立之人，譸張為幻，至於此極！蓋自去歲帝制罪魁未及懲治，雖有通緝命令，而往來腹地如故，是以奸人反覆，綽有餘裕。若復任其調和，以口頭之擁護，欺總統以違法之命令解散國會。國會去則民國有名無實，總統徒守府邸，亡民國之責恐無人能與總統分任之矣！

今者西南諸省扶義而起，為救民國，非但為救總統一人。偽政府首領徐世昌，及倡亂

---

❹ 莫如非「程璧光殉國記」第三章，民國八年鉛印本。

督軍省長護軍使輩，以及去歲帝制罪犯指嗾叛亂之段祺瑞、馮國璋、張勳，身爲主謀之梁啓超、湯化龍、熊希齡等，有一不誅，西南諸省之兵義不能罷。總統若徇彼徒之請，赦其既往，或至危及國會，各省恐亦不能信爲中央之治命，違法曲從，種種維持統一之迂言，列强干涉之危語，皆不足以撼西南眞正之輿論。❺

國父並以此意電告西南各將領，並派胡漢民爲代表至廣州，與西南將領商研護法討逆。而黎氏竟不能從，於六月十二日下令解散國會。會盛傳中國復辟黨在日大肆活動，六月十六日　國父派戴傳賢赴日調查真象，並攜有致日本前海軍軍務局長秋山真之中將及田中中將函，以爭取其對於中國革命黨人之協助❻。六月十九日　國父再通告海外各黨部，迅速籌款，以爲維持共和之用❼。六月二十三日　國父與唐紹儀、岑春煊聯名宴請程璧光於上海靜安寺路哈同花園，二十七日飭人送交璧光麥加利銀行支票三十萬元，以爲護法進行軍餉之需。❽關於此項經費來源，馮自由記其經過曰：

民國六年六月總統黎元洪被督軍團逼脅解散國會，國人大憤，孫總理在滬力圖起兵護

❺ 國父全集第四集，文電，頁二七九。
❻ 戴季陶「日本論」，頁七一至七二。
❼ 國父全集第五集，函札，頁二六三。
❽ 程璧光殉國記第三章。

法，而絀於經費。會有素與（曹）亞伯相識之美籍某國醫士告亞伯曰：「如孫公有起兵護法之決心，某國願助資百萬。」亞伯以告總理，總理大悅，惟囑亞伯堅守秘密。亞伯曰：「吾乃基督教徒，當指天爲誓。」自是每當夕陽西下，亞伯偕女友吳××乘馬車遊行各馬路兜風，順道至虹口某醫士寓所，攜去大皮篋一具，其中纍纍皆各國鈔票，外人雖偵伺嚴密，無疑之者，未幾遂有程壁光率海軍南下及廣州召集非常國會之舉，亞伯之力爲多焉。❾

所謂某國，當係指德國而言。曹志鵬所作「曹亞伯先生」一文，記其事曰：

曩在渝時，先生（按：指亞伯）長子偕謁馮自由先生，叩以護法之役，所謂某國者何國？馮先生曰：「此某國也，其時歐戰方酣，某國實行遠交近攻政策，欲與我方修好，知　國父反對參戰，故願助其組織護法政府以對抗北廷。」現在總統府國策顧問但燾（植之）先生語予：「亞伯先生於歐戰時，奉　國父之命赴荷蘭考察水利，實卿有特殊任務云。」❿

❾ 革命逸史第二集頁五九至六十，民國五十四年十月商務印書館出版。
❿ 湖北文獻第十六期，民國五十九年七月十日出版。

七月一日復辟亂起，四日，國父在滬邀唐紹儀、孫洪伊、程璧光、薩鎮冰、章炳麟等會商，決定將民國政府移設上海，請黎元洪南下，繼續行使總統職權，並督促全國實行討逆。乃發表沉痛之宣言，指出：「此次討逆之戰，匪特為民國爭生存，且為全民族反抗武力之奮鬥。因主持復辟之舉者非拿破崙、亞歷山大之雄才大略，而為一蠢爾之張勳。若國民於此猶能忍辱含垢，不加反抗，則中國不特應為強國所宰割，亦將應為弱國如暹羅者所蹂躪矣。」⓫同時致電兩院議員，盼能毅然南下，自由集會，以存正氣，而振國紀。並派汪兆銘駐滬招待，劉成禺、符夢松北上歡迎。又致電西南六省，兩廣巡閱使陸榮廷、廣西督軍譚浩明、廣東督軍陳炳焜、湖南督軍譚廷闓、雲南督軍唐繼堯、貴州督軍劉顯世、四川督軍戴戡，以及各省議會將吏軍民，略曰：

三日午後十二時，得津電稱：黎大總統已被江朝宗幽禁。徐世昌在天津組織臨時政府，自稱大元帥等語。依法大總統不能行使職權，副總統應行代理。惟副總統馮國璋當倪逆反側之時，力能伸討而佯守中立，陰與周旋，兼為從中遊說，脅迫元首，申請解散國會，實屬通同謀叛，覬覦非望，叛迹既彰，即為內亂罪犯，代理之法，已屬無效。國人不能容羿、浞、莽、操之徒竊據大位，時勢迫亟，民國不可一日無主。唯西南六省為民國乾淨土，應請火速協商，建設臨時政府，公推臨時總統，以圖恢復。一面先

⓫ 邵元冲「總理護法實錄」，引自革命文獻第七輯（總八六五）。

行通電拒絕馮氏代理，以免人心淆惑，非常之事不容拘牽法律。靜待國會選舉，數省公認即爲有效，迫切請求，不勝惶懼待命之至。⓬

同日　國父乘應瑞艦至舟山，訪鎮守使顧乃斌，促其據舟山獨立討逆，顧氏猶疑不能決；　國父旋即返滬。⓭五日黎元洪所遣代表金永炎抵滬謁　國父，表示黎氏決意辭職，將印信交與馮國璋，代理總統職權。海軍總長程璧光乃電馮氏曰：「本總長奉大總統命而來，大總統尚在，即大總統之號令未絕，不能認爲自由全失，已派軍艦奉迎矣。」⓮而馮氏竟於六日在南京宣佈代理大總統職權。七日，外交總長伍廷芳攜外交部印信抵滬，在上海交涉使署照常行使外交總長職權。同日程璧光派軍艦四艘赴秦皇島，迎黎氏南下，黎氏終不肯行⓯。

(二) 國會非常會議集會廣州

督軍團既叛變，西南各省響應　國父號召，紛紛通電討伐段祺瑞。廣東省長朱慶瀾首先表示擁護中央，駐粤滇軍第一師長張開儒、第二師長方聲濤，亦通電討伐倪嗣冲等。六月八日國民黨人李烈鈞抵廣州，與粤督陳炳焜、桂督譚浩明會商後，聯合電請黎元洪嚴申國法，

⓬ 國父全集第四集，文電，頁二八一至二八二。
⓭ 丁文江「梁任公先生年譜長編初稿」下册，頁五二二，民國四十七年七月世界書局出版。
⓮ 莫如非「程璧光殉國記」第三章。
⓯ 總理護法實錄，引自革命文獻第七輯（總八六五）。

西南當以武力爲後盾。陳炳焜亦與朱慶瀾計劃分兵三路實行北伐。以朱慶瀾爲聯軍總司令，李烈鈞爲總參謀長，張開儒率滇軍十營向江西前進，莫榮新率桂軍十營向福建前進，方聲濤鎮守贛南，以爲各路策應。六月十四日，胡漢民奉　國父命抵廣州，向各界說明護法討逆之必要。十五日漢民復至省議會，代表　國父痛陳時局，略曰：

此次事變，並非起於倉卒，不過爲帝制之餘毒耳！去年帝制派已派某要人赴某國以復辟說求某國之意見，此何等事？而可以質之外國，又安有以個人之意出之者？則其禍機所伏已久，隨處皆可觸發，今日之事特借此爲題而已。[16]

已料及將有復辟之發生。十七日漢民赴南寧，邀請兩廣巡閱使陸榮廷來粵共商大計，陸氏因別具陰謀，託足疾不行。乃命陳炳焜、譚浩明於六月二十五日聯名通電，主張兩粵軍民政務悉行自主，略曰：

國會未經恢復以前，法律既失效用，即無責任可言。雖有賢達出組內閣，炳焜、浩明決不敢以非法誤人，且以自誤。所有兩廣地方軍民政務，暫由兩省自主，遇有重大事

---

[16] 民國六年六月二十三日上海中華新報。

件，逕行秉承大總統訓示，不受非法內閣干涉，俟將上項問題依法解決，再行聽命。⑰其目的在利用時機把持兩粵財政，並開放煙禁賭禁以爲聚歛，故北伐軍過於桂系，竟不果行。

粵籍黨人吳鐵城記桂系軍人盤據廣東之經過，及朱慶瀾之出身甚詳，其言曰：

原來在袁世凱時代，廣東督軍是他的爪牙龍濟光，在廣東作威作福，天怒人怨。討袁軍興，龍濟光因爲受了反袁勢力的壓迫，也曾對袁宣布過「獨立」（五年四月六日），參加過肇慶的軍務院（五月八日）。袁死黎繼，軍務院雖撤消，但粵省的反龍力量已見抬頭，客軍的覬覦粵省者已從四面八方大量入境，其間以廣西陸榮廷的部隊爲最多最狠，龍濟光乃陷於四面楚歌之中。北京政府時以段祺瑞任內閣總理，而大權在握，派朱慶瀾爲廣東省長，勸龍知機退讓，即以陸榮廷爲廣東督軍。朱慶瀾字子橋，其先世浙籍而游幕關外，遂爲奉天錦縣人，寬厚識大體，負時望，清末由趙爾豐之羅致，隨往四川，任新軍統制，民初返東北，任黑龍江督軍。及來廣東，厲行賭禁，扶植教育，廉介自持，整飭吏治，其重要幕僚如冷遹、孫璞、張震西，皆國民黨員。時有省警衛軍一百二十營，省長兼總司令，而陳炯明爲之總參議。陸榮廷深嫉朱慶瀾之嚴正，陰謀排擠，卻又憚於物議而無可如何，乃請命於段，推薦其舊部陳炳焜爲廣東督軍，譚浩明爲廣

⑰ 革命文獻第九輯，頁四十一。

西督軍，而自任兩廣巡閱使。炳焜上臺，悍然以籌餉爲名而弛賭禁，以戒嚴爲名而奪警衛軍一百營的統屬指揮權，咄咄逼人，不復留餘地。朱氏對在粤國民黨人多予愛護周濟，及聞總理在滬倡護法大義，即以密使密電表歡迎之悃忱，並謂所轄省警衛軍二十營可供驅使云。⓲

復據李培生所編「桂系據粤之由來及其經過」，記載陸榮廷、陳炳焜弛賭禍民及運米營私販賣鴉片之情形曰：

陸得巡閱兩廣之命，陳炳焜繼督粤，宣佈自主，即提出開賭業於省議會，其公司爲源源公司，某某軍官共組織，認餉六百萬元，公禮（黑錢）二百萬元，省議會運動費三十六萬元，於是議會將案通過，而源源公司忽不成立，陳炳焜、李耀漢乃集各部軍官，組織集成公司接承，又得楊梅賓力助餉額如故，公禮如故，一班議員則每人得二千二百元，强有力者倍之。………

當日經海關報告，官輪黑夜運米出洋，旬日之間，竟達六十餘輪之多，社會痛恨桂系軍人之聲浪，遂亦益高鬨，當時各報多有將種種黑幕揭發。蓋運一擔出口，可獲利二元，每輪裝載量大抵爲六七百擔，計每輪走一次，可獲不義之財七八千元。彼等多於

⓲ 吳鐵城先生回憶錄，頁五一。

黑夜中爲之，上載落載均有一定地點，多係串通奸商共營，上半夜滿載米而出，下半夜滿載鹽而入，凡官輪爲海關所承認其爲兵輪者，即可不受檢查。……⑲（桂系）其軍官上至陸榮廷，下至連排長，無不以運鴉片到粵發售爲發財捷徑。其初不過代煙商包運，征收保護費，其費之率，以所運鴉片獲利之多寡，而分佔其益，例如溢利十成，軍得六，商得四而已。其後囊橐漸飽，則自行售運，故一連排長，亦有發財至數十萬金者，上級軍官更無論矣。⑳

他若摧殘輿論，私賣礦產，借內外債，增加軍費，擾亂金融，其種種害民之舉，較龍濟光時代尤過之而無不及。國父居滬日久，以復辟亂起，復鑒於政學會人之是非不辨，思以革命手段，扭轉全局，乃於七月八日離滬赴粵，海琛、應瑞艦護送，章炳麟、朱執信、陳炯明等同行。葉夏聲所著「國父民初革命紀略」載其經過甚詳，其言曰：

國父悉段賊毀法禍國，赫然震怒，乃與事先南下之海軍總長程璧光，海軍前輩薩鎮冰，寓滬元老唐紹儀，前內務總長孫洪伊，前外交總長伍廷芳，兩院主要議員等，建議率海軍艦隊南下護法，薩鎮冰遂懷首鼠之見。海軍艦隊總司令杜錫珪、副司令楊樹莊和

⑲ 李培生「桂系據粵之由來及其經過」，引自革命文獻第五十一輯頁十八至十九。
⑳ 同上書，頁一四七至一四八。

之，事幾敗垂成。同時寓滬遺老岑春煊系之政學會黨徒，皆有異議。楊永春、張季鸞等主辦之上海中華新報，及伍平一主辦之大新聞報，皆以大砲嘲　國父，輿論紛歧莫衷一是。時大新聞報有時評，題爲「孫大砲果然車大砲矣」。國父睹勢危，非以革命手段，臨以大無畏之精神，則大勢將去，乃夤夜率敢死同志李安邦、黃惠龍、馬湘、馬伯麟、楊虎、孫昌、熊秉坤、蔡濟民、孫祥夫、余子厚、趙植之、孫鎮等，毅然登海圻艦，（按：此誤）督令啓椗。㉑

十三日　國父抵汕頭，略事休席，出席汕頭各界之歡迎會，作護法之講演，略曰：

今日國民最要者，是看定新潮流可以救國，抑舊潮流可以救國。國民要有是非心，有是非心又要有堅決心，著實做去，民國才有進步。更有一件，復辟發生是舊潮流造成的，共和政體向爲舊派人物所反對，若倪嗣冲、段芝貴爲反對共和之人，亦爲反對復辟之人。今北方起兵討賊之人，都是昔日讚成復辟之人，是非混亂，目耳淆惑，是爲今日最困難最危險時代。……今日國民責任是在擁護共和，有一分子責任，即盡一分子力量，要除盡假共和，才有眞共和出現，才有幸福可享，國家才得永遠太平。㉒

㉑ 葉夏聲「國父民初革命紀略」，頁一一七至一一八，民國四十九年六月孫總理侍衛同志社影印三版。

㉒ 引自民國六年七月二十一日上海中華新報。

遂派朱執信、章炳麟、陳炯明赴廣州，與廣東省議會及陳炳焜等接洽，促其對歡迎國會議員及海軍有切實表示。十七日下午四時 國父抵虎門，旋改乘江固艦抵黃埔。國會議員、省議會議員，及廣東督軍陳炳焜、省長朱慶瀾等迎於黃埔江岸，是晚 國父在黃埔公園歡宴席上發表演說，略曰：

中國共和垂六年，國民未有享過共和幸福，非共和之罪也。……執共和國政之人，以假共和之面孔，行眞專制之手段也。……欲爭回眞共和以求福利者，必須有兩大偉力：其一爲陸軍，其二爲海軍。鄙人密察大勢，確知非得强大之海陸軍，爲國民爭回眞共和，則無以貫澈吾人救國救民之宗旨。……鄙人今日所望於諸公者，即日聯電請海軍全體艦隊來粵，然後即在粵召集國會，請黎大總統來粵執行任務。㉓

得與會者同意， 國父乃電海軍總長程璧光，即速率領全部艦隊駛粵。十九日 國父自黃埔至廣州，出席省議會歡迎會，主張由粵電請國會議員來粵開會，以決定大計。朱慶瀾表示贊成，陳炳焜則發表惑疑之言論。 國父以利害析之，陳始無言。㉔同日 國父電請旅居津滬國會議員來粵集會，略曰：

㉓ 國父全集，第三集，演講，頁一六一至一六二。
㉔ 邵元沖「總理護法實錄」，引自革命文獻第七輯，頁十三。

自叛督稱兵，大法蕩然，逆賊張勳乘機復辟，僞主溥儀因勢竊位，而民心歸嚮，終在共和。僞清敗徵，智愚共見，於是前之倡亂壞法者，又假反對復辟擁護共和之名以圖自固，帝制餘孽，亦乘此以邀功。文以爲今日之患，非患眞復辟者衆，正患僞共和之多。……國會諸君已被叛督稱兵解散，即與僞共和勢不兩立。今清主既已失敗，正國會自奪之時。文嘗觀時勢，江河流域已爲荆棘之區，惟西南諸省，擁護共和，歡迎國會。諸君宜集會於粵、滇、湘各省，擇其適當之地，以開會議，而行民國統治之權。如人數不足，開緊急會議亦可，責任所在，萬勿放棄。㉕

同日　國父以復辟亂平，致電段祺瑞，責以大義，望其誅討群逆，將功贖罪，略曰：「今日因敗爲勝，功過相抵，天日鑒臨，人心必諒。……而足下以段芝貴爲東路總司令，倪嗣冲爲三省總司令，段本洪憲元兇，倪則叛督首領。一蒙驅使，得冒天功，以爲己力，沮忠正倡義之氣，開叛人狡詐之端。」㉖同月二十一日，程璧光響應　國父護法號召，發表宣言，以三事自矢：一曰擁護約法，二曰恢復國會，三曰懲辦禍首。並謂：「蓋所求者共和之實際，非共和之虛名，耿耿此心，可質天日。……自約法失效國會解散之日起，一切命令皆無根據，當

㉕ 國父全集，第四集，文電，頁二八四至二八五。
㉖ 同上書，第四集，文電，頁二八二至二八四。

然認爲無效，發此命令之政府當然否認。」[27] 乃偕第一艦隊司令林葆懌離滬，計巡洋艦海圻、海籌、海容三艦，砲艦六，輔助艦四，飛鷹、永豐、舞鳳、同安、永翔、楚豫其著者。過象山時復增福安、豫章兩艦，計一萬餘噸，聲威頗壯。唐紹儀、汪兆銘等同行。八月五日海軍艦隊全部抵黃埔，六日廣東各界在省城長堤東園開大會以歡迎之，乃以海珠爲海軍司令部。十日 國父致函南洋同志鄧澤如，致力籌款，俾海軍國會費用有所取資[28]。十一日，雲南督軍唐繼堯通電護法，聲稱：「自今以往，願悉索敝賦，勉從諸公之後，以擁護約法者，保持民國之初基於不墜。有非法藐視，橫來相干，道不相謀，惟力是視而已。」[29] 護法聲勢因之益振。

八月一日，馮國璋在北京就任總統，六日不依合法手續在國務院下設立「戰時國際委員會」，研討宣戰後應辦事宜，至十四日乃發佈對奧宣戰之命令[30]。是時國會議員先後間關來滬，寓法租界愷自邇路惟善里國會議員通詢處者日衆。嗣因國父及粵省各界來電歡迎，至八月中旬南下至廣州者一百三十餘人。十八日 國父邀宴國會議員於黃埔公園，商討召開國會問題。咸以：北京政府既已毀廢約法，且向護法各省用兵，內爲護法各省之團結，外爲行獨立自主之外交，勢非另行組織政府不可。人數雖不足法定，惟值非常會議，可先開非常會議，

---

[27] 莫汝非「程璧光殉國記」第三章。
[28] 鄧澤如「中國國民黨二十年史蹟」，頁二三六至二三七，民國三十七年六月正中書局出版。
[29] 革命文獻第七輯，頁八六。
[30] 政府公報第五六七號。

組織軍政府，以資應付。十九日國會議員百餘人乃假廣州迴龍社前煙酒公賣局原址第一招待所舉行第一次談話會，討論國會及組織政府二事，當經決議用「國會非常會議」名稱，假借廣東省議會會場開會，並推定呂志伊、王有蘭等七人爲軍政府組織大綱起草委員。同日通電全國，略曰：

民國不幸，禍患瀕仍，倪逆稱兵，國會被毀，張賊復辟，國體動搖，造亂之徒乘機竊政，託名討賊，推翻約法，擅立政府，易置總統。執法以繩，厥罪爲均。又復疊逞狡謀，圍湘窺蜀，輸兵南下，其勢駸駸，憑藉北洋，壓制全國，充類至盡，吾民寧有噍類之存？所幸諸公獨持正義，興師討賊，信誓在人，救我黔黎，定茲國難，公等之責，吾民之望也。同人等，昔受國民之托，職務未終，今被國賊之驅，責任難棄，用依約法，自集於粵，人數未滿法定，本難遽行開會，惟念時局之危，間不容髮，西南散處，意志輒殊，對外則馮、段宣戰，我將何以處德、奧？對內則黃陂孤陷，我將何以設政府？凡茲重要，亟待討論。爰繹主權在民之則，師法前人國變之例，特決定本月二十五日於廣州開非常會議，以謀統一，以圖應變，區區之意，如斯而已。㉛

二十四日午後，國父復邀國會議員王正廷、呂復、馬驤、周震麟、趙鉦、吳宗慈等於黃埔，

㉛ 梁燕孫先生年譜上冊，頁三八五。

指示組織政府事宜㉜，二十五日國會非常會議乃假廣東省議會爲會場，舉行開幕式，到會議員奉天爲吳景濂等，直隸爲張繼等，黑龍江爲秦廣禮等，西藏爲傅諧等，浙江爲趙舒等，江西爲吳宗慈等，安徽爲陳策等，四川爲盧仲琳等，雲南爲呂志伊等，湖北爲田桐等，陝西爲焦易堂等，江蘇爲茅祖權等，河南爲劉奇瑤等，湖南爲彭允彝等，福建爲詹調元等，廣東爲鄒魯等，廣西爲覃超等㉝。國父及程璧光、林葆懌、朱慶瀾等均列席致祝詞，陳炳焜則僅派代表列席，以爲敷衍之計㉞。由原任衆議院議長吳景濂主持，二十七日國會非常會議開始討論「國會非常會議組織大綱」，至二十九日通過，共十一條，内容如下：

叛督稱兵，約法失效，國會毀棄，民意無依。興亡所關，匹夫有責，矧在議員，敢辭艱鉅。茲組織國會非常會議，制斯大綱，特宣布之。

第一條　國會非常會議以現任國會議員組織之。

第二條　國會非常會議之議事，以參衆兩院議員會合行之。

第三條　國會非常會議至内亂戡定，臨時約法之效力完全恢復時爲止。

第四條　國會非常會議非有十四省以上之議員列席，不得開議。蒙古、西藏、青海、

㉜ 吳宗慈「護法計程」，頁三。
㉝ 邵元沖「總理護法實錄」，引自革命文獻第七輯，頁十四。
㉞ 護法計程，頁三。

華僑各選舉區，以省論。

第五條　國會非常會議之議事，以列席議員過半數決之。

第六條　國會非常會議之正副議長，就現任兩院正副議長內推定。正副議長均有事故時，得選舉臨時議長。

第七條　國會非常會議得設各委員會。

第八條　「軍政府組織大綱」由國會非常會議制定，並宣布之。

第九條　國會非常會議，於軍政府有交議事件，或由六省以上之議員聯合提議時，得隨時開會議決。人民請願事件，經委員會審查後，得提出議決之。

第十條　本大綱有議員四十人以上之連署，得提議修正，以列席三分之二以上議決之。

第十一條　本大綱自宣佈日施行。㉟

其後非常國會復於民國七年六月十二日，舉行第二屆常會，因到粵議員仍不足法定人數，乃有大舉遞補議員之辦法。計自六月十二日以後滿一個月未到院者參議員五十一人，衆議員一百四十七人。滿兩個月未到院者，參議員五十八人，衆議員六十九人，合計三百二十五人。以上各員先後經參衆兩院依「議院法」第七條規定：「議員於開會後滿一個月未到院者，應

㉟孫曜「中華民國史料」，頁四一二至四一三，文海出版社近代史料叢刊本。

解其職。但有不得已故障，報告到院時，得以院議展期至兩個月爲限。」於民國七年七月十三日、八月十三日宣佈解除其職務，而以候補議員遞補。復以王家襄、陳國祥不肯南下，乃於九月十六日改選褚輔成爲衆議院副議長，十月十九日改選林森爲參議院正議長。

㈢ 國父就職軍政府大元帥

民國六年八月三十一日，國會非常會議逐條通過軍政府組織大綱，凡十三條，同時宣佈實行，錄其全文如下：

第一條 中華民國爲戡定叛亂，恢復「臨時約法」，特組織中華民國軍政府。

第二條 軍政府設大元帥一人，元帥三人，由國會非常會議分次選舉之，以得票過投票總數之半者爲當選。

第三條 臨時約法之效力未完全恢復以前，中華民國之行政權由大元帥行之。

第四條 大元帥對外代表中華民國。

第五條 大元帥有事故不能視事時，由首次選出之元帥代行其職權。

第六條 元帥協助大元帥籌商政務，元帥得兼任其他職務。

第七條 軍政府設立各部如左：

一、外交部

二、內務部

三、財政部
四、陸軍部
五、海軍部
六、交通部

第八條　各部設總長一人，由國會非常會議分別選出，咨請大元帥特任之。前項選舉以得票過投票總數之半者爲當選。但遇總長缺位，未經選舉以前，大元帥得爲署理之任命。

第九條　各部總長輔助大元帥執行職務。

第十條　元帥府及各部之組織，以條例定之。

第十一條　軍政府設都督若干員，以各省督軍贊助軍政者任之。凡有舉全省兵力宣佈與非法政府斷絕關係者，依前條之規定。

第十二條　本大綱至「臨時約法」之效力完全恢復，國會及大總統之職權完全行使時廢止。

第十三條　本大綱自宣佈之日施行。㊱

九月一日，國會非常會議舉行大元帥選舉會，出席議員九十一人，投票結果，國父得

㊱孫曜「中華民國史料」，頁四一三至四一五。

八十四票，唐繼堯得四票，陸榮廷得三票，國父當選爲大元帥。翌日選舉元帥，唐繼堯得八十三票，陸榮廷得七十六票，均當選爲元帥，餘一元帥本日未選，所預定者本爲程璧光，但程派代表對國會表示不願居此名義，國會乃從緩議㊲。仍虛總統之位以待黎元洪之南下也。

國父既當選爲軍政府海陸軍大元帥；同日下午衆議院議長吳景濂、參議院副議長王正廷，及國會議員數十人，乘舞鳳軍艦至黃埔公園，舉行大元帥授印禮，吳景濂致大元帥頌詞略曰：「前臨時大總統孫文先生，手造民國，內外瞻仰，允當斯任，即日齎致證書，登壇接受，悃忱未盡，復申是言，所願我大元帥總緝師干，殲除群醜，使民國危而復安，約法廢而復續，不勝鄭重期望之至。」㊳旋由王正廷代表受印，國父致答詞曰：

文以不德，忝爲共和先導，六年於茲，而梟雄構釁，頻頻不已。文不能救，自念無以對我邦人兄弟。今者叛督倡亂，權奸竊柄，國會解散，元首遷廢，此誠勇夫志士發憤倡義之時也。而遷移數月，大兵未舉，政府未立，內無以攘寇亂，外不足以示友邦。文以國會諸君不釋之故，不得不統攝軍政。任職以後，唯當竭股肱之力，攘除奸凶，恢復約法，以竟元年未盡之責，雪數歲無功之恥。責任在躬，不敢有貳，諸所舉措，

㊲ 吳宗慈「護法計程」，頁四。

㊳ 引自鄒魯「中國國民黨史稿」第三編，頁一〇一五至一〇一六。

亦唯國會諸君實匡救之。㊴

九月十日，國父率海陸軍武官由黃埔乘軍艦抵廣州，至東門外國會非常會議議場，舉行大元帥就職典禮，由方聲濤任警備司令，警戒一切。乃由 國父提出，經國會非常會議同意，任命各部總長如下：

外交總長　伍廷芳

財政總長　唐紹儀

陸軍總長　張開儒

內務總長　孫洪伊

交通總長　胡漢民

海軍總長　程璧光

旋任命章炳麟爲秘書長，許崇智爲參軍長，李烈鈞爲參謀總長，林葆懌爲海軍總司令，方聲濤爲衛戍總司令，李耀漢爲籌餉總辦，李福林爲親軍總司令，陳炯明爲第一軍總司令，吳宗慈、王湘爲川滇勞軍使㊵。乃以河南士敏土廠爲大元帥府，海軍總司令部仍設在海珠，議員則分居於長堤海珠酒店與西濠酒店，布署既定，對外發表宣言，略曰：

㊴ 國父全集，第四集，宣言，頁二一二。

㊵ 大元帥府特任職務一覽表，黨史會庫藏史料。

國會開會以文爲海陸軍大元帥，責以戡定內亂，恢復約法，奉迎元首之事。文忝爲首建之人，謬膺澄清之責，敢謂神州之廣，無有豪傑先我而起也哉！徒以身與共和生死相係，黃陂（按：指黎元洪）爲同建國之人，於義猶一體也，生命傷而手足折，何痛如之！艱難之際，不敢以謙讓自潔，即於六年九月十日就職，冀二三君子同德協力，共赴大義。文雖衰老，猶當搴裳濡足，爲士卒先，與天下共擊廢總統者。㊶

於是中國形成南北政府對峙之局面。九月十八日軍政府鑒於內外情勢，諮請國會非常會議討論對德奧宣戰案，二十二日由國會非常會議議決，二十六日軍政府乃發佈對德奧宣戰之通告，略曰：

邇者段祺瑞矯託大總統命令，擅組政府，對於德奧實行宣戰，揆之國法，自屬不合。按之事實，我國之與德奧實已處於對敵之地位，今軍政府成立伊始，關於對外大計，亟宜決定，以利進行。……查解決內爭與國際戰爭本屬兩事，既經國會非常會議議決承認交戰狀態，本軍政府自應依議執行，對於德奧兩國，一切依據戰時國際法規辦理，特此佈告中外，咸使聞知。㊷

㊶ 國父全集，第四集，宣言，頁二一至二二。
㊷ 國父全集，第四集，宣言，頁八八。

其目的在爭取國會之合法地位，證明國會非不同意對德奧之宣戰，乃反對段祺瑞之非法專橫也。當是時唐繼堯、陸榮廷意存觀望，專橫自恣，均不肯就元帥之職，欲利用機會鞏固其勢力範圍，唐則竭力發揮其大雲南主義，以從事對四川之侵略，陸則假借護法之名，專擅兩廣軍民財政，自由開賭及販賣鴉片，竭力壓迫軍政府之進行。對於北京政府始終採取妥協態度。

國父當選大元帥之次日（九月二日），陸榮廷合桂督譚浩明致電國會非常會議及在粵名流，略曰：「方今國難初定，應以總統復職爲當務之急，總統存在自無另設政府之必要。元帥名稱，尤滋疑議，易淆觀聽。廷等愚庸，祇知實事求是，不爲權利競爭，標本張皇，又所不取，此舉實不敢輕於附和。」同時通電全國，聲稱：「以後廣東無論發生何種問題，概不負責。」國會非常會議遷就現實，不但不予譴責，反於九月三日補作一項決定：「迎接總統南來，繼續執行總統職務。」㊸ 致使 國父就職後之對外通電，不得不表示迎黎之態度。

九月八日唐繼堯自滇來電，表示不受元帥新職，國父及非常國會除去電勸勉外，並於九月十五日派秘書長章炳麟爲代表，攜元帥印赴雲南，敦促唐繼堯就元帥之職。朱鏡宙「夢痕記」記其事曰：

自大元帥府成立後，號令不出河南士敏土廠，各部總長均未就職，元帥唐、陸二公亦在觀望中。大家無事可爲，終日在長堤照霞樓俱樂部閒聊，或奕棋自遣，秘書長章太

㊸ 黃旭初「懷鄉記」——陸榮廷與護法運動，民國五十八年九月一日臺灣春秋雜誌第十一卷第三期。

炎（炳麟）先生遂自請往滇說唐繼堯。國父語先生：「君忍棄我而去耶？」先生曰：「公知圍棋乎？有兩眼者活，今公僅廣州一眼，非活子也。我之去滇，欲爲公另作眼耳！」國父悅，命先生爲總代表，國會議員郭同（宇鏡）、吳宗慈（靄林）等副之。並以元帥印授託先生面致繼堯。㊹

九月二十九日，炳麟抵昆明，唐繼堯親率文武高級官員迎迓於車站，以臨安八屬會館爲其下榻處，由李宗黃君負責接待，唐氏始終以處境困難爲藉口，辭不就元帥之職。李宗黃記其事曰：

> 章太炎先生晤見唐都督之初，唐都督對軍政府畀以副元帥重任，其反應確實不太熱烈。他僅在十月七日接受章氏賫來的副元帥大印，對於章氏所提的舉行就職典禮，通電就職，由他代表孫大元帥授印，設立副元帥府三點，則一再謙稱實力未充，時機未至，堅請假以時日。……唐都督表示他的處境遠較廣州方面複雜。同時他既已接受孫先生所頒發的印信，當然就是承認軍政府的設立，何必一定要舉行典禮、授印、通電、開府？㊺

㊹ 朱鏡宙「夢痕記」上册，頁二二三。

㊺ 李宗黃回憶錄——奮鬥人生，民國五十九年七月十四日——二十日，臺灣新聞報。

蓋孫先生與陸榮廷、唐繼堯間觀念之基本不同點，孫先生不承認破壞法統解散國會之北京政府爲合法政府，對於馮、段皆在口誅筆伐之列。陸、唐則始終承認馮國璋代理總統之合法地位，僅對段祺瑞之總理表示反對。因此章炳麟雖與滇省各方面聯繫，希望彼等能從旁協助，勸促唐繼堯改弦易轍，早日接受新職，結果仍未能如願以償。同年十一月，章氏乃轉道重慶再回廣州，「太炎先生自定年譜」記其事曰：

余與孫公南行，風甚。抵番禺，段祺瑞已破張勳，北人群脅黎公辭職，馮國璋得代理總統。……余初以雲南督軍唐繼堯蓂賡之招，欲赴雲南觀軍容，未果，至是以廣州事難就，戒期西行。……孫公使人來曰：「今人心不固，君舊同志也，不當先去以失人望。」余曰：「此如奕棋，內困則求外解。孫公在廣東，局道相逼，未有兩眼，僕去爲作眼耳。嫌人失望，以總代表任僕可也。」孫公從之，遂與議員五人授元帥印證及宇鏡、少璜偕西，自交趾抵昆明焉。……余至雲南，蓂賡猶豫，不敢受元帥印證。余謂五議員曰：「不受，諸君爲無面目，宜速歸。余名義亦屬軍府，隨君等去矣。」蓂賡始具禮受印證。然其文移號令，終自稱滇黔靖國聯軍總司令，未肯稱元帥也。……十一月，發昆明。……乃遣少璜赴湘西，身與宇鏡（按：國會議員郭同別號）同下東川。孫公與榮廷相惡，權日蹙，命令不能出府門，欲親征福建，余在畢節，電請決計，不果行。46

時軍政府各部總長若唐紹儀、伍廷芳、程璧光等皆遲不就職，孫洪伊則留滬不至。陸軍總長張開儒雖宣佈就職，然遏於桂系，且因滇軍內部之糾紛，未能大有發展。參謀總長李烈鈞因唐繼堯態度不明，亦不肯遽行視事。因此軍政府各部多以次長代理部務。廖仲愷代財政，居正代內務，林森代交通，徐謙代秘書長。軍政府本身既無收入之來源，所恃者僅海外華僑捐募之款，為數有限，財政極為竭蹶。同年十月十日　國父命南洋同志鄧澤如代轉致各地商會函曰：「當茲國家俶擾之時，正義士毀家紓難之日，務懇慨捐鉅貲，以裕軍實，則再造民國之功，當永銘於不朽矣。」47 十一月二十二日再函鄧澤如曰：「第軍餉之需，待濟良鉅，當此功在垂成之際，尤望速籌鉅款，陸續匯來，以應軍用，民國前途庶幾有光矣。」48　國父曾擬有「軍事內國公債條例」及「承購公債獎勵條例」，南洋各埠委託鄧澤如負責經手，截止民國八月一月，僅募得三萬一千零六十元。49 因之護法政府各職員自部長、秘書、參軍，以致書記、事務員，每月每人止領零用金二十元，然各同志咸感於　國父之奮鬥精神，皆辛苦支

46 太炎先生自訂年譜，頁三一至三三，一九五一年十一月香港龍門書店出版。
47 鄧澤如「中國國民黨二十年史蹟」，頁二三二。
48 同上書，頁二三三。
49 同上書，頁二三九至二四〇。

持，無少退沮，其精神有足多者。[50]

(四) 桂系之橫暴與議員之反覆

民國六年夏，國會議員之南下，本應 國父之號召，希望能從速制定憲法，以固國基。惜其蒞粵人數雖僅佔總數三分之一，且多屬舊國民黨人（憲政商榷會派），因派別甚多，思想立場各不相同，舉其著者如下：

一、政學會系　號稱舊國民黨之穩健派，爲護法政府之在朝黨，民國七年夏曾提出改組軍政府案，排除 國父之大元帥，推岑春煊爲首席總裁，議員約三十人，擁岑春煊爲領袖，重要人物有章士釗、冷遹、張耀曾、谷鍾秀等，利用粵督莫榮新，攫取護法政府實權，號稱主和派，與北方研究系性質接近。

二、益友社系　號稱舊國民黨嫡系中之溫和派，爲非常國會中之唯一多數黨，係民國五年北京國會恢復後「憲政商榷會」主要份子所組織，（政餘俱樂部附之）議席近三百人，以王正廷、吳景濂、褚輔成等爲領袖，態度溫和，遇政學會與民友社發生爭議，恆立於調和之地位。兩院正副議長四人居其三（衆議院議長吳景濂、副議長褚輔成、參議院副議長王正廷，僅一參議院議長爲民友社之林森所得），與唐紹儀及桂系、海軍、雲南唐繼堯、貴州劉顯世皆暗通款曲。

---

[50] 總理護法實錄，引自革命文獻第七輯，頁十九。

三、民友社系 乃舊國民黨嫡系中之急進派，由中華革命黨與國會恢復後之丙辰俱樂部、韜園合組而成，議席共六七十人，以擁護 國父爲宗旨，林森、謝持、馬君武、丁象謙、居正、田桐、葉夏聲等爲中堅，與政學會及桂系均無法合作。

四、新新俱樂部 爲增補兩院議員之集團，純爲自身地位之結合，議席近兩百人，其政治上之主張雖隨個人歷史地位分趨於各系，大多數則表同情於益友社。[51]

以上四系，政學系在非常國會中人數雖然不多，因其領袖岑春煊與兩廣巡閱使陸榮廷在清季有部屬關係，並由谷鍾秀與北方直系勾結，佔取地利與人和，故能影響益友社，達成排斥 國父之陰謀。

先是 國父抵粵之初，以陸軍實力操諸陸榮廷、陳炳焜之手，因陳炯明力求統軍援閩，以圖向外發展，乃命胡漢民、汪兆銘商之省長朱慶瀾，朱以省長所屬僅有警衛軍二十營，如陳願居省長公署親軍司令名義，則可撥歸陳統率，以爲出師之基本隊伍。胡等以此意報告國父，經陳之同意，事遂決定。桂系因朱以兵力助 國父，大爲不滿，乃借口朱爲北方官僚，不宜在護法旗幟下任省長，運動桂籍國會議員曾彥、覃超等提出省長民選議案，陳炳焜並派兵包圍陳炯明之司令部，收繳其關防，炯明被迫逃香港。七月二十五日北京政府接受桂系要求，發佈命令，將朱慶瀾與廣西省長劉承恩對調，迫朱即行離粵。八月三十一日，復任命出身綠林之李耀漢爲廣東省長，陳炳焜乃悉收省署警衛軍歸督軍署，並受陸榮廷之嗾使，竭力

---

[51] 參照謝彬「民國政黨史」，頁八十至八五，民國五十一年六月文星書店影印版。

阻撓軍政府之進行。

軍政府成立後，桂系更肆無顧忌，陸榮廷及廣西督軍譚浩明所致國會非常會議及在粵名流之電竟稱：「方今國難初定，應以總統復職爲先務之急，總統存在自無另設政府之必要，元帥名稱尤茲疑議，易淆觀聽。廷等庸愚，祇知實事求是，不爲權利競爭，標本張皇，又所不取，此舉實不敢輕爲附和。」㊾其對軍政府之態度昭然可見。海軍總長程璧光鑒於陸榮廷無護法誠意，思以大義折服之。於九月二十七日偕陳炳焜乘艦西上，十月一日抵平塘，桂督譚浩明率全城文武官員歡迎。三日陸榮廷復由南寧來會，乃舉行軍事會議，陸氏演說，大意謂其宗旨在使譚延闓恢復湘督職位，撤回湘省北軍，然後再與段祺瑞談法律。欲達此目的，非實行北伐不可，經璧光同意，乃決定以下數端：（一）出兵援湘。（二）以廣東省長原有之警衛軍二十營交陳炯明接管。（三）海軍月餉十萬元，由粵庫支領。（四）譚浩明任援湘聯軍總司令，率軍援湘。（五）陳炳焜仍任廣東督軍。（六）兩粵首長聯合通電要求罷斥段祺瑞。遲到十月十六日陸榮廷、陳炳焜、譚浩明、程璧光、李耀漢等聯銜請罷段祺瑞之電始發出，陳且不肯實行決議將省署警衛軍交陳炯明接統。㊿

十月二十七日，北京政府誤陳炳焜贊助護法政府，復發亂命，將陳炳焜免職，由李耀漢兼署粵督。三十一日，廣東軍界李福林、魏邦平等在河南福軍營內開會討論粵省大局，決定

㊾ 民國六年九月上海中華新報。
㊿ 莫汝非「程璧光殉國記」第四、五章。

陳炳焜率師援湘，旋由程璧光、胡漢民、汪兆銘等與陸榮廷磋商結果，以廣惠鎮守使莫榮新繼任。十月二十一日莫氏就督軍之任，自度資淺初不敢開罪　國父，二十四日在督署召開軍事會議，遵約將省署親軍改爲海軍陸戰隊，由陳炯明率領入閩，實祇四五千人耳！當莫榮新以委任狀予陳時，陳意頗怏怏，遽擲狀於地，恚曰：「吾曾爲都督、省長，莫榮新何物？奈何委任我哉！」遂欲弗受，經汪兆銘、古湘芹等反覆譬喻之，乃勉受任。❺❹十二月二日　國父乃任命陳炯明爲援閩粤軍總司令，先編成十營赴閩，以鄧鏗、許崇智等助之，逕向閩南前進，不久取得漳州，閩南悉入護法政府勢力範圍。

莫榮新就任粤督稍久，專橫面目日漸暴露，嘗謾告人曰：「孫某之政府空頭之政府也，彼無兵無餉，吾輩但取不理之態度，彼至不能支持之時，自然解散而去。」又令電報局對大元帥府發電，不得用頭等，不得掛賬，只能以現款發四等電。又大元帥府因對外關係，與沙面領事有所交涉，桂系之交涉員不爲承轉。　國父初計劃取道福建北伐，欲先肅清東江流域，（按：潮梅鎮守使莫擎宇受段祺瑞嗾使，於民國六年十月二十三日，宣告脱離軍政府，據潮梅叛變。）任命鄭魯爲潮梅軍總司令以討莫擎宇，鄒部第一支隊長兼前敵司令金國治敗叛軍於鐵場、藍關一帶，叛軍殘部多降，潮、梅指日可定，莫榮新忌之，令人設計誘殺金國治，並奪其兵權。　國父擬編練新軍，而所派至各地之募兵委員多爲莫榮新驅逐逮捕，甚至殺害。又桂軍游擊營統領鄧文輝，嫉李福林所部福軍擁護軍政府，兼任大元帥警衛，民國七年元月二

---

❺❹邵元沖「總理護法實錄」，引自革命文獻第七輯，頁十七。

日奉莫氏命拘捕大元帥府衛隊官兵，將福軍連排長數人，良民六十餘名，誣爲土匪，遽行槍決。國父大憤，嚴責莫氏懲治所部，向軍政府謝罪，莫氏置之不理。國父商之程壁光，欲以海軍討伐莫氏，程氏不願對桂系開釁，堅持不可，且將一部分軍艦調離廣州，移駐黃埔，宣佈戒嚴，凡兵艦附近均不準船隻通過，以防國父對其部屬之直接指揮。㊺ 國父憤亟，乃命大元帥府參議劉德澤，運動滇軍二十五團團長趙德裕、三十八團團副周知歐等，決心驅逐莫氏。民國七年元月一日，國父稱疾，德澤深夜來謁，國父告之曰：

我自護法南來，未能實現護法主張，去了一個陳炳焜，又來了一個莫榮新，都是護法障礙。這幾日，因爲我決心要驅逐莫榮新的秘密消息，被李烈鈞、吳景濂、王正廷他們曉得了，所以他們時常來勸解，阻我不要動作，故此裝病。你若能今晚就去發難，我就立刻起來同你去，跑九十里路毫不相干。你須注意的，就是同海軍約定發難日期，不可誤事，因海軍升火須遇機會。㊻

一月三日晚，國父乃率親信將士數十人及少數衛隊，親登同安、豫章兩艦，指揮開砲，向督軍署轟擊。兩艦長初猶豫不敢應命，國父乃親發數砲，又督促砲手繼續發七十餘發，

㊺ 同上文，引自革命文獻第七輯，頁十九至二十。

㊻ 劉德澤「中華革命黨外紀」，黨史會庫藏鈔本。

於拂曉始止。莫榮新驟聞砲聲，震怖不知所爲，遑懼竟夕。國父之計劃本擬令海軍與粵軍同時行動，則廣州即可佔領。蓋是時陳炯明及所部粵軍尚駐省垣，國父曾命許崇智、鄧鏗往促其迅速響應海軍，陳則懾於桂系兵力，猶豫不能決。許、鄧等譬說竟夕，陳終不省。同時朱執信亦往促李耀漢、李福林等發難，均無表示；魏邦平復違約背信。滇軍雖經劉德澤運動，因第四師長方聲濤、旅長朱培德、張維信等極力反對，亦不能行動一致，故海軍之勢孤，而事遂無成。57

惟自海軍砲轟督署後，莫榮新知國父有指揮海軍能力，乃挽人調停，並親至大元帥府卑辭謝罪。尊重國父意旨，派羅誠爲廣東交涉員，且受軍政府任命，每月撥鹽餘五萬元爲大元帥府經費，軍政府威望爲之稍振。58旋莫榮新故態復萌，民國七年五月十一日，在詔關誘禁陸軍總長滇軍司令張開儒，而囚之於觀音山。又槍殺代理陸軍次長崔文藻於西濠酒店宴席上以示威。復劫掠陸軍部，毀其匾額。59派兵圍捕代理司法部長葉夏聲於葉宅，葉氏以計得脫，桂系之橫暴可知矣。60

初海軍總長程璧光率海軍抵廣州後，見軍政府無大發展，受桂系利誘，仍依違其間，無明顯之態度。國父受桂系壓迫忍無可忍，民國六年十月十五日命程璧光下令海軍砲轟觀音

57 參照葉夏聲「國父民初革命紀略」，頁一二一至一二五，民國三十七年十一月出版。
58 中華革命黨外紀。
59 總理護法實錄，引自革命文獻第七輯，頁二十六。
60 國父民初革命紀略，頁一二六。

山，程竟不奉命。二十日 國父之姪孫振興乘泰山輪經過黃埔海軍戒嚴線附近，兵艦遽開槍射擊，振興在舟上止之勿聽，乃鳧水避匿，海軍仍向水面連放排槍，振興遂重創而死。民國七年一月， 國父砲轟莫榮新一役，程璧光以開罪桂系，深自危懼，欲嚴懲同安、豫章兩艦長以洩忿，兩艦長隱匿得免。此後程氏與 國有隔閡矣。

海軍既自附於桂系，桂系軍人曲意籠絡，遂駸駸驕恣，因派人向陸榮廷要求，欲以程璧光兼廣東省長，而廣東省議會亦有選舉程氏爲省長之議，陸榮廷、莫榮新爲之不悅。且程氏調和 國父與陸榮廷之間，仍表示擁護軍政府，尤遭桂系之疑忌。民國七年二月二十四日，程氏忽接匿名傳單，誣詆十餘款，猶不以爲意。二十六日省議會議員蘇某招飲程氏，設席舟中，地近海珠。晚八時程氏宴畢返寓，至海珠對岸渡口，登木梯至末二級，忽來刺客數人，向之發槍射擊，璧光胸部連中數彈，即倒於木梯上，旋即逝世。刺客乘機遠颺，終不能獲[61]。事後莫榮新之親信語人曰：「程璧光何苦欲作廣東省長？」可知殺程者桂系也[62]。 國父乃命第一艦隊司令林葆懌繼長海軍。黨人吳鐵城於護法政府成立後，任職軍政府參軍，就其所見所聞，記其感想如下：

第一覺得各方面的意志相差太遠了。……我發現當時的大人先生之中，有些人以爲組

---

[61] 程璧光殉國記第八章。
[62] 總理護法實錄，引自革命文獻第七輯，頁二一一。

織軍政府祇是向北方討價還價的資本，一有機會，便送密函，派密使，向北方暗送秋波。堂皇的說是應由妥協尋求國家的統一，以掩飾他們的勾結勾當。

第二覺得，護法陣營裏亦是軍閥囂張。那時候以廣東來說，客軍麕集，膨脹他們的部隊，至少擴大他們的編制與番號。沒有地盤的覬覦地盤，搶地盤，有地盤的保守地盤，擴大地盤，至少是刮地盤之皮，而無所不用其極。豺狼一群，不聽指揮。廣東省長朱子橋（按：朱慶瀾別號）賢明達練，廉介可風，是粤人所愛戴的，備受督軍陳炳焜的脅迫，他也目擊心傷，將省長印信送交省參議會，翩然離職。廣州商會知其廉，破例的自動籌送毫券十萬元，作爲程儀，他仍轉贈之於省教育會，一時傳爲美談。但如此官吏而爲軍閥所不容，軍閥之囂張可知。繼任省長李耀漢，粤人，而是陸榮廷、陳炳焜的尾巴。

第三覺得軍政府實力單薄，危機四伏，當時各種發言權與發言力量，幾乎全與實力的强弱成正比，軍政府的基本力量，除海軍第一艦隊之外，祇有省警衛軍二十營，而陸榮廷所部的桂軍，除環繞在粤省在桂在湘者不計之外，在粤境之内的桂軍，估計有十幾萬。粤政既在桂軍握掌，二十營省警衛倘不爲桂軍吞噬，亦無從獲得給養，故調往援閩，既因援閩的需要，亦所以策自全，然而軍政府在省垣因此更見其孤單。

第四覺得非常國會議員同床異夢，大多數夢想個人如何飛黃騰達，群居終日，只是眞眞假假的交換些勾結實力派的情報，而視中華革命黨籍的議員爲不識時務，不能通權達變。此外呢，也自成門户，總共一百五六十人亦有五六派系之多，各捧所捧，各鑽前程，不少縱橫捭闔的妙計，悲歡離合的醜事，他們說來似乎動關世運，我聽了莫名的難過。63

吳氏之言，可以窺見護法政府內部之不協，與處境之困難。

五、護法戰爭

(一) 北軍之南侵與南軍之援湘

國父既南下號召護法，北京政府對國事態度意見頗不一致，馮國璋主張議和以保護個人之地位，段祺瑞因對德宣戰後得日本所助之餉械甚充，則欲藉武力統一南北。其用兵計劃，由四川攻雲貴，由湖南攻兩廣，預計三五個月內當可統一全國，對陸榮廷等之通款亦不甚接納。以湖南督軍譚延闓傾向護法，民國六年八月六日，改任譚氏爲湖南省長，以陸軍次長傅良佐繼任湘督。時譚部第二師師長陳復初及零陵鎮守使望雲亭等，已被段氏所收買，譚氏表面服從交卸，遣望雲亭北上迎傅氏，另委派劉建藩爲零陵鎮守使，林修梅爲第一師第二旅長，佈防衡陽一帶，而與援湘桂軍相呼應。及護法政府成立，九月十八日劉建藩、林修梅乃宣告

63 吳鐵城先生回憶錄，頁五二至五三。

獨立，贊同護法。國父爲此電賀曰：「諸君子仗義湖南，摧阻逆燄，風聲所樹，視聽頓易，尚希勉力進行，克竟膚功，盪滌瑕穢，重奠共和，大局實利賴之。」❶

時　蔣中正先生在滬韜養，曾在九月二十日撰「對北軍作戰計劃」寄呈　國父，認爲南軍實力過於北軍，苟能同心協力，定可克敵制勝。略曰：

吾軍以長江沿岸爲主作戰地，先克武昌，次定南京，擊破敵軍長江一帶之勢力，再圖直搗北京，以爲作戰之方針，茲分作戰計劃爲二期，其概要如左：

第一期作戰計劃：中央軍由兩粵進襲長沙，肅清湖南全境，待左翼軍解決四川，東下湖北時，與之合攻武昌。左翼軍解決四川後，當派一支隊扼守川北，牽制秦晉之敵軍，使第二期作戰北伐時，即可道出秦晉，與本軍互相策應。而其主力乘勢東下，與中央軍合攻武昌。右翼軍與海軍共同行動，合攻閩浙，連下淞滬，待中央軍與左翼軍克復武昌，然後與之會師南京，肅清長江上下游之敵。海軍與右翼軍佔領淞滬時，即以吳淞爲根據地，封鎖長江門户，掃除長江上下游之敵艦，聲援上游陸軍之作戰，待各軍會師南京時，與之合力攻城。同時搜捕長江艦隊，俾第二期作戰時，海上全權歸於我有，不使其復爲東北海岸之患也。

第二期作戰計劃：第一期作戰成功之期當在十一月下旬，正爲冬營之期，是時當以長

---

❶ 國父全集，第四集，文電，頁二八六。

江以北爲冬營之地，調整給養諸品，補充人馬，整備器材，休養兵力，其期間須在兩月以上。故第二期作戰運動開始，乃在明年之三月間也。各軍進發之道，以中央軍由津浦路北進，左翼軍由京漢路北進，右翼軍由海道前進，在遼西登陸，三軍分道並進，而左翼軍之一支隊則由川北而出秦晉，以襲敵軍之左，爲本軍之聲援，各軍會師燕京，爲總攻擊最後之準備也。❷

對整個北伐戰略有一通盤之計劃。同月二十九日，馮國璋下令重組參議院，並通緝　國父、吳景濂，及護法政府諸官員❸。十月三日　國父通電反對北京政府重組參議院，略曰：

民國存亡，繫於約法，約法無效，民國即亡。查約法政府既無解散國會之權，更無國會成立後再發生參議院之理。乃北京政府於九月二十九日忽有另組新國會重開參議院之令，背叛約法，退化卻步，爲天下笑。前者叛軍迫散國會，係以暴力摧殘，及暴力既消，約法猶在，國會當然恢復。北京政府果有尊重約法擁護共和之誠意，自應以恢復中斷之國會爲先務，其功罪若何，尚可待諸國民公決。今竟繼續叛軍之暴力，遏抑

❷ 毛思誠編、陳布雷校訂「民國十五年以前之蔣介石先生」第六編卷一，頁二至八，一九六五年十一月，香港龍門書店影印版。

❸ 東方雜誌第十四卷第十一號中國大事記，頁二一二。

國會之再開，儼然以一己之大權，自造立法機關，修改國會組織法，及兩院議員選舉法，與袁世凱之以另召國會，欺矇全國，而自造袁氏之參政院，修改約法，如出一轍。試問孰授之權？而敢於恣睢忘行如此！約法之根本已遭破壞無餘，而猶復曰依約法某條，其將誰欺！國會本尚存在，何事另行召集。參議院已經消滅，何得重行發生！此等行爲諒爲有目所共見。本軍政府以恢復約法國會爲職志，除已通令明正厥罪外，惟恐莠言亂政，淆惑聽聞，尚希諸公一致通電反對，伸正義而詘邪說，民國前途，庶幾有豸。❹

十月十六日國會非常會議通告全國反對北京召集參議院，略曰：「民國國會久已成立，人民與政府久已承認，今于國會非法解散後召集參議院，尚靦然以依據約法自欺欺人，又將誰信？夫大總統約法上僅有召集國會之權，絕無改造國會之權。如謂國會非經改造不能召集，此端一開，後之執政，尤而傚之，則民國國會之組織及選舉無時不可以修正，且無時不可特設機關以修正之。所謂代表人民多數意思之立法機關，無時不在搖動之中，是共和政府之精神已根本破壞，後患又何堪設想。」❺以求激起全國各界之響應。

先是八月二十六日傅良佐離京至長沙赴任，頻行宣佈治湘三大原則：（一）湘人治湘，

❹ 國父全集，第四集，文電，頁二八六至二八七。
❺ 孫曜「中華民國史料」卷五，頁四一八至四二〇。

（二）軍民分治，（三）不帶北兵入湖南。繼而第八師長王汝賢、第二十師長范國璋率部陸續開赴湘陰、岳州等地，湘人大憤。九月九日傅至長沙接任湘督，立即改派陳蘧章爲零陵鎮守使，鄒序彬爲第二旅長。北軍初以旅長李右文爲先鋒，率師進攻，李軍至衡山，反與南軍聯合。十月六日北軍王汝賢、范國璋，聯合湘軍第二師長陳復初分道前進，衡山、寶慶、永豐各地悉成戰區。七日　國父以大元帥名義通電各省，否認馮、段政府，下令各路進攻，於是護法戰爭開始❻。

初湘省零陵鎮守使劉建藩、第二旅長林修梅宣佈獨立後，兩廣巡閱使陸榮廷致電粵督陳炳焜，邀請海軍總長程璧光至南寧會商出兵援湘事宜。十月三日南寧臨時軍事會議決議，組織「兩粵援湘軍」，以廣西督軍譚浩明爲兩廣護國軍總司令，計廣西出兵四十五營，廣東出兵三十五營，共組成五個軍，以陸裕光、林俊廷、韋榮昌、馬濟、林虎分任各軍司令。報請國父，於十月二十一日正式加以任命、於是護法軍分道進入湖南，與劉建藩部相呼應。譚浩明自稱「湘粵桂聯軍總司令」，兼領湖南軍政民政事宜。

北軍於十月二十一日陷寶慶，衡山旋亦爲北軍所得。而江蘇督軍李鈍、湖北督軍王占元、江西督軍陳光遠，忽聯電停止內戰，撤換傅良佐，改組內閣。三督同隸直系，與馮國璋接近，不滿意段祺瑞之武力統一政策，北軍聲勢爲之一挫。十一月十四日，南軍得譚浩明援助，大舉反攻，北軍不戰而潰，當日克寶慶，十六日克衡山，十山日克衡陽、湘潭。於是北軍湘南

❻ 岑學呂「三水梁燕孫先生年譜」上冊，頁三八六，民國五十一年六月文星書店影印版。

總司令王汝賢、副司令范國璋聯名通電，主張停戰撤兵。湘督傅良佐、代理省長周肇祥，因戰事不利，乘夜逃出長沙，十八日長沙遂為南軍所得。段祺瑞因武力統一政策失敗，於十一月十五日辭職，二十二日馮國璋以外交總長汪大燮署理，三十日復以王士珍繼任，於是始有謀和之議。

㈡ 北京「參議院」之召集與護法戰爭之再起

民國六年十一月十日，北京「參議院」舉行開幕式，總統馮國璋、國務總理段祺瑞均蒞會致詞，十四日「參議院」選舉王揖唐為議長、那彥圖為副議長。至民國七年二月十七日修正通過「國會組織法」、「參議院議員選舉法」、「眾議院議員選舉法」，並議決「蒙古回部西藏第二屆眾議院議員選舉施行法」，均由大總統於二月十七日命令公佈❼。

北京參議院開幕後，民國六年十一月十八日　國父通電全國，堅持「舍恢復約法及舊國會外，斷無磋商之餘地。」「其有襲段祺瑞故智敢與約法國會為仇者，一息尚存，豈容坐視！諸公匡時愛國，具有同情，尚祈一致主張，堅持到底，民國前途，實利賴之。」❽二十一日另致電唐繼堯，促其就元帥之職。十二月十日復因陸榮廷背叛護法政府，與馮國璋暗中接洽，通電主和，再電唐繼堯出師東下，進據宜昌，則長江以南悉屬軍政府之範圍。略曰：

---

❼ 政府公報，民國七年二月十八日第七四四號，命令門及法律門。
❽ 國父全集，第四集，文電，頁二九五。

陸主停戰議和，全出於自便私圖，故於近日荆襄舉義，概稱之爲暴動，其態度可見。惟各方對於此舉，多未贊同。現海軍及滇粵軍，已於佳日（九日）開始向閩省出發，荆襄及南陽已先後舉義，滇黔聯軍已克重慶，文於黃河流域亦有大部兵力布置，不久即可次第發動。望莫帥迅出宜昌東下，進據武漢，則長江以北將悉屬軍政範圍，居時陸雖單獨議和亦無能爲也。[9]

先是段祺瑞之下野，表面爲南侵之失敗，實乃與馮國璋暗鬥之結果。時人論當時政情，認爲禍亂正方興之未已。略曰：

去歲（按：指民國五年）因黎、段交爭，卒演成復辟變亂。憂國之士已極痛心。嗣黃陂退位，河間代任，咸以北洋袍澤，易感和融，乃數月以來，事事適與所期相反，遷流所及，勢將陸沉。…………自黃陂退位，河間繼任，西南利用舊國會議員，開府南天，段氏取武力統一政策，欲奠定湖南，以收復兩廣，同時奠定四川，以制服滇黔。武力成功，大位可覬。馮氏懼段之坐大也，乃市意長江三督言和，復暗令前敵諸軍頓兵不前。彼此暗鬥日烈，此川湘兩方面軍事之失敗，及段氏倒閣之原因。馮、段之爭，今雖已告一段落，而段派各督怨憤莫伸，恐督軍團之復興又將再演。時局此至，不禁令人作

[9] 同上書第四集，文電，頁三〇五。

杞人之憂也。[10]

故段氏退位不久，即由其智囊徐樹錚幕後操縱，復嗾使北洋軍人皖督倪嗣冲、魯督張懷芝、直督曹錕等，於十二月二日集會於天津孫家花園，除長江三督未派代表外，其他各省督軍幾乎全有代表參加，其陣容之浩大，過於歷次督軍團會議。會中決定繼續對南方用兵，由各省認定出兵數目，自籌軍費，要求總統馮國璋明令討伐。並推曹錕、張懷芝分任兩路指揮，向鄂省進發。

十二月六日，直督曹錕、魯督張懷芝、奉督張任霖、晉督閻錫山、陝督陳樹藩、豫督趙倜、浙督盧永祥、安徽省長倪嗣冲、上海護軍使楊善德、第七師長張敬堯等十人，聯名電請馮國璋頒發討伐西南之命令。馮氏被迫，於同月十六日任命曹錕、張懷芝為第一、二兩路司令。十八日特任段祺瑞督辦參戰事務，皖系要人段芝貴為陸軍總長。同日復申令：「以後關於參戰事務，均交參戰督辦處理，不必呈送府院。」段氏權勢遂駕於總統、總理之上。

是時各省軍人受　國父感召，紛紛響應護法軍。十二月一日江蘇留鄂第一師長黎天才、荆襄鎮守使兼湖北第一師長石星川組織靖國軍，宣布獨立[11]。由黎氏任靖國聯軍總司令，石氏任靖國第一軍總司令。　國父接黎、石來電後，特覆電嘉獎，勗其力籌進攻，「剋日會師，

---

[10] 岑學呂「梁燕孫先生年譜」上冊，頁四〇二。

[11] 「民國十五年以前之蔣介石先生」第六編，頁十八。

直搗武漢，扼長江之形勝，聯西南之義軍，殲滅醜類，用竟全功，至所望焉。」⑫並派張伯、蔣文漢前赴荆襄，致慰勞之忱。二十一日陝西鳳翔駐軍師長郭堅宣告獨立，二十六日寧波駐軍旅長葉煥華宣告獨立。民國七年元月四日，王天縱在河南宣告獨立，稱河南靖國司令。十五日曹世英、胡景翼在陝西三原宣告獨立，分任中華民國軍政府靖國軍正副司令，合主力萬餘人分由涇陽、咸陽、臨渭會攻西安，二十二日已薄城下，因號令不齊，頗受損折，乃退兵渭河以北⑬。

川省唐繼堯部滇黔護法軍，亦於民國六年十二月三日收復重慶，北京政府長江上游警備司令吳光新敗走宜昌。湘省護法軍則於民國七年元月二十七日攻佔岳州，北軍師長王金鏡潰走，鄖陽、臨湘、通城、蒲圻等縣均爲護法軍所佔有，北京政府大爲恐慌。同月三十日宣佈進兵湘鄂，任命曹錕爲兩湖宣撫使，張敬堯爲攻岳前敵總司令，率師入鄂。二月三日江蘇督軍李純通電反對内戰⑭，十四日復因北軍旅長馮玉祥在武穴電請罷兵言和，北軍攻勢一挫。惟因護法軍諸將領各懷異志，自相水火，加以岑春煊暗通馮國璋，阻撓護法軍北攻，南軍遂成被動之勢。章炳麟記其事曰：

---

⑫ 國父全集，第四集，文電，頁三〇三。

⑬ 鄒魯「中國國黨史稿」第三編，頁一一一六至一一一七。

⑭ 孫曜「中華民國史料」卷五，頁四二二至四二四。

時錦帆（按：熊克武別號）以四川靖國各軍總司令建牙，與劉存厚相持。雲南軍已復川南，其軍長顧品珍出沒川南川東間，錦帆屢請蓂賡（按：唐繼堯別號）東下，余亦數促之。大旨言：「荊襄獨立，吳光新以一師竄還，半自萬縣渡江，半沿江直下，皆會武昌。沿江者爲川中民軍顏德基所截，亡失軍械無數。今急以滇黔軍躡之，多則一師，寡則一混成旅，六七日可抵宜昌。滇黔軍躡其後，荊襄當其前，吳光新必爲虜矣。又湘桂軍已破長沙，方向岳陽，而武昌民黨亦起，王占元窮蹙欲走，今不亟取吳光新，與湘桂鄂三軍直下武漢，是養寇也。公以雲南貧瘠，欲得四川爲外府，然川人怨公亦深，而鄂人爭欲迎致，鄂之富貴不減四川，分川鄂以給軍，饋餉無乏，而川人之怨亦弭」云云。如是十餘上，蓂賡終託故不出。宇鏡（按國會議員郭同別號）至，戒以吳三桂遺事。且言：「公宜速出，免爲深山窮谷中人。」欲以激之，亦不怒也。未幾，吳光新復熾，荊襄潰敗，石星川先走，黎天才斜竄入秭歸，而湘桂軍適破岳陽，告捷電至。余電促湘桂聯軍總司令譚浩明亟取武漢，浩明復曰：「取武漢易，守之不易。」余言：「岳陽亦非可守。今得武漢，縱不能取，且爲岳陽屏障。不然雖欲端坐，得乎？」浩明言：「君宜速致唐公下攻宜昌，僕則可規武漢。」卒不得決。是時雲階（按：岑春煊別號）在上海交關南北，馮國璋以厚賂資之，故雲階勸浩明弗進攻，浩明不悟也。湘桂軍亦自相擠，皆雲階一言致之。由是敵悉師來攻，湘桂軍崩潰，退守衡陽，蹙地七八百里，大勢沮壞。雲階清舊臣也，爲賊所任，以奸旗鼓，梟頭磔腹，自謂其分。⑮

同年二月五日，國父所派赴湘勞軍代表彭邦棟上書國父，報告連日與湘軍將領接洽之經過，以及桂系軍人之橫暴。略曰：

晤程總司令頌雲（潛）、趙師長炎武（恆惖）、林旅長修梅，（原註：劉使建藩駐通城，去此太遠未遇。）奉上鈞鍼，三君均極端表示歡迎，因電局均係譚（浩明）軍管理，未敢電謝惠賜，擬耑緘奉復云云。此次湘軍將士對於廣桂各省因搶鎗械，奪馬匹（原注：軍士手中槍，軍官坐下馬，有被搶去者。）大有不滿意處，即程、趙亦憤憤不平，現爲大局上雖協力調和維持，而心理上實願軍府發展勢力，以稍伸鬱氣。又大兵本可直攻武漢，而或以張懷芝出贛相撓，故事實上尤甚願軍府速攻閩，以牽贛師也。趙於前日，程於本日均被電召回，據言爲解決西路問題，蓋譚於西路已窮於應付，故轉有須於湖南軍官也。棟於此節進言主張維持，頌雲深以爲然。然刻下會議究竟如何，容日電來再爲報告也。又勞軍一節，程、林均未多説，惟趙師長言大元帥何不稍須賞物以勵將士？棟答大元帥本命棟採辦豬酒約銀萬元，因聯帥（按：指譚浩明）已經謝絕，故對於湘軍士亦未敢將來云。棟盤旋營中數日，上下士兵對於大元帥莫不各具一種信仰欽敬之意。炎武前語，

⑮ 太炎先生自訂年譜，頁三三至三四。

並非戲談，實足以代表一般軍人心理，榮於得大元帥之賞賜也。若下次再派人時，最好各賞徽章一面，上級官（團長以上）金質，中下級銀質，兵士銅質，較他物優也。又前次龍璋先生本在某公司代借南票萬元，以備犒賞，旋因譚謝絕，故此款已退還。⑯

足見譚浩明之目中無視 國父，及護法軍之北伐難有大成也。惟北京政府亦因直皖派系之爭，諸將領各顧自身利害，無法顛覆護法政府。同年三月七日，馮國璋通電各省，籌商解決時局辦法。聲稱自代總統以來，有職無權，一切政令不由己出。略曰：

國步屯邅，日甚一日，內則蜩螗羹沸，干戈之劫難回；外則滲澹風雲，邊境之防日亟。剝膚可痛，措手無從。國璋代行職權已逾半載，凡所設施，力與願違，清夜捫心，能無愧汗！然國璋受國民付托，使國家竟至於此，負罪引慝，亦何必嘵嘵申訴，求諒國人！但揆其所以致此之由，與夫平日之用心，爲事實所扞格，屢投而不得一當者，緣因複雜，困難萬端。欲避賢求去，苦無法律之可循。欲忍辱求全，又乏津梁之可濟。長此悠悠，必召淪胥。……

國會機關，虛懸日久，頗聞舊議員麕集粵省，有自行開會之說。姑無論前此解散是否合法，既經命令公佈，已不能行使其職權，即各省區人民亦斷無承認之理。至於正式

---

⑯ 彭邦棟上國父原件，黨史會庫藏史料。

選舉總統之期，轉瞬即屆，根本無著，國何以存？此大憂者一。曩者政府每值難關，亦嘗恃外債以爲生活。然能合全國之財力通盤籌畫，猶得設法挹注，勉强撐持。乃者蕭牆鬩爭，外省內解之款大半截留，來源斷絕，而軍政費之支出復倍蓰於平時，羅掘久窮，誅求㠯應，主藏作仰屋之歎，乞鄰有破產之虞，桑孔再生，亦將束手，此大憂者二。內閣負責，取法最善，段前總理爲國戮力，橫被口語，託詞政策撓屈，與各國務員相率引退，而總理一職後來遂視爲畏途。聘卿（按：王士珍號）暨今諸閣員，皆國璋平昔至契，迫於大義，礙於感情，暫允勖勷，初非本願。滿擬時局漸臻純一，再行組織，以符法治，心力相左，激刺尤深。今聘卿業已殷憂成疾，而在假矣。錢代總理諸人，復謂事不可爲，褰裳而去。强留則妨友誼，覓替則恨才難，推測其終，將陷於無政府之地位，此大憂者三。……

國璋一武夫耳，因緣時會，謬握政權，德不足以感人，智不足以燭物，抱救民之念，而民之入水火也益深。邑愛國之忱，而國之不顛覆者亦僅。澄清無術，空揮三舍之戈；和平誤人，錯鑄六州之鐵。馴至四郊多壘，群盜如毛，秦豫之匪警頻聞，畿輔之流言不息。雖名義同於守府，而號令不出國門，瞻望前途，莫知所居，何敢久居高位，自誤以誤國家。自應求卸仔肩，歸還政柄。惟民國既無國會，而總理現屬暫攝，又不能援約法條例交其代行。追原入京受職所由來，實出諸君子之公意。國璋既備嘗艱阻，竟不獲補救於萬一，坐視既有所不能，辭職又無從取決，衹有向各省區督軍省長暨文武官吏詳述危殆情形，應請籌商辦法，爲國璋釋重負，爲民國求安全，寧使國璋負誤國之咎於一身，而不使民國紀年隨國璋以俱去，不勝至願，特此飛電佈達，務希於旬日見復。[17]

國璋內心之痛苦於此可見。同月十五日，馮氏被迫，下令免緝洪憲、復辟案內諸人。十七日北軍陷岳州，二十三日段祺瑞復任國務總理，北軍攻勢益銳。二十六日北軍陷長沙，二十七日北京政府以張敬堯爲湖南督軍。四月二十日北軍陷衡山，二十三日再陷衡陽。

此次戰事，北軍曹錕所部師長吳佩孚最盡力，頗覬覦湘督位置，而段祺瑞畀之張敬堯，心懷怨恨，加以士兵疲憊，乃停止前進。曹錕於五月三十日逕回天津，六月二日北京政府特任吳佩孚爲「孚威將軍」。六月二十日任命曹錕爲川粵湘贛四省經略使，曹、吳仍不滿。六月二十五日吳與湘軍譚延闓、趙恆惕等成立停戰協定。八月七日致電江蘇督軍李純，大肆攻擊段祺瑞。同月二十一日遂致電馮國璋，公然提出「息爭禦侮」之口號，南北遂成對峙之局面。

六、護法運動之中變

(一)護法政府改組之醞釀

---

[17] 引自梁燕孫先生年譜，上冊，頁四〇五至四〇七。

陸榮廷、唐繼堯輩既無護法誠意，故於護法政府成立之初，合李烈鈞等另發起西南各省聯合會議，作爲軍事聯合機關，與居滬之岑春煊暗通消息。國父爲促成團結，亦表示贊同。民國六年十一月二十一日於所致唐繼堯促即就元帥之職電中，曾表示「組織軍事聯合會及政務委員會各節，足收同力共舉之效，鄙意亦甚贊同，望由尊處分促進行爲荷！」❶乃由李烈鈞擬定草案，徵求護法各省意見。

先是民國六年十一月四日，程璧光、唐紹儀、伍廷芳會議於海珠，討論議和並西南聯合會事，唐紹儀主張先恢復伍廷芳之總理。十一月七日陸榮廷致電程璧光，認爲大局已有轉機，與北京政府有妥協可能，西南會議可以從緩。同月十二日貴州督軍劉顯世復致電程璧光等，主張積極進行，惟宜按陸榮廷意見修改條件。程璧光、莫榮新旋於十二月三十一日將修改後之「護法各省聯合會議條例」九條通電各省。七年一月九日陸榮廷覆電程、莫表示贊同，盼從速進行。二十日各省聯合會議遂開成立會議於廣東督軍署，依據條例第七條規定，舉行宣誓式，並推岑春煊爲議和總代表，伍廷芳爲外交總代表，唐紹儀爲財政總代表，唐繼堯、程璧光、陸榮廷爲軍事總代表。二十八日復以護法各省區將帥名義正式宣佈聯合會議條文，其序言曰：

護法各省爲擁護約法，保障國會，征討禍首，戡定內亂，以鞏固統一之基礎，促進憲

---

❶ 國父全集，第四集，文電，頁二九五。

法之成立，組織護法各省聯合會議，更因事實上絕對之要求，與護法各省最後之決心，訂定條例，共信守之。❷於是形成與軍政府對峙之局面。岑春煊時雖居滬，在非常國會中仍有相當之影響力。政學系國會議員楊永泰、郭椿森、湯漪等，採取威脅利誘方法，聯合吳景濂、褚輔威等，乃倡議改組軍政府之議。❸

二月二日程璧光、唐紹儀、伍廷芳、莫榮新等，邀請 國父開會議於海珠，討論改組軍政府辦法，擬改元帥名稱爲政務總裁，設總裁若干人，聯合會之職權限於軍事範圍，隸屬於合議政府之下，護法性質爲之一變。國父甚爲不悅，多數革命黨人均加反對，二月二十六日，章炳麟自重慶駁岑春煊提出議和條件之通電曰：

岑春煊近以四條徵求各省同意：一、承認馮國璋爲總統，二、國會問題交各省省議會解決，三、以陸（榮廷）爲粵桂湘巡閱使，四、以唐爲川滇黔巡閱使，免劉存厚職。據第一條黎公復職已絕非其所許，據第二條省議會北多南少，以國會交令解決則恢復舊國會亦絕非其所許，於義師初起之宣言一概拋棄，且對於兩段亦任其優游自處，莠言

❷ 東方誰誌，第十五卷，第三號，中國大事記，頁二二一至二二二。
❸ 葉夏聲「國父民初革命紀略」，頁二一五。

亂政，乃至於此。三、四兩條直以小利誑人，血戰經年，於國家無毫髮之益，而爲唐、陸爭此權利，受之者亦何以自處。查岑春煊本宗社黨人，前歲撫軍肇慶，因人成事，且宣言欲爲民國除害，兼爲清室復仇，宗旨已不可從。袁氏既隕，春煊自謂目無餘子，而復熱中利祿，諂媚僭盜，欲使南方護法靖國之師皆爲一己利用，除電請唐帥否認外，應請宣佈岑春煊罪狀，以告天下，毋使老姦再行煽惑。❹

二月二十五日　國父趁議員陳家鼐赴滬之便，托其面函留居上海之譚延闓，表示護法之決心。略曰：「文始終護法，罔識其他，使約法效力未得恢復，國會職權未得行使，則如犯險冒難，亦必不敢負非常會議委託之重，而輕息仔肩也。」❺三月十九日，另電唐繼堯促其就元帥之職，並示以攻陝戰略。四月二日再電唐繼堯，促其堅定護法主張。略曰：

民國前途，希望惟在執事一人，尚冀毅力首出擔當，則桂人自難立異，而他省亦可景從。苟達護法目的，文無不可退讓，惟此時冒險重負，實非得已，否則軍府朝撤，粵局夕變，滇黔川軍未出武漢，而桂局或已言和，有始無終，能不寒心！❻

❹引自孫曜「中華民國史料」，頁四二四。
❺國父全集第五集函札，頁二八二。
❻同上書第四集，文電，頁三五〇至三五一。

在粤滇軍將領鄧泰中，復密電唐繼堯，勸其服從　國父，採取一致之行動。略曰：

據觀察，北系之專横，全在軍械借款，而西南不能阻止，以無統一之機關與之對抗，此間眞護法者中山先生一人而已，其他均不堪問。且軍隊漫無軍紀，萬難與北兵一戰，頃張懷芝兵已距粤界不遠，敵若攻取，粤必陷落。鈞座爲國，進一步更難一境，大義所在，成敗奚計！宜實際與中山一致，不患無補救伸張之日。中山語及國情，以中愚見度之，眞有欲强國惟中山其誰與歸之慨！中意大勢於此，若能隱忍和議，留滇川黔爲將來之基，中山亦首肯。惟北段氏重出，決以武力平定西南，既退無可退，亦惟有實行鈞座近日之通電而已。中雖去苦就樂，患難相關，無時敢忘。❼

唐繼堯仍猶豫不能決，對　國父終無確切之答覆，　國父乃成孤立無援之勢。四月十日，國會非常會議開會，出席者六十餘人，由羅家衡等提出改組軍政府案，因桂系運動之結果，贊成者竟達四十餘人。居正、鄒魯、馬君武、焦易堂、丁象謙等反對改組，屢欲起立發言，衆皆撓亂之，遂由議長指定二十人付諸審查。同日黨人田桐在滬上書　國父，報告留上海議員，反對軍政府改組，略曰：

---

❼ 鄧泰中致電繼堯電報原件，黨史會庫藏史料。

聞非常會議改組，先生辭職。在滬議員數十名不以此舉爲然。聯名致電非常會，提出二辦法：一、挽留大元帥，二、改組施行延期。雖改組派亦贊此議，並另有電報，望先生斟酌情勢，勿遽退讓。❽

十一日國父約全體國會議員至軍政府談話，國父講話大意曰：

軍政府視國會如君父，國會之決議軍政府無不服從。顧如昨日所提議之改組軍政府，爲軍政府本身之存亡問題，而國會事先絕無徵求軍政府意見，逕行提議而付審查，揆之事理，寧得爲平？且以法律而論，約法規定爲元首制，今乃欲行多頭制。又軍政府組織大綱明明規定，本大綱於約法效力完全恢復，國會完全行使職權時廢止。無修改之明文，今日何以自解？軍政府近於外交方面正進行接洽之中，今蒙此影響，軍政府基礎已搖，日後必無進步可言。❾

國會領袖吳景濂、褚輔成等相繼發言，則稱改組之意並非不信任軍政府及大元帥，乃在於擴充軍政府之實力。十三日，國會非常會議審查會推代表褚輔成、王湘、吳宗慈、盧仲琳、

❽ 革命文獻第四九輯，頁一四三。
❾ 邵元沖「總理護法實錄」，引自革命文獻第七輯，頁一一三。

王葆真五人晉謁國父，徵詢對於改組政府之意見，國父表示：「改組事，余始終反對，以法律上萬難通融也。苟不論法律而論事實，則余無不可委曲求全者。若國會必以聯陸爲有利者，則余雖親至南寧、梧州晤之，或以大元帥讓之，皆無不可，是可見余非爭一己地位者矣。」❿褚等乃謂待國會非常會議商榷後再行決定。未幾唐繼堯忽密電西南各省，大意曰：

護法各省亟應組織統一機關，現在辦法宜遙戴黎、馮爲大副總統，或認馮爲代理大總統，在南方組織軍務院或國務院，以行使職權。推岑春煊爲國務總理，置六部：伍廷芳長外交，孫洪伊長内政，陸榮廷長陸軍，林葆懌長海軍，唐紹儀長財政，張耀曾或王寵惠長司法，政府地點宜暫在廣州，俟局勢稍形發展，則遷往南京或武漢，孫先生則宜遊歷各國，辦理外交。⓫

足見政學系與桂系聯絡唐繼堯之成功，軍政府之改組遂迫於眉睫，西南各省護法之精神蕩然無存，國父乃決心辭職離粤。

㈡護法政府之改組

---

❿ 同上書。

⓫ 同上書，頁二三至二四。

民國七年五月四日，國會非常會議開會，出席議員八十餘人，首由湯漪提出「修正軍政府組織法案」，贊成改組軍政府者四十餘人，乃以超過四票之多數通過。國父當時命居正將大元帥辭職咨文送交國會，同日通電辭職，並說明護法之經過。略曰：

慨自國會非法解散，中更復辟之變，民國已無依法成立之政府，使馮、段兩氏有悔禍之心，雖爭個人權利，而能撤消非法解散國會之命令，俾國會繼續開會，則與一言興邦何異？夫誰得議其後者。乃必思以北洋兵力征服全國，遂致釁啓川湘，而全國之統一以破。其時滇桂之師皆由地方問題而起，而所謂宣告自主者，其態度猶屬暖昧，似尚置根本大法於不問，泯泯棼棼，莫知底止。文不忍坐視正義之弗伸，爰於滬上與民國諸老創議護法，海軍將士亦有宣言，相率南來，粵省議會乃有請國會議員來粵開會之決議，由是發生國會非常會議於廣州。……

文忝在手造民國之列，不能視大法之淪亡而不捄。用是不避險艱，不辭勞瘁，以爲護法討逆倡，使吾國及友邦之人，咸曉然于軍政府之職志。………顧吾國之大患，莫大於武人之爭雄，南與北如一丘之貉。雖號稱護法之省，亦莫肯俯首法律及民意之下，故軍政府雖成立，而被舉之人多不就職。即對於非常會議猶莫肯明示其尊重之意。內既不能謀各省之統一，外何以得友邦之承認。文於斯時瘏口嘵音，以期各省之覺悟，蓋已力竭聲嘶，而莫由取信。知我者謂我心憂，不知我者謂我何求？斯之謂矣。然個人之去就其義小，國家之存亡其義大，文之所以忍辱負重以迄於今者，良以負責無人，非得已也。⑫充分表露出 國父自倡導護法以來所遭遇之困難。隨命軍政府各主管將結束交代各事分別辦理，以便離粵。同月七日留滬國會議員林森、田桐、胡祖舜等二十七人，通電挽留 國父，並要求延期改組軍政府。略曰：

竊西南護法，非常國會與軍政府爲一體，約法未復，國會未開，斯軍政府之職責未完，國會之目的未達，慨念國艱，任重道遠，方期一致進行，群策群力，乃改組之議一行，大元帥辭職之說亦起，譬如築室，新者未成，舊者先毀，已不可行；況新者之建設無期，而使舊者之堂構傾圮，基地破壞，烏乎可？既違決心護法之初願，復誤正式會議之會期，揆諸改組諸君之本心，亦大背之矣。同人等爲維持護法現狀起見，一面挽留大元帥，不許其辭職；一面將非常國會之改組案施行延期，俟諸六月十二日以後，庶幾有補大局；否則民國之名，將從此長沒矣。安問約法？安問國會？有何有於西南？⑬

---

⑫ 國父全集第四集，文電，頁三五七至三五八。

⑬ 革命文獻第七輯，頁九一一。

而留粵非常國會受制於桂系，竟於同月十八日三讀通過軍政府組織法十二條，錄其内容如下：

一、中華民國軍政府以護法各省各軍之聯合爲基礎。於國會大總統之職權不能行使期内，依本大綱之規定，行使中華民國之行政權。

二、軍政府職權如左：

（一）關於和戰事件。

（二）辦理共同外交，訂立契約。

（三）監督共同財政，辦理内外公債之募集。

（四）裁決省與省之爭議事件。

（五）關於承認護法省區軍隊之加入事件。

（六）關於統籌軍備及計劃作戰事件。

但關人民有負擔之契約，内外公債之募集，及和平條約之提出，須經國會非常會議之同意或追認。

三、軍政府以由國會非常會議所選出之政務總裁七人，組織政務委員會，行使其職權。政務會議以政務總裁一人爲主席，由政務會議推定之。

護法各省及經政務會議承認之各軍，得各派出代表一人。關於第二條所載第一、第二、第四、第六各款，得參預政務會議。

四、軍政府設立下列之各部，直隸政務會議：

外交部

內政部

財政部

參謀部

陸軍部

海軍部

交通部

司法部

五、各部事宜除由政務總裁兼管者外，得各設部長一人。

六、部長由政務會議特任之。政務總裁有事故時，得委託部長一人理。

七、政務總裁得兼其他職務。

八、凡關於務之文書，由政務總裁連署公布之。

九、政務會議內部附屬機關之組織，另以條例定之。

十、護法各省自立政府之職權，一仍其舊，但現隸北京政府之機關各省不能直接管轄者，軍政府得收回之。

十一、本大綱自宣佈之日施行。

十二、本大綱自國會、大總統能行使其職權時廢止⑭。

二十日下午，國會非常會議舉行總裁選舉會，出席議員一百二十餘人，選舉結果，國父及唐紹儀、伍廷芳、唐繼堯、林葆懌、陸榮廷、岑春煊七人當選，國父得票最多，凡一百零七票。岑春煊於第一次選舉時，與孫洪伊票數等，決選時始以稍多票當選⑮。七月三日岑春煊由上海抵廣州，岑氏自清末以來以反對袁世凱爲己任，至是改以排斥段祺瑞爲號召。抹殺國父所領導之護法政府，竟對外宣稱西南護法由其一人所主持。岑氏記其事曰：

段祺瑞者當袁逆盜國時，固嘗稍持異論，不見容於逆黨者也。世遂信能反袁所爲，屬望甚至。顧祺瑞貌若質直，實一傲狠庸妄之人。自其得政以後，專任僉壬，排斥異己。且迷信武力，欲以此成統一之業。所任王某（按：指王揖唐）、徐某（按：指徐樹錚）諸人，皆奸回貪佞，爲世所嫉，徐尤跋扈驕縱，助成祺瑞之惡，組織安福系，以金錢賄買國會議員，使爲之奔走翼戴，劫持當局，造成種種政治黑幕。其對於南方，雖日言和局，實則毫無誠意，而財政紊亂尤爲自來所未有。一任群小侵蝕，不足則取給於外債，總計六七年間，在彼組閣任內，共借至四億六千萬元以外，喪失國權，不可勝計。兵力

---

⑭ 孫曜「中華民國史料」，頁四二五至四二七。
⑮ 邵元沖「總理護法實錄」，引自革命文獻第七輯，頁二一四。

既足，遽自詡一月之內，平定兩廣，蓋其策劃，一方聲言由海道進兵，使南方注重正面，而陰結龍濟光使出瓊崖，直搗廣州，收犄角之助。是時龍軍以久困求申，若與北軍合勢，南方不能支矣。余雖謝事久，不能坐視其危而不救，乃慨然投袂而起，再賦南征。四方聞余既出，皆絡繹來附，舊國會議員不附祺瑞者，群聚於廣州。民黨諸人，暨川滇黔代表亦皆踵至。共議設南方政府，舉七總裁同理庶政，余與其選，是爲西南護法之役。⑯

七月五日，由政學系操縱改組之總裁制軍政府，由唐繼堯、伍廷芳、林葆懌、陸榮廷、岑春煊聯名通告正式成立，其通告曰：

查本軍政府組織大綱以由國會非常會議選出之政務總裁七人，組織政務會議，行使其職權。現除唐少川、孫中山兩總裁因交通阻礙，未接有就職通告，經派員敦促外，計就職總裁已居過半數。當此北庭狡謀愈肆，暴力橫施，大局阽危，民命無託，護法進行，刻不容緩，謹於本月五日宣布中華民國軍政府依法成立，即開政務會議，特此通告。⑰

⑯ 岑春煊「樂齋漫筆」，頁十一至十二，民國五十一年六月文星書店影印版。
⑰ 引自岑學呂「梁燕孫先生年譜」上册，頁四二四。

同月十五日，陸榮廷在廣西通電擁護岑春煊爲主席總裁，略曰：「軍政府改組成立有日，廷謬被推選總裁，祇以戎馬倥偬，未能履任，宣言遙領，惶歉殊深。惟當主任一席尤占鉅要，非得宏毅强幹，碩學宏才，不足提綱絜領，經緯庶政。廷謹依組織法推舉岑公春煊爲總裁主任，即請總裁諸公同意主張，即速推選，俾即日任事，庶軍政府内外政務有所秉承，要職不至虛懸，國是早日解決，不勝企盼之至。」⑱ 同月二十日，唐繼堯亦有同樣之通電發出。岑春煊遂於八月二十一日就主席總裁之職。

(三) 國父之離粤與北京非法國會之舉行

國會非常會議總裁選舉會舉行後，五月二十一日，國父派居正爲軍政府辦理交代委員，同日下午偕胡漢民、戴季陶等乘日本商輪蘇州丸離粤，頻行發布辭大元帥職通電，及留別粤中父老昆弟電，前電略曰：「國於天地，必有與立，民主政治賴以維繫不敝者，其根本在於法律，而機樞在於國會。必全國有共同遵守之大法，斯政治之舉措始有常軌。必國會能自由行使其職權，斯法律之效力才能永固。………國會諸君負代表民意之責，際危急存亡之秋，民國一線之命脈，實賴諸君維繫而護持之。尤冀排除障礙，力膺艱鉅，使正式國會依期開會，以慰國人喁喁之望，則共和前途實式賴之。」⑲ 後電略曰：「竊欲我父老昆弟深念夫愛國固吾

⑱ 中華民國史料，頁四二九。

⑲ 國父全集第四集，文電，頁三六〇至三六一。

人之天職，愛鄉亦吾人義所不可廢。吾人既負救國之責，而整治鄉邦亦宜引爲己任。夙夜孳孳，而致力所謂培養民力，增進民智，扶持風俗，發展自治，採人之所長，去我之所短，以發揚吾粵之光榮，永久爲全國之儀型，以馳譽於世界。」⑳二十六日乃至汕頭三河壩，巡視陳炯明所部攻閩前線。

先是　蔣中正先生於民國六年九月二十二日自滬寄呈　國父「對北軍作戰計劃」後，復於同年十月一日上「滇粵兩軍對閩浙單獨作戰計劃」，略曰：「我軍主作戰地，當定於東南沿海一帶之地區，而於湘省暫取守勢，先以海軍爲主力，向東南沿海之閩浙兩省，掃除北軍之勢力，擊攘淞滬之敵軍，以吳淞爲海軍根據地，封鎖長江之門户，東南之勢力不難完全造成矣。若西南戰局能有轉機，則與之互相策應，出入於長江沿岸一帶，肅清長江上下游之敵軍，則第二期作戰北伐之基本定矣。」㉑民國七年三月二日，蔣先生應　國父電召離滬赴粵，五日抵廣州，連日謁　國父聆訓。十日復上「今後南北兩軍行動之判斷」一書，十一月奉派赴汕頭，晤征閩粵軍總司令陳炯明，參謀長兼第一師長鄧鏗，十五日就任總司令部作戰科主任，是爲　蔣先生受知於　國父之始。㉒

民國七年五月二十六日，　國父蒞三河壩，　蔣先生迎於江干，見　國父形容憔悴，不

⑳ 同上書，頁三六二至三六三。
㉑ 毛思誠編、陳友雷校訂「民國十五年前之蔣介石先生」第六編，卷一，頁八至十。
㉒ 同上書，第六編，卷一，頁二十至二二。

覺悽然淚下，隨侍至營次，長談逾夜分。國父在三河壩停留數日，與陳炯明會晤，並巡視陳部攻閩前線，力勸其冒險進攻，二十九日蔣先生赴永定指揮軍事，三十日遂克永定。三十一日　蔣先生返行營，國父垂詢捷狀，喜動顏色，並詳示國防機要。六月一日國父指示蔣先生軍略及編制後，午後乘日本商輪蘇州丸啓行，司令部遣衛隊及軍樂隊相送，儀式極爲隆重。[23]國父爲欲瞭解日本統治下臺胞生活情形，激發其民族意識與愛國精神，乃決定第三次赴臺灣一行。（按：第一次爲光緒二十六年秋，來臺策劃惠州之役。第二次爲民國二年八月二次革命失敗後，取道臺灣赴日本，曾接見臺籍黨人予以激勵嘉勉。）詎日本駐臺總督不欲國父與臺胞接觸，船甫抵基隆，日本官憲即派員至船上謁見，並隨護至臺北。翌晨　國父即搭日輪信濃丸渡日本，戴季陶記其事曰：

（上略）民國七年，我總理孫中山先生唯一的希望是到臺灣會臺灣同胞，發表意見，宣傳主義，喚起民族意識，鼓吹愛國精神，臺灣同胞也很歡喜，以充分的熱誠準備歡迎。然而臺灣總督府用盡阻撓方法，不使我中山先生與臺灣同胞晤談。總理一到臺灣，臺灣官憲即派員到船中招待總理一行，直驅到臺北，翌日便開船向神户去。日本人中有板垣退助其人者，在民國四、五年之間，曾組織同化會，於我們的民族觀點上是不能滿足的。但其主張卻頗溫和，目的在伸張民權。他發表宣言，非難日本慘殺臺灣人太

---

[23] 同上書，第六編，卷一，頁二十六。

多，且蹂躪壓迫無所不至，主張非使臺灣人獲得一點自由不可。日本政府對板垣此種微溫的主張，尚且不能容許，那裏肯給臺灣人與中國國民黨的革命領袖聚談的機會？其政策是意圖使臺灣同胞永久不受革命思想的刺激，而永爲日本帝國主義下愚民。㉔

六月十日　國父抵日本門司，二十日抵京都，鑑於外交方面驟難活動，一切計劃不易實行，且以目疾待醫，於二十三日自神户啓程返國，二十五日抵上海㉕，決心從著述方面啓發國人知識，對於政治暫取消極之態度㉖。

先是民國六年九月二十九日，北京政府代總統馮國璋下令籌備「二居國會」之選舉。七年二月十七日公佈「修正國會組織法」，同年七月十二日頒佈召集國會之命令，限期於同年八月一日以前來京報到。「修正國會組織法」與原法不同之點有二：(一)原法規定參議院議員由各省議會選出，新法則改由地方民選，惟於選舉人則加以較高之學識、地位，或財產之限制。(二)參議院議員名額由二百七十四人，減至一百六十八人，其中一百三十八人由各省選出，其餘三十人由中央遴選。衆議院以每百萬人選出議員一人，亦由五百九十六人減至四百零六人㉗。此次選舉西南廣東、廣西、雲南、貴州、四川五省固一致否認，即湖南、湖北、

㉔ 戴天仇「孫中山與臺灣」演講稿，引自臺灣省通志卷九革命志，抗日編，第六章，頁一一一至一一二。
㉕ 參照澤村幸夫「迎送孫先生私記」，黨史會庫藏史料。
㉖ 岑學呂「梁燕孫先生年譜」上册，頁四二八至四二九。
㉗ 政府公報，民國七年七月十二日，第八八六號，命令門。

陝西等省，亦以戰事關係不能執行選舉。實際辦選舉者僅其餘之十四省，及由北京政府遴選之蒙藏、青海議員，兩院合計共四百餘人，與第一屆國會人數比較僅及其半數。其成員安福系（皖系）佔絶大多數，高達三百八十餘人，交通系次之，研究系最少㉘。八月十二日上午九時，兩院議員遂齊集衆議院，行「第二屆國會」開幕禮。二十日衆議院選舉王揖唐爲議長，劉恩格爲副議長。二十二日參議院選舉梁士詒爲議長，朱啓鈐爲副議長。其後梁、朱先後辭職，又由該院先後補選李盛鐸爲議長，田應璜爲副議長。

先是袁世凱於民國二年十月就任正式總統，依照總統選舉法規定，任期五年。袁氏斃命，黎元洪繼任。黎氏去職，馮國璋代理。至民國七年十月，當屆法定期限，馮國璋乃於八月十二日通電全國，表示無戀棧之意；段祺瑞則早於同月六日聲明將與馮氏同時下野。九月四日北京「二屆國會」舉行大總統選舉會議，出席參衆兩院議員四百餘人，徐世昌以四百二十五票當選爲總統。徐在北洋系中本無實力，而資格最老，深於世故，巧於心計，素以文治派自詡。利用馮、段矛盾，因得當選爲總統。翌日又開副總統選舉會，因競爭者衆，黨派意見復不一致，遂以不足法定人數而延期，終此次國會，副總統卒未選出。

北京第二屆國會以實質言之，實一非法之團體，故廣東非常國會於其集會之頃，曾於民國七年八月十九日決議，否認北京政府之權力：（一）中華民國大總統之職權未能依法行使以前，非法政府所公佈之僞法律及其所發布關於抵抗護法行爲之僞命令，絶對不發生效力。

㉘ 梁燕孫先生年譜，上册，頁四二六。

(二) 非法政府所締結之條約、契約，及其所發布之公債，按照約法，應由國會議決或同意者，在未經議決或同意前，不能認爲有效㉙。西南各省議會亦聯合通電全國，不承認「新國會」之地位。略曰：

國家以民爲本，以法爲綱。法外非民，民外非法。今民意代表之正式國會，業經依法自行召集開會。彼非法選舉之國會，國民執法以衡，不得認爲代表。明知威劫賄成，不容口舌，然國民寧獲愛國之罪，不能長壞法之風。創鉅痛深，瀝忱敬告。各省省議會代表張忠、孔祥柯、何印川、陳嘉言、邱聯芳、胡慶雯、張一氣、王洛、張世華、廖燮、譚柄鑑、游如龍、王延壽、沈定一等叩。㉚

其後上海、天津、江蘇、湖南等地社團，多有主張解散新國會之通告。迨徐世昌當選總統，廣州非常國會於十月九日決議堅不承認，並自十日起委託廣州軍政府代行大總統及國務院職權。㉛惟因桂系之別有所圖，竟罔顧民意，響應徐世昌和平統一南北之號召。十月十日徐氏就任北京非法總統，其通電略曰：

㉙ 王景濂、唐乃霈「中華民國法統遞嬗史」，頁八十。
㉚ 同上書，頁八五。
㉛ 東方雜誌第十五卷第十一號，中國大事紀，頁二一三。

今我國民心目中所注意，僉曰南北統一。求統一之方法固宜尊重和平。和平所不能達，則不得不訴諸武力。乃溯其已往之迹，兩者皆有困難。當日國人果能一心一德以赴時機，亦何致擾攘頻年，重傷國脈。世昌以救國救民爲前提，竊願以誠心謀統一之進行，以毅力達和平之主旨，果使鬩牆知悟，休養可期，民國前途庶幾有豸。32

北京政府於十一月十六日命令南侵北軍退兵，岑春煊亦於十一月二十二日命令南軍休戰，於是南北議和之端大開，護法之性質一變。

七、結　語

民國六年夏，段祺瑞之破壞法統，引起南北之分裂，國父在穗號召護法，雖受制於桂系軍人，不能有所施展，而革命政府初基卒賴以建立。同年底，陳炯明所部粵軍遭陸榮廷、莫榮新等排擠北向閩南，爲兩年後回師廣州驅逐桂系離粵所憑藉。

民國七年五月，國會非常會議受桂系運動，改組護法政府，變大元帥制爲七總裁制，對北京政府採取妥協之態度，國父因之離粵赴滬。途經汕頭，巡視陳炯明所部攻閩前線，得晤蔣中正先生於三河壩，指示作戰方略，寄以心腹之任。此爲　蔣先生受知　國父之始，亦爲

32 引自「梁燕孫先生年譜」上册，頁四三五。

革命大業轉敗爲勝之契機。

（臺北，中華學術院，中國文化學院「史學彙刊」第七期，民國六十五年七月，頁六三至一一六。）

四四　國父護法與廣州軍政府之成立（一九一七—一九一八）

一、前言

民國五年六月，因各省紛紛響應護國軍，促成袁世凱之敗亡，黎元洪繼任總統後，國會雖然重開，政權仍被袁系政客及北洋軍閥所操縱。民國六年夏，由於黎氏與國務總理段祺瑞之衝突，演變爲段氏與國會間參加歐戰之爭。黎氏初循國會要求罷免段氏，段氏乃利用督軍團作爲要脅之資本，黎氏被迫再度解散國會。張勳乘之，製造復辟醜劇，民國爲之幾絕。迨復辟亂平，同年八月馮國璋繼任總統，重任段氏爲國務總理，不經立法手續，頒佈對德奧宣戰令，命各省選派參議員到京組織參議院，以代行國會職權，並籌備新國會之選擧，國本飄搖，法統斷絕。

國父於黎元洪繼任總統後，首先號召規復約法，尊重國會，繼慮段祺瑞假借參戰之名，勾結日本軍閥，實現武力統一中國之迷夢，引起中國之內亂，呼籲國人堅守靜觀態度。迨段氏蹂躪國會，國父迭電段氏及黎元洪尊重約法，勿以國家前途爲犧牲，並電西南各省共同維護國會。及張勳復辟消息傳出，乃應兩廣巡閱使陸榮廷、廣東督軍陳炳焜、雲南督軍唐繼堯、廣東省長朱慶瀾等之請，率領海軍離滬赴粤。値復辟亂平，國父再電段祺瑞將功贖罪，恢復國會。以段氏仍不悔悟，乃電兩院議員南下集會，組織護法政府，以存正氣，而振國紀。同年九月護法政府成立，國父就職軍政府大元帥，中國形成南北政府對峙局面。惟西南各省軍人本無護法誠意，目的僅在把持地盤，防止北洋勢力之侵入，因之護法政府之處境極爲艱難。民國七年五月，廣州國會非常會議受制於桂系，通過改組軍政府案，改大元帥制爲七總裁制，並推舉岑春煊爲主席總裁，對外通電願與北京政府罷兵言和，護法精神爲之喪失；於是國父離粤赴滬，南北人民均陷於水深火熱之中。

民國初年，段祺瑞爲繼袁世凱後破壞法統之第二人，督軍團之叛變，爲北洋軍人割據禍國之先聲。國父憂憤國是，慨然以護法爲己任，雖進行蹉跎，備嘗艱辛，仍不屈不撓，再接再厲，姑論其始末，以表敬仰之忱，而舒懷慕之思。

二、國父護法之號召

(一) 國會之重開

民國五年六月六日，袁世凱以實行帝制不容於國人，羞憤斃命，翌日黎元洪以副總統繼任總統。國父時居上海，以討袁之目的已達，今後國家應致力於建設，一面電令各地討袁軍立即停戰，維持地方秩序，靜待和平之解決；一面於六月九日發表規復約法宣言，略曰：

今袁氏則既自斃矣，凡百罪孽，宜與首惡之身俱盡。繼茲以往，其遂可以罷戰干戈，與民休息耶？抑猶有所持耶？……袁氏凡百罪孽，皆由其以天下爲私之一念而來。殘暴專制既無不爲，而又以金錢詐術濟之，以至於敗。今若求治無他，一言以蔽之曰，反其道而矣。庶事改良，或難驟舉，至於規復約法，尊重民意機關，則唯一無二之方，無所用其躊躇者。❶

同日另致電黎元洪，勉其以國民公僕自居，略曰：「中邦專制，歷數千年，共和方新，忽被摧挫，去亂圖治，願力反前人所爲。有如規復約法，尊重國會，尤不容緩。民國總統，職曰公僕，一切僭制妄作，宜即屏除，庶幾氣象一新。」❷黎氏覆電嘉許，而遲未施行。同月十八日，黎氏再遣郭同持函晉謁國父，僅徵詢對於國事意見，仍不及恢復約法國會事。書曰：「元洪猥以輇材，膺茲重任，萬端待理，獨力難勝，惟仰賴當代偉人，同心共濟。……茲派郭君同趨詣臺階，敬承明教，凡關於軍國大計，統希指陳一切。」❸十九日國父復電勸之，告其

---

❶ 中國國民黨黨史委員會，「國父全集」第四集，宣言，臺北，中央文物供應社出版，民國四十六年五月初版，（以下同），頁一九至二一。

❷ 同上書，第四集，文電，頁二六一。

❸ 黎元洪致 國父函原件，黨史會庫藏史料。

「內外期望，惟此爲先。」❹又以段祺瑞掌握北洋實力，二十三日馳函段氏曰：「日前規復約法，尊重國會，爲共和根本之大計，而內外視瞻所存，文已再三爲黎大總統言之，願執事翊贊當機，不爲莠言所惑，重陷天下於糾紛，亦文之望也。」❺段氏終不以恢復約法爲然。段氏曾於六月中旬通電各省，公開主張維持新約法。（按：指民國三年五月一日袁世凱公佈之約法）❻同月二十五日，海軍總司令李鼎新受黨人唐紹儀、鈕永建等運動，以海軍總司令名義，與第一艦隊司令林葆懌、練習艦隊司令曾兆麟等，集合各巨艦於吳淞口外，發表獨立宣言，要求維護約法國會❼。馮國璋以淞滬爲其轄區，誠恐海軍發難不利於己，急電黎、段速謀根本解決，黎、段始有所戒懼，二十九日乃循　國父主張，申令恢復國會，令曰：

共和國體，首重民意；民意所寄，厥惟憲法；憲法之成，專待國會。我中華民國國會自三年一月十日停止以後，時越兩載，迄未召復。以致開國五年，憲法未定，大本不立，庶政無由進行。亟應召集國會，速定憲法，以協民志，而固國本。憲法未定以前，仍遵行中華民國元年三月十一日公布之「臨時約法」，至憲法成立爲止，其二年十月五

---

❹「國父全集」第四集，文電，頁二六四。
❺同上書第五集，函札，頁二三〇。
❻岑學呂，梁燕孫先生年譜上册，臺北，文星書店民國五十一年六月，影印版，頁三四六至三四七。
❼「東方雜誌」，第十三卷第八號，中國大事記。

日宣布之「大總統選舉法」，係憲法之一部，應仍有效。❽

同日復申令：「茲依臨時約法第五十三條，續行召集國會，定於本年八月一日起繼續開會。」❾於是黎氏之地位係依照臨時約法所繼任。同日黎氏任命段祺瑞爲國務總理，三十日黎氏發表段氏所提各部總長人選。七月六日總統黎元洪令改各省將軍爲督軍，巡按使爲省長。（按：袁世凱於民國三年五月二十三日下令修改地方官制，改各省都督爲「將軍」，民政長爲「巡按使」）十四日，申令懲辦洪憲禍首。八月一日，國會重開於北京，假衆議院行開幕式，參衆兩院議員出席者五百十九人。十九日，黎元洪至國會補行就任宣誓。九月初旬，兩院追認段祺瑞爲國務總理。十月三十日，兩院補選馮國璋爲副總統。

時黨人李根源等，逆料段祺瑞之不可恃，主張就黃興、岑春煊、陸榮廷，甚至 國父數人中推舉一人爲副總統，以厭南人之望，因受制於袒馮同黨議員，致未實現❿。

先是黎元洪既就總統之職，爲表崇德敬功之意，聘請 國父爲政府高等顧問， 國父函覆黎氏辭不受⓫。黎氏迭電 國父北上共謀國是， 國父以黎氏爲帝制餘孽所包圍，予以婉辭。九月八日，分別致函黎元洪、段祺瑞，及內務總長孫洪伊，派胡漢民、廖仲愷入京，與

---

❽ 政府公報，民國五年六月三十日，第一七五號。
❾ 同上書。
❿ 李根源「雪生年錄」，臺北，文海出版社「近代中國史料叢刊」第二輯，頁七四，民國五十四年。
⓫ 「國父全集」第五集，函札，頁二四一。

黎、段共洽國事，協同孫洪伊擴充北方黨務，團結國會議員同志。⑫

(二) 參戰之爭

先是民國三年七月，歐戰發生後，北京政府曾宣佈局外中立。至民國六年二月，德國採取無限制潛艇政策，中立各國咸表憤激。美國首先與德國斷絕外交關係，同時勸告中立各國採取一致行動。二月五日駐北京美公使芮恩施(Paul S. Reinsch)擕照會至外交部，請求中國作滿意之答復。九日北京政府乃向駐京德使提出抗議，同時咨覆美公使將與美國採取一致之行動，並將此意通告各國政府，於是對德參戰問題遂成爲國人討論之對象。

當是時段祺瑞方與日本寺内正毅内閣勾結，擬採用「近交善鄰」政策，借參戰之名，謀求日本援助，以實現武力統一中國之迷夢。故參戰苟獲實現，則中國内戰必然發生。國父權衡輕重，以歐洲戰局勝敗尚未可知，而段氏之勾結日本，危機甚大，故極力反對參戰。於本年二月中旬特口授要義於朱執信，命其草成「中國存亡問題」一書，暢論世界大勢，以朱執信之名義出版。國父在結論中稱：「中國今日如乘奔驥而赴峻坂，其安全之途，惟一無二，而由此惟一無二之途，不特可以避現時之危，且可以爲永遠不敗之基。吾不憚千百反覆言之曰：以獨立不撓之精神，維持嚴正之中立」⑬三月九日，國父並致電參衆兩院，說明

⑫ 國父致黎、段、孫各函原稿，黨史會庫藏史料。

⑬ 「國父全集」，第六集，專論，頁三二至九三。

不宜加入協約國之故。略曰：

一國之地位能否上進，須視自力。加入之結果於中國有紛亂之虞，無改善之效，則頭等之想像恐未可幾。且為中國損者，同時又使協商諸國之弱點暴露，將致發生他種困難，則欲為人道助恐反為德人所利也。⓮

同日　國父另電英首相勞合喬治（Lloyd George，1863－1945），阻止勸誘中國參戰。以中國若參戰，適與兩國有害，則「必妨害中國之國家生活，且傷損英國之遠東威嚴。蓋自中國人視之，協約國欲中國加入之一念，適為協約國自認不能與德對抗之一證也。」⓯當是時總統黎元洪、副總統馮國璋，以及國會內丙辰俱樂部等黨派，並全國多數人民團體，皆支持　國父主張，而國會內研究系則贊同對德宣戰。其所持理由，認為宣戰後可以提高中國國際地位，加以協約國勝利在望，戰後可收回列強在華之特權。少數黨人若李根源等亦有同樣之主張⓰。

先是三月三日，段祺瑞率領各部總長赴總統府晉謁黎元洪，提出一件訓令駐日公使章宗祥電稿，請黎氏簽印拍發，大意如下：

⓮ 同上書第四集，文電，頁二七二。

⓯ 同上書，第四集，文電，頁二七一。

⓰ 李根源，「雪生年錄」，頁七八。

中國政府已決定對德絕交，所有中國希望之條件：（一）庚子賠款德奧方面永遠撤消，協約方面緩還十年。（二）現行進口稅實抽百分之五，改正貨價後，實抽七分五，裁釐後抽十二分五。（三）解除辛丑條約中國於天津周圍二十里內不得駐兵，並解除各國駐兵使館及京津鐵路之約束。以上三端，深信日本政府對中國友好之誠意，請求援助⑰。

黎氏以問題重大，此時尚未取得國會同意，不宜對外發表，段氏目的不遂，憤然曰：「總統既以內閣所為為不合，無妨另簡賢能。」即日提出辭職書，離京赴津，會馮國璋於上月二十三日來京，乃往調解，以總統不再干涉對德外交，並撤換總統秘書長為條件，段氏始於六日返京任職，所致駐外各公使電，旋即照發。

三月九日，段氏宴請國會議員於迎賓館，疏通對外意見。十日午後二時，參衆兩院各開秘密會議，段氏偕外交部參事伍朝樞等，先後出席於兩院，報告外交經過，並述對德絕交之不得已，請求兩院之贊助。衆議院即日投票表決，以三百三十一票對八十七票通過對德絕交案。翌日參議院亦以一百五十九票對三十五票加以通過。會駐京德使送達德政府對我之覆文至，反責中國不能履行中立國義務，十四日乃由總統黎元洪正式宣佈與德國斷絕外交關係。

中國之對德由抗議而絕交，雖由段祺瑞堅決主張，而美總統威爾遜誘導中國，與美國採取共同行動，以壯聲勢，俾戰事得以早日結束，要為主要力量。當時美國駐北京公使芮恩施，

⑰ 李劍農，最近三十年中國政治史，上海，太平洋書店出版，民國十九年十月，頁四〇〇。

週旋於中國政要之間，奔走勸導，實爲推動此一政策之中心人物。芮氏著有「使華記」（An American Diplomat in China），載其經過甚詳，茲節錄部分內容，以見黎、段對德外交政策之不同：

我趨謁黎總統時，他正用過晚飯，豫悅的在公府坐候，英文秘書郭泰祺君隨侍在側。黎氏顯然被此一嚴重問題所驚擾，需要時間加以考慮。他祇是緘默靜思，不發一言。由於他無直接表示，而祇由側面發問的情態中，顯露了他的懷疑和不贊成。他問：「現在戰局如何？交戰國家彼此的力量及其消耗的程度究竟怎麼樣了？」他又問：「協約國方面縱然得到美國幫助，是否即能贏得勝利？」最後他說：「此一牽涉甚廣的國際措施，影響中國內部至鉅，有待詳細考慮。」總統的秘書似乎對於我們有利的建議，已獲得甚深的印像。他不免與總統小有辯論。我當即指出此一代表正義，並經妥爲安排的國際積極行動，可能對中國發生轉移內部長期黨爭的影響。當我說出此一行動的道義方面，總統對我完全同意。我當即敦促他應該當機立斷，以免群言龐雜，夜長夢多。……之後，我便趨車前往段總理官邸，段氏當時在中國的地位，至爲重要。……在他身旁有外交部伍朝樞君，談判此案伍君始終擔任傳譯。……段將軍對我們的建議，交談後立即接受。他說：「德國如能改變潛艇政策，自屬明智，只要美國不加入戰團，她在陸上作戰，力量足以壓倒敵人，不致失敗。」看起來，他可採取中國前此未曾有過對德絕交步驟，不像總統顧慮太多。⑱

中國之對德絕交，原係受美國之影響，美國於四月五日對德宣戰，北京政府亦擬追隨。五月一日國務會議議決對德宣戰，七日送咨文於衆議院，依據約法第三十五條咨請同意。衆議院於八日開秘密會議討論，決定十日開全院委員會審查。部分反段議員擬借此實行倒閣，政潮遂告發生。

(三) 國會之再解散

中國對德絕交，原係受美國之影響，美國於四月五日對德宣戰，段祺瑞因欲採取一致之行動，四月二十五日召集各省督軍到京開會，討論對德宣戰問題。出席者凡九督軍，一都統，二省長，十六代表。號稱「督軍團」，當經決議，簽名贊成對德宣戰。其意蓋欲以武力威脅國會，以促成對德宣戰目的之實現也。

五月一日，國務院國務會議通過對德宣戰案。三日「督軍團」公宴國會議員，代表段氏疏通參戰案，多數議員並無堅決反對表示。七日國務院致送咨文於衆議院，依據約法第三十五條咨請同意。衆議院乃決定十日開全院委員會，討論參加歐戰案。屆時段氏收買乞丐流氓數千人，名爲「公民團」，包圍衆議院，各持「陸海軍人請願團」、「五族公民請願團」、「政學

---

⑱ 引自姚崧齡，芮恩施使華記要，臺北，傳記文學出版社，民國六十年四月出版。

商界請願團」、「學界商界請願團」、「北京學界請願團」、「北京市民請願團」，等各種旗幟，並以傳單分送到院各議員。議員有不接傳單，或接納稍遲者，多被群衆毆辱，因而受傷者有鄒魯、龔政、陳策、吳宗慈、郭同等，多屬國民黨份子⑲。並有「公民團」代表趙鵬圖等六人，入謁議長，聲稱必須當日將宣戰議案通過，否則不許議員出院一步。當經議長拒絕，即將全院委員會改爲大會，電話邀請國務總理、內務總長、司法總長出席質問。下午五時頃，兼署內務總長范源濂到院。七時頃，總理段祺瑞繼至。時院外紛擾益甚，當由段氏命警察總監吳炳湘將「公民團」解散。吳氏至門前溫語無效，乃招馬隊至院，將「公民團」強迫驅離。兩院議員對段氏益加反對，參戰案遂擱置不議。事後外交總長伍廷芳、司法總長張耀曾、農商總長谷鍾秀、海軍總長程璧光，先後辭職。（財政總長陳錦濤、交通總長許世英因故早辭）於是國務院僅餘段氏一人⑳。國父在滬聞悉段氏擾亂國會，特於五月十一日與唐紹儀、唐繼堯、岑春煊等，聯名致電黎元洪，請求懲辦滋擾國會之僞「公民團」，電曰：

> 宣戰之議，元首不敢專斷而徵意於國會，乃京師不逞之徒，自稱請願公民，毆傷議員，欲行迫脅，使國會不得自由表決。法治之下而有此象，我公不嚴加懲辦，是推危難於議員，而付國論於群小，何以對全國人民？應請速發嚴令，將僞公民犯法亂紀之人，

---

⑲ 衆議院公報第二期，第一一二號，民國六年五月十三日。
⑳ 「東方雜誌」，第十四卷第六號，中國大事記，頁二一一。

捕獲鋤治，庶保國會尊嚴，而杜宵人之指嗾，國民幸甚。㉑

旋接黎氏覆電，語意含混，僅謂「滋事之徒，已付懲辦」。十四日　國父再與岑春煊、唐紹儀、章炳麟、溫宗堯等，聯名致電黎氏，請嚴懲滋擾國會暴徒之主使者陸軍部諮議張堯卿等六人，及國務院參議陳紹唐等。認爲倘「現行犯事之兇徒，而爲首造意者，得以逍遙事外，將來奸宄縱惡，伊於胡底？」勸黎氏奮斷，「勿令勢要從旁掣肘，以爲創謀亂法者戒。」㉒十六日復獨電促北京各政團及兩院議員否決對德宣戰案，略曰：

此案關係國家存亡，現在外人不待我國之意見，已自行開議宣戰後對付德人之方法，將來百事能否由我作主，可以推知。且自絕交之後，米價飛漲，沿江窮民已有枵腹仰屋竊嘆者。民以食爲天，將來宣戰之後價更增長，其苦又將百倍，若又釀變，誰尸其咎？亡國之險既在目前，否決即救亡之道，其他政爭可暫不論。㉓

會段氏於十五日、十八日，兩次咨請衆議院從速議決宣戰案，十九日衆議院開會，議員褚輔

㉑「國父全集」第四集，文電，頁二七四。
㉒同上書第四集，文電，頁二七五。
㉓同上書第四集，文電，頁二七五至二七六。

成動議，謂閣員辭職者甚衆，俟全體內閣改組再行討論。當時以二二九票對一二五票通過，棄權者五十四人，並以此意咨復段氏。於是由討論參戰案，轉變爲對段氏之不信任，蓋欲促其辭職也。

先是國會復會後，於民國五年九月十五日起開始審議憲法草案，因各黨派對中央集權地方分權，及國會兩院制一院制爭執不決，日久未能通過。及對德宣戰案起，以梁啓超爲首之研究系，暗中與「督軍團」勾結，欲利用「督軍團」繫敗國民黨，居於國會中大黨之地位。五月十九日，「督軍團」由倪嗣冲包辦，藉口憲法草案議決案各條不適國情（按：時憲法草案即將三讀通過），以年長之吉林督軍孟恩遠領銜，强詞奪理，呈請總統黎元洪下令解散國會㉔。黎元洪置不覆，二十日邀國會各政團領袖談話時，堅決表示：「不違法，不蓋印，不怕死。」以維護國會之尊嚴。二十一日黎氏召孟恩遠等八人入府，剴切說明依照約法總統無解散國會之權，是晚十一時諸督軍乃相率離京赴津。二十三日黎氏應國會要求，遂以外交總長伍廷芳副署，免去段祺瑞總理之職，即以伍廷芳代理國務總理。二十六日由國會通過由李經羲繼任，二十八日黎氏正式下令任命。

初各省督軍既離京，當晚在天津開會一次，旋乃同赴徐州，與長江巡閱使張勳有所密謀。段祺瑞則於免職當日憤然出京，瀕行通電全國，略曰：「查共和各國責任內閣制，非經總理副署，不能發生效力，以上各件未經祺瑞副署，將來地方國家因發生何等影響，祺瑞概不能

㉔「東方雜誌」，第十四卷第七號，中國大事記，頁一九八。

負責。」㉕無異教導「督軍團」反抗中央。

五月二十八日，安徽省長倪嗣冲致電參謀總長王士珍，奉天督軍兼署省長張作霖致電總統黎元洪，干涉中央免段祺瑞內閣總理職。二十九日倪嗣冲竟首先叛變，通電全國與中央脫離關係㉖。旋即扣留津浦鐵路火車，運兵赴津。於是奉天督軍兼署省長張作霖、陝西督軍陳樹藩、河南督軍趙倜、省長田文烈、浙江督軍楊善德、省長齊耀琳、山東督軍兼省長張懷芝、黑龍江督軍兼省長畢桂芳、幫辦軍務許蘭州、直隸督軍曹錕、省長朱家寶、第二十師師長范國璋、福建督軍李厚基、綏遠旅長王丕煥、山西督軍閻錫山、第七師師長張敬堯、第八師師長李長泰等，均先後宣告與中央脫離關係。倪嗣冲、曹錕之兵竟薄豐臺逼近北京。張作霖於五月三十日之通電，則推崇段祺瑞有功民國，認爲今日政治之不良有過於袁政府時代㉗。黎氏通電勸告，並派員分赴各地宣慰，均無效果，全國頓成杌隉不安現象。其時獨安徽督軍張勳表面不與其事，初以「十三省區聯合會」名義，要求黎元洪退職，繼乃表示願任調停之責，暗中則欲實現其復辟之陰謀。黎氏以張勳地位超然，乃用李盛鐸、王士珍建議，於六月一日令其來京，藉以緩衝㉘。

六月二日，「督軍團」在天津設立各省軍務總參謀處，分軍事、軍機、軍需等部，以雷震

㉕「革命文獻」，第七輯，頁二九。
㉖同上書，頁三十三。
㉗同上書，頁三五至三六。
㉘孫曜，「中華民國史料」卷四，文海出版社，近代中國史料叢刊，頁三四七 。

春爲總參謀，通電全國，聲稱，「出師各省，意在鞏固共和國體，另訂根本大法，設立臨時政府，臨時議會。」㉙三日，馮國璋亦致電參衆兩院，請辭副總統一職以相要脅。七日，張勳率兵五千北上，八日抵天津，遣所部陸續進京，致電黎氏，提出五條件：（一）解散國會，（二）段祺瑞復職，（三）去群小，（四）督軍參與制定憲法，（五）大赦帝制黨。否則不負調停之責㉚。黎氏迫不得已，允其所請，惟總統下令例須國務總理副署，而新任國務總理李經羲未到職，兼代國務總理伍廷芳又以解散國會事屬違憲，拒絕副署，相持數日，至六月十二日，黎氏卒以情勢惡劣，乃命步軍統領江朝宗代理國務總理，副署發佈解散國會之命令㉛。

此爲國會之第二解散，同日黎氏復致電各省，陳述其不得已之苦衷㉜。時黨人吳鐵城稽留北京，體察黎氏在位一年期間政局阢隉不安之原因而記其事曰：

黎氏在位一年之間，北方政潮洶湧，大局鯢𣏾不安，舉國惶惶不知所歸。我當時稽留北平，默察時事，以爲根本的病因在於一般國民對民主國體的認識不足，身爲國家主人翁，而自視如待罪的羔羊，委之命也運也。也因爲滿清敝政之後，民生疾苦，不敢奢望國治天下平，但願因循苟安。語曰：「姑息養奸」。於是大奸小奸簇起。

㉙「東方雜誌」第十四卷第七號，中國大事記，頁一九八。
㉚邵元沖，「總理護法實錄」，引自「革命文獻」第九輯，頁九。
㉛「政府公報」，第五一一號，命令門，民國六年六月十三日。
㉜「革命文獻」第七輯，頁三八至三九；中華民國史料，卷四，頁三四六至三四七。

至於紛擾的近因：一由民元臨時約法先遭袁氏輕蔑，繼遭袁氏毀棄。黎氏繼任，大家只視爲順理成章的安排了一個現實問題，而沒有視爲恢復國家法統的轉捩。於是當時僅有的根本大法，未爲各方所尊重，軌轍模糊，國本飄蕩。

二由黎氏只是一位懂得人情世故的懦弱武夫，始終因人成事，未能擇善固執，故頻遭橫逆，而優柔取容，絕無革命人物的資質，更不能責以弭亂圖治。

三是袁世凱早年練兵小站，對清廷國防毫無價值，惟自資爲竊國的工具。袁死之後，其舊部遍佈各地，相呼應糾合而形成北方實力派的主流，時人統稱之北洋軍閥，飛揚跋扈，毀法亂紀，當時非黎元洪所得克制，亦爲往後十年混亂的禍根。

四由於北平爲老官僚的窟宅，鼎革後尤產生了許多新政客，新舊滋生，依傍門户，播弄是非，腐蝕政治，於是但見社鼠城狐跳梁於朝，而海内輿情，或爲所蔽，或爲所用，偶有正論，亦惟托庇於租界，而影響不廣。故視聽混淆，議論龐雜，使全國無一中心的意念。㉝

所論頗有見地，實爲民初亂源之所在。六月十四日張勳偕同新任國務總理李經義及康有爲由津至京，各省督軍乃先後通電取消獨立，天津所設立之「各省軍務總參謀處」亦告撤消。二十四日李經義就國務總理及財政總長兼職，兩院議員則紛紛南下，在上海設立通詢處，通

㉝ 吳鐵城先生回憶錄，民國四十六年三版月，頁四九。

電全國，不承認黎元洪此次解散國會之亂命。

三、西南軍政府之成立

(一) 國父南下護法

段祺瑞要脅解散國會之時，五月二十二日 國父合岑春煊、唐紹儀、章炳麟等，致電段氏及參衆兩院遵守約法，勿以國家爲犧牲。另電黎元洪及兩院議員，願黎氏「秉至公以待有功，嚴誅譴以懲有罪。信賞必罰，勿事調停，人心助順，自無不克。」願兩院議員「與憲法共死生，勿惶遽奔散，稍存讓步，以保民國代表之尊嚴。」❶ 及督軍團公開叛變，六月六日 國父與章炳麟聯名致電兩廣巡閱使陸榮廷、雲南督軍唐繼堯，及西南各省督軍省長，討逆救國，電曰：

倪逆叛亂，附者八省，亦有意圖規避宣告中立者。督軍省長受任命於元首，當服從教令，不得自言中立，進退失據。按中立者即脫離中央關係之謂，其與獨立唯舉兵不舉兵之異，然爲竊地拒命一也。昔袁氏稱帝，各省或力不能相抗，於是宣告中立，以中

❶ 「國父全集」第四集，文電，頁二七六至二七七。

立爲脫離帝制可也，今之所謂中立者，果脫離何國何人何政府耶？若脫離民國，當爲四萬萬人所擯棄，若脫離總統政府，亦與叛逆不殊，巧避作賊之名，以爲叛人壅遏義師，是即謀叛各省之屏蔽，不應聽其巧詐，回避不攻，使叛人有所蔭庇。❷

國父復以倪嗣沖等之叛國，實爲復辟之先聲，同月八日再獨電粵、滇、黔、川、桂、湘各省督軍省長，促其出師討逆，略曰：

倪逆等舉兵謀另組政府，爲復辟先聲。繼以西南各省宣言擁護中央，外交團亦皆反對，於是藉口調和，希圖解散國會，推翻憲法。國會爲立國中心，憲法爲立國大本，公等既忠誠愛國，擁護中央，即應以擁護國會與憲法爲惟一任務。今日法律已失制裁之力，非以武力聲罪致討，殲滅群逆，不足以清亂源，定大局。倪等所謂調和者，于進退失據之時，猶作以退爲進之計。民國與叛逆不能兩存，擁護民國與調和不可兼得。望公等主持大義，剋日誓師救此危局，作民保障。❸

同年五月中，段氏既與國會相持，海軍總長程璧光以大局危迫，電令第一艦隊司令林葆

---

❷ 同上書，文電，頁二七七至二七八。
❸ 同上書，文電，頁二七八。

懌率艦駐紮大沽，以備緩急。及叛督集會天津，璧光乃於六月四日晨入見黎元洪，告之曰：「今叛督稱兵圍困京邑，凌迫元首，危害國家。爲大總統計，宜急離京暫避其鋒，免爲要脅，西南各省暴力所不及，璧光願躬率艦隊，護我大總統南下，號召義旅，殲除橫逆，庶幾共和可保，國命有託，願大總統速行勿疑。」黎氏猶豫不能決。璧光敦促再三，黎氏卒無行意，惟命璧光先行出京，集中艦隊，相機行事。璧光乃於六月五日出京，瀕行訪伍廷芳問計，廷芳告之曰：「國事至此非一手一足所可挽回，孫中山、唐少川（按：唐紹儀號）、岑雲階（按：岑春煊號）三君在野，未嘗一日忘國事，現皆居滬。君抵滬後與之計議，國事可爲也。」❹璧光於六月九日抵上海，謁國父請示方略。國父促其即行討逆，勿以經費爲慮，璧光即召林葆懌及各艦長會議，決定討逆爲天下倡。六月十日，國父以調停戰事之人，即主張復辟之人，復與章炳麟聯名致電黎元洪，盼速清除禍國罪魁徐世昌，及倡亂督軍省長護軍使輩。略曰：

> 張勳、熊希齡自任調停，倪嗣沖、湯化龍復稱擁戴。調停戰事之人，即主張復辟之人，擁護元首之人，即主張廢立之人，譸張爲幻，至於此極！蓋自去歲帝制罪魁未及懲治，雖通緝命令，而往來腹地如故，是以奸人反覆，綽有餘裕。若復任其調和，以口頭之擁護，欺總統以違法之命令解散國會。國會去則民國有名無實，總統徒守府邸，亡民

---

❹ 莫如非，程璧光殉國記，第三章，民國八年鉛印本。

國之責恐無人能與總統分任之矣！今者西南諸省扶義而起，爲救民國，非但爲救總統一人。僞政府首領徐世昌，及倡亂督軍省長護軍使輩，以及去歲帝制罪犯指嗾叛亂之段祺瑞、馮國璋、張勳，身爲主謀之梁啓超、湯化龍、熊希齡等，有一不誅，西南諸省之兵義不能罷。總統若徇彼徒之請，赦其既往，或至危及國會，各省恐亦不能信爲中央之治命，違法曲從，種種維持統一之迂言，列强干涉之危語，皆不足以撼西南眞正之輿論。❺

國父並以此意電告西南各將領，並派胡漢民爲代表至廣州，與西南將領商討護法討逆。而黎氏竟不能從，於六月十二日下令解散國會。會盛傳中國復辟黨在日大肆活動，六月十六日　國父派戴傳賢赴日調查真象，並攜有致日本前海軍軍務局長秋山真之中將及田中中將函，以爭取對於中國革命黨人之協助❻。國父復通告海外各黨部，迅速籌款，以爲維持共和之用❼。六月十三日國父與唐紹儀、岑春煊聯名宴請程璧光於上海靜安寺路哈同花園，二十七日飭人送交璧光麥加利銀行支票三十萬元，以爲護法進行軍餉之需❽。關於此項經費來源，馮自由記其經過曰：

---

❺「國父全集」第四集，文電，頁二七九。
❻戴季陶，「日本論」，頁七一至七二。
❼「國父全集」第五集，函札，頁二六三。
❽程璧光殉國記，第三章。

民國六年六月，總統黎元洪被督軍團逼脅解散國會，國人大憤，孫總理在滬力圖起兵護法，而絀於經費。會有素與（曹）亞伯相識之美籍某國醫士告亞伯曰：「如孫公有起兵護法之決心，某國願助資百萬。」亞伯以告總理，總理大悅，惟囑亞伯堅守秘密。亞伯曰：「吾乃基督教徒，當指天爲誓。」自是每當夕陽西下，亞伯恆偕女友吳××乘馬車遊行各馬路兜風，順道至虹口某醫士寓所，攜去大皮篋一具，其中纍纍皆各國鈔票，外人雖偵伺嚴密，無疑之者，未幾遂有程壁光率海軍南下及廣州召集非常國會之舉，亞伯之力爲多焉。❾

所謂某國，當係指德國而言。曹志鵬所作「曹亞伯先生」一文，記其事曰：

曩在渝時，先生（按：指曹亞伯）長子偕謁馮自由先生，叩以護法之役，所謂某國者何國？馮先生曰：「此某國也，其時歐戰方酣，某國實行遠交近攻政策，欲與我方修好，知國父反對參戰，故願助其組織護法政府以對抗北廷。」現在總統府國策顧問但燾（植之）先生語予：「亞伯先生於歐戰時，奉　國父之命赴荷蘭考察水利，實啣有特殊

❾「革命逸史」第二集，臺北，臺灣商務印書館，民國五十四年十月出版，頁五九至六十。

任務云。」⑩

七月一日復辟亂起，四日 國父在滬邀唐紹儀、孫洪伊、程璧光、薩鎮冰、章炳麟等會商決定，將民國政府移設上海，請黎元洪南下，繼續行使總統職權，並督促全國實行討逆。乃發表沉痛之宣言，指出：「此次討逆之戰，匪特爲民國爭生存，且爲全民族反抗武力之奮鬥。因主持復辟之舉者非拿破崙、亞歷山大之雄才大略，而爲一蠢爾之張勳。若國民於此猶能忍辱含垢，不加反抗，則中國不特應爲强國所宰割，亦將應爲弱國如暹羅者所蹂躪矣。」⑪同時致電兩院議員，盼毅然南下，自由集會，以存正氣，而振國紀。並派汪兆銘駐滬招待，劉成禺，符夢松北上歡迎。又致電西南六省，兩廣巡閱使陸榮廷、廣西督軍譚浩明、廣東督軍陳炳焜、湖南督軍譚廷闓、雲南督軍唐繼堯、貴州督軍劉顯世、四川督軍戴戡，以及各省議會將吏軍民，略曰：

> 三日午後十二時，得津電稱：黎大總統已被江朝宗幽禁。徐世昌在天津組織臨時政府，自稱大元帥等語。依法大總統不能行使職權，副總統應行代理。惟副總統馮國璋當倪逆反側之時，力能伸討，而佯守中立，陰與周旋，兼爲從中遊說，脅迫元首，申請解

⑩「湖北文獻」第十六期，民國五十九年七月十日出版。
⑪邵元冲，「總理護法實錄」，引自「革命文獻」第七輯（總八六五）。

散國會，實屬通同謀叛，覬覦非望，叛迹既彰，即爲内亂罪犯，代理之法，已屬無效。國人不能容羿、浞、莽、操之徒竊據大位，時勢迫亟，民國不可一日無主。唯西南六省爲民國乾淨土，應請火速協商，建設臨時政府，公推臨時總統，以圖恢復。一面先行通電拒絕馮氏代理，以免人心淆惑，非常之事不容拘牽法律。靜待國會選舉，數省公認即爲有效，迫切請求不勝惶懼待命之至。⑫

同日國父乘應瑞艦至舟山，訪鎮守使顧乃斌，促其據舟山獨立討逆，顧氏猶疑不能決，國父旋即返滬⑬。五日黎元洪所遣代表金永炎抵滬謁國父，表示黎氏決意辭職，將印信交與馮國璋代理總統職權。海軍總長程璧光乃電馮氏曰：「本總長奉大總統命而來，大總統尚在，即大總統之號令未絕，不能認爲自由全失，已派軍艦奉迎矣。」⑭而馮氏竟於六日在南京宣佈代理大總統職權。七日，外交總長伍廷芳攜外交部印信抵滬，在上海交涉使署照常行使外交總長職權。同日程璧光派軍艦四艘赴秦皇島，迎黎氏南下，黎氏終不肯行⑮。

㈡國會非常會議

⑫「國父全集」第四集，文電，頁二八一至二八二。
⑬丁文江，梁任公先生年譜長編初稿，下册，臺北，世界書局民國四十七年七月出版，頁五二一。
⑭莫如非，程璧光殉國記，第三章。
⑮「總理護法實錄」，引自「革命文獻」第七輯（總八六五）。

先是督軍團既公開背叛中央，西南各省響應　國父號召，紛紛通電討伐段祺瑞，廣東省長朱慶瀾首先表示擁護中央，駐粵滇軍第一師長張開儒、第二師長方聲濤，亦通電討伐倪嗣冲等，六月八日國民黨人李烈鈞抵廣州，與粵督陳炳焜、桂督譚浩明會商後，聯合通電請黎元洪嚴申國法，西南當以武力爲後盾。陳炳焜亦與朱慶瀾計劃分兵三路實行北伐。以朱慶瀾爲聯軍總司令，李烈鈞爲總參謀長，張開儒率領滇軍十營向江西前進，莫榮新率桂軍十營向福建前進，方聲濤鎭守贛南，以爲各路策應。六月十四日，胡漢民奉　國父命抵廣州，向各界說明護法討逆之必要。十五日漢民復至省議會，代表國父痛陳時局，已料及將有復辟之發生⑯。十七日漢民赴南寧，邀請兩廣巡閱使陸榮廷來粵共商大計，陸氏因別具陰謀，託足疾不行。乃命陳炳焜、譚浩明於六月二十五日聯名通電，主張兩粵軍民政務悉行自主⑰，其目的在利用時機把持兩粵財政，並開放煙禁賭禁以爲聚斂，故北伐軍遏於桂系，竟不果行。據李培生所編「桂系據粵之由來及其經過」，記載陸榮廷、陳炳焜弛賭禍民及運米營私販賣鴉片之情形甚詳，至於摧殘輿論，私賣礦產，借內外債，增加軍費，擾亂金融，其種種害民之舉，較龍濟光時代尤過之而無不及⑱　國父居滬日久，以復辟亂起，復鑒於政學會人之是非不辨，思以革命手段，扭轉全局，乃於七月八日離滬赴粵，海琛、應瑞艦護送，章炳麟、朱執

⑯ 上海「中華新報」民國六年六月二十三日。
⑰ 「革命文獻」，第九輯，頁四十一。
⑱ 李培生，「桂系據粵之由來及其經過」，引自「革命文獻」，第五十一輯，頁十八至十九。

信、陳炯明等同行。葉夏聲所著「國父民初革命紀略」載其經過甚詳，其言曰：

國父悉段賊毀法禍國，赫然震怒，乃與事先南下之海軍總長程璧光、海軍前輩薩鎮冰，寓滬元老唐紹儀，前內務總長孫洪伊、前外交總長伍廷芳、兩院主要議員等，建議率海軍艦隊南下護法，薩鎮冰遂懷首鼠之見。海軍總司令杜錫珪、副司令楊樹莊和之，事幾敗垂成。同時寓滬遺老岑春煊系之政學會黨徒，皆有異議。楊永泰、張季鸞等主辦之上海中華新報，及伍平一主辦之大新聞報，皆以大砲嘲 國父，輿論紛歧，莫衷一是。時大新聞報有時評，題爲「孫大砲果然車大砲矣」。 國父睹勢危，非以革命手段，臨以大無畏之精神，則大事將去，乃夤夜率敢死同志李安邦、黃惠龍、馬湘、馬伯麟、楊虎、孫昌、熊秉坤、蔡濟民、孫祥夫、余子厚、趙植之、孫鎮等，毅然登海圻艦，（按：此爲海琛艦之誤）督令啓椗⑲。

十三日 國父抵汕頭，略事休席，出席汕頭各界之歡迎會，作護法之講演，略曰：

今日國民最要者，是看定新潮流可以救國，抑舊潮流可以救國。國民要有是非心，有是非心又要有堅決心，著實做去，民國纔有進步。更有一件，復辟發生是舊潮流造成

⑲ 葉夏聲，「國父民初革命紀略」，孫總理侍衛同志社，民國四十九年六月影印三版，頁一一七至一一八。

的，共和政體向爲舊派人物所反對，若倪嗣沖、段芝貴爲反對共和之人，亦爲反對復辟之人。今北方起兵討賊之人，都是昔日贊成復辟之人，是非混亂，目耳淆惑，是爲今日最困難最危險時代。今日國民責任是在擁護共和，有一分子責任，即盡一分子力量，要除盡假共和，纔有眞共和出現，纔有幸福可享，國家纔得永遠太平⑳。

遂派朱執信、章炳麟、陳炯明赴廣州，與廣東省議會及陳炳焜等接洽，促其對歡迎國會議員及海軍有切實表示。十七日下午四時　國父抵虎門，旋改乘江固艦抵黃埔。國會議員、省議會議員，及廣東督軍陳炳焜、省長朱慶瀾等迎於黃埔江岸，是晚　國父在黃埔公園歡宴席上發表演說，略曰：

中國共和垂六年，國民未有享過共和幸福，非共和之罪也。……執共和國政之人，以假共和之面孔，行眞專制之手段也。……欲爭回眞共和以求福利者，必須有兩大偉力：其一爲陸軍，其二爲海軍。鄙人密察大勢，確知非得强大之海陸軍，爲國民爭回眞共和，則無以貫徹吾人救國救民之宗旨。……鄙人今日所望於諸公者，即日聯電請海軍全體艦隊來粵，然後即在粵召集國會，請黎大總統來粵執行任務。㉑

⑳　引自上海「中華新報」，民國六年七月二十一日。
㉑　「國父全集」，第三集，演講，頁一六一至一六二。

得與會者同意，同父乃電海軍總長程璧光，即速率領全部艦隊駛粵。十九日 國父自黃埔至廣州，出席省議會歡迎會，主張由粵電請國會議員來粵開會，以決定大計。朱慶瀾首表示贊成，陳炳焜則發表惑疑之言論。 國父以利害析之，陳始無言㉒。同日 國父電請旅居津滬國會議員，來粵集會，略曰：

自叛督稱兵，大法蕩然，逆賊張勳乘機復辟，僞主溥儀因勢竊位，而民心歸嚮，終在共和。僞清敗徵，智愚共見，於是前之倡亂壞法者，又假反對復辟擁護共和之名以圖自固，帝制餘孽，亦乘此以邀功。文以爲今日之患，非患眞復辟者衆，正患僞共和之多。……國會諸君已被叛督稱兵解散，即與僞共和勢不兩立。今清主既已失敗，正國會自奪之時。文嘗觀時勢，江河流域已爲荆棘之區，惟西南諸省，擁護共和，歡迎國會。諸君宜集會於粵、滇、湘各省，擇其適當之地，以開會議而行民國統治之權。如人數不足，開緊急會議亦可，責任所在，萬勿放棄。㉓

同日 國父以復辟亂平，致電段祺瑞，責以大義，望其誅討群逆，將功贖罪，略曰：「今日因敗爲勝，功過相抵，天日鑒臨，人心必諒。……而足下必以段芝貴爲東路總司令，倪嗣沖

㉒ 邵元沖，「總理護法實錄」，引自「革命文獻」第七輯，頁十三。

㉓ 「國父全集」，第四集，文電，頁二八四至二八五。

爲三省總司令，段本洪憲元兇，倪則叛督首領。一蒙驅使，得冒天功，以爲己力，沮忠正倡義之氣，開叛人狡詐之端。」[24] 同月二十一日，程璧光響應 國父護法號召，發表宣言，以三事自矢：一曰擁護約法，二曰恢復國會，三曰懲辦禍首。並謂：「蓋所求者共和之實際，非共和之虛名，耿耿此心，可質天日。……自約法失效國會解散之日起，一切命令皆無根據，當然認爲無效，發此命令之政府當然否認。」[25] 乃率第一艦隊司令林葆懌離滬，計巡洋艦海圻、海籌、海容三艦，砲艦六，輔助艦四，飛鷹、永豐、舞鳳、同安、永翔、楚豫其著者。過象山時復增福安、豫章兩艦，計一萬餘噸，聲勢頗壯。唐紹儀、汪兆銘等同行。八月五日海軍艦隊全部抵黃埔，六日廣東各界在省城長堤東園開會以歡迎之，乃以海珠爲海軍司令部。十日 國父致函南洋同志鄧澤如，努力籌款俾海軍國會費用有所取資[26]。十一日，雲南督軍唐繼堯通電護法，聲稱：「自今以往，願悉索敝賦，勉從諸公之後，以擁護約法者，保持民國之初基於不墜。有非法窺視，橫來相干，道不相謀，惟力是視而已。」[27] 護法聲勢因之益振。

八月一日，馮國璋在北京就任總統，六日不依合法手續在國務院下設立「戰時國際委員

---

[24] 同上書，第四集，文電，頁二八三至二八四。
[25] 莫汝非，「程璧光殉國記」，第三章。
[26] 鄧澤如，「中國國民黨二十年史蹟」，正中書局民國三十七年六月出版，頁二二六至二二七。
[27] 「革命文獻」第七輯，頁八六。

會」，研討宣戰後應辦事宜。至十四日乃發佈對奧宣戰之命令㉘。是時國會議員先後來滬，寓法租界愷自邇路惟善里國會議員通詢處者日衆，嗣因國父及粤省各界來電歡迎，至八月中旬南下至廣州者一百三十餘人。十八日　國父邀宴國會議員於黄埔公園，商討召開國會問題。咸以：北京政府既已毁廢約法，且向護法各省用兵，内爲護法各省之團結，外爲行獨立自主之外交，勢非另行組織政府不可，人數雖不足法定，惟值非常事變，可先開非常會議，組織軍政府以資應付。十九日國會議員百餘人乃假廣州迴龍社前煙酒公賣局原址第一招待所舉行第一次談話會，討論國會及組織政府二事，當經決議用「國會非常會議」名稱，借廣東省議會會場開會，並推呂志伊、王有蘭等七人爲軍政府組織大綱起草委員。同日通電全國，定本月二十五日在廣州開非常會議，以謀統一，「以圖應變。」㉙二十四日午後，國父復邀國會議員王正廷、呂復、馬驤、周震麟、趙世鈺、吳宗慈等於黄埔，指示組織政府事宜㉚。二十五日國會非常會議假廣東省議會爲會場，舉行開幕式，到會議員奉天爲吳景濂等，直隸爲張繼等，黑龍江爲秦廣禮等，西藏爲傅諧等，浙江爲趙舒等，江西爲吳宗慈等，安徽爲陳策等，四川爲盧仲琳等，雲南爲呂志伊等，湖北爲田桐等，陝西爲焦易堂等，江蘇爲茅祖權等，河南爲劉奇瑤等，湖南爲彭允彝等，福建爲詹調元等，廣東爲鄒魯等，廣西爲覃超等㉛。國

㉘ 政府公報，第五六七號。
㉙ 梁燕孫先生年譜，上册，頁三八五。
㉚ 吳宗慈，「護法計程」，頁三。
㉛ 邵元沖，「總理護法實錄」，引自「革命文獻」第七輯，頁十四。

父及程壁光、林葆懌、朱慶瀾等均列席致祝詞，陳炳焜則僅派代表列席，以爲敷衍之計㉜。由原任衆議院議長吳景濂主持。二十七日國會非常會議開始討論「國會非常會議組織大綱」，至二十九日通過㉝。

其後非常國會復於民國七年六月十二日，舉行第二屆常會。因到粵議員仍不足法定人數，乃有大舉遞補議員之辦法。計自六月十二日以後滿一個月未到院者參議員五十一人，衆議員一百四十七人。滿兩個月未到院者參議員五十八人，衆議員六十九人，合計三百二十五人。以上各議員先後經參衆兩院依「議院法」第七條規定：「議員於開會後滿一個月未到院者，應解其職。但有不得已故障，報告到院時，得以院議展期至兩個月爲限。」於民國七年七月十三日、八月十三日宣佈解除其職務，而以候補議員遞補。復以王家襄、陳國祥不肯南下，乃於九月十六日改選褚輔成爲衆議院副議長，十月十九日改選林森爲參議院正議長。

㈢ 護法政府之籌設

民國六年八月三十一日，國會非常會議逐條通過軍政府組織大綱，凡十三條同時宣佈實行。九月一日，國會非常會議舉行大元帥選舉會，出席議員九十一人，投票結果，國父得八十四票，唐繼堯得四票，陸榮廷得三票，國父當選爲大元帥。翌日選舉元帥，唐繼堯得

㉜ 護法計程，頁三。
㉝ 孫曜，「中華民國史料」，文海出版社近代史料叢刊本，頁四一二至四一三。

八十三票，陸榮廷得七十六票，均當選爲元帥，餘一元帥本日未選，本預定爲程璧光，但程派代表對國會表示不願居此名義，國會乃從緩議㉞。仍虛總統之位以待黎元洪之南下也。

國父既當選爲軍政府海陸軍大元帥，同日下午衆議院議長吳景濂、參議院副議長王正廷，及國會議員數十人，乘舞鳳軍艦至黃埔公園，舉行大元帥授印禮，吳景濂致大元帥頌詞略曰：「前臨時大總統孫文先生，手造民國，內外瞻仰，允當斯任，即日齎致證書，登壇接受，悃忱未盡，復申是言，所願我大元帥總緝師干，殲除群醜，使民國危而復安，約法廢而復續，不勝鄭重期望之至。」㉟旋由王正廷代表受印，國父致答詞曰：

文以不德，忝爲共和先導，六年於茲，而梟雄構釁，頻頻不已。文不能救，自念無以對我邦人兄弟。今者叛督倡亂，權奸竊柄，國會解散，元首遷廢，此誠勇夫志士發憤倡義之時也。而遷移數月，大兵未舉，政府未立，內無以攘寇亂，外不足以示友邦。文以國會諸君不釋之故，不得不統攝軍政。任職以後，唯當竭股肱之力，攘除奸凶，恢復約法，以竟元年未盡之責，雪數歲無功之恥。責任在躬，不敢有貳，諸所舉措，亦唯國會諸君實匡救之。㊱

㉞ 吳宗慈，「護法計程」，頁四。
㉟ 引自鄒魯，「中國國民黨史稿」，第三編，頁一〇一五至一〇一六。
㊱ 「國父全集」，第四集，宣言，頁二二。

九月十日，國父率海陸軍武官由黃埔乘軍艦抵廣州，至東門外國會非常會議議場，舉行大元帥就職典禮，由方聲濤任警備司令，警戒一切。乃由國父提出，經國會非常會議同意，任命各部總長如下：

外交總長　伍廷芳　　內務總長　孫洪伊
財政總長　唐紹儀　　交通總長　胡漢民
陸軍總長　張開儒　　海軍總長　程璧光

旋任命章炳麟爲秘書長，許崇智爲參軍長，李烈鈞爲參謀總長，林葆懌爲海軍總司令，方聲濤爲衛戍總司令，李耀漢爲籌餉總辦，李福林爲親軍總司令，陳炯明爲第一軍總司令，吳宗慈、王湘爲川滇勞軍使㊲。乃以河南士敏土廠爲大元帥府，海軍總司令部仍設在海珠，議員則分居於長堤海珠酒店與西濠酒店，布署既定，對外發表宣言，略曰：

國會開會以文爲海陸軍大元帥，責以戡定內亂，恢復約法，奉迎元首之事。文忝爲首建之人，謬膺澄清之責，敢謂神州之廣，無有豪傑先我而起也哉！徒以身與共和生死相係，黃陂（按：指黎元洪）爲同建國之人，於義猶一體也，生命傷而手足折，何痛如

㊲大元帥府特任職務一覽表，黨史會庫藏史料。

之！艱難之際，不敢謙讓自潔，即於六年十月就職，冀二三君子同德協力，共赴大義。文雖衰老，猶當搴裳濡足，爲士卒先，與天下共擊廢總統者。㊳

於是中國形成南北政府對峙之局面，九月十八日軍政府鑒於內外情勢，諮請國會非常會議討論對德奧宣戰案，二十二日由國會非常會議議決，二十六日軍政府乃發佈對德奧宣戰之通告㊴。其目的在爭取國會之合法地位，證明國會非不同意對德奧之宣戰，乃反對段祺瑞之非法專橫也。當是時唐繼堯、陸榮廷意存觀望，專橫自恣，均不肯就元帥之職，欲利用機會鞏固其勢力範圍，唐則竭力發揮其大雲南主義，以從事對四川之侵略，陸則假借護法之名，專擅兩廣軍民財政，自由開賭及販賣鴉片，竭力壓迫軍政府之進行。對北京政府始終採取妥協態度。國父當選大元帥之次日（九月二日），陸榮廷合桂督譚浩明致電國會非常會議及在粵名流，略曰：「方今國難初定，應以總統復職爲當務之急，總統存在自無另設政府之必要。元帥名稱，尤滋疑議，易淆觀聽，廷等愚庸，祇知實事求是，不爲權利競爭，標本張皇，又所不取，此舉實不敢輕於附和。」同時通電全國，聲稱：「以後廣東無論發生何種問題，概不負責。」㊵國會非常會議遷就現實，不但不予譴責，反於九月三日補作一項決定：

㊳「國父全集」，第四集，宣言，頁二一至二二。
㊴「國父全集」，第四集，宣言，頁八八。
㊵上海「中華新報」，民國六年九月。

「迎接總統南來，繼續執行總統職務。」㊶致使 國父就職後之對外通電，不得不表示迎黎之態度。

九月八日唐繼堯自滇來電，表示不受元帥新職， 國父及非常國會除去電勸勉外，並於九月十五日派秘書長章炳麟為代表，攜元帥印赴雲南，敦促唐繼堯就元帥之職。朱鏡宙「夢痕記」記其事曰：

自大元帥府成立後，號令不出河南士敏土廠，各部總長均未就職，元帥唐、陸二公亦在觀望中。大家無事可為，終日在長堤照霞樓俱樂部閒聊，或奕棋自遣，秘書長章太炎（炳麟）先生遂自請往滇説唐繼堯。 國父語先生：「君忍棄我而去耶？」先生曰：「公知圍棋乎？有兩眼者活，今公僅廣州一眼，非活子也。我之去滇欲為公另作一眼耳！」 國父悅，命先生為總代表，國會議員郭同（宇鏡）、吳宗慈（靄林）等副之。並以元帥印授託先生面致繼堯。㊷

九月二十九日，炳麟抵昆明，唐繼堯親率文武高級官員迎迓於車站，以臨安八屬會館為其下榻處，由李宗黃負責接待，唐氏始終以處境困難為藉口，辭不就元帥之職。李宗黃記其

㊶ 黃旭初，「懷鄉記」——陸榮廷與護法運動，臺灣「春秋雜誌」，第十一卷第三期，民國五十八年九月一日。

㊷ 朱鏡宙，「夢痕記」上冊，頁二二三。

事曰：

章太炎先生晤見唐都督之初，唐都督對軍政府畀以副元帥重任，其反應確實不太熱烈。他僅在十月七日接受章氏賚來的副元帥大印，對於章氏所提的舉行就職典禮，通電就職，由他代表孫大元帥授印，設立副元帥府三點，則一再謙稱實力未充，時機未至，堅請假以時日。……唐都督表示他的處境遠較廣州方面複雜。同時他既已接受孫先生所頒發的印信，當然就是承認軍政府的設立，何必一定要舉行典禮、授印、通電、開府？㊸

蓋國父與陸榮廷、唐繼堯間觀念之基本不同點，國父不承認破壞法統解散國會之北京政府爲合法政府，對於馮、段皆在口誅筆伐之列。陸、唐則始終承認馮國璋代理總統之合法地位，僅對段祺瑞之總理表示反對。因此章炳麟雖與滇省各方面聯繫，希望彼等能從旁協助，勸促唐繼堯改弦易轍，早日接受新職，結果仍未能如願以償。同年十一月，章氏乃轉道重慶再回廣州，「太炎先生自定年譜」記其事曰：

余與孫公南行，風甚。抵番禺，段祺瑞已破張勳，北人群脅黎公辭職，馮國璋得代理

㊸「李宗黃回憶錄」——奮鬥人生，「臺灣新聞報」，民國五十九年七月十四日至二十日。

總統。……余初以雲南督軍唐繼堯蓂賡之招，欲赴雲南觀軍容，未果，至是以廣州事難就，戒期西行。……孫公使人來曰：「今人心不固，君舊同志也，不當先去以失人望。」余曰：「此如奕棋，內困則求外解。孫公在廣東，局道相逼，未有兩眼，僕去爲作眼耳。嫌人失望，以總代表任僕可也。」孫公從之，遂與議員五人授元帥印證及宇鏡（按：國會議員郭同別號）、少璜偕西，自交趾抵昆明焉。……

余至雲南，蓂賡猶豫，不敢受元帥印證。余謂五議員曰：「不受諸君爲無面目，宜速歸。余名義亦屬軍府，隨君等去矣。」蓂賡始具禮受印證。然其文移號令，終自稱滇黔靖國聯軍總司令，未肯稱元帥也。……十一月，發昆明。……乃遣少璜赴湘西，身與宇鏡同下東川。孫公與榮廷相惡，權日蹙，命令不能出府門，欲親征福建，余在畢節，電請決計，不果行。[44]

時軍政府各部總長若唐紹儀、伍廷芳、程璧光等皆遲不就職，孫洪伊則留滬不至。陸軍總長張開儒雖宣佈就職，然遏於桂系，且因滇軍內部之糾紛，未能大有發展。參謀總長李烈鈞因唐繼堯態度不明，亦不肯遽行視事。因此軍政府各部多以次長代理部務。廖仲愷代財政，居正代內務，林森代交通，徐謙代秘書長。軍政府本身既無收入之來源，所恃者僅海外華僑捐募之款（爲數有限），財政極爲竭蹶。同年十月十日，國父命南洋同志鄧澤如代轉致各地

[44]「太炎先生自訂年譜」，香港，龍門書店，一九五一年十一月出版，頁三一至三三。

商會函曰：「當茲國家俶擾之時，正義士毀家紓難之日，務懇慨捐鉅貲，以裕軍實，則再造民國之功，當永銘於不朽矣。」㊺十一月二十二日再函鄧澤如曰：「第軍餉之需，待濟良鉅，當此功在垂成之際，尤望速籌鉅款，陸續匯來，以應軍用，民國前途庶幾有光矣。」㊻國父曾擬有「軍事內國公債條例」及「承購公債獎勵條例」，南洋各埠委托鄧澤如負責經手，截止民國八年一月，僅募得三萬一千零六十元㊼。因之護法政府各職員自部長、秘書、參軍，以致書記、事務員，每月僅領零用金二十元，然各同志咸感於 國父之奮鬥精神，皆辛苦支持，無少退沮，其精神有足多者㊽。

(四)軍政府環境之困難

民國六年夏，國會議員之南下，本應 國父之號召，希望能從速制定憲法，以固國基。惜其蒞粵人數雖僅佔總數三分之一，且多屬舊國民黨人（按：即民國五年秋國會復會後之憲政商榷會派），因派別甚多，思想立場各不相同，其著者有政學會系、益友社系、民友社系、新新俱樂部等。政學系在非常國會中人數雖然不多，因其領袖岑春煊與兩廣巡閱使陸榮廷在清季有部屬關係，並由谷鍾秀與北方直系勾結，佔取地利與人和，故能影響益友社，達成排

㊺ 鄧澤如，「中國國民黨二十年史蹟」，頁二三二。
㊻ 同上書，頁二三三。
㊼ 同上書，頁二三九至二四〇。
㊽ 「總理護法實錄」，引自「革命文獻」第七輯，頁十九。

斥 國父之陰謀。

先是 國父抵粵之初，以陸軍實力操諸陸榮廷、陳炳焜之手，因陳炯明力求統軍援閩，以圖向外發展，乃命胡漢民、汪兆銘商之省長朱慶瀾，朱以省長所屬僅有警衛軍二十營，如陳願居省長公署親軍司令名義，則可撥歸陳氏統率，以爲出師之基本隊伍。胡等以此意報告國父，經陳之同意，事遂決定。桂系因朱以兵力助 國父，大爲不滿，乃借口朱爲北方官僚，不宜在護法旗幟下任省長，運動桂籍國會議員曾彥、覃超等提出省長民選議案，陳炳焜並派兵包圍陳炯明之司令部，收繳其關防，炯明被迫逃香港。七月二十五日北京政府接受桂系要求，發佈命令，將朱慶瀾與廣西省長劉承恩對調，迫朱即行離粵。八月三十一日，復任命出身綠林之李耀漢爲廣東省長，陳炳焜乃悉收省署警衛軍歸督軍署，並受陸榮廷之嗾使，竭力阻撓軍政府之進行。

軍政府成立後，桂系更肆無顧忌。海軍總長程璧光鑒於陸榮廷無護法誠意，思以大義折服之。於九月二十七日偕陳炳焜乘艦西上，十月一日抵平塘，桂督譚浩明率全城文武官員歡迎。三日陸榮廷復由南寧來會，乃舉行軍事會議，陸氏演説，大意謂其宗旨在使譚延闓恢復湘督位職，撤回湘省北軍，然後再與段祺瑞談法律。欲達此目的，非實行北伐不可。經璧光同意，乃決定以下數端：㈠出兵援湘。㈡以廣東省長原有之警衛軍二十營交陳炯明接管。㈢海軍月餉十萬元，由粵庫支領。㈣譚浩明任援湘聯軍總司令，率軍援湘。㈤陳炳焜仍任廣東督軍。㈥兩粵首長聯合通電要求罷斥段祺瑞。遲至十月十六日陸榮廷、陳炳焜、潭浩明、程璧光、李耀漢等聯銜請罷段祺瑞之電始發出，陳且不肯實行決議將省署警衛軍交陳炯明接統[49]。

十月二十七日，北京政府誤陳炳焜贊助護法政府，復發亂命，將陳炳焜免職，由李耀漢兼署粵督。三十一日，廣東軍界李福林、魏邦平等在河南福軍營內開會討論粵省大局，決定陳炳焜率師援湘，旋由程璧光、胡漢民、汪兆銘等與陸榮廷磋商結果，以廣惠鎮守使莫榮新繼任粵督。十月二十一日莫氏就督軍之任，自度資淺初不敢開罪　國父，二十四日在督署召開軍事會議，遵約將省署親軍改爲海軍陸戰隊，由陳炯明率領入閩，實祗四五千人耳！當莫榮新以委任狀予陳時，陳意頗怏怏，遽擲狀於地，恚曰：「吾曾爲都督、省長，莫榮新何物？奈何委任我哉！」遂欲弗受，經汪兆銘、古湘芹等反覆譬喻之，乃勉受任。[50]十二月二日　國父乃任命陳炯明爲援閩粵軍總司令，先編成十營赴閩，以鄧鏗、許崇智等助之，逕向閩南前進，不久取得漳州，閩南悉入護法政府勢力範圍。

莫榮新就任粵督稍久，專橫面目日漸暴露，嘗謾告人曰：「孫某之政府空頭之政府也，彼無兵無餉，吾輩但取不理之態度，彼至不能支持之時自然解散而去。」又令電報局對大元帥府發電，不得用頭等，不得掛賬，只能以現款發四等電。又大元帥府因對外關係，與沙面領事有所交涉，桂系之交涉員不爲承轉。　國父初計劃取道福建北伐，欲先肅清東江流域，

[49] 莫如非，「程璧光殉國記」第四、五章。
[50] 「總理護法實錄」，引自「革命文獻」第七輯，頁十七。

(按：潮梅鎮守使莫擎宇受段祺瑞嗾使，於民國六年十月二十三日，宣告脫離軍政府，據潮梅叛變。)任命鄒魯爲潮梅軍總司令以討莫擎宇，鄒部第一支隊長兼前敵司令金國治敗叛軍於鐵場、藍關一帶，叛軍殘部多降，潮、梅指日可定，莫榮新忌之，令人設計誘殺金國治，並奪其兵權。國父擬編練新軍，而所派至各地之募兵委員多爲莫榮新驅逐逮捕，甚至殺害。又桂軍游擊營統領鄧文輝，嫉李福林所部福軍擁護軍政府，兼任大元帥警衛，民國七年元月二日奉莫氏命拘捕大元帥府衛隊官兵，將福軍連排長數人，良民六十餘名，誣爲土匪，遽行槍決。國父大憤，嚴責莫氏懲治所部，向軍政府謝罪，莫氏置之不理。國父商之程璧光，欲以海軍討伐莫氏，程氏不願對桂系開釁，堅持不可，且將一部分軍艦調離廣州，移駐黃埔，宣佈戒嚴，凡兵艦附近均不準船隻通過，以防國父對其部屬之直接指揮[51]。國父憤亟，乃命大元帥參議劉德澤，運動滇軍第二十五團團長趙德裕、三十八團團副周知歐等，決心驅逐莫氏。民國七年元月一日，國父稱疾，德澤深夜來謁，國父告之曰：

我自護法南來，未能實現護法主張，去了一個陳炳焜，又來一個莫榮新，都是護法障礙。這幾日，因爲我決心要驅逐莫榮新的秘密消息，被李烈鈞、吳景濂、王正廷他們曉得了，所以他們時常來勸解，阻我不要動作，故此裝病。你若能今晚就去發難，我就立刻起來同你去，跑九十里路毫不相干。你須注意的，就是同海軍約定發難日期不

---

[51] 同上文，引自「革命文獻」第七輯，頁十九至二十。

可誤事，因海軍升火須遇機會。[52]

一月三日晚，國父乃率親信將士數人及少數衛隊，親登同安、豫章兩艦，指揮開砲，向督軍署轟擊。兩艦長初猶豫不敢應，國父乃親發數砲，又督促砲手繼續發七十餘發，於拂曉始止。莫榮新驟聞砲聲，震怖不知所爲，遑懼竟夕，國父之計劃本擬令海軍與粵軍同時行動，則廣州即可佔領。蓋是時陳炯明及所部粵軍尚駐省垣，國父曾命許崇智、鄧鏗往促其迅速響應海軍，陳則懾於桂系兵力，猶豫不能決。許、鄧等譬說竟夕，陳終不省。同時朱執信亦往促李耀漢、李福林等發難，均無表示；魏邦平復違約背信。滇軍雖經劉德澤運動，因第四師長方聲濤、旅長朱培德、張維信等極力反對，亦不能行動一致，故海軍之勢孤，而事遂無成[53]。

惟自海軍砲轟督署後，莫榮新知國父有指揮海軍能力，乃挽人調停，並親至大元帥府卑辭謝罪。尊重國父意旨，派羅誠爲廣東交涉員，且受軍政府任命，每月撥鹽餘五萬元爲大元帥府經費，軍政府威望爲之稍振[54]。旋莫榮新故態復萌，民國七年五月十一日，在詔關誘禁陸軍總長滇軍司令張開儒，而囚之於觀音山。又槍殺代理陸軍次長崔文藻於西濠酒店宴

---

[52] 劉德澤，「中華革命黨外紀」，黨史會庫藏鈔本。
[53] 參照葉夏聲，「國父民初革命紀略」，民國三十七年十一月出版，頁一二一至一二五。
[54] 中華革命黨外紀。

席上以示威。復劫掠陸軍部，毀其匾額❺❺。派兵圍捕代理司法部長葉夏聲於葉宅，葉氏以計得脫，桂系之橫暴可知矣❺❻。

初海軍總長程璧光率海軍抵廣州後，見軍政府無大發展，受桂系利誘，仍依違其間，無明顯之態度。國父受桂系壓迫，忍無可忍。民國六年十月十五日命程璧光下令海軍砲轟觀音山，程竟不奉命。二十日國父之姪孫振興乘泰山輪經過黃埔海軍戒嚴線附近，兵艦遽開槍射擊，振興在舟上止之勿聽，乃鳧水避匿，海軍仍向水面連放排槍，振興遂重創而死。民國七年一月，國父砲轟莫榮新一役，程璧光以開罪桂系，深自危懼，欲嚴懲同安、豫章兩艦長以洩忿，兩艦長隱匿得免。此後程氏與國有隔閡矣。

海軍既自附於桂系，桂系軍人曲意籠絡，遂駸駸驕恣，因派人向陸榮廷要求，欲以程璧光兼廣東省長，而廣東省議會亦有選舉程氏爲省長之議，陸榮廷、莫榮新爲之不悅。且程氏調和國父與陸榮廷之間，仍表示擁護軍政府，尤遭桂系之疑忌。民國七年二月二十四日，程氏忽接匿名傳單，誣詆十餘款，猶不以爲意。二十六日省議會議員蘇某招飲，設席舟中，地近海珠。晚八時宴畢返，至海珠對岸渡口，登木梯至末二級，忽來刺客數人，向之發槍射擊，璧光胸部連中數彈，即倒於木梯上，旋即逝世。刺客乘機遠颺，終不能獲❺❼。事後莫榮

---

❺❺「總理護法實錄」，引自「革命文獻」第七輯，頁二十六。

❺❻國父民初革命紀略，頁一二六。

❺❼「程璧光殉國記」，第八章。

新之親信語人曰：「程璧光何苦欲作廣東省長？」可知殺程者桂系也[58]。國父乃命第一艦隊司令林葆懌接長海軍。黨人吳鐵城於護法政府成立後，任職軍政府參軍，就其所見所聞，記其感想如下：

第一覺得各方面的意志相差太遠了。……我發現當時的大人先生之中，有些人以爲組織軍政府祇是向北方討價還價的資本，一有機會，便送密函，派密使，向北方暗送秋波。堂皇的說是應由妥協尋求國家的統一，以掩飾他們的勾結勾當。

第二覺得，護法陣營裏亦是軍閥囂張。那時候以廣東來說，客軍麕集，膨脹他們的部隊，至少擴大他們的編制與番號。沒有地盤的覬覦地盤，搶地盤，有地盤的保守地盤，擴大地盤，至少是刮地盤之皮，而無所不用其極。豺狼一群，不聽指揮。廣東省長朱子橋（按：朱慶瀾別號）橋賢明達練，廉介可風，是粵人所愛戴的，備受督軍陳炳焜的脅迫，他也目擊心傷，將省長印信送交省參議會，翩然離職。廣州商會知其廉，破例的自動籌送毫券十萬元，作爲程儀，他仍轉贈之於省教育會，一時傳爲美談。但如此官吏而爲軍閥所不容，軍閥之囂張可知。繼任省長李耀漢，粵人，而是陸榮廷、陳炳焜的尾巴。

第三覺得軍政府實力單薄，危機四伏，當時各種發言權與發言力量，幾乎全與實力的

---

[58]「總理護法實錄」，引自「革命文獻」第七輯，頁二一一。

强弱成正比，軍政府的基本力量，除海軍第一艦隊之外，祇有省警衛軍二十營，而陸榮廷所部的桂軍，除環繞粵省在桂在湘者不計之外，在粵境之內的桂軍，估計有十幾萬。粵政既在桂軍握掌，二十營省警衛倘不爲桂軍吞噬，亦無從獲得給養，故調往援閩，既因援閩的需要，亦所以策自全，然而軍政府在省垣因此更見其孤單。第四覺得非常國會議員同床異夢，大多數夢想個人如何飛黃騰達，群居終日，只是眞眞假假的交換些勾結實力派的情報，而視中華革命黨籍的議員爲不識時務，不能通權達變。此外呢，也自成門户，總共一百五六十人亦有五六派系之多，各捧所捧，各鑽前程，不少縱横捭闔的妙計，悲歡離合的醜事，他們說來似乎動關世運，我聽了莫名的難過。59

吳氏之言，可以窺見護法政府内部之不協，與處境之困難。

四、護法精神之變質

(一) 軍政府之改組

---

59 「吳鐵城先生回憶錄」，頁五二至五三。

陸榮廷、唐繼堯輩既無護法誠意，故於護法政府成立之初，合李烈鈞等另發起西南各省聯合會議，作為軍事聯合機關，與居滬之岑春煊暗通消息。國父為促成團結，亦表示贊同。民國六年十一月二十一日於所致唐繼堯促即就元帥之職電中，曾表示「組織軍事聯合會及政務委員會各節，足收同力共舉之效，鄙意亦甚贊同，望由尊處分促進行為荷！」❶乃由李烈鈞擬定草案，徵求護法各省意見。

先是民國六年十一月四日，程璧光、唐紹儀、伍廷芳會議於海珠，討論議和並西南聯合會事，唐紹儀主張先恢復伍廷芳之總理。十一月七日陸榮廷致電程璧光，認為大局已有轉機，與北京政府有妥協可能，西南會議可以從緩。同月十二日貴州督軍劉顯世復電程璧光等，主張積極進行，惟宜按陸榮廷意見修改條件。程璧光、莫榮新旋於十二月三十一日將修改後之「護法各省聯合會議條例」九條通電各省。七年一月九日陸榮廷覆電程、莫表示贊同，盼從速進行。二十日各省聯合會議遂開成立會議於廣東督軍署，依據條例第七條規定，舉行宣誓式，並推岑春煊為議和總代表，伍廷芳為外交總代表，唐紹儀為財政總代表，唐繼堯、程璧光、陸榮廷為軍事總代表。二十八日復以護法各省區將帥名義正式宣佈聯合會議條文❷。

於是形成與軍政府對峙之局面。岑春煊時雖居滬，在非常國會中仍有相當之影響力。政學系國會議員楊永泰、郭椿森、湯漪等採取威脅利誘方法，聯合吳景濂、褚輔成等，乃倡議

❶「國父全集」，第四集，文電，頁二九五。

❷「東方雜誌」第十五卷第二號，中國大事記，頁二一一至二一二。

改組軍政府之議❸。

二月二日程璧光、唐紹儀、伍廷芳、莫榮新等，邀請　國父開會議於海珠，討論改組軍政府辦法，擬改元帥名稱爲政務總裁，設總裁若干人，聯合會之職權限於軍事範圍，隸屬於合議政府之下，護法性質爲之一變。國父甚爲不悅，多數革命黨人均加反對，二月二十六日章炳麟自重慶通電駁斥岑春煊之議和主張❹。二月二十五日　國父趁議員陳家鼐赴滬之便，托其面致函留居上海之譚延闓，表示護法之決心，略曰：「文始終護法，罔識其他，使約法效力未得恢復，國會職權未得行使，則如犯險冒難，亦必不敢負非常會議委託之重，而輕息仔肩也。」❺三月十九日另電唐繼堯促其就元帥之職，並示以攻陝戰略。四月二日再電唐繼堯，促其堅定護法主張。略曰：

民國前途，希望惟在執事一人，尚冀毅力首出擔當，則桂人自難立異，而他省亦可景從。苟達護法目的，文無不可退讓，惟此時冒險重負，實非得已，否則軍府朝撤，粤局夕變，滇黔川軍未出武漢，而桂局或已言和，有始無終，能不寒心！❻

❸ 葉夏聲，「國父民初革命紀略」，頁一二五。
❹ 引自孫曜，「中華民國史料」，頁四二四。
❺ 「國父全集」第五集，函札，頁二八二。
❻ 同上書第四集，文電，頁三五〇至三五一。

在粵滇軍將領鄧泰中，復密電唐繼堯，勸其服從　國父，採取一致之行動❼。唐繼堯仍猶豫不能決，對　國父終無確切之答覆，　國父乃成孤立無援之勢。四月十日，國會非常會議開會，出席者六十餘人，由羅家衡等提出改組軍府案，因桂系運動之結果，贊成者竟達四十餘人。居正、鄒魯、馬君武、焦易堂、丁象謙等反對改組，屢欲起立發言，衆皆撓亂之，遂由議長指定二十人付諸審查。同日黨人田桐在滬上書　國父，報告在滬議員，反對軍政府改組。❽十一日　國父約全體國會議員至軍政府談話，　國父講話大意曰：

> 軍政府視國會如君父，國會之決議軍政府無不服從。顧如昨日所提議之改組軍政府，爲軍政府本身之存亡問題，而國會事先絕無徵求軍政府意見，逕行提議而付審查，揆之事理，寧得爲平？且以法律而論，約法規定爲元首制。今乃欲行多頭制。又軍政府組織大綱明明規定，本大綱於約法效力完全恢復，國會完全行使職權時廢止。無修改之明文，今日何以自解？軍政府近於外交方面正進行接洽之中，今蒙此影響，軍府基礎已搖，日後必無進步可言。❾

❼ 鄧泰中致唐繼堯電報原件，黨史會庫藏史料。
❽ 「革命文獻」第四九輯，頁一四三。
❾ 邵元沖「總理護法實錄」，引自「革命文獻」第七輯，頁一二三。

國會領袖吳景濂、褚輔成等相繼發言，則稱改組之意並非不信任軍政府及大元帥，乃在於擴充軍政府之實力。十三日，國會非常會議審查會推代表褚輔成、王湘、吳宗慈、盧仲琳、王葆真五人晉謁　國父，徵詢對於改組政府之意見，國父表示：「改組事，余始終反對，以法律上萬難通融也。苟不論法律而論事實，則余無不可委曲求全者。若國會必以聯陸爲有利者，則余雖親至南寧、梧州晤之，或以大元帥讓之，皆無不可，是可見余非爭一己地位者矣。」⑩　褚等乃謂待國會非常會議商榷後再行決定。未幾唐繼堯忽密電西南各省，大意曰：

護法各省亟應組織統一機關，現在辦法宜遙戴黎、馮爲大副總統，或認馮爲代理大總統，在南方組織軍務院或國務院，以行使職權。推岑春煊爲國務總理，置六部：伍廷芳長外交，孫洪伊長内政，陸榮廷長陸軍，林葆懌長海軍，唐紹儀長財政，張耀曾或王寵惠長司法，政府地點宜暫在廣州，俟局勢稍形發展，則遷往南京或武漢，孫先生則宜遊歷各國，辦理外交。⑪

足見政學系與桂系聯絡唐繼堯之成功，軍政府之改組遂迫於眉睫，西南各省護法之精神蕩然無存，　國父乃決心辭職離粤。

⑩　同上書。
⑪　同上書，頁二一三至二一四。

民國七年五月四日，國會非常會議開會，出席議員八十餘人，首由湯漪提出「修正軍政府組織法案」，贊成改組軍政府者四十餘人，乃以超過四票之多數通過。國父當時命居正將大元帥辭職咨文送交國會，同日通電辭職，並說明護法之經過。略曰：

慨自國會非法解散，中更復辟之變，民國已無依法成立之政府，使馮、段兩氏有悔過之心，雖爭個人權利，而能撤消非法解散國會之令，俾國會繼續開會，則與一言興邦何異？夫誰得議其後者。乃必思以北洋兵力征服全國，遂致釁啓川湘，而全國之統一以破。其時滇桂之師皆由地方問題而起，而所謂宣告自主者其態度猶屬曖昧，似尚置根本大法於不問，泯泯棼棼，莫知底止。文不忍坐視正義之弗伸，爰於滬上與民國諸老創議護法，海軍將士亦有宣言，相率南來，粵省議會乃有請國會議員來粵開會之決議，由是發生國會非常會議於廣州。……文忝在手造民國之列，不能視大法之淪亡而不捄。用是不避險艱，不辭勞瘁以爲護法討逆倡，使吾國及友邦之人，咸曉然于軍政府之職志。……顧吾國之大患，莫大於武人之爭雄，南與北如一丘之貉。雖號稱護法之省，亦莫肯俯首法律及民意之下，故軍政府雖成立，而被舉之人多不就職。即對於非常會議猶莫肯明示其尊重之意。內既不能謀各省之統一，外何以得友邦之承認。文於斯時瘏口嘵音，以期各省之覺悟，蓋已力竭聲嘶，而莫由取信。知我者謂我心憂，不知我者謂我何求，斯之謂矣。然個人之去就其義小，國家之存亡其義大，文之所以忍辱負重以迄於今者，良以負責無人非得已也。⑫

充分表露出　國父自倡導護法以來所遭遇之困難。隨命軍政府各主管將結束交代各事分別辦理，以便離粤。同月七日留滬國會議員林森、田桐、胡祖舜二十七人，通電挽留　國父，並要求延期改組軍政府。⑬而留粤非常國會受制於桂系，竟於同月十八日三讀通過軍政府組織法十二條，變大元帥制爲政務總裁制。二十日下午，國會非常會議舉行總裁選舉會，出席議員一百二十餘人，選舉結果，　國父及唐紹儀、伍廷芳、唐繼堯、林葆懌、陸榮廷、岑春煊七人當選，　國父得票最多，凡一百零七票。岑春煊於第一次選舉時，與孫洪伊票數等，決選時始以稍多票當選⑭。七月三日岑春煊由上海抵廣州，岑氏自清末以來以反對袁世凱爲己任，至是改以排斥段祺瑞爲號召。抹殺　國父所領導之護法政府，竟對外宣稱西南護法由其一人所主持⑮。七月五日，由政學系操縱改組之總裁制軍政府，由唐繼堯、伍廷芳、林葆懌、陸榮廷、岑春煊聯名通告正式成立，文曰：

查本軍政府組織大綱以由國會非常會議選出之政務總裁七人，組織政務會議，行使其

⑫「國父全集」第四集，文電，頁三五七至三五八。
⑬「革命文獻」第七輯，頁九一。
⑭邵元沖，「總理護法實錄」，引自「革命文獻」第七輯，頁二四。
⑮岑春煊，「樂齋漫筆」，民國五十一年六月臺北，文星書店影印版，頁十一至十二。

職權。現除唐少川、孫中山兩總裁因交通阻礙，未接有就職通告，經派員敦促外，計就職總裁已居過半數。當此北庭狡謀愈肆，暴力橫施，大局阽危，民命無託，護法進行，刻不容緩，謹於本月五日宣布中華民國軍政府依法成立，即開政務會議，特此通告。⑯

同月十五日，陸榮廷在廣西通電擁護岑春煊爲主席總裁，略曰：「軍政府改組成立有日，廷謬被推選爲總裁，衹以戎馬倥傯，未能履任，宣言遙領，惶歉殊深。惟當主任一席尤占鉅要，非得宏毅强幹，碩學宏才，不足提綱絜領，經緯庶政。廷謹依組織法推舉岑春煊爲總裁主任，即請總裁諸公同意主張，即速推選，俾即日任事，庶軍政府內外政務一切有所秉承，要職不至虛懸，國是早日解決，不勝企盼之至。」⑰同月二十日，唐繼堯亦有同樣之通電發出。岑春煊遂於八月二十一日就主席總裁之職。

(二) 國父之卸職與離粤

國會非常會議總裁選舉會舉行後，五月二十一日，國父派居正爲軍政府辦理交代委員，同日下午偕胡漢民、戴季陶等乘日本商輪蘇州丸離粤，頻行發布辭大元帥職通電，及留別粤

⑯ 引自岑學呂「梁燕孫先生年譜」上册，頁四二四。
⑰ 「中華民國史料」，頁四二九。

中父老昆弟電，前電略曰：「國於天地，必有與立，民主政治賴以維繫不敝者，其根本在於法律，而機樞在於國會。必全國有共同遵守之大法，斯政治之舉措始有常軌。必國會能自由行使其職權，斯法律之效力才能永固。……國會諸君負代表民意之責，際危急存亡之秋，民國一線之命脈，實賴諸君維繫而護持之。尤冀排除障礙，力膺艱鉅，使正式國會依期開會，以慰國人喁喁之望，則共和前途實式賴之。」⑱ 後電略曰：「竊欲我父老昆弟深念夫愛國居吾人之天職，愛鄉亦吾人義所不可廢。吾人既負救國之責，而整治鄉邦亦宜引為己任。夙夜孳孳，而致力所謂培養民力，增進民智，扶持風俗，發展自治，採人之所長，去我之所短，以發揚吾粵之光榮，永久為全國之儀型，以馳譽於世界。」⑲ 二十六日乃至汕頭三河壩，巡視陳炯明所部攻閩前線。

先是民國六年秋，國父南下組織護法政府時，總統 蔣公奉命留滬聯絡同志，肅清袁黨餘孽，九月二十日寄呈 國父「對北軍作戰計劃」，認為南軍實力，過於北軍，苟能同心協力，定可克敵制勝，略曰：

吾軍以長江沿岸為主作戰地，先克武昌，次定南京，擊破敵軍長江一帶之勢力，再圖直搗北京，以為作戰之方針，茲分作戰計劃為二期，其概要如左：

---

⑱ 「國父全集」第四集，文電，頁三六〇至三六一。
⑲ 同上書，頁三六二至三六三。

第一期作戰計劃：中央軍由兩粵進襲長沙，肅清湖南全境，待左翼軍解決四川，東下湖北時，與之合攻武昌。左翼軍解決四川後，當派一支隊扼守川北，牽制秦晉之敵軍，使第二期作戰北伐時，即可道出秦晉，與本軍互相策應。而其主力乘勢東下，與中央軍合攻武昌。右翼軍與海軍共同行動，合攻閩浙，連下淞滬，待中央軍與左翼軍克復武昌，然後與之會師南京，肅清長江上下游之敵。海軍與右翼軍佔領淞滬時，即以吳淞爲根據地，封鎖長江門戶，掃除長江上下游之敵艦，聲援上游陸軍之作戰，待各軍會師南京時，與之合力攻城。同時搜捕長江艦隊，俾第二期作戰時，海上全權歸於我有，不使其復爲東北海岸之患也。

第二期作戰計劃：第一期作戰成功之期當在十一月下旬，正爲冬營之期，是時當以長江以北爲冬營之地，調整給養諸品，補充人馬，整備器材，休養兵力，其期間須在兩月以上。故第二期作戰運動開始乃在明年之三月間也。各軍進發之道，以中央軍由津浦路北進，左翼軍由京漢路北進，右翼軍由海道前進，在遼西登陸，三軍分道並進，而左翼軍之一支隊則由川北而出秦晉，以襲敵軍之左，爲本軍之聲援，各軍會師燕京，爲總攻擊最後之準備也。

對整個北伐戰略有一通盤之計劃。同年十月一日復上「滇粵兩軍對閩浙單獨作戰計劃」，略曰：「我軍主作戰地，當定於東南沿海一帶之地區，而於湘省暫取守勢，先以海軍爲主力，向東南沿海之閩浙兩省，掃除北軍之勢力，擊攘淞滬之敵軍，以吳淞爲海軍根據地，封鎖長江之門户，東南之勢力不難完全造成矣。若西南戰局能有轉機，則與之互相策應，出入於長江沿岸一帶，肅清長江上下游之敵軍，則第二期作戰北伐之基本定矣。」⑳民國七年三月二日蔣公應國父電召離滬赴粤，五日抵廣州，連日謁 國父聆訓。十日復上「今後南北兩軍行動之判斷」一書，十一月奉派赴汕頭，晤征閩粤軍總司令陳炯明、參謀長兼第一師長鄧鏗，十五日就任總司令部作戰科主任，是爲 蔣公受知於 國父之始㉑。

民國七年五月二十六日，國父莅三河壩，蔣公迎於江干，見 國父形容憔悴，不覺悽然淚下，隨侍至營次，長談逾夜分。國父在三河壩停留數日，與陳炯明會晤，並巡視陳部攻閩前線，力勸其冒險進攻，二十九日 蔣公赴永定指揮軍事，三十日遂克永定。三十一日 蔣公返行營，國父垂詢大捷狀，喜動顏色，並詳示國防機要。六月一日 國父指示蔣公軍略及編制後，午後乘日本商輪蘇州丸啓行，司令部遣衛隊及軍樂隊相送，儀式極爲隆重㉒。

國父爲欲瞭解日本統治下臺胞生活情形，激發其民族意識與愛國精神，乃決定第三次赴臺灣一行。（按：第一次爲光緒二十六年秋，來臺策劃惠州之役。第二次爲民國二年八月二次革命失敗後，取道臺灣赴日本，曾接見臺籍黨人予以激勵嘉勉。）詎日本駐臺總督不欲國父與臺胞接觸，船甫抵基隆，日本官憲即派員至船上謁見，並隨護至臺北。翌晨 國父即

---

⑳ 毛思誠編，陳布雷校訂，「民國十五年前之蔣介石先生」第六編，卷一，香港龍門書店，一九六五年十一月影印版，頁二至一〇。
㉑ 同上書第六編，卷一，頁二〇至二二。
㉒ 同上書，第六編，卷一，頁二六。

搭日輪信濃丸渡日，戴季陶記其事曰：

（上略）民國七年，我總理　孫中山先生唯一的希望是到臺灣會臺灣同胞，發表意見，宣傳主義，喚起民族意識，鼓吹愛國精神，臺灣同胞也很歡喜，以充分的熱誠準備歡迎。然而臺灣總督府用盡阻撓方法，不使我中山先生與臺灣同胞晤談。總理一到臺灣，臺灣官憲即派員到船中招待　總理一行，直驅到臺北，翌日便開船向神户去。日本人中有板垣退助其人者，在民國四、五年之間，曾組織同化會，於我們的民族觀點上是不能滿足的。但其主張卻頗溫和，目的在伸張民權。他發表宣言，非難日本慘殺臺灣人太多，且蹂躪壓迫無所不至，主張非使臺灣人獲得一點自由不可。日本政府對板垣此種微溫的主張，尚且不能容許，那裏肯給臺灣人與中國國民黨的革命領袖聚談的機會？其政策是意圖使臺灣同胞永久不受革命思想的刺激，而永爲日本帝國主義下愚民。㉓

六月十日　國父抵日本門司，二十日抵京都，鑑於外交方面驟難活動，一切計劃不易實

㉓ 戴天仇，「孫中山與臺灣」演講稿，引自「臺灣省通志」卷九，革命志，抗日篇，第六章，頁一一一至一一二。

行，且以目疾待醫，於二十三日自神户啓程返國，二十五日抵上海㉔，決心從著述方面啓發國人知識，靜待局勢之變化。

五、結　論

民國六年六月，段祺瑞之利用「督軍團」脅迫解散國會，爲民國以來軍人干政之開端，亦爲繼袁世凱後破壞法統之第二人。國父號召護法，召集國會非常會議於廣州，組織軍政府，就任大元帥，以討逆爲己任，雖受制於桂系，無法貫徹北伐主張，其堅忍不拔之精神與毅力，爲薄海所同欽。翌年五月，護法政府改組後，性質一變，國父因之離粤赴上海，途次汕頭，與總統　蔣公長談逾夜分，示以應變方針及軍略，寄以心腹之任。在滬兩年，完成孫文學說、建國方略、建國大綱等著述，奠定中國國民黨改組之新機，亦爲民國九年冬粤軍回師廣州驅逐桂系重建革命政府之張本，其價值甚大，其意義至深焉！

（臺北，中華學報第四卷第二期，民國六十六年七月，頁一七一至二〇二）

㉔ 參照澤村幸夫，「迎送孫先生私記」，黨史會庫藏史料。

四五、孫中山先生與五四學生愛國運動

一、前　言

民國八年五月四日爆發於北京的學生愛國運動，震盪全國各界，表面肇因於反對巴黎和會，實乃民族自覺的流露。此一運動萌芽於十九世紀之末，成長於二十世紀之初，孫中山先生及其所領導的革命團體，實居於推動之地位。五四運動請願遊行的高潮，雖在同年六月二十八日中國代表拒簽對德合約後日漸平息，但中山先生所號召的民主科學運動，影響所及，演變為新文化與政治社會改革運動。

中山先生自民國七年五月護法政府改組後離粵蒞滬，至九年十一月底粵軍驅逐桂系勢力後重返廣州。在此兩年半期間，正值五四運動的關鍵時刻，中山先生手著「建國方略」（包括「孫文學說」、「民權初步」、「實業計劃」），創辦「星期評論」和「建設雜誌」，謀引導青年愛國運動走向正確的途徑。當新文化運動偏激分子假藉「民主」、「科學」口號，謀徹底摧毀民族文化之際，中山先生適時提出國家建設之原理，作為中國現代化之方案，實具有深遠的意義。

二、新文化運動的啓蒙

中國新式教育萌芽於英法聯軍之後，傳教士開始在通商口岸辦報紙，設學校，傳播近代科學知識。清廷起初派遣留學生，以肄習軍事科技爲目的，且數量有限；八國聯軍以後公私費留學生才顯著增加。光緒三十一年（一九〇五），清廷廢科舉，知識份子只有靠學堂謀出路。宣統元年（一九〇九），美國退還庚子賠款，培養留美人才，以清華大學爲主體，前往美國留學人數日漸增多。民國四年，在美國專科學校及大學留學的中國學生已超過一千二百人❶。日本因地利之便，中國留學生數目遠較其他地區爲多，光緒三十二年（一九〇六），高達八千人，光緒三十三年高達萬餘人❷。至於國內，民國八年全國在校專科以上學生三萬四千八百餘人❸。民國十二年，全國在校中學生約十萬人❹。民國八、九年間，全國在校小學生約五百七十餘萬人。彼等於獲得新知識後，對改變國內思想、教育、政治和文化，具有極大的影響力❺。

---

❶ 中國留美學生月刊，第十卷第七期，頁四一〇至四一一，一九一五年四月出版。
❷ 舒新城「近代中國留學史」，頁五五，台北，中國出版社，民國六十二年六月影印版。
❸ 陳啓天「最近三十年中國教育史」，頁二七四至二七六，民國五十一年六月，台北，文星書店影印版。
❹ 同上書，頁二六三。
❺ 同上書，頁二三六。

中山先生對新文化運動的啓蒙，具有引發作用。他在光緒十年（一八九五）中法戰後，即立定推翻專制建立民國之志❻。光緒十三年（一八八七）以後，中山先生就讀香港西醫書院期間，經常投稿各報刊，公開鼓吹改革。光緒十六年（一八九〇），趁假期返鄉，特上書同邑自美返國退隱的前駐美公使鄭藻如。藻如舉人出身，受曾國藩器重，總理上海江南製造局達十年之久。自光緒七年至十一年（一八八一至一八八五），任駐美、日、秘三國大臣（按：「日斯巴尼亞」Hispania 今譯爲西班牙），言論維新，保護華工，著有成績。中山先生建議藻如，以身倡導，效法西洋，進行改革。「興蠶桑之利，除鴉片之害」，「多設學校使天下無不學之人，無不學之地。」❼光緒十七年（一八九一），中山先生復著「農功」篇，同邑鄭觀應所編「盛世危言」加以選錄，潤飾其文字，剽爲己作。惟文中有「吾邑孫翠溪西醫，頗留心植物之理。」殆指中山先生無異。「農功」文內指出：「蓋天生民而立君，朝廷之設官，以爲民也。今之悍然民上者，其視民之去死生來，如秦人視越人之肥瘠然，何怪天下流亡滿目，盜賊載途也。」❽已表露出中山先生的民主思想。

光緒二十年（一八九四）五月，中山先生「上李鴻章陳救國大計書」，曾說：「泰西之儒以格致爲生民根本之務，舍此則無以興物利民，由此孜孜然日以窮理致用爲事。」復稱：「泰

---

❻ 孫文學說，第八章「有志竟成」，國父全集，第一冊，頁四九一，黨史委員會，民國六十二年六月出版。

❼ 上鄭藻如書，引自吳相湘「孫逸仙先生傳」，上冊，頁七八至八〇，台北，遠東圖書公司，民國七十一年十一月出版。

❽ 鄭觀應「盛世危言」，卷三，光緒二十二年成都重刊本。

西治國之規，大有唐虞之用意，其用人也，務取其長，而久其職，故爲文官者其途必由仕學院，爲武官者其途必由武學堂。若其他文學淵博者爲士師，農學熟悉者爲農長，工學練達者爲監工，商情諳習者爲商董，皆就少年所學而任其職。」❾可爲中山先生主張民主科學的具體說明。

光緒二十二年（一八九六），中山先生倫敦蒙難後，考察歐洲各國政治風俗，完成三民主義之思想。光緒二十六年（一九〇〇）夏，拳亂期間，革命黨人策動兩廣總督李鴻章獨立時，由中山先生、楊衢雲、鄭士良、陳少白、史堅如等署名，所提出之「平治章程」，其中有「於各省立一自治政府」、「公權利於天下」、「平其政刑」等民主科學主張❿。光緒三十一年（一九〇五）七月二十日，中國同盟會成立於日本東京，中山先生介紹民主科學理論給留日學生。胡漢民自述其初識中山先生所獲之印象云：

余等未見先生時，幾疑先生爲漢高、明太一流，及親聞先生之論議，與其處事接物之態度，不涉矜持，而自然崇高博大，乃歎其素養爲不可及。先生與人從不作一寒喧語，而涉於革命各種問題，則教人不倦，輒忘寢食。人或有疑先生不解中國禮法人情者，余知先生於乙未舉事之前後，實親與各種社會週旋，社會情僞殆無人如先生知之深者，

❾ 國父全集，第三册，頁一至一三。

❿ 馮自由「中華民國開國前革命史」，第一册，頁六二至六三，民國四十三年四月，世界書局出版。

知之而若是，蓋欲矯正中國社會虛僞之弱點也。故先生對群衆演說，博辨詳明，遇同志質疑解答之，至其人澈悟而後已。而尋常晤對，乃似不能言者。……余等常見先生於藹然可親之中，有凜然難犯之節。余等眞正認識革命之意義，實由先生之指導。先生爲同志言一問題，必就實際上求其原因結果之關係，必言其所以然，而不僅言其當然。常謂：「解決社會問題，要用事實做基礎，不能專用學理的推論做方法。」人有疑先生爲空想家者，實則適得其反，先生蓋眞科學家也。先生惟以如是之認識力、批判力，更自強不息，故無時不立於群衆之先頭，而爲之領導者。而其沈毅果決百折不撓之勇氣，亦爲其所固有。⓫

同年十月二十一日，同盟會黨報「民報」創刊號發行，中山先生親撰發刊詞，不僅公開揭櫫三民主義旗幟，並且提出政治革命社會革命主張。略云：

余維歐美之進化凡以三大主義，曰民族、曰民權、曰民生，羅馬之亡民族主義興，而歐洲各國以獨立。洎自帝其國，威行專制，在下者不堪其苦，則民權主義起。十八世紀之末，十九世紀之初，專制仆而立憲政體殖焉。世界開化，人智益蒸，物質發舒，百年銳於千載，經濟問題繼政治問題之後，則民生主義躍躍然動，二十世紀不得不爲

⓫ 胡漢民自傳，引自「革命文獻」，第三輯，頁一四至一五，黨史委員會，民國四十二年十月出版。

民生主義之擅場時代也。是三大主義皆基於民，遞嬗變易，而歐美之人種胥治化焉。其他施維於小己大群之間，而成爲故說者，皆此三者之充滿發揮而旁及者耳！……吾國治民生主義者發達最先，睹其禍害於未萌，誠可舉政治革命社會革命畢其功於一役，還視歐美彼且瞠乎其後也。⓬

民報由張繼任編輯兼發行人，主要撰稿者有胡衍鴻（漢民）、汪兆銘（精衛）、朱大符（執信）、宋教仁（遯初）等，無不一闡揚三民主義精神爲宗旨。胡漢民於民報第三號撰寫「民報之六大主義」，其順序如下：㈠傾覆現今之惡劣政府，㈡建設共和政體，㈢土地國有，㈣維持世界真正和平，㈤主張中國日本兩國國民之連合，㈥要求世界列國贊成中國革新事業⓭。前三項爲對內主張，包括民族、民權、民生三大主義，後三項爲同盟會之對外主張。民報發行後，深受海內外讀者歡迎，革命思潮不僅影響學界，且瀰漫於全國。中山先生自稱：「自有雜誌以來，可謂成功最著者。」⓮對民國初年的新文化運動，自然會產生相當的影響。

⓬ 民報，第一號，頁一至三，黨史委員會，民國五十八年六月影印版。
⓭ 民報，第三號，頁一至二二。
⓮ 孫文學說，第八章「有志竟成」，國父全集，第一冊，頁四九八。

三、孫中山先生對五四運動主要領導人物思想的影響

五四運動期間的主要領導人物，大多受中山先生思想所影響。蔡元培於光緒二十八年（一九〇二）春，合吳敬恆、黃宗仰（烏目山僧）、章炳麟（太炎）、章行嚴（士釗）等，籌組中國教育學會於上海，表面以改良教育爲宗旨，隱然爲東南各省革命團體之巨流。光緒三十年（一九〇四）秋，元培合龔寶銓等組織光復會，自任會長。明年，由蘇鳳初介紹，在上海加入同盟會（一說何海樵介紹），組織暗殺團體。光緒三十三年（一九〇七）五月，赴德留學，直到辛亥革命期間返國。民國元年元旦，中山先生就任中華民國臨時大總統，任元培第一任教育總長。四月，隨政府北遷。同年六月，唐紹儀內閣瓦解，乃辭職再赴德國深造。民國二年夏，以宋教仁被刺案，一度歸國奔走調停。二次革命事起，復赴法國，助李煜瀛辦理留法儉學會，組織法華教育會。民國五年六月，袁世凱敗亡，黎元洪繼任總統，范源濂任教育總長，袁希濤爲次長。當民國元年元培任教育總長時，范源濂任次長，袁希濤任普通教育司長，二人對元培教育思想有深刻認識，覺得像北京大學這樣一所國家最高學府，需要像元培這樣開明的人士來領導，乃拍電請他返國主持校務。元培遂於是年十月間返國，民國六年一月四日到職。當元培發表爲北京大學校長時，革命同志及其友好有兩種不同意見：一種贊成他北上就職，一種持反對態度。中山先生認爲北方應當加緊革命思想的傳播，像元培這樣

的老同志，去那歷代帝王和官僚氣氛籠罩下的北京，主持全國性的教育，是再好不過了⑮。而馬君武等則堅決表示反對，認爲沒有和北京政府合作的必要⑯。而元培卒毅然前往。元培於「我在北京大學的經歷」一文中說：

民國五年冬，我在法國，接教育部電，促回國，任北大校長。我回來，初到上海，友人中勸不必就職的頗多，說北大太腐敗，進去了，若不整頓，反與自己聲名有礙，這當然是出於愛我的意思。但也有少數的說，既然知道他腐敗，更應進去整頓，就是失敗，也就算盡了心，這也是愛人以德的說法，我到底服從後者進北京。⑰

元培因之得以達成教育救國的意願。實際元培未返國前，在法國啓程時，即已決定出任北大校長了，並約革命同志共同爲整理這所全國最高學府而努力。據李煜瀛記載：

蔡孑民在將決定就北京大學校長之際，其時蔡居法之南部，我居香湖，孑公特至相訪，約偕往北大以整理故鄉之學府，引爲吾人共同之責任，並盼稚老（按：指吳敬恒）亦往

---

⑮ 羅家倫「蔡元培先生與北京大學」，見「逝者如斯集」，頁五五，台北，傳記文學出版社印行。
⑯ 羅家倫「五四的真精神」，見北京大學台灣同學會編「五四愛國運動四十週年紀念特刊」，頁一一八，民國四十八年五月四日出版。
⑰ 蔡元培自述，頁一〇。傳記文學出版社，民國五十六年九月出版。

云云。[18]

元培於接長北大後，於民國六年一月「致汪精衛君書」中，對其今後的抱負，復有深入的說明：

> 在弟觀察，吾人苟切實從教育著手，未嘗不可使吾國轉危爲安，而在國外所經營之教育，又似不及在國內之切實。弟之所以遲遲不進京，欲不任大學校長，而卒於任之者，亦在此。昔普魯士受拿破崙蹂躪時，大學教授菲希脫爲數次愛國主義之演說，改良大學教育，卒有以救普之亡，而德意志統一之盛業，（普之勝法，群歸功於小學校教員，所以有此等小學教員者，高等教育之力也。）亦發端於此。[19]

所以當時中山先生，認爲元培就任北京大學校長，是隱伏北方的革命耕耘者，是可以把北京沈悶局勢翻造過來的革命黨人[20]。元培是五四運動的領導者，也是新文化運動的媬姆，他主張自由，推行民主，反對專制的見解，處處與中山先生思想相契合。其言論往往可以作

[18] 李煜瀛「石僧筆記」，頁一〇九，自印本。
[19] 孫常煒編「蔡元培先生全集」，頁一〇六二，民國五十七年三月，商務印書館出版。
[20] 黃季陸「蔡元培與國父的關係」，台北，傳記文學，第五卷，第三期，頁二〇。

三民主義的闡揚、旁證，甚至補充，此於其所著「三民主義中庸性」一書中可以得到證明。

胡適於光緒三十二年（一九〇六）考入上海中國公學，該校爲革命運動機關，係留日學生憤恨日人歧視，自動退學回國，私費所創辦。爲我國第一所私立大學，因經費不足，幹事姚宏業以身殉校，遺書數千言，刊於報紙。胡適以十六歲童年，閱讀遺書，大受感動，乃決定到該校就讀。肄業期間，曾參加學校社團「競業學會」。該會辦有「競業旬刊」，表面宗旨爲：㈠振興教育，㈡提倡民氣，㈢改良社會，㈣主張自治。實際會員大多是革命黨人，計劃將革命思想「傳佈於小學校之青年國民」。因此採用白話文，以便於鼓吹革命。胡適和他們往來極爲密切㉑，並經常在「競業旬刊」用白話文發表文章，曾擔任主編和撰述。胡適回憶說：

> 我那時只有十幾歲，初進去時只見許多沒有辮子的中國少年，後來才知道大多數都是革命黨人。……戴天仇（傳賢）先生也曾住過，陳其美先生也時時往來。……㉒

革命黨人除利用中國公學中的社團外，並採用民主方式來教育學生。胡適說：「公學的

㉑ 胡適「四十自述」，頁六七，台北，遠東圖書公司，民國六十四年出版。

㉒ 胡適「中國公學史」，民國十八年六月出版。

發起人多爲革命黨人，故學校成立時一切組織多含有試行民主政治之意。」㉓光緒三十四年（一九〇八），中國公學因開除學生而發生大風潮，絕大多數學生退學，另組織一「中國新公學」，胡適在此一大風潮中，被舉爲學生大會書記，隨大多數同學退學，且撰「對於中國公學風潮之感言」，刊載「競業旬刊」第三十四期，對舊公學當局大肆攻擊。旋應約擔任「新公學」低級英文教員。

宣統二年（一九一〇），胡適留學美國康奈爾大學，和許多同盟會員均有來往，如宋子文、任鴻雋等。當時胡適對中山先生革命思想認識已深，故在留美期間，對國內政治非常關心。民國成立後，政局動盪不安，胡適在留學日記中說：「政治要有計劃，中國應定什麼方針，我亦不配高談，總之要先行通盤打算，定下立國大計，期於若干年內造多少鐵路，立多少學堂。」㉔胡適此一認識，與中山先生革命建設的主旨極相吻合。胡適於民國六年七月返國，任教北京大學，民國七年十二月，中山先生完成「孫文學說」。民國八年五四運動發生時，胡適因接待來華講學之杜威（John Dowy），正在上海，時蔣夢麟協助中山先生擬定「建國方略」中的「實業計劃」，引起胡適極大的興趣，乃由蔣夢麟引導，同往謁見中山先生，有所請益。中山先生曾告以「建國方略」大要，胡適有深刻的感受㉕。

㉓ 胡適「四十自述」，頁六六。
㉔ 胡適「留學日記」，頁三五，上海，商務印書館，民國三十六年十一月出版。
㉕ 吳相湘「民國的人和事」，頁二五，台北，三民書局，民國六十一年出版。

蔣夢麟早年肄業上海南洋公學，喜與革命黨人遊。光緒三十二年（一九〇七）春，夢麟前在浙江高等學堂同學馬子夷、陳作平自日本返上海，將往安慶，參加光復會徐錫麟所發動的起義，逗留一星期。幾乎每天都訪夢麟，講説革命理論和計劃，約夢麟同往安慶。夢麟則接受堂兄建議，赴日本一遊。夢麟在東京戰蹟博物館中，見日本展示日軍於甲午戰爭期間擄獲中國之軍旗、軍服、武器，有無地自容的憤懣。光緒二十八年（一九〇二），夢麟入美國加州大學農學院，明年轉學社會科學院。在革命黨人主辦之大同日報擔任主筆達三年之久，該報總編輯爲同盟會主要份子劉成禺，夢麟負責撰寫社論，直到加州大學畢業始告一結束。宣統二年（一九一〇）二月十日，中山先生自紐約經芝加哥抵舊金山，夢麟隨劉成禺初次晉謁中山先生於唐人街附近史多克頓街一家旅館裏，夢麟記其所得的印象説：

劉麻哥（成禺）把我介紹給這位中國革命運動的領袖，孫先生似乎有一種不可抗拒的引力，任何人如果有機會和他談話，馬上會完全信賴他。他的天庭飽滿，眉毛濃黑，一望而知是位智慧極高，意念堅强的人物。他的清澈而和善的眼睛，顯示了他的坦率和熱情。他的緊閉的嘴唇和堅定的下巴，則顯示出他是個勇敢果斷的人。他的肌肉堅實，身體强壯，予人鎮定沉著的印象。談話時他的論據清楚而有力，即使你不同意他的看法，也會覺得他的觀點無可批駁。除非你有意打斷話頭，他總是娓娓不倦地向你發揮他的理論。他説話很慢，但是句句清楚，使人覺得他的話無不出於至誠。他也能很安祥地聽別人講話，但是很快就抓住人家的談話要點。

後來我發現他對任何書都有濃厚的興趣，不論是中文書，或者英文書，他把可能節省下來的錢全部用來買書。他讀書不快，但是記憶力卻非常驚人。孫先生博覽群書，所以對中西文化的發展有清晰的了解。……

孫先生是個眞正的民主主義者，他曾在舊金山的唐人的街頭演說，頭頂飄揚著國民黨的黨旗，他就站在人行道上向圍集在他四週的人演說。孫先生非常了解一般人的心理，總是儘量選用通俗平易的詞句來表達他的思想。他會故意的問：「什麼叫革命？」「革命就是打倒滿州佬」。聽衆很容易明白他的意思，因此就跟著喊打滿州佬。接著他用極淺近的話解釋，爲什麼必須打倒滿州佬，推翻滿清建立共和以後他的計劃怎麼樣，老百姓在新政府下可以享受什麼好處等等。

在開始講話以前，他總先估量一下他的聽衆，然後選擇適當的題目，臨時決定適當的講話方式，然後再滔滔不絕地發表他的意見。他能自始至終把握聽衆的注意力，他也隨時發表演說，因爲他有驚人的演說天才。

孫中山先生對人性有深切的了解，對於祖國和人民有熱烈的愛，對於建立新中國所需要的東西有深邃的見解。這一切的一切，使他在新中國的發展過程中成爲無可置辯的領袖。他常到南部各州東部各州去旅行，有時又到歐洲，但是經常要回舊金山來，每次回到舊金山，我和劉麻哥就去看他。㉖

㉖ 蔣夢麟「西潮」頁八三至八五，台北，世界書局，民國六十五年五月出版。

民國七年夏，中山先生在上海專心撰述「實業計劃」，夢麟與余日章任助理，參加搜集資料及校閱原稿工作，一切資料數字均詳細核對，務期翔實。有時對原稿內容有所建議，中山先生亦樂於接受。夢麟記道：

孫中山先生是中國第一位有過現代科學訓練的政治家，他的科學知識和精確的計算實在驚人。爲了計劃中國的工業發展，他親自繪製地圖和表格，並收集資料，詳加核對。實業計劃中所包括的河床和港灣的深度和層次等細節，他無不瞭若指掌。有一次我給他一張導淮委員會的淮河水利圖，他馬上把它在地板上展開，非常認眞的加以研究，後來我發現這幅水利圖在他書房的壁上掛著。

在他仔細研究工業建設的有關問題和解決辦法以後，他就用英文寫下來，打字工作全部歸孫夫人負責，校閱原稿的工作則由余日章和我負責。一切資料數字都詳予核對，如果有什麼建議，孫先生無不樂於考慮。凡是孫先生所計劃的工作，無論是政治的、哲學的、科學的或其他，他都以極大的熱忱去進行。他虛懷若谷，對任何建議和批評都樂於接受。[27]

由於夢麟受到中山先生精神的感召，因此他在許多講演會中，無形的宣傳了中山先生的

---

[27] 同上書，頁一一六至一一七。

思想。如他在民國六年夏返國之初，在上海寰球中國學生會講演中說：「中國科學不發達，是因爲太重應用，我們現在要講工業，根本要從科學入手。」「要中國富强，我們先要工業化，並講工程學，知道工業發展的重要。工程學是根據科學工程，是應用科學，是要以理論科學或自然科學做基礎的。」㉘民國八年五四運動發生時，夢麟在上海報紙上獲得消息。五月九日，蔡元培辭職離北京，南下杭州，夢麟被邀代理執行校務，七月二十一日到達北京，中山先生曾寫信給他，對他領導北大的各種運動大加獎譽，最後勉勵他：「率領三千子弟，參加革命」㉙不過夢麟生前很少以革命黨人自居，而揆其立身行事，無不以實踐中山先生主張爲抱負。

四、「民權初步」與「孫文學說」

五四運動發生前，中山先生鑒於人心之頹廢，社會風氣之敗壞，非從思想著手，不足以旋乾轉坤，發揚民德，乃專心致力於革命理論之撰述，民國八年六月十八日，其所復四川同志蔡冰若函，告其著述之要旨說：

㉘ 蔣夢麟「一個富有意義的人生」，傳記文學，第四卷，第三期，頁二八。
㉙ 西潮，頁一三二。

文著書之意，本在糾正國民思想上之謬誤，使之有所覺悟，急起直追，共匡國難，所注目之處，正在現在而不在將來也。試觀此數月來學生之奮起，何莫非新思想鼓盪陶鎔之功？故文以灌輸學識，表示吾黨根本之主張于全國，使國民有普遍之覺悟，異日時機既熟，一致奮起，除舊布新，此吾黨主義之大成功也。㉚

同年八月二十八日，復旅日同志廖鳳書云：「文近時觀察國事，以爲欲圖根本之治，非使國民群懷覺悟不可，故近仍閉户著書，冀以學說喚醒社會，政象紛紜，未暇過問也。」㉛中山先生所著「建國方略」中「民權初步」，於民國六年二月二十一日完成於上海，原名「會議通則」，時當袁世凱敗亡之後，中國統一未久，中山先生特將序文發表於上海民國日報，（按：民國日報創刊於民國四年十二月，係中華革命黨之報紙，以討袁爲宗旨，由葉楚傖，邵力子等任主筆。）對「民權」加以解釋說：「民有罷免官吏之權，民有創制法案之權，民有複決法案之權。」「必具有此四大民權，方得謂爲純粹之民國。」指出此書乃教國人行民權第一步方法，「倘此第一步能行，行之能穩，則逐步前進，民權之發達，必有登峰造極之一日。」㉜「建國方略」中「孫文學說」，完成於民國七年十二月三十日，中山先生於自序中指出：「知

㉚ 國父全集，第三册，頁六二二至六二三。
㉛ 同上書，頁六三五。
㉜ 同上書，第一册，頁六六七至六六九。

之非艱，行之惟艱」的錯誤思想，爲民國建設事業之大敵，「故先作學說，以破此心理之大敵，而出國人之思想於迷津。」㉝至於「建國方略」中「實業計劃」，中山先生著筆於民國七年冬歐戰結束之初，係英文稿，共分六計劃，目的在發揚「建設原理」，利用外資，促使中國完成物質建設，使人民達到安和樂利的社會。其要目凡十：㈠交通之開發。㈡商港之開闢。㈢鐵路中心及終點，並商港地，設新式市街，各項公用設備。㈣水利之發展。㈤設冶鐵、製鋼，並製造士敏土之大工廠，以供上列各項之需。㈥鑛業之發展。㈦農業之發展。㈧蒙古、新疆之灌概。㈨於中國北部及中部應設造林。㈩移民於東三省、蒙古、新疆、青海、西藏㉞。自民國八年八月一日「建設」雜誌第一卷第一期開始刊登，民國十年十月中文譯稿完成出版。中山先生於序文中認爲欲避免第二次世界大戰危機，「舍國際共同開發中國實業外，殆無他策。」「此政策果能實現，則大而世界，小而中國，無不受其利益。」㉟前兩種著作完成於五四運動發生之前，對五四學生愛國運動有推動之功。後一種著作完成於五四運動之後，影響久遠，不啻爲中國建國之藍圖。

「民權初步」出版後，深受讀者所歡迎，影響人心甚鉅。五四運動期間，有許多國民致函中山先生，思索「民權初步」，一讀爲快。例如同年六月二十三日姚錦城之函云：

㉝ 同上書，頁四一九至四二一。
㉞ 同上書，頁五一二至五一四。
㉟ 同上書，頁五〇九。

中山先生大鑒；下走等救國爲重，而能力薄弱，曾無稍補。素仰先生道德文章，無從謀面，斯下走所抱恨者也。今擬懇先生惠賜民權初步二冊，一則存諸教育科中，以便同志之披覽；一則下走私之，時時加以揣摩，使得廣益所聞，則下走等永感勿忘矣。㊱

朱執信於「建設」雜誌第一卷第一號中撰文，指出五四運動之所以形成，其「所有主張之根源，一方是愛國主義，一方是民權主義，此兩主義合而有所決定，始能採適當的辦法。三十年前國民曾有愛國之表示乎？十五年前國民曾要求民權？愛國民權之主義爲少數人所提倡，而浸入多數人之心，今者遂爲輿論決定之準據，凡三十年來革命黨所以號召之國民者，皆愛國民權主義。」㊲執信所說少數愛國民權主義的倡導者，乃指中山先生而言，其爲五四運動的啓蒙者，殆爲世人所公認。

五四運動後，全國各地興起辦報紙雜誌的熱潮，多時高達六百餘種，其中許多刊物受到中山先生民權思想的影響。如湖南的「民權報」，即以鼓吹民權，介紹民權學理爲宗旨。其出版廣告宣稱：「凡提倡三民主義，主張五權憲法的國民不可不看。」㊳五四運動健將劉琪，爲索取「民權初步」，特別到上海晉見中山先生，中山先生即贈送他一千本，希望他帶到北京

㊱ 革命文獻，第四十八輯，頁三三八至三三九，黨史委員會，民國五十八年九月出版。
㊲ 朱執信「輿論與煽動」，上海，「建設」雜誌，第一卷，第一號，頁一七五，民國八年八月一日出版。
㊳ 「建設」雜誌，第二卷，第二號，廣告詞，民國九年三月一日出版。

去，廣爲傳佈[39]。

早在宣統三年（一九一一）八月，武昌起義前夕，蔣夢麟尚肄業美國加州大學時，中山先生再次遊美道經舊金山，即曾以「議事之法則與秩序」（Parliamentary Rules and Order by Robert）一書交夢麟，囑其譯述爲中文，夢麟因課務及大同日報撰述工作繁忙，未即著手。民國六年夏，夢麟回國後，謁見中山先生時，中山先生特詢及此，並出示繕就之「會議規則」（後改名「民權初步」）稿本，告以即將刊行，夢麟深感惶愧。旋又將該書郵寄北京胡適。胡適在美國曾多次參加康奈爾大學學生會，及國際學生會，對會議規則有實際經驗，自更體認中山先生選寫「會議規章」之深意[40]。民國九年五月四日，五四運動一週年紀念日，北京大學教授胡適、蔣夢麟聯名發表「我們對學生的希望」一文，於檢討「五四運動」的成就後，接著說：「至於團體生活，如各校學生會、自治會、各校聯合會，應注重通俗的議會規則。」[41]是蔣、胡等無形中將中山先生的民權主張，傳播到青年的心靈中。

「孫文學說」目的在掃除數千年來印入人心的畏難和苟安惡習，破除偷惰心理，同時並鼓舞力行的勇氣，求知的決心，以恢復民族的自信心。並指示新文化運動應朝向科學化、工業化、民主化，和社會化的方向邁進。民國八年一月十四日，中山先生復北京蔡元培、張相文

---

[39] 李霜青「五四運動實錄」，頁三三，台北，現代雜誌社，民國五十七年出版。
[40] 吳相湘「蔣夢麟振興北大復興農村」，引自吳著「民國百人傳」第一冊，頁六五，傳記文學雜誌社，民國六十八年元月出版。
[41] 引自吳相湘「民國人和事」，頁二六。

論編纂民國史書云：

文所著述，蓋欲以政治哲理，發揮平生所志，與民國建畫暨難知易行之理，撰爲一編，以啓迪國人，俾灼知共和政治之眞相爲何？國民之所宜自力者爲何？草創將半，再閱數月，或可殺青。㊷

美國哲學家哥倫比亞大學教授杜威，首倡「從知去學習」（learing by doing）。民國八年，應中國南北多所大學邀請來華講學。四月三十日到上海，五月十二日由蔣夢麟、胡適陪同赴中山先生邀請的晚餐，餐後兩人討論「知難行易」問題，中山先生告訴杜威說：「有一書論及這一問題，正在付印，出版後即奉贈，今先將概要說明。」隔日杜威再訪中山先生，對「知難行易」復作深入之討論，兩人都同意在知與行的關係上，人是活動的主角。後來杜威在中國各地演講時，常引用「孫文學說」，中山先生也常引用杜威的話來支持他自己的論點，兩人的接觸對一位革命實行家中山先生來說，自然有重大的意義，而杜威也認爲中山先生是一位世界上最偉大的哲學家㊸。

㊷ 國父全集，第三册，頁五九〇。
㊸ 吳相湘「蔣夢麟振興北大復興農村」，引自吳著「民國百人傳」，第一册，頁一〇〇至一〇一。

「孫文學說」於民國八年五月二十日出版，六月五日由上海華强書局發行[44]。受到各方面普遍的重視，許多黨員紛紛購閱，並來函讚賞，表示願盡力廣爲宣傳。如湘軍師長吳燦煌函索百本[45]，中山先生寄贈陝西靖國軍總司令于右任「孫文學說」五册，並函云：

默察年來國內嬗變之跡，知武人官僚斷不可與爲治，欲謀根本救國，仍非集吾黨純潔堅貞之士，共認艱鉅，澈底澄清不爲功。又以吾黨同志向多見道不眞，故雖銳于進取，而無篤守之勇氣繼之，每至中途而旁皇，因之失其所守，故文近著學說一卷，除祛其謬誤，以立其信仰之基。茲已出版，道遠未能多寄，特郵奉五册，如能就近翻印，廣爲流傳，于前途思想必多增進，亦足助兄提倡民治之進行也。文此後對於國事，仍當勉力負荷，以竟吾黨未完之責，願兄等亦以此自勵。茲者世界潮流所趨，民治主義日增而月長，但能篤守主義，持以無倦，前途成功可預期也。[46]

于右任收到書後，立即再函中山先生，要求價購「孫文學說」百册，略云：「昨奉報書，並錫鉅製，誼文稠疊，曷任拜嘉。更念學說之卓犖，指示之精闢，經綸天下有如潔矩，古所

---

[44] 羅家倫主編、黃季陸增訂「國父年譜」，下册，頁七五六至七五七，民國五十八年十一月出版。

[45] 革命文獻，第四十八輯，頁二六〇，民國五十八年九月出版。

[46] 國父全集，第三册，頁六三八至六三九。

謂一言爲法者，想先生亦未遑謙讓也。頗欲再求學說百册，分贈同志，藉廣探討，所需書費，示知當奉寄也。」47 中山先生立批：「照寄百册，不收費。」48 黨人吳敬恆於閱讀「孫文學說」後，給戴季陶的信中說：「謝謝他（按：指中山先生），贈我的學說，開通了我許多。」「中山先生的道自在流行。」49 同年七月二十日，北京「每週評論」刊出胡適所撰「孫文學說之内容及批評」一文，稱道：

「孫文學說」這部書是有正當作用的書，不可把他看作僅僅有政黨作用的書。中山先生又做了一種「建國方略」，是一種很遠大的計劃。他又怕全國的人仍舊把這種計劃看作不能實行的空談，所以他先做這一本「學說」。要人拋棄古來「知易行難」的迷信，要人知道這種計劃的籌算雖是不容易的事，但是實行起來並不困難，這是他著書的本意，是實行家破除阻力的正當手續，所以我說這書是有正當作用的。50

五四運動健將程天放晚年回憶說：「民國八年，國父在上海，他正印行了『孫文學說』，

47 革命文獻，第四十八輯，頁二七五。
48 同上書。
49 「建設」雜誌，第一卷，第一號，頁一九六，上海，民國八年八月一日出版。
50 每週評論，第三十一號，北京，民國八年七月二十日出版。

鼓吹知難行易的道理，引起了學術界的重視51。足見該書在五四運動期間發揮了相當大的功效。

五、「星期評論」和「建設」雜誌

五四運動期間，中國出版事業發生了極大的改進。「五四事件」發生以後的半年期間，中國約有四百種白話文刊物出現，中山先生憂慮青年學生未能認清新文化運動的本質，謀引導納入正確方向，除已發行之「民國日報」，將副刊改爲白話文以資鼓吹外，先後命同志創辦「星期評論」和「建設」雜誌月刊。和當時主要刊物「新青年」（月刊）、「太平洋」（月刊）、「每週評論」（週刊）、「新潮」（月刊）、「公民」（月刊）、「新教育」（月刊）、「少年中國」（月刊）、「解放與改造」（半月刊）、「少年世界」（月刊）並馳於言論界52。

「星期評論」是「六三運動」（按：日本北京軍警拘捕講演學生約四百人，並包圍北京大學。）後五天，即六月八日創刊。由戴季陶、沈定一（玄廬）、孫棣負責主編。編輯處設上海愛多亞路新民里五號，採用白話文，所批評對象屬於當時政治、社會、經濟和文藝多方面。

---

51 程天放早年回憶錄，頁三八，台北，傳記文學出版社，民國五十七年十月出版。

52 周策縱原著、楊默夫編譯「五四運動史」，頁二八四至二八五，台北，龍田出版社，民國六十九年五月出版。

沈定一在「星期評論」發刊詞中，強調心理建設的重要，他說：「一切世界都從心裏的思想創造出來，這個心原是我一個人的心，欲凡是人都有心，就是都有我，合乎衆人的思想和組織，就是改造世界的根本。」53 這一段話即係闡揚「孫文學說」的理論。

「星期評論」是革命黨人「宣傳事業第一步」54，以改造或建設現代社會爲目的。中山先生於「星期評論」出版後，發現裏面有一篇戴季陶所撰「國際同盟和勞工問題」，同年六月二十二日在上海住宅特別指示戴氏道：

我們改革中國的主義，是三民主義。三民主義的精神就是要建設一個極和平、極自由、極平等的國家。不但在政治上要謀民權的平等，而且在社會上要謀經濟的平等。這樣做去才可以避除種種階級衝突、階級競的苦惱。所以吾們在經濟上，一面要圖工商業的發達，一面要圖工人經濟生活的安全幸福。……我們要曉得群衆的知識是很低的，要教訓群衆、指導群衆，或者是教訓指導知識很低的人，最要緊要替他們打算，不好一味拿自己作標本。這樣的去做工夫，方才有趣味，方才得到研究的益處，方才能夠感化多數的人。……無論在那一國，他們各種思想都是有系統的，社會上對於有系統的思想的觀察批評，

53 「星期評論」，發刊詞，民國八年六月八日。
54 「星期評論」廣告，載「建設」雜誌，第一卷，第六號。

也是有系統的。政治運動是政治運動，經濟運動是經濟運動，各有各的系統，都隨著人類文化的大潮流，自自然然的進步。如果沒有特別的壓力，像我國從前那樣的政治，決不會有十分激烈的變態發生出來的。中國的社會思想和生活還沒有發達，人民知識沒有普及，國家的民主的建設還沒有基礎的時候，這種不健全的思想，的確是危險的。[55]

這也是中山先生創辦「星期評論」動機的所在。北京大學教授胡適等所辦的「每週評論」，於「星期評論」創刊後，六月二十八日所出版的「每週評論」第二十八期，撰有「歡迎我們的兄弟——星期評論」一文，該期並載有『「星期評論」關於民國建設的方針主張』專著一篇，對「星期評論」加以推重。因此「星期評論」發行後，深得一般知識青年和社會大衆的愛好。「星期評論」除單獨出售外，並隨「民國日報」附送，銷路因之大增。同年七月十三日，廖仲愷於「星期評論」第六號，發表「三大民權——罷官權、複決權、創制權」一文，引述中山先生民權主義，主張人民應有充分的民權來管理政府，充分的民權就是罷官權、複決權，和創制權[56]。

廖仲愷復在星期評論第十二號，發表「革命繼續的工夫」，特別強調實行三民主義，尤其

---

55 國父全集，第二冊，頁八四四至八四七。

56 星期評論，第六號，民國八年七月十三日出版。

是要利用溫和的節制資本和平均地權的手段，來完成民生主義。認爲倘若做到這一步，「中華民國就是民之所有，民之所治，民之所享的國家，武昌革命就可以光耀天下後世了。」57 這對當時的新文化運動，作了更進一層的發揮。

「星期評論」並在「建設」雜誌刊登廣告：「諸君有不滿意現在的世界麼？該打破的是什麼？該解放的是什麼？該建設的是什麼？請看星期評論，凡訂閱上海國民日報的，每週附送一份。」58「星期評論」因批評時政激烈，遭到江蘇督軍李純的干涉，故僅刊行一年，出版五十三期，民國九年六月六日，因被查禁而停刊。

五四運動期間，中山先生爲了鼓吹建設性的新文化，納學生愛國運動於正確方向，以促進中國現代化，復命胡漢民、汪兆銘、廖仲愷、戴季陶、朱執信五人組織「建設社」，五人正值有爲之年，學養經驗俱豐，茲錄建設社章程如下：

一、本社以從精神上物質上謀國家及社會之建設及革新爲目的，經營譯者出版事業。

二、本社由現社員照後開人名分擔籌集社費，以後有贊成本社樂捐助者，一律歡迎。

三、本社非得全社員贊同不能承認新社員，但社員有退社之自由。

四、本社先發行月刊雜誌，由社員擔任撰述，並請當代學者寄稿，由編輯主任彙交發

---

57 星期評論，第二十號，民國八年十月十日出版。

58 「建設」雜誌，第二卷，第四號、第五號，廣告欄。

行主任印行。

五、略。

六、雜誌行銷所有盈餘，即移以辦理其他出版事業，以傳播建設革新之理論計劃。

七、本社章非經全體同意不能更易。

八、本社現社員如左：

胡漢民、汪兆銘、戴傳賢、廖仲愷、朱執信[59]。

乃由建設社創辦「建設」雜誌月刊，由中山先生自任社長，胡漢民任總編輯，朱執信、廖仲愷、戴傳賢三人協助，甫自美回國的林雲陔任譯述，邵元沖、馬君武等多人也參加工作[60]。以從精神上、物質上謀國家及社會之建設及革新爲目的，內容分論說、記事、通信、雜錄四門，所載多爲研究建設國家之具體問題，並提供改革方案[61]。民國八年八月一日發行創刊號，中山先生特撰發刊詞，說明該刊之宗旨，以「鼓吹建設之思潮，闡明建設之原理，冀廣傳建設之主義」爲宗旨。略云：

---

[59] 原載「建設」雜誌，第一卷，第一號，民國八年八月一日出版。

[60] 蔣永敬「胡漢民先生年譜」，頁二三九至二四〇，黨史委員會，民國六十七年十一月出版。

[61] 羅家倫主編、黃季陸增訂「國父年譜」，下冊，頁七六二，民國五十八年十一月增訂版。

我中華民國以世界至大之民族，而擁世界至大之富源，曾感受世界最進化之潮流，已舉行現代最文明之革命，遂使數千年一脈相傳之專制爲之推翻，有史以來未有之民國爲之成立。然而八年以來，國際地位猶未能與列强並駕，而國內則猶有官僚舞弊，武人專橫，政客搗亂，人民流離者何也？以革命破毁以後而不能建設也。所以不能者，以不知其道也。吾黨同志有見於此，故發刊建設雜誌，以鼓吹建設之思潮，闡明建設之原理，冀廣傳吾黨建設之主義，成爲國民之常識，使人人知建設爲今日之急要，使人人知建設爲易行之事功，由是萬衆一心以赴之，而建設一世界最富最强最快樂之國家，爲民所有，爲民所治，爲民所享者，此建設雜誌之目的也。[62]

「建設」雜誌的特色即不犯偏激，又不犯膚淺。爲了迎合時代需要，採用新式標點。在新舊過渡時期，爲了顧及現實及共同需要，雜誌中「文體各從其便，但傾向仍在白話。」[63]因之「建設」雜誌內容非常豐富。除自第一號開始將中山先生英文原著「實業計劃」譯成中文分期發表外，中山先生的「地方自治實行法」，也在「建設」雜誌第二卷第二號中發表。其稿約規定：「深望當代的學者，從精神上、物質上，謀國家及社會的改革，本其研究所得，就思想上，制度上，應行改革之點，提出病的原因，提出救濟的方法，並歡迎關於民國建設及思想

---

[62] 「建設」雜誌，第一卷，第一號，民國八年八月一日出版。另「國父全集」，第四册，頁一四二三。
[63] 朱執信、胡漢民覆黃世平函，載「建設」雜誌第一卷，第一號。

革新的稿件。」[64]「建設」雜誌特別同情五四學生愛國運動，如朱執信所撰「民意戰勝金錢武力」中曾指出：

以北京、上海最近之學生商人愛國運動觀之，亦可以為民意戰勝金錢武力之一證。政府固未嘗割所愛之金錢以防阻人民之行動，又未嘗能運用其武力以壓制國民也。然人人皆知此運動非金錢武力所能抑制。何則？以其為眞正之民意，非由單純之煽動可致，亦非少數人所能利用也。政府即用金錢亦無從收買，即用武力亦無從壓服，即借外國人之金錢武力亦無所施其技，此其成效顯然可見者也。[65]

「建設」雜誌的水準相當高，投稿的人都是熱愛國家富有活力的知識份子。「建設」雜誌有介紹歐美有關民權的新著，及闡揚革命理論的重要著作，有廖仲愷譯述的「全民政治論」，孫科譯述的「公意與民治」、「民意」，胡漢民譯述的「瑞士之直接民權」，林雲陔譯述的「民主主義為世界和平真基礎」，戴季陶所撰的「革命、何故？為何？」針對當時中國實際問題，而提出具體建設性意見的著作，有戴季陶所撰「我的日本觀」、「從經濟上觀察中國的亂源」，馬君武所撰「民食問題」，沈覲所撰「中國茶葉改良私見」，廖仲愷所撰「錢幣革命與建設」、

---

[64] 「建設」雜誌，第一卷，第一號。
[65] 同上。

「再論錢幣革命」等。朱執信所撰文稿尤多，如「民意戰勝金錢武力」、「輿論與煽動」、「神聖不可侵犯與偶像打破」、「兵的改造及其心理」等[66]。並刊登有北京大學學生康白情與戴季陶討論「新革命黨人物應備之條件」等文字[67]。戈公振所著「中國報學史」，稱讚「建設」雜誌道：「所有有關建設方案與建立制度，闡發主義，與提倡社會改革的文字，內容翔實而豐富。由於作者觀察的敏銳與判斷的公允，『建設』雜誌成為新文化運動時期最具有顯明主張的出版品。」[68]胡適致廖仲愷函，稱道「建設」雜誌是五四時期「能做研究文章的好雜誌」。他說：

「建設」好極了，近來的雜誌眞能做研究的實在少，這是新思潮運動的缺憾。「建設」裏的幾位先生都是很能做這種文章，我讀了『建設』的文章，使我自己慚愧。[69]

北京大學生「新潮」主編傅斯年，也稱讚「建設」雜誌「是現在的出版物中能仔細研究一個問題，而按部就班的解決他，不落在隨便發議論的一種毛病裏的唯一刊物。」[70]一直到「五四」十數年後，傅斯年還很平靜的指出：「建設雜誌帶給五四運動以的中國絕大的政治動

[66]「建設」雜誌，第一卷至第二卷各號，民國八年八月，至九年八月。
[67]「建設」雜誌，第一卷，第三號，民國八年十月一日出版。
[68]戈公振「中國報學史」，頁一九四，商務印書館，民國二十四年一月出版。
[69]「建設」雜誌，第二卷，第一號，民國九年二月一日出版。
[70]傅斯年「新潮的回顧與前瞻」，新潮二卷一期，頁二〇四，民國八年十月三十日出版。

向，是把中國推向近代化的一重要刊物。」[71]「建設」雜誌遂與五四運動期間北方幾個有份量的大刊物相呼應。胡適特別作文介紹中山先生的「孫文學說」，北京大學學生刊物「新潮」書評裡，對「建設」雜誌也加以推崇。而當時四大副刊之一的「覺悟」，也時常轉載「建設」的文章，發揮「建設」的理論[72]。可見學術界對此刊物的重視。

「覺悟」係革命黨人所辦「民國日報」的副刊，創刊於民國八年六月，是一個思想的、學術的和文藝的綜合刊物，名義上由邵仲輝主編，實際由陳望道負責。「覺悟」最大的特色，是開闢青年信箱，公開答覆來信，深受青年界的歡迎。「覺悟」介紹革命理論，但未嘗勸人入黨，而江浙青年因讀「覺悟」而志願參加國民黨，獻身革命工作的爲數頗多。尤其民國十三年黃埔軍校成立時，更能看出這個刊物對青年的號召力量[73]。「建設」雜誌第二卷第五號，刊載「民國日報」廣告，說明「民國日報」之「奮鬥的精神，革新的主張」說：

> 本報在民國四年十二月袁世凱稱帝的時候出版，是專爲擁護共和，發揚民治，要喚起國民奮鬥的精神，到現在將近四年，本報同仁雖在艱難困苦的中間，卻是這個精神，敢說是始終如一，並且敢說以後也是永遠不變的。……至於本報內容，都是時時革新，

---

71 傅斯年「論學校讀經」，民國二十四年四月七日，天津大公報，星期論文。
72 羅家倫「逝者如斯」，頁三九，傳記文學出版社，民國五十六年九月出版。
73 賴光臨「七十年中國報業史」，頁六三，中央日報社編印，民國七十年三月出版。

專求適應時勢的要求，什麼消息靈通內容豐富的話，本報同仁不敢自誇，讀報諸君是自能辨別的。本報設有「覺悟」一欄，提倡世界新思潮，並歡迎投稿，定有贈例。本報每星期日附送季陶、玄盧、孫棣三位先生主辦的星期評論。本報優待各地學生聯合會及各校分會，凡聯合會均贈閱一份，但請開示地址，即可照寄。[74]

「建設」雜誌經常和領導五四運動的北方學人，作建國理論方面的探討。如胡漢民在「建設」雜誌一卷二號及一卷三號刊載了「孟子與社會主義」，和「中國哲學史之唯物研究」二文，讚揚胡適所著「中國哲學史大綱」的學術價值。胡適也推崇胡漢民的「中國哲學史之唯物研究」，尤其論漢代哲學一段，更有獨到的見解[75]。胡適和胡漢民、廖仲愷、朱執信彼此之間，曾通信討論古代井田制度有無問題，分別刊在「建設」雜誌二卷一號，及二卷五號中。胡適並寄來季融五的「井田制度有無」一文，刊載於「建設」雜誌二卷五號。北京大學學生也有許多人投稿「建設」雜誌。如江紹源的「英譯巴利文大般涅盤和三支那譯涅盤經之比較研究」，分別刊登「建設」雜誌二卷六號，和三卷一號中。北京大學學生易君左、陳光遠等所創辦的「奮鬥」旬刊，也受到「建設」雜誌的影響。其第五期「破壞號」，主張大破壞，大建設，即是受中山先生建設理論的薰陶。易、陳等且因信仰三民主義，以後都加入了中國國民

[74] 「建設」雜誌，第二卷，第五號，民國九年六月一日出版。
[75] 「建設」雜誌，第二卷，第一號，民國九年二月一日出版。

黨。此外由於「建設」雜誌對群衆運動的重視，直接民權的倡導，直接影響到民國十三年中國國民黨的改組。

「建設」雜誌發行之初，每期三千册，後陸續增加至一萬三千餘册，與當時銷路最好之「新青年」的一萬五千份相差無幾[76]。「建設」雜誌係月刊，以六號爲一卷，民國九年七月一日出滿二卷，後因粵軍回粵驅逐桂系，軍事的關係，建設社同仁大都赴粵參加活動，停刊達四個月之久，至十二月出版三卷一號而止，共出版十三號。其出版時間雖不算長，但建設雜誌不僅爲新文化運動創立下建設性一頁，對當時政治社會和文化影響的深遠，是無法估計的。

六、孫中山先生在五四運動期間對青年的關懷

中山先生倡導國民革命，既著眼於政治的改革，也注意思想的革新，他對於改造民國有一套完整的構想，認爲改造中國的第一步是「革命」，「革命的意思與改造是完全一樣的，先有了一種建設的計劃，然後去做破壞的事。」[77]五四運動期間，他對新文化運動的趨勢，感覺最敏銳，把握最快速。戴季陶在「建設」雜誌一卷二號以「從經濟上觀察中國亂源」爲題，撰文指出新文化運動的特質說：

---

[76] 吳相湘「民國人與事」，頁三二。

[77] 國父全集，第二册，頁三八一至三八二。

新文化運動是什麼？就是以科學的發達為基礎的「世界的國家及社會的改造運動」，非有大破壞，不能有大建設，但是一面破壞著，同時就要一面建設著，各式各樣的努力都是向著有必要到來命運的新世界走。[78]

因之中山先生對當時的學生愛國運動，曾予以重大的關切和鼓勵。中山先生於五四運動發生後，即鄭重的表示說：「青年學生激於義憤，出來奔走呼號，挽救國家危亡，我是表示同情的。」[79]所以當上海中華革命黨總部接到北京學生求援電報之日，中山先生即指令張知本起草電文，覆告北京學界說：「向軍閥政府請願，無異與虎謀皮，自召犧牲，盼能於學業完成後，整裝南下，加入革命陣營，同為救國救民實現三民主義而奮鬥。」[80]當北京政府繼續逮捕遊行學生時，由中山先生發起，連合軍政府六總裁，致電北京政府抗議，要求釋放被捕學生；電云：

青年學生以單純愛國之誠，逞一時血氣之勇，雖舉動略逾常規，情有可原。……倘不求正本之法，但藉淫威，威於何有？以此防民，民不畏死也。作始也微，將畢也巨。

[78]「建設」雜誌，第一卷，第二號，民國八年九月一日出版。
[79]程天放「我初次謁見總理」，載民國三十四年五月五日，重慶掃蕩報，中國國民黨第六次全國代表大會特刊。
[80]引自李霜青「五四運動徵實」，頁三三一至三三二，台北，現代雜誌社，民國五十七年出版。

……執事洞察因果，識別善惡，宜為平情之處置，庶服天下之人心。[81]

此外廣州非常國會（按：中華革命黨議員居多數）受中山先生影響，於五月九日舉行兩院聯席會議，特別討論五四事件。會後通電各省軍政首長及人民團體，電文如下：

賣國賊曹汝霖、章宗祥、陸宗輿甘心為外人鷹犬，密與日本勾結，外而阻撓赴歐代表之要求，撤消中日密約及交還青島，內則希圖破壞上海和會，以遂賣國陰謀。罪狀昭著，天人共憤。京中學生怵於國亡之慘，目擊國賊橫行，奮不顧身，義氣勃發，焚滅曹宅，痛擊章賊，有史以來，無此痛快。乃北廷不思賣國奸黨人盡可誅，反任意拘捕學生，並有將加殘害，解散大學之說。同人聞之，不勝詫異，爰於即日（按：五月九日，實則五月七日被捕學生已保釋，當係南方消息遲誤之故。）特開兩院聯席會議，群情激憤，一致議決通電各省，要求北廷即釋已逮學生，維持各校現狀，嚴懲賣國賊曹汝霖、章宗祥、陸宗輿，以謝天下。諸公愛國熱忱，寧誤此萃萃學子？尚乞一致聲討，全力援救，為人間留正氣，為國家掃奸氛，事機迫切，立盼進行。[82]

---

[81] 引自周策縱「五四運動史」，頁一九九。

[82] 引自陳端志「五四運動之史評價」，頁二三一，上海，民國二十五年出版。

中山先生覽及南京華僑學生代表大會，五月六日決議電請各方爭回青島，取消密約，並嚴懲袒日諸宵小，維持國權，請贊助函（按：原函由學生代表陳明漢於五月八日投寄），即批曰：「代答獎勵，云此間有一分之力，當盡一分之力也。」⑧③ 其時全國學生上電中山先生者日有多起，中山先生一概命同志代爲答覆，加以鼓勵。民國八年七月十八日，中山先生聞南方軍政府拘捕工學界代表，特致電廣州軍政府主席岑春煊，期期以爲不可。電云：

聞警廳因國民大會拘捕工學界代表，將加以殊刑。方今文明各國，不聞有壓抑民意之政府，我粵爲護法政府之所在地，豈宜有此等舉動？尚冀所聞不實，萬一有之，請即予省釋。蓋民氣以愈激而愈烈，若專恃威力，橫事摧殘，不惟爲粵人之所公憤，亦即全國之所不容也。幸審圖之，即候復電。⑧④

九月八日在批北洋大學學生諶伊勛來函云：「代答嘉獎之，學生思想當然如此，深望結合同學同志，爲最後奮鬥，以達最後破壞目的。」⑧⑤ 中山先生經常和五四運動的學生領袖晤談，於接見上海學生聯合會代表復旦大學學生程天放時，懇切的告訴他，絕對同情學生運動，

---

⑧③ 國父全集，第四册，頁三五三。另「革命文獻」第四十八輯，頁三五四。
⑧④ 同上書，第三册，頁六二七。
⑧⑤ 同上書，第四册，頁三六一。

切戒他們不要虎頭蛇尾[86]。於接見北京大學學生代表羅家倫時，曾辯論問題達三小時之久。羅氏並經常和戴季陶、朱執信等，交換對於時局的意見[87]。北京大學學生，後來成爲中國共產黨領袖張國燾，於民國八年十二月，和許多同學到上海活動，回憶其與中山先生及朱執信、廖仲愷等人，討論新文化運動問題時說：

> 我們與國民黨人的接觸較密切，而又是多方面的，孫中山先生的幾位得力幹部胡漢民、王精衛、朱執信、廖仲愷、戴季陶、葉楚傖、邵力子等，與我們過從頻繁。胡漢民和汪精衛這兩位僅次於孫中山先生的革命要人，深居簡出，我們祇有重要事件商談時，前往訪晤暢談一番。戴季陶、朱執信、廖仲愷與我們來往得較爲親密和輕鬆，常聚在一塊高談闊論，主要話題往往是新文化運動。戴季陶愛談社會主義，有些學者味。朱執信愛談時事，顯得滿腹經綸似的。廖仲愷似是革命苦行僧，沉默寡言，老是笑著欣賞別人的高見。葉楚傖、邵力子代表民國日報出席各種民衆團體會議，無異是國民黨的公開代表，與我們好像是在一塊共事似的。[88]

---

86 程天放早年回憶錄，頁三八至三九。

87 羅家倫「逝者如斯集」，頁一四四。

88 張國燾「我的回憶」，第一冊，頁六九，香港明報月刊社，一九七一年出版。

張氏曾記載，民國九年元月一個下午，他和許德珩、康白情，及天津女界代表劉清揚等，到上海法租界莫利愛路二十九號，晉謁中山先生，得到中山先生的啓示，所獲得的深刻印象說：

（上略）有的陳述學生運動和一般民衆運動的情況，有的批評國民黨人對民衆運動的態度不盡洽當，有的指出南北政局都是一團糟，要問孫先生有何方針和計劃。有的甚至表示孫先生祇重上層政治活動，攪外交，攪軍隊，攪土匪，對五四以來的各次民衆運動和新文化運動似乎不夠重視等等。

孫先生對我們這些青年坦率的說話，並不敷衍或示弱，也直率的說出他的意見。他大意說：你們學生反抗北京政府的行動是很好的，你們的革命精神也是可佩服的，但你們無非是寫文章、開大會、遊行請願、奔走呼號。你們最大的成績也不過集合幾萬人，示威遊行、罷課、罷工、罷市幾天而已。北京政府只要幾挺機關槍，就可以把幾萬示威的學生解決掉。現在我願意給你們五百條槍，如果你們能找到五百個眞不怕死的學生托起來，去打北京那些敗類，才算是眞正革命。[89]

這是中山先生以實際革命行動，代替空喊口號主張的具體說明，這也是青年真正應該走

---

[89] 同上書，頁七〇至七一。

的道路。但張國燾等乍聽之下，最初表示不服氣，中山先生則用說理的態度加以開導。張氏等才恍然大悟，知道只有實行三民主義才是救國的途徑，對中山先生因之益加崇敬。張氏回憶說：

孫先生以安祥的態度，緩慢的聲調，回答我們提出的許多問題，彷彿政府負責人在議會中遭受質問，從事答辯。他的那篇頗長的談話，大意是指出下列各點：㈠他要學生們托起槍來，不過是希望學生們的革命精神再提高一步，他並不看輕學生開會、示威等動員民衆起來反抗北京政府的行動，並且相信那些行動都有重要的作用。㈡他承認我們指責他沒有充分重視學生運動和新文化運動，不是完全沒有理由的。他聲稱他很注重宣傳，素來主張宣傳與軍事並重，不過事實上宣傳工作做得不夠，所以不能使一般青年和民衆瞭解他的主義和主張。㈢他敍述他的三民主義和根本推翻北京政府的立場，要求我們信仰他的三民主義，一致合作，共策進行。

孫先生這一篇娓娓動聽的言論，轉變了這次劍拔弩張的氣氛，在座者都面露笑容，我於是輕鬆的笑著說：「我們學生說話總是有點像吵架似的，其實是眞誠求教，今天談得十分痛快親切，孫先生的意思我們十分贊成，下次再來進一步的請教罷！」孫先生也喜形於色的說：「我很喜歡這次痛快的談話。」於是我們告辭而去。[90]

---

[90] 同上書，頁七一至七三。

在張氏等和中山先生談話後約十天光景，中山先生知道張國燾深中馬克思主義之毒，所以又單獨的約他去晤談。張氏應約前往，談了一陣有關時局和學生運動的情況後，中山先生乃對馬克思主義加以批判，希望張氏能幡然醒悟，信仰三民主義。張氏記道：

孫先生的談鋒因而轉到另一個問題，他問我：「聽說你喜歡研究馬克思主義，是嗎？」在我給予肯定答覆之後，他又說了一大篇話，大意是：社會主義的派別很多，馬克思主義不過是其中的一派。他在歐洲的時候與社會主義各派領袖人選都有過接觸，各派的理論他也都有研究過，他參酌了社會主義各派的理論，汲取它們的精華，並顧及中國實際情形，才創立三民主義。他指著一個擺滿了英文書籍的書架說：「我這些書都是講社會主義的，你都可以拿去看。」他似乎已知道一些我的過去，和我在學生運動中的工作情形，所以向我說：「聽說你在學生運動中很注意民衆運動和工人運動，是嗎？」我告訴他，五四運動只是以「救國十人團」的辦法來組織民衆，到了上海之後才注意調查研究工作的情況。他又闡述他注意工運的道理和事實，並且指著朱卓文說：「朱卓文同志就是一位工運專家，我們大家可以談談。」

於是朱先生說了一些他多年從事工運的經驗，並著重指出要工人信仰三民主義，尤其是民生主義，這樣工人運動才有方向。我當時也針對國民黨注意不及之處指出兩點：一是應按產業職業和工廠類別將工人組織到工會裏來；二是要注重提高工人工資和改善生活等問題。孫先生表示：這些都是要同時進行的要點。之後不久，我們的談話就告結束了。我和孫先生這兩次的晤談，似乎使他對我頗有印象，在以後的幾年中，我和他又有過好幾次的會晤，他不祇一次提起這兩次晤談的往事。91

這足以證明中山先生樂於接近青年，主動向青年們提出三民主義救國的道理，引導熱血盲目青年走入愛國正途。其虛懷若谷的胸襟，得到青年們由衷的欽敬。

五四運動期間，中山先生雖住在上海法租界，但經常不顧及危險到華界和學生們接觸。他對上海學生主要有三次演講：第一次是民國八年六月五日，在上海中華民國學生聯合會閉幕式中，中山先生介紹許多革命同志給學生，希望學生能堅持毅力，繼續革命，反對和北洋軍閥妥協92。第二次是民國八年十月八日，在上海青年會演講，講題是「改造中國之第一步」。中山先生特別闡揚革命的真諦，他說：

> 革命的意思與改造是完全一樣的，先有了一種建設的計劃，然後去做破壞的事，這就是革命的意義。……八年以來的中華民國，政治不良到這個地步，實因單破壞地面，沒有掘起地底陳土的緣故。地底陳土是甚麼？便是前清遺毒的官僚。

---

91 同上書，頁七三至七四。

92 康白情「給戴傳賢的函」，載「建設」雜誌，第一卷，第三號，民國八年十月一日出版。

中山先生並提出中國還有兩種陳土，一種是武人，一種是政客。「要建築燦爛莊嚴的民國，須先搬去這三種的陳土，纔能立起堅固的基礎來，這便是改造中國的第一步。」❾❸第三次演講是民國八年十月十八日，在上海寰球中國學生會，演講的題目是「救國之急務」。中山先生指出欲救民國所可採行者惟有二途：一爲維持現狀，即恢復合法國會，以維持真正永久之和平。二爲重新開始革命事業，以求真正之改革。中山先生批評北方軍閥們的破壞約法，即不肯恢復舊國會，惟有團結全國青年，重新振興革命精神，「聲討北方叛賊，和南方軍閥」，徹底廢除二十一條暨其他密約，以完成救國之宏願❾❹。

中山先生在五四運動期間的各種努力，使許多青年瞭解到非實行三民主義不足以救中國，非打倒軍閥鏟除社會敗類不足以圖建設。所以五四運動後，知識青年們大批的參加中國國民黨，而壯大了革命的陣營。

七、結語

「五四運動」一名詞，最早見於民國八年五月二十六日北京「每週評論」第二十三期署名「毅」的作者，所撰寫的「五四運動的精神」一文，他認爲五四運動：一是學生犧牲的精

---

❾❸ 國父全集，第二冊，頁三八二至三八三。
❾❹ 同上書，頁三八三至三八六。

神，二是社會制裁的精神，三是民族自決的精神。這三種精神可以關係到民放的存亡。「建設」雜誌於五四以後三個月刊出沈仲九所撰「五四運動的回顧」一文，指出五四的特色有三：㈠學生的自覺，㈡民衆的運動，㈢社會的制裁。認爲將來民族存亡的關係，就在於能不能夠發展這幾種特色95。中山先生對五四運動則有更深一層的認識，他指出五四運動的真精神乃在於變化了青年們的思想。關於此點，民國九年一月二十九日，中山先生爲創刊英文雜誌致海外同志書中，曾有明白的說明：

自北京大學發生五四運動以來，一般愛國青年無不以革新思想爲將來革新事業之預備，於是蓬蓬勃勃，發抒言論，國內各界輿論一致同倡，各種新出版刊物爲熱心青年所舉辦者，紛紛應時而出，揚葩吐豔，各極其致，社會遂蒙極大之影響，雖以頑劣之僞政府，猶且不敢攖其鋒。此種新文化運動，在我國今日，誠思想界空前之大變動，推原其始，不過由於出版界一二覺悟者從事提倡，遂至輿論放大異彩，學潮瀰漫全國，人皆激發天良，誓死爲愛國之運動。倘能繼長增高，其將來收效之偉大且久遠者可無疑也。

吾黨欲收革命之功，必有賴於思想之變化，兵法攻心，語曰革新，皆此之故。故此種

95 「建設」雜誌，第一卷，第三期，民國八年十月一日出版。

新文化運動，實爲最有價值之事。[96]

一直到十六年後，胡適給「獨立評論」撰寫「紀念五四」文字，仍稱道中山先生對五四的看法，「是不可磨滅的名言」。[97]因爲五四運動猛烈抨擊傳統，打倒專制，並沒有負起建設新中國的使命，它只做到了「新青年」所做的破壞工作，他們只看到當時北京政府的混亂，北洋軍閥的割據，社會經濟的衰退，文化教育的不振，和對外交涉的失敗，便歸罪於中國文化，使青年無所適從。而部份偏激分子，從而宣傳左傾思想，使新文化運動爲之變質。

中山先生則於五四運動期間，認爲建設重於破壞，鼓吹建設，重新建立革命組織。他先後完成「民權初步」、「孫文學說」，和「實業計劃」。利用「民國日報」鼓吹革命思想，同時創辦「星期評論」和「建設」雜誌，闡明建設原理在於改造中國故有文化的短處，與吸收西方文化的長處，思引導新文化運動由破壞走向有計劃的建設途徑。同時他並趁此時機儘量接觸青年，啓發青年，認清革命的目標，並迎合時代需要。同年十月十日將中華革命黨改稱爲中國國民黨，以統一名稱來統一黨的組織和統一黨的力量[98]。將黨的組織由秘密變爲公開，擴大吸收青年才俊加入，共同爲達成國家統一的歷史而奮鬥。許多領導「五四」的愛國青年

[96] 國父全集，第三册，頁六六八至六七二。
[97] 獨立評論，第一四九號，北平，民國二十四年五月五日出版。
[98] 鄒魯「中國國民黨史稿」，頁三二一，台北，商務印書館，民國五十四年十月出版。

若段錫朋、羅家倫、程天放、方毅等，受中山先生精神感召，紛紛加入中國國民黨，爲民國十三年中國國民黨的改組，和北閥統一，奠定下成功的基礎。

（香港，珠海書院主辦，孫中山先生與中國現代化國際學術會議論文，一九八五年十一月。
臺北，臺灣大學法學院三民主義研究所「中山學術論叢」第七期轉載，
民國七十六年十二月，頁二一至四八。）

四六　國父孫中山先生中日兩國合作之主張

一

中國和日本有兩千年之文化關係，邦交之密切逾於西方各國；不幸自甲午戰後，約半個世紀，雙方間之接觸竟然越出常規。此不獨兩國之不幸，亦且影響世界之和平與人類幸福。今日兩國方邁向民主自由之坦途，在遠東同爲反共之支柱，邦交日增，檢討往事，仍有予人深省處。

十九世紀之末與二十世紀之初，中日兩國之政局同受軍閥所操縱；所不同者中國在於內爭，日本在於對外擴張；而人民之受害並無二致。當時兩國高矚之士，對於東亞前途有遠慮者頗不乏人，若國父之力倡中日提攜，日本志士之贊助中國革命；惜乎未能引起兩國當局之重視，而日本軍閥不恤同種同文兄弟之邦，方以侵華爲能事，中國乃在列強角逐漩渦中，幾乎純粹被動情況下，聽任日本之宰割。

近代俄國爲中日兩國之共同敵人，國父生平對俄人之猙獰面目認識最清，其一貫之主張在聯合中日兩國共同對抗俄人之侵略。無奈此種號召亦不爲日本當局所接受，反而與俄人勾結，競相爲患於中國，影響所及，造成今日中國大陸之沉淪與東亞之不安。

二

國父自光緒二十一年（一八九五）秋，廣州之役失敗首次抵日，至民國十三年（一九二四）冬，自廣州北上，取道日本止，前後約三十年之革命生涯，大半在日本度過。由於日本在歷史文化和地理環境上，均爲中國革命理想之根據地，因之和中國革命發生不可分割之關係。

日本自甲午戰後，由民黨掌握政權，大隈重信任內閣總理，鳩山和夫任外務大臣，犬養毅任文部大臣，咸主「中日親善」，頗欲協助中國革命。其時日本朝野對華政策大致可分爲兩派：一爲國權主義者，受軍閥所操縱，如玄洋社之頭山滿，黑龍會之內田良平等，謀利用中國革命，促成中國之混亂，而乘機漁利。一爲民權主義者，其中又可分爲左右兩派，左派如宮崎寅藏、萱野長知等，認爲亞洲爲一體，中日爲兄弟之邦，中國如能獨立自主，既可鞏固日本，進而兩國合作，解放亞洲被壓迫之弱小民族。右派如平岡浩太郎、大石正己等，受新興資本家所操縱，謀利用中國革命，將來取得在華市場及經濟特權。由於國權主義者及民權主義右翼份子，均抱有某種企圖援助中國革命，所以其對華政策視現實環境而變化無常。惟有民權主義左翼份子，立志磊落，目標遠大，始終爲 國父忠誠同志，爲中國革命而盡瘁。

先是光緒二十年（一八九四）興中會成立之初， 國父於檀香山首識日本耶穌教牧師菅原傳。翌年東渡日本，成立興中會分會於橫濱，與日本志士接觸漸多。其後國父再赴檀香山，留陳少白主持橫濱會務，少白化名服部次郎，遂由菅原傳之介紹，結織曾根俊虎等❶。

光緒二十三年（一八九七）五月，中國醞釀變法期間，日本松方正義內閣外務省，派遣囑托員宮崎寅藏（白浪滔天）、平山周（萬里）等，潛赴中國內地偵探政情，適宮崎病，平山先發，至上海，於書肆中見國父所著「倫敦被難記」，乃購而讀之，始知中國革命黨之主張，「喜極不能眠」。宮崎病癒後，由曾根俊虎引見，訂交於陳少白，少白盡舉興中會宗旨及　國父生平相告，並贈以「倫敦被難記」，宮崎大爲悅服。旋至滬，與平山相會，復至廣東，轉道澳門，得晤革命黨人張壽波、區鳳墀等，聞　國父已於上月離英，取道加拿大東返，乃倉卒歸日❷。

同年七月，國父重抵日本後，借居橫濱陳少白寓，日本民黨立遣宮崎、平山迎之於東京。宮崎於其所著「三十三年落花夢」中，自述與　國父初次相晤所得之印象曰：「孫文有高尚之思想，卓拔之見識，遠大之抱負，在我國之中能有幾人可與相比？他實在是東亞珍寶，我願以自己身心相許，協助其革命事業。」遂與　國父結爲同志。此後　國父結識日本朝野人士益衆，　國父記其事曰：

---

❶ 馮自由「中華民國開國前革命史」第一冊，頁三〇三，民國四十三年四月臺北世界書局影印版。

❷ 宮崎滔天「三十三年落花夢」頁四七至五十，民國四十一年四月臺北帕米爾書店版。

時日本民黨初握政權，大隈（重信）爲外相，犬養（毅）爲運籌，能左右之。後由犬養介紹曾一見大隈、大石（正已）、尾崎（行雄）等，此爲余與日本政界交際之始也。隨而識副島種臣，及其在野之志士頭山（滿）、平岡（浩太郎）、秋正（定輔）、中野（德次郎）、鈴木（五郎）等。復又識安川（敬一郎）、犬塚（信太郎）久原（房之助）等。各志士對中國革命事業奔走始終不懈者則有山田（良政、純三郎）兄弟，宮琦兄弟（寅藏、彌藏），菊池（良士）、萱野（長知）等。其爲革命盡力者則有副島（義一）、寺尾（亨）兩博士。❸

日本志士之贊助中國革命，自不僅此數。據民國四十六年（一九五七）九月，日人杉山龍九蒐集出版之「與中國革命有關之日本人名簿」，共計一八三人之多，足見關係中國革命事業之鉅大。

三

國父領導革命，興中會時代，其目標僅限於狹義之排滿，及「創立合衆政府」。至同盟會

---

❸ 國父著「有志意成」，載 國父全集第二集頁八四，孫文學說內，民國四十六年五月，中央文物供應社出版，以下簡稱全集。

成立，三民主義之學說始昭告於世界，革命之理論於焉成熟。國父嘗比日本爲第二母邦❹，認爲今後中國建國，應以日本爲模範，以日本爲盟友。

光緒三十一年（一九〇五）六月，國父自歐洲再抵日本。七月十三日，留學界歡近國父於東京麴町富士見樓，國父發表演說，比較中國革命建國之希望，與日本明治維新之歷史曰：

日本當維新時代，志士很少，國民尚未大醒，他們人人擔當國家義務，所以不到三十年，能把他的國家弄到全球六大强國之一。我們比他還要大幾倍，所以我們萬不可存一點退志。日本維新雖經營三十餘年，我們不過二十年就可以。蓋日本維新的時候，各國的文物他們國人一點都不知道。我們中國此時，人家的好處人人皆知道，我們可以擇而用之。他們不過是自然的進步，我們方才是人力的進步❺。

國父對於中國文明之古，人口之衆，土地之廣，自始懷有信心。其分析當時中日國勢之所以判殊，因日本之舊文明皆自中國輸入，尤其王陽明之知行合一學說，培植其獨立尚武之精神，而成就維新大業。中國則自滿清入關，文明受到空前斲喪，加以輸入西方文明又不如日本，

❹全集五，頁一三二。
❺全集三，頁三至四。

所以中國落後於日本。但中國畢竟有數千年文明，土地人口世界莫及，倘能取法西人而用之，亦不難轉弱為強，易舊為新。❻

國父既以日本為理想友邦，故於民報發刊詞所標明之六大宗旨內第五項中，主張「中國日本兩國國民之聯合」，以建設遠東之和平。可惜當時日本政府為國權主義份子所操縱，對於中國革命黨之態度，端視其自身利害而轉變。

光緒二十九年（一九〇三）四月，中國留日學生以俄人自拳亂後，在東北遲不撤兵，有「拒俄義勇隊」之組織。及日俄因撤兵問題而宣戰，中國留日學生一致支持日本政府。日本為取信於革命黨人，故中國同盟會得於光緒三十一年（一九〇五）七月二十日順利成立於東京。日俄戰爭結束後，日本取得在南滿之特權，為見好於清廷，鞏固其在遠東之地位，乃於同年十一月，宣佈取締留學生規則。光緒三十三年（一九〇七）春，復應清廷要求，開除與革命黨有關之中國留學生數十人，並逼請 國父離境。光緒三十四年（一九〇八）七月，進而查禁民報，分化革命黨人。故自同盟會成立，至辛亥革命，七年之間，日本在野志士雖不乏同情中國革命者，而其政府則處處阻撓中國革命黨之發展。宣統二年（一九一〇），國父在美，為此曾致函日本宗方君，痛言其事曰：

去年六月，親回日本，欲有所獻議於貴國在野人士，以聯兩國民黨之交，提攜共圖亞

❻ 同上書，頁一至二。

東之進步。乃逋抵江户，則爲貴國政府所撓，不克久居，有志未果，不勝浩嘆。……然猶有所憾者，則尚未得貴國政府之同情，此爲弟每念而不能自安者也。此事必當仗我東方故人之力，乃能轉移。君者吾故人之一也，深望結合所識名士，發起提倡日本支那人民之聯絡，啓導貴國之輿論，游説貴國之政府，使表同情於支那革命事業。❼

辛亥革命期間，日本輿論高唱干涉之説，其政府擬分中國爲二，在北方維持清廷，而以東北爲交換條件。在南方協助建立共和政府，而置於日本保護之下。復以護僑爲名，日軍分向京、津、漢口出動。後因國際阻力，陰謀未能實現，乃步英、俄後塵，要脅民國政府，以承認民國政府爲代價，索取南滿東蒙之特權。

四

國父之另一外交主張爲防俄，而防俄之前提，仍賴於取得日本之諒解。自光緒三十三年（一九〇七）至宣統二年（一九一〇）、俄國和日本成立二次密約，劃分雙方在滿蒙之勢力範圍，作爲瓜分中國之準備。武昌起義後，外蒙在俄國策動下宣佈「獨立」，淪爲俄國之傀儡。民國元年（一九一二）元月二十八日，國父以臨時大總統身分，致北京外蒙各王公電曰：

---

❼ 全集五，頁一三二至一三三。

「俄人野心勃勃，乘機待發，蒙古情形尤爲艱嶮，非群策群力，奚以圖存？」❽請派代表至南京共商國是，勿爲俄人所愚。同年七月八日，俄日三次密約，劃分內蒙爲東西二部，俄國承認東部內蒙爲日本之勢力範圍。日本承認俄國在西部內蒙之特權。十一月，俄國脅外蒙簽訂「俄蒙協約」，俄人在外蒙享受優越之權利，遠東局勢爲之一變。國父爲中國計，爲日本計，爲亞洲前途計，乃於民國二年（一九一三）二月十一日，以在野身份，自上海起程赴日。十四日在東京東亞同文會歡迎席上，以「中日須互相提攜」爲題，發表演說，略曰：

亞細亞者爲亞細亞人之亞細亞也，中日兩國人民互爲親鄰。……亞細亞爲吾人之一家，日本與中國則一家中之兄弟也，假使此雙生之兄弟有相鬩之事，則亞細亞之一家絕不能保持和平。日本爲亞細亞最强之國，中國爲東方最大之國，使此兩國能互相提攜，則不獨東洋之和平，即世界之和平亦易維持，蓋無疑者也。❾

二月二十三日，國父在東京對中國全體留學生之演講，特別指出中日兩國均需顧全大局。認爲：「現今五洲大勢，澳、非兩洲均受白人之箝制，亞洲大局維持之責任應在我輩黃人。日本與中國爲唇齒之邦，同種同文，對於東亞大局維持之計劃，必能輔助進行。縱有些小齟

❽ 全集四，頁一七〇至一七一。
❾ 全集三，頁一一三至一一四。

齬，亦須顧全大局，不能成一問題。日本從前對中國行侵略政策，亦見中國國勢大不可爲，假使受制歐洲，則日本以三島海國，決難鞏固，故不得已而出此。今我中華民國既已成立，亞東大局我中國可以負維持之責，毋庸日本擔心了。」國父並分析過去滿清政府自甲午戰後，親俄防日外交政策之錯誤曰：

> 大凡立國必須與利害相關之國攜手進行，方能進步。利害不相關之國，縱彼欲與我親，我是不可與之親近的。從前滿洲政府對於日俄兩國，介於兩大之間，與日本距離較近，尤覺可怕的很，彼時不知道利害相關的道理，總是遠交近攻之策略，親俄防日，以致貽今日之大患。一經親俄，天山以西帕米爾高原一帶，已非我有。延至今日，蒙古又將不見了，這都是與利害不相關的國相親之害。

因此國父認爲今後國人對於日本之心理，要變憤恨爲親愛。今日謀鞏固中華民國，「親日政策爲外交上之最妙者。」⑩當時宋教仁曾著有「二百年來之俄患」，刊諸於報端，可代表民初革命黨人之反俄主張。

國父以袁世凱禍國跡象日漸顯著，嘗與日本內閣總理桂太郎密談，欲其助中國革命黨以推倒袁氏。無奈日本政府欲利用袁氏以換取在華之特權，卒不能接受國父之勸告。戴季陶

---

⑩ 全集三，頁一一四至一二一。

時任　國父隨從秘書，曾記其事曰：「桂太郎佩服中山先生，和中山先生佩服桂太郎，可到了極點。兩人之互相期望也到了極度，桂太郎死後，中山先生嘆氣說，日本現在沒有一個足與共天下事的政治家，東方大局的轉移更無可望於現在的日本了。當桂太郎臨死的時候，他對在旁侍疾的最親信人說：『我不能倒袁扶孫，成就東方民族獨立的大計，是我平生的憾事。』」⓫足以證明當時日本政府對華政策之錯誤。

五

民國二年（一九一三）三月二十五日，　國父以宋教仁被刺，自日返國，號召黨人起兵討袁。其所定計劃，軍事方面在求速戰，外交方面在求聯日。因「日國亞東，於我爲鄰親與善鄰，乃我之福；日助我則我勝，日助袁則袁勝，」⓬及二次革命失敗，國父再度離國，托庇於日本。因不能獲得日本政府之同情，乃轉而求助於日本民意。民國五年（一九一六）五月二十六日，其所致南洋同志鄧澤如函曰：「（日本）國民與政府意見歧而爲二，將來若果有事，政府即懷惡意，亦難實行，猶之滿清季年，元老本欲干涉我國革命，卒以民黨反對而

⓫ 戴季陶「日本論」，頁六〇。
⓬ 全集二，頁六八。

止。」⑬故當中華革命黨成立後，總務部第一次對外通詢，指示有關對日方針曰：

現在日本內閣表明不干涉中國內政之方針，但有識者仍多主張聯結民黨，共維持東亞大局，其懷侵略野心者，少數眼光不足之人而已。民黨當取聯日態度，則彼中有眼光者，與我黨提攜，益得信用，否則民黨與彼不合，野心家遂可得勢，而於我國不利矣。⑭

因此 國父之聯日政策，在消極意義上，思孤袁氏之援；在積極意義上，欲使日本有識之士與中國革命黨提攜，而防止其野心家之得勢。

二十一條發生時，日本政府以中國革命黨在日活動對袁氏危詞恫嚇，國內袁黨報刊對留日黨人更蜚語騰傳⑮。關於此次交涉經過，內情甚爲複雜， 國父於覆北京學生書中，頗能道出其關鍵之所在：

歐洲戰爭，不遑東顧，（袁）乃乘間僭求助於日本。此次交涉，實由彼請之。日人提出

---

⑬ 全集五，頁二二七至二二八。

⑭ 民國六年中華革命黨總務部第一次通訊，中央黨史會庫藏油印原件。

⑮ 岑學呂「三水梁燕孫先生年譜」上册，頁二二五，民國五十一年六月臺北文星書店版。

條件，彼知相當之報酬爲不可卻，則思全以秘密從事。迨外報發表，輿論沸騰，所親如段(祺瑞)、馮(國璋)亦出反對，乃不得不遷延作態，俟日人增加强硬之態度然後承認，示人以國力無可如何。……袁氏以求僭帝位之故，甘心賣國而不辭，禍首罪魁，豈異人任。傳曰：「國必自滅而後人滅之」。故有國者恆自愛其國，侵略兼併，祇視其力所能爲。而大盜在室，乃如取如攜，禍本不清，遑言扞外。⓰

帝制運動公開後，袁氏亟欲獲得日本之同意。民國四年(一九一五)十月二日，袁氏和英國駐華公使朱爾典(Jordon)談帝制問題，對話如下：

大總統曰：(關於君主立憲)不知東鄰有何舉動？

朱曰：未聞日本有半點反對之意，及乘時取利或有損害中國之陰謀。

大總統曰：大隈伯對我駐日公使言，關於君主立憲事，請袁大總統放心去做，日本甚願幫忙一切。由此觀之，即於表白上日本似不再行漁人之政策。

朱曰：大隈之言，想係表示美意也。⓱

⓰ 全集五，頁一九九至二〇〇。

⓱ 張維翰編「民初文獻一束」內，袁朱密談筆錄呈閱正本，影印原件。

實則日本當時之政策，以擴大中國內部之困難爲目的，故助袁倒袁，兼施並用。「三水梁燕孫先生年譜」所記梁士詒與周自齊之對話，似近情理。梁曰：

近來我迭接卓如（梁啓超）由天津傳來口信，以及接上海、香港、東京各地報告，知有賀長雄之赴日，坡西中將之來華，均傳述日本軍部之贊同及促成帝制，與夫大隈首相之主張，均已甜言蜜語，炫惑項城（袁世凱籍項城）。而日本朝野上下，一面資助國民黨四出策動。十二月（民國四年）上海肇和兵艦謀變，陳其美攻襲製造局，蔡鍔由日本回滇，以及種種反袁運動，皆由日本力量爲之援助。項城今日已處於上不在天，下不在田之境，吾恐日本更別有陰險惡毒手段以除袁，以亂華，以償其大欲。⑱

洪憲帝制之失敗，固由於袁氏違背潮流不諒於國人，日本政府之兩面政策亦爲重要之因素。

六

民國六年（一九一七）夏，中國因對德宣戰案，發生政潮，促成段祺瑞脅迫解散國會，引起南北之分裂。國父爲貫澈其不參戰主張，以獲得日本之支持，特撰「中國存亡問題」一

---

⑱ 岑學呂、三水梁燕孫先生年譜，上册，頁二九七。

文，提議中美日三太平洋國家協力互助，共謀遠東之和平。略曰：

中國今日欲求友邦，不可求之美日以外。日本與中國之關係，實爲存亡安危兩相關聯者，無日本即無中國，無中國亦無日本。爲兩國謀百年之安，必不可於其間稍設芥蒂。次之則爲美國，美國之地雖與我隔，而以其地勢，當然不侵我而友我。況兩國皆民國，義尤可以相扶，中國而無發展之望則已，苟有其機會，必當借資於美國與日本，無論人才、資本、材料，皆求之於此兩友邦。而日本以同種同文之故，其能助我開發之力尤多。必使兩國能相調和，中國始蒙其福，兩國亦賴其安，即世界之文化亦將因之大昌。中國於日本以種族論爲弟兄之國，於美國以政治論又爲師弟之邦，故中國實有調和日美之地位，且有其義務也。……夫中國與日本，以亞洲主義開發太平洋以西之富源，而美國亦以其「門羅主義」，統合太平洋以東之勢力，各遂其生長，百歲無衝突之虞。而於將來，更可以此三國之協力，銷兵解仇，謀求世界永久之和平，不特中國蒙其福也。[19]

當時國人頗有提倡中美聯盟排日之説者。國父深不以爲然。認爲美國多少仍懷有種族之偏見，倘英、俄、德、法等歐洲國家合力圖我之時，美國絕不可能「傾一國以爲異種人正義公

---

[19] 全集六，頁八八至八九。

道出力」，幫助與其「利害無干之國與世界最强之國爲敵。」⑳因之爲安定遠東大局，捨中日美三國彼此互助外，無他途徑之可循。

同年十一月二十八日，日議員菊池，爲促成中國統一，致電 國父，略曰：「日本閣議，使南北妥協，中國早歸和平，南方需多讓步，讓派代表以在日有信用者張繼、汪精衛爲宜。」民國七年（一九一八）三月十日，日本志士頭山滿、犬養毅等復函請 國父速派代表赴日。同月二十八日， 國父乃派朱執信前往，代表 國父與日本政府接洽一切。會廣東護法政府改組，爲桂系所操縱， 國父乃於六月初離粤，取道汕頭，經臺北赴日，親自與日本政府商談。此時日本寺內正毅內閣正謀扶植段祺瑞，以參加歐戰爲名，簽訂各種借款協定，締結中日軍事秘密條約，以强化對中國之支配權。不瞭解 國父之護法主張，日本志士促進中國和平統一之理想乃無從實現。國父失望之餘，於六月二十五日復返上海。

民國八年（一九一九）中國在巴黎和會失敗後， 國父之聯日主張一度消極；惟仍希望日本軍閥之覺醒。五月二十日， 國父所著「孫文學說」出版，在該書所附陳英士致黃克强書中， 國父加有如下之案語：

> 文按：民黨向主聯日者，以彼能發奮爲雄，變弱小爲强大，我當親之師之，以圖中國之富强也。不圖彼國政府目光如豆，深忌中國之强，尤畏民黨得志，而礙其蠶食之謀，

---

⑳ 同上書，頁八二。

故屢助官僚以抑民黨，必期中國永久愚弱，以遂彼野心。彼武人政策，其橫暴可恨，其愚昧可憫也。倘長此不改，則亞東永無寧日，而日本亦終無以倖免也！東鄰志士，其有感於世運起而正之者乎？㉑

語重而心長。同年夏　國父爲中國收回青島事，書告日本「朝日新聞」記者，解釋華人何以恨日本之深曰：

余向爲主張中日親善最力者，乃近年以日本政府每助吾國官僚而挫民黨，不禁痛之。夫中國民黨者，即五十年前日本維新之志士也，日本東方一弱國，幸得有維新之志士，始能發奮爲雄，變弱而爲強，吾黨志士，亦欲步日本志士之後塵，而改造中國，予之主張與日本親善者以此也。乃不圖日本武人，逞其帝國主義之野心，忘其維新志士之懷抱，以中國爲最少抵抗力之方向而向之，以發展其侵略政策焉，此中國與日本之立國方針，根本不能相容者也。……乃日本人士，日倡同種同文之親善，而其待中國則遠不如歐美，是何怪中國人之恨日本而親歐美也。日本政府軍閥以其所爲，求其所欲，而猶望中國人之不生反動，舉國一致，以採遠交近攻之策，與爾偕亡者，何可得也。是日本今日之承繼德國山東權利者，即爲他日承繼德國敗亡之先兆而已。東鄰志士其

㉑全集二，頁六八。

果有同種同文之誼，宜促日本政府早日猛省，變易日本之立國方針，不向中國方面為侵略，則東亞庶有豸乎！㉒

足見國父促勸日政府反省之苦心。

七

國父為貫澈其聯日防俄之主張，在民國六年（一九一七）所著之「中國存亡問題」中，反對參戰之主要理由，即為預防俄國之侵略。民國八年（一九一九），徐樹錚收復外蒙，國父曾譽為今之陳湯、傅介子，可見國父仇俄之深。至於民國十一年（一九二二）後，國父聯俄之原因，一則當時蘇俄宣言放棄在華之一切特權，再者當時蘇俄新政權尚不能為患中國，而主要目的則為外交之運用。

先是民國九年（一九二〇）四月，和民國十年（一九二一）十一月，蘇俄既先後有放棄帝俄時代在華特權之聲明；而民國十年（一九二一）十二月，蘇俄代表馬林（Maring），在桂林北伐大本營謁見　國父時，復以蘇俄實行新經濟政策相告，所以國父開始有聯俄之思想。其實當蘇俄新政府成立之初，國人對其持有新希望者，不止　國父一人。民國八年（一九一

㉒ 全集五，頁三八〇至三八二。

九），梁士詒致書西北籌邊使徐樹錚曰：「我國受俄害深矣，……誰實致之？皆俄舊黨也。舊黨之害我虐我既如此，彼新黨之主義是否適宜於世界，且不必論，然新黨之倡論，既盡反舊黨所爲，……我自宜迎其所適而餌之，以達到掃除我所謂害而止。」㉓

民國十一年（一九二二）八月九日，國父在廣州摩漢砲艦對幕僚談話，說明聯俄之條件曰：「美國素重感情，主持人道，法國尊重人權，又尚道義。而英國外交則專重利害，惟其主張中正不偏，又能識別是非，主持公理，故其對外態度，嘗不失其大國之風。……吾國建設當以美國公正之態度，英國遠大之規模，以及法國愛國之精神爲模範，以樹民國千百年永久之計。然而中國今日之外交，以國土鄰接關係密切言之，則莫如蘇維埃俄羅斯。」㉔是則國父不過因蘇俄與我國國土鄰近，關係密切，不能不與通好而已。宮崎寅藏之子龍介，記國父聯俄政策之由來，認爲國父對日關係之失望，係主要決定因素。謂：「孫文之二次軍政府，亦因陳烱明之叛變而敗，未幾孫文歸上海，感於自日本獲得援助之困難，終至於採聯俄政策也。」㉕頗能道出其關鍵。

民國十二年（一九二三）十一月，犬養毅參加日本內閣，同月十六日，國父特致函犬養毅，勸日本放棄傳統侵略政策，以防止亞洲人傾向蘇俄，略曰：「古人有云：『得其心者得

㉓ 三水梁燕孫先生年譜下册，頁五八。
㉔ 全集四，頁五一八至五一九。
㉕ 宮崎龍介「父滔天のゴとても」，宮崎寅藏「三十三年の夢」附錄，頁三三一，重印本，昭和十八年（一九四三），日本東京版。

其民，得其民者得其國。』倘日本於戰勝露（俄）國之後，能師古人之言，則今日亞洲各國必以日本爲依歸矣。英國今日之許愛爾蘭以自由，允埃及以獨立，即此意也。倘日本能翻然覺悟，以英之待愛爾蘭以待高麗，爲亡羊補牢之計，則亞洲人心尚可收拾。否則亞洲人心必全向赤俄而去矣，此斷非日本之福也。」惜乎犬養毅不能轉變日本之國策，遂予蘇俄以可乘之機。

民國十三年（一九二四）一月三日，中國國民黨臨時中央執行委員會第二十二次會議，國父親自主持，決議復三藩市總支部陳耀垣對中國國民黨改組意見函，大意如下：「當俄國革命之初，施行共產制度之時，確與吾黨三民主義不同，至俄國現在所施行之新經濟政策，即是國家資本主義，與吾黨之三民主義相同，故非吾黨學俄國，實俄國學吾黨㉖。」是爲國父聯俄政策之具體說明。

八

民國十年（一九二一），華盛頓會議後，中日關係一度趨於緩和。未幾由於各種客觀情況之變化，危機再度發生。

民國十三年（一九二四）冬，二次直奉戰後，段祺瑞在北京組織臨時執政政府，合北方

㉖ 黨史委員會「國父年譜」三稿。

將領張作霖、馮玉祥等，電請 國父入京共商國是。十一月十三日， 國父乘永豐艦離粵。抵滬後，因陸上交通受阻，乃改乘日輪上海丸，取道日本赴天津。是時日本國內，因去年之大地震，發生大規模之排華運動，而廈門日僑復有暴動之舉。日、蘇兩國並會議於長春，欲排斥英、美勢力於中國。其駐北京公使館，且公然包庇清廢帝溥儀，思欲加以利用。 國父鑒於中國之禍亂未已，而日本軍閥之短視，認爲安定遠東大局，端賴於中日兩國之互助；故於北上過日期間，所發表之談話演説，無不以中日提攜相鼓吹。十一月二十二日， 國父在上海丸航行途中，向日本記者所發表之談話略曰：「中日兩國就目前世界大勢言，非根本提攜不可，兩國人民尤應親善攜手，共禦他人侵略政策。近年中國人民對日本頗多懷疑，此後日本上下應切實表明對華親善政策[27]。

二十四日下午，上海丸抵神户，中日人士在岸上鵠立候迎者甚衆。日本新聞記者及政學各界，與中國留學生等團體，共約四五千人，並有歐美各國旅日人士。船一泊岸，各界代表登船歡迎。國父即在船上接見神户、東京、大阪各地新聞記者，答覆詢問。記者問 國父到日之目的？ 國父答有二原因：「一爲由滬赴津交通梗阻，二爲日本係舊遊之地，故舊甚多，借此良機，以訪舊雨，並希望中日國民聯絡一氣、共維東亞大局。」東京朝日新聞社中國部主任云：「日人對此，咸具同感，若達維持東亞大局之目的，必須兩國國民聯絡一致，同心協力方可成功，其道即在互相提攜；惟雙方希望各異，各有困難，故非互相了解不可。」 國父

---

[27] 全集四，頁五三一。

又曰：「中國全體國民咸希望統一，不能統一不但中國受害，日本亦不能在中國貿易，間接受害。中國不能統一之真正原因，不在內而在外，何則？蓋由不平等條約之束縛故也，必須加之廢除。而日本國民若能對吾人表同情，則廢除至易。眼光短小之日本人，固以爲將由此損失已往許多權利；然眼光遠大之日本人，則當知此種損失，皆爲眼前小權利，如果幫助中國廢約，自可獲得中國人心，以後之大權利無可限量也。貴國不乏明達之士，當知所決擇耳！」㉘

因候船關係，國父在神户停留多日，屢次應邀發表演說。二十八日在神户高等女校，對神户商業會議所等五團體，以「大亞洲主義」爲題之講演略曰：

> 東方的文化是王道，西文的文化是霸道，講王道是主張仁義道德，講霸道是主張功利強權。講仁義道德是用正義公理來感化人，講功利強權是用洋槍大砲來壓迫人。……受壓迫的民族，不僅是在亞洲專有的，就是在歐洲境內也是有的。行霸道的國家，不只是壓迫外洲同外國的民族，就是在本洲本國之內也是一樣壓迫的。我們講大亞洲主義，以王道爲基礎，是爲打不平。……是反叛霸道的文化，是求一切民衆和平等解放的文化。㉙

㉘ 參照全集四，頁五三四至五三八。

㉙ 全集三，頁五〇八至五一七。

同日晚，國父蒞神户東方飯店，在神户各機關歡迎宴會席上，以「日本應助中國廢除不平等條約」爲題，發表演講，略曰：

照中國同日本的關係説，無論講到那一方面，兩國國民都是應該要攜手，協力進行，共謀兩國前途的發展。……日本現在是東亞最强的獨立國家，也是全世界列强之一。如果日本眞是知道了中國是十幾國的殖民地，用一個獨立國家要來和殖民地相親善，我們這是做不到的事。……若是日本眞有誠意來和中國親善，便先要幫助中國廢除不平等條約，爭回主人的本身地位，讓中國人得到自由身分，中國才可以同日本來親善。照我們的口頭禪，中國同日本是同種同文的國家，是兄弟之邦，就幾千年的歷史和地位講起來，中國是兄，日本是弟，現在講到要兄弟聚會，在家和睦，便要你們日本做弟的人，知道你們的兄已經做了十幾國的奴隸，向來是很痛苦，現在還是很痛苦，這種痛苦的原動力便是不平等條約。還要你們做弟的人，替兄擔憂，助兄奮鬥，廢除不平等條約，脱離奴隸的地位，然後中國同日本，才可再來做兄弟。[30]

此兩次爲國父逝世前最後之講演，前者説明中國文化之道德價值，後者説明中國目前之遭遇，並指出中日兩國合作之必要，日本在野人士多受感動。故國父逝世後，日本「國

[30] 全集三，頁五一七至五二二。

民新聞」評曰：「（國父）高唱大亞洲主義，茲欲覓如孫氏第二人恐不可再得矣。今後亞洲民族之和平運動，從此失一領導者，吾人對此不禁衷心痛惜者也。」㉛日本在野志士頭山滿稱贊國父曰：「孫先生之功績，非特欲圖中國之自强，其求亞洲民族解放之決心亦未嘗稍變。」㉜無奈當時日本軍閥，以窮兵黷武爲能事，不肯接受國父之忠告，於半載之後引發上海五卅慘案。民國十六年（一九二七）國民革命軍北伐期間，日軍復出兵山東，造成五卅濟南慘案，兩國人民之敵視因之日深。迨民國二十年（一九三一）九一八事變發生，日軍侵佔我東北，日政府竟不能控制軍閥之行動，德、義效尤，戰火遂蔓延於世界。中國八年之對日抗戰，抵消兩國之實力，蘇俄漁利，中共擴張，形成今日遠東之局面，此不僅中日兩國之不幸，亦世界人類之教訓。

九

戰後日本已剷除黷武之思想，國內呈現自由民主與繁榮；中國則在　蔣總統賢明領導下，生聚教訓，正致力於反共中興之大業。中日兩國自民國四十一年訂立戰後和平條約，恢復正常關係以來，除舊更新，日本朝野人士，尤念念不忘　蔣總統對日寬大爲懷以德報怨之盛情。

㉛ 廣州中國國民書局編「孫中山先生評論集」，民國十四年五月版。
㉜ 同上書。

近年日政府對中共之認識益清，彼此方致力於經濟合作與文化交流，國父在天有靈。當應九泉含笑也。

（臺北，百年來中日關係論文集，張岳軍先生八十壽，民國五十七年五月，頁六三至八九。）

四七　民國十四年五卅慘案與國民救國運動

一、前言

國父倡導國民革命，其目的在求中國之自由平等，然自民國成立後，政局動蕩不安，初有帝制與反帝制之爭，旋因毀法與護法形成民國六年以後南北分裂之局面。外人乘機漁利，操縱中國內戰，榨取中國勞力與資源，國運飄搖，民生日艱。自民國八年「五四運動」後，國人受西方新思潮影響，對外反對帝國主義，要求收回利權；對內打倒軍閥，力謀全國統一之民族意識，日趨高漲。由廣東發其端，逐漸擴及全國各地。

民國十四年之上海「五卅慘案」，不應視作公共租界內英國巡捕之偶然瀆職行爲，和租界內局部事件。事件後各方所引起之熱烈反應，尤不應視作因同情於少數學生而發生之憤激現象。更不應誤作共產份子之陰謀。實際「五卅」以後全國各地所引起之迴響，乃中華民族要求獨立與生存之大運動。在上海租界內中國既失去領土權與政治權，則此一事件應視作國際事件，與民族全體事件。

民國十四年，是國內軍閥大混戰之一年，生民荼炭，北京政府徒擁虛名。由於上海「五卅慘案」，爆發全國國民劇烈民族自救運動。於是漢口、沙基、南京、重慶等慘案，相繼發生，國人傷斃於外人槍彈之下者達數百人。在此之前，民國十三年中國國黨召開第一次全國代表大會，加强革命陣營；在此之後，民國十四年七月一日國民政府成立，使國民救國運動有所秉承。影響所及，促成民國十五年後國民革命軍之北伐與統一，與部分租界租借地之收回，和關稅自主，其意義至大，其影響深遠。

二、國民救國運動之前奏

(一) 香港海員罷工與平漢鐵路工人慘禍

民國九年四月，香港機器工人受廣州「中國機器工人總會」影響，及護法政府經濟支持，罷工要求增加工資，最後獲得勝利，開中國勞工運動之先河。同年夏，香港各輪船公司爲防範船員夾帶旅客赴美，規定船員需以現金作擔保，華籍海員大憤，乃聯名通告反對。旋經華民政務司召集勞資雙方調解，以勞方無正式團體，致無結果[1]，華籍海員因此益感有組織正式團體之必要。乃由陳炳生、林偉民等發起，組織海員工會團體。時桂系勢力已被驅離廣東，國父自上海返回廣州，重建護法政府，乃命名爲「中華海員工業聯合總會」，於同年十二月宣

[1] 馬超俊主編「中國勞工運動史」，頁一五，民國四十七年十月，台北勞工福利社出版。

告成立。

民國十年五月五日， 國父就任非常時期大總統，革命基礎漸固。同年八月，「中華海員工業聯合總會」因感中國海員薪資受英人包工制剝削，低於外國海員薪資數倍以上，乃向英方各大輪船公司提出加薪要求，英方置之不理。十一月復提出第二次要求，仍然目的不達。民國十一年元月九日，因勞資雙方談判無結果，「海員工業聯合總會」乃再提出第三次要求，限資方二十四小時答覆，否則實行總罷工，資方堅持不肯讓步。「海員工業聯合總會」主席陳炳生，乃於元月十一日簽發總罷工令，命各船員迅即離船赴粵，一時香港輪船停駛者達二百餘艘，銀行交易所一概停閉，市面頓陷於癱瘓之狀態。 國父聞訊，一面派馬超俊赴香港調查真象，與香港政府進行交涉，一面對撤退廣州之海員工人十六萬人，悉數由革命政府供給食宿，並予以妥善之接待。香港政府不得已，乃轉請廣州英領事，要求廣東省長陳炯明出任調解。幾經商討，英人卒屈服於海員工人條件之下，勞方乃於三月八日宣告復工，是爲國民外交之創舉❷。

民國十二年二月一日，平漢鐵路工人在鄭州召開鐵路總工會成立大會。事前遍邀全國各工團及各界領袖到鄭州參加典禮。駐兵洛陽之兩湖巡閱使吳佩孚（按：吳原任直魯豫巡閱副使，十一年八月調兩湖巡閱使，仍駐洛陽），命令鄭州警備司令靳雲鶚，禁止舉行。工會請願無效，是日衝開軍警防線，擁入會場，宣告京漢鐵路總工會正式成立。散會後，軍警一面封

❷同上書，頁一八二至一九四。

閉鄭州工會，一面包圍旅館，並脅迫各地代表立刻出境，否則禁止飯店售賣飲食。工人代表要求撤消封閉工會命令無效，經緊急會議後，乃於二月四日宣佈京漢鐵路全路總罷工。吳佩孚在洛陽接獲報告後，竟下令軍警强制工人上班，不從者以武力對付，工人益不服。二月七日，陸軍第十四師包圍長辛店，向工人群衆開槍，當場死傷四十餘人。漢口方面：湖北督軍蕭耀南，亦派兵包圍鐵路工會，當場刀殺四人，槍殺三十四人，中刀槍受傷而致生命垂危者無數。於是京漢鐵路全路各站工會悉遭封閉，工人經此大難均被迫復工❸。惟軍閥之草菅民命與壓制工人運動，則引起社會輿論之普遍同情。

民國十三年一月十日，中國國民黨在廣州舉行第一次全國代表大會，二十三日表決通過宣言後，國父對宣言旨趣作扼要之說明。略曰：

> 此次我們通過宣言，就是從新擔負革命的責任，就是澈底的革命，終要把軍閥來推倒，把受壓迫的人民完全來解放，這是關於對內的責任。至於對外的責任，是要反抗帝國侵略主義，將世界受帝國主義所壓迫的人民，來聯絡一致，共同動作，互相扶助，將全世界受壓迫的人民都來解放。❹

❸ 同上書，頁二四五至二四六。
❹ 中國國民黨中央委員會黨史委員會編，「國父全集」，第二册，頁六二七，民國六十二年六月出版。

同年五月一日，廣州各工團代表在太平戲院慶祝國際勞動節，國父蒞臨發表講演，主張全國工人組織一個大團體，保護個人利益，同資本家爭地位。提出外國工人只受本國資本家壓迫，不受外國資本家壓迫，中國工人不受本國資本家壓迫，而受外國資本家壓迫，要解除這種壓迫，必需收回海關管理權。要收回海關管理權，必需廢除不平等條約，以解除政治經濟種種的壓迫❺。引起全國各界熱烈之鼓舞。

同年六月，法國越南總督梅林（Merlin），在廣州沙面宴席上被越南革命黨人所襲擊，梅林幸免，當場死五人，傷二十八人。沙面爲英國租界，英人竟以梅林事件歸咎於華人，遂於六月三十日公佈限制華人出入租界之規定。沙面華籍工人反對無效，乃於七月十六日下午二時完全離開沙面。英方下令戒嚴，並調海軍陸戰隊及義勇團武裝巡邏，形勢頓趨緊張。其後革命政府派外交部長伍朝樞與廣州英領事往返磋商，至八月十一日始獲協議，英人修正出入租界之限制，經工會認爲滿意，乃於十六日全體復工，沙面罷工風潮乃告解決。

㈡ 上海青島日本紗廠之罷工

自甲午戰後，日人依據馬關條約在中國沿江沿海設廠從事工藝製造，利用中國原料與廉價勞工施展其經濟侵略。其中僅上海一地日人經營之紗廠即達二十二家，佔上海紗廠總數三分之二。民國十三、四年間，上海其他各紗廠工資爲每日兩角，而日本紗廠則日給一角五分，

❺ 同上書，頁六七九至六八五。

每日工作在十二小時以上，日籍監督又常有虐待毆打中國工人情事發生，甚至調戲侮辱女工，因此工人多有轉入他廠者❻。日本廠主乃規定一種工人儲金章程，將工人工資抽取百分之五，存於廠中。此種存款必至工作滿十年後發還，中途輟工者儲蓄金全部没收，以限制華工之改投他廠❼。

日本廠主復因男工不易馴服，乃專收一批男女幼童，名之「養成工」，施以訓練，計劃逐漸開除成人男工，而代之婦孺。當時上海中外紗廠，工作勞逸各不相同，大抵每一織機由三人管理，日廠爲節省工資，於民國十二年減爲二人管機一架，十四年二月起，改爲每一人管機一架，工作時如偶有休息反顧情事，即由工廠管理員記錄於罰金牌，被罰一次罰金五分。

同年二月初，日人經營之内外棉第八工廠，辭退粗紡部男工數十名，欲代以女工，而其堆紗間復發現一童工屍體，胸部受重傷十餘處，係紗廠日管理員用鐵棍所毆斃。觸動公憤，連同内外棉第五、第十二廠，於九日午後四時開始罷工，第三、第四兩廠亦因此休業。十日上午，内外棉第九、第十三、第十四等廠，有工人侵入工廠毁壞機器情事。同日下午，第七、第八兩廠，懼發生同樣事件，亦因之歇閉。日本廠方乃請求公共租界工部局，派遣數十名巡捕到場鎮壓。十一日，日人經營之内外棉各廠陷入靜止狀態。十二日，工人派遣代表向廠方提出要求條件：㈠嚴禁毆打工人，㈡增加工資一成，㈢罷工期間工資照付，㈣不得無故解雇

---

❻ 長野朗「支那の勞工運動」，頁二四九，一九一八年四月，東京行地社出版。

❼ 滬案檔，正誼通信社特約調查員姜梅鳴報告，中央研究院近代史研究所藏。

工人，㈤恢復第八工廠被解雇之工人。日本廠方於十三日召集緊急會議，決定停止所有工廠工作。至十八日，曹家渡日華紗廠第三、第四廠，楊樹浦大康紗廠、豐田紗廠、同興紗廠，及裕豐紗廠，先後同情罷工，合計日本在滬二十二家工廠，罷工高達三萬餘人❽。上海日本總領事矢田，一面致電日本外務省，及駐北京公使，向北京政府提出嚴重抗議，一面請求租界工部局協助彈壓。十九日，華人被逮捕者達五十餘人。旋經上海總商會出面調停，折衝勞資雙方所提條件，於二十六日達成協議：㈠公司不再虐待工人，㈡儲蓄金滿五年者可以支付。明日日廠三萬多工人全部恢復工作，而廠方並不肯履行諾言。事後仍開除工人代表，因此滬西日人經營之內外棉第三、四、七等廠，於五月初旬發生第二次罷工風潮，紛擾至十餘日始行復工。

同年四月十九日，青島日人經營之大康紗廠工人，因向廠方提出要求目的不達，全體退出工廠，內外棉、隆興、鈴木等廠繼之，罷工工人高達一萬八千餘人。後經日本駐青島領事與青島中國商會出任調停，至五月一日復工。同月二十五日，大康、隆興、內外棉等廠，因工會辦事員三人無故被捕，再度罷工。二十八日晚九時，日本驅逐艦兩艘自旅順駛至青島，海軍陸戰隊强行登陸，同時山東督軍張宗昌亦派大隊奉軍到達，渤海艦隊司令兼膠澳商埠督辦溫樹德，復飭所部陸戰隊會同青島保安隊及消防隊，宣佈戒嚴，並包圍工廠所在地四滄區，

---

❽ 上海日商會議所編「邦人紡績罷業事件と五卅事件及各地の動搖」，頁十七至二八，一九二五年十一月，上海出版。

至午夜三時，與日軍合力開槍將廠內工人驅逐出廠，當場死八人，重傷十餘人，被捕七十餘人，青島日紗廠遂陷入全面停頓之狀態。

三、五卅慘案之發生與演變

(一) 五卅慘案之發生

民國十四年五月十四日，上海日人所經營之內外棉第八廠，藉端工人迭起工潮，開除工人多名。十五日，工人代表八人向廠方交涉，均被廠主所槍傷，其中顧正洪身中四槍，當場死亡。受傷工人向公共租界工部局請求援助，工部局反科以擾亂治安之罪，將七人拘留，以聚衆擾害租界罪，向會審公廨提起控訴。對於開槍轟擊工人兇手，則不加過問[1]。工會代表劉貫之乃向上海警察廳提出八項條件，由警察廳交給日本廠方，廠方置之不理，工人乃在滬西工友會集會，決定組織罷工委員會，作長期之罷工計劃。日本各廠感到事態嚴重，組織特別委員會，請求上海日本總領事矢田向上海警察廳交涉取締。上海警察廳被迫將滬西工友會解散，罷工行動乃愈演愈烈，範圍亦日益擴大。中間雖經總商會調停，皆因廠方態度强硬不

---

[1] 胡愈之「五卅事件紀實」，東方雜誌第二十二卷，五卅事件臨時增刊，頁六。

獲結果❷。

工人停工日久，生計困難，乃求助於上海學生聯合會。上海各大學學生不乏國民黨黨員，無形中成爲反帝國主義運動之中心。如于右任所創辦之上海大學，民國十三年十月十日在天后宮開黨員大會，因學生宣傳打倒帝國主義及軍閥，學生黃仁被探捕攢毆斃命，林鈞、郭伯和等受傷。十一月中旬，國父孫中山先生北上經過上海時，各校學生歡迎最爲熱烈。十二月二十八日，大隊中西探捕至上海大學等校搜去中西文書報數百種，加以焚燬。及紗廠罷工事起，益觸動學生之公憤❸。五月二十三日，文治大學學生爲救濟死傷及罷工工人，舉行募捐演講時，被租界巡捕捕去學生施文定、謝玉樹兩人。二十四日，各校學生在租界外開會追悼顧正洪，上海大學學生經戈登路時，又被捕房捕去四人。上海大學、文治大學教職員到捕房請求保釋，捕房不肯釋放，而待遇十分苛刻，學生聯合會因之大譁❹。會公共租界工部局於其時公佈碼頭捐、印刷捐，及交易所條例等，皆以侵害中國主權爲宗旨，五月二十七日，上海附近二十餘所學校代表、各工會幹部、紳商界領袖集會，爲擴大宣傳喚起國人注意起見，決定於五月三十日（按：是日爲星期六）發動上海民衆學生十餘萬人，在九畝地舉行民衆大會，作正義之聲援。

---

❷ 上海日商會議所編「邦人紡績罷業事件と五卅事件及各地の動搖」，頁一三三至一三四。

❸ 國民政府公報，第八號，頁二一至二二。

❹ 滬案檔，民國十四年六月八日，東方時報刊登于右任接上海大學韓覺民來電，告五卅慘殺真相。

是日九畝地民衆大會，全市工商學各團體均按預定計劃出發，由楊樹浦、虹口各工廠區列隊前往者，均已到達。而經公共租界、四川路、北京路，及蘇州河，轉英租界、自來水池者，則多被巡捕截阻。會後學生組織演講隊，以七人爲一組，在公共租界南京路、海寧路、老靶子路一帶，沿途向路人演講工人被殺，及租界內中國主權喪失情形，並散發傳單，遭租界巡捕干涉，發生衝突，南京路老閘捕房逮捕各路演講學生多達三百餘人，群衆聚集萬餘人要求釋放，捕頭愛活生（Everson）於下午三點三十七分下令開槍，十一印捕十二華捕，以來福槍向奔避群衆射擊，頓時秩序大亂，當場死四人，另八人送至醫院救治無效斃命。重傷二十餘人，被捕五十餘人。死傷者子彈均自背後側面射入，足證英捕之有意殘殺群衆。倘愛活生於對群衆開槍前，能先對天空放槍示警，予群衆以逃避機會，則死傷當不致如此之慘重❺。

工部局捕房代理總巡等，對於上海及其附近工廠民國十三、四年間學生工人愛國運動，皆有詳細報告，但捕房並無特別防範，亦未增添巡捕，事前既不留神，臨時不免慌亂。總巡麥克揚對於上海工潮本有充分認識，但麥氏於五月三十日中午十二時十五分離上海他出，並未將事實轉告代理人。事發前在市外停留達三小時之久，事發後亦未迅返捕房召集負責人，詢問事實經過，其有意怠忽職責實難辭其咎責❻。

---

❺ 參照陶希聖「五卅慘案事件事實之分析與說明」；胡愈之「五卅事件紀實」，載東方雜誌第二十二卷五卅事件臨時增刊。

❻ 滬案檔，英委員高蘭之報告。

㈡ 慘案之擴大與奉軍之壓抑

慘案發生後，江蘇交涉特派員陳世光即往訪上海英領事及工部局總辦，談判均未得要領。是晚上海各界一千五百餘人，在總商會召開聯席會議，議決：㈠收回租界警察權，㈡黃浦江永遠不許外艦駐泊，㈢拒絕使用外國鈔票，㈣撤換駐上海英領事，㈤開槍英巡捕一律處死刑，㈥被捕學生全部即日釋放。並決定自六月一日起上海全面罷市、罷工、罷課。其中銀行錢莊態度較爲審愼，但爲各方情勢所迫，至六月三日亦宣告停業。至於與公共租界毗連之法租界，因多數華人主張專對英日兩國，僅於六月五日罷市一日，以誌哀痛，華界則未正式罷市。

五月三十一日晨，上海各校學生數千人，不顧傾盆大雨，以英租界南京路爲中心，展開遍及全市之猛烈示威運動，散發傳單，發表演說，勸告商人罷市，工人罷工，群情激憤。六月一日上午九時，學生及工人千餘人，在公共租界浙江路、南京路、福州路一帶散發傳單。十時在先施公司、永安公司附近散發傳單，因演說而與巡捕發生衝突，造成四人死亡，十餘人受傷，十七人被捕之慘劇。六月二日上午九時，居住華界工人十餘名，從大豐渡口過河，對方租界日捕阻止登岸，當場被槍殺二人，重傷三人。下午六時，新世界遊戲場前華人復被槍殺一人。六月三日上午六時，楊樹浦恆豐紗廠工人，被日人槍殺一人，重傷二人。下午九時，楊樹浦復有學生一人被殺，多人受傷，上海租界完全陷入恐怖狀態❼。

---

❼ 胡愈之「五卅事件紀實」，載東方雜誌第二十二卷，五卅事件臨時增刊，頁十至十二。

六月四日，公共租界工部局派軍警封鎖上海大學、南方大學、大夏大學、文治大學、同德醫校，及其附近同德醫院，男女學生及教職員經嚴密搜檢後，一律驅逐出外，校內書籍及印刷品均被沒收，旋佔領之。聖約翰大學本爲美人所創辦，因校長禁止學生從事愛國運動，並禁止懸掛國旗，全體學生一律自動退學。

滬案初起時，公共租界工部局英日人員偏袒捕頭，四出拍電，倡言華人排外，英人既掌握工部局勢力，更進而操縱領事團，故五卅慘案發生最初十日間，滬上領事團頗爲英人所蒙蔽；因之上海交涉特派員陳世光、道尹張壽鏞，迭次向領事團交涉均無結果。旋以英人種種破綻漸次暴露，同時學生工人亦逐漸縮小範圍，僅以英日兩國爲目標，真象始行大白。六月九日，公共租界會審公堂審問被捕中國工人學生楊思盛等四十九人，原告人老閘捕房所聘律師梅蘭(E. T. Maitland)控告中國學生工人「故意繼續聚集，意圖暴動。」要求科以中國暫行刑律第一六四條及第一六五條❽。經分別取供後，判決：除缺席者外，均具「將來恪守秩序」之結，並於六月十一日悉數開釋。其判決書稱：

本公堂審悉，五月三十日有中國學生在老閘捕房附近講演並散發傳單，爲巡捕干涉，被告中數人即講演隊隊員。該講演隊之緣起，乃因一工人在日本紗廠爲人擊斃而表示抗議。查該學生等均屬青年子弟，本公堂確信其初意無擾亂秩序之心，至其餘被告，

---

❽ 會審公堂記錄摘要，載東方雜誌第二十二卷，五卅事件臨時增刊，頁二至三。

本公堂確信係爲好奇心所吸引，或偶然被擠入人群中，因此本公堂祇判被告具結開釋。❾

會審公廨一向袒護外人，而判決對中國學生竟無罪可加。同日下午一時，上海各路商界聯合會、上海總工會、上海學生會，及全國學生會，發起在南市公共體育場舉行上海市民大會，參加有百餘團體，人數在十萬以上。會中決定政府交涉特派員應將工商學各界所提之條件全部提出，否則通電全國罷市、罷工、罷課，並決定自十二日起與英日兩國經濟絕交。

當罷工開始時，上海各界在租界外設立十個事務所，以後因罷工範圍擴大，事務所增加至三十個左右。事務所因在租界以外，復得中國憲警之同情，乃大爲活躍。據上海總工會報告，截止六月十三日止，罷工單位有屬於日本工廠者三十九處，約六萬三千餘人。屬於英國工廠者三十四處，約四萬人。屬於海員及他國工廠者三十五處，約二萬七千餘人。屬於本國工廠者，亦一萬餘人。總計罷工一一五處所，凡十五萬六千餘人❿。

是時上海勞工界除海員工會經濟能力較爲充足外，其餘罷工工人端賴外界救濟，始能維持生活，其中尤以搬運夫最爲困難，罷工後由上海總工會及臨時濟安會撥款救濟，每人二角

---

❾ 孔另境「五卅外交史」，頁十三，民國三十五年七月，上海永祥印書館出版。又朱懋澄「駁英外相張伯倫對滬案之演說詞」，載東方雜誌第二十二卷第十六號，頁十七。

❿ 滬案檔，民國十四年七月六日蔡廷幹呈執政報告罷工情形。

至一元不等（隔數天發一次），上海本埠及外埠募得捐款，則分別由總商會、工商學聯合會、學生聯合會代收，轉送總工會或濟安會。每日雖有數萬元捐款，仍然不敷分配。華界未罷工各工廠工人，則多減衣縮食，酌提工資若干成，以接濟租界方面罷工工人。全國各地雖窮鄉僻縣亦多募款匯滬，真正作到全國各界經濟支援之功效。

爲促成上海各界之團結，工商學三界組織工商學聯合會，各推出代表六人，駐會分組辦事，指揮罷工一切事務。六月十七日午後，上海工商學聯合會在閘北召開市民大會，發表宣言，聲明工商學各界決繼續以罷工、罷課、罷市反對帝國主義，要求民族之獨立自由平等。

自五卅慘案發生後，上海公共租界工部局當即召開非常會議，下午五時集合義勇隊、騎兵隊、機關槍隊，及坦克隊，出動警戒福州路工部局本署及老閘捕房一帶。除工部局公用汽車外，禁止其他行人車輛往來。三十一日，義勇隊復擴大戒嚴南京路、楊樹浦工部局發電所、愛而近路之國民學校、江西路之水道局等重要據點⑪。

上海全面罷市罷工罷課後，工部局於六月一日發出佈告，嚴禁租界內居民不得加入行會、集會或任何行動。不得在馬路或公共場所逗留，散發傳單文書，並嚴禁一切擾亂公共秩序之舉動，及侵害他人自由之行爲。六月二日上午，各國在滬海軍司令舉行會議，決定調派陸戰隊登岸。當日下午，義大利、美國、日本各派陸戰隊數十名登陸，組成一警備隊，由日人宮琦上尉任總指揮，分配防禦區域佈防。六月三日，英國自香港調遣三大隊士兵約一千五百名

---

⑪「邦人紡績罷業事件と五卅事件及各地の動搖」，頁三一五至三一六。

到上海，各國兵艦陸續進泊吳淞江者多艘。至六月七日，停泊上海外國軍艦計英巡洋艦三艘、砲艦一艘，美砲艦三艘、驅逐艦七艘、快艇一艘，日本砲艇四艘，法巡洋艦一艘、單檣帆船兩艘，義大利巡洋艦一艘，合計共二十三艘，兵員四千三百餘名⑫。

奉軍將領張學良於六月十三日率衛隊一千人抵達上海，旋即佈告在滬案交涉期間，嚴禁滬民「勿爲奸民利用，勿涉越軌行動。」張氏於二十二日北返後，奉軍淞滬戒嚴司令邢士廉復於七月二十三日布告查封洋務工會、中華海員俱樂部，並解散工商學聯合會⑬。此三大團體被查封後，給予救國運動以嚴重之打擊。七月二十八日，上海工商學聯合會等團體乃發表宣言，略曰：

> 當此勝敗存亡間不容髮之緊急關頭，邢士廉忽出此破壞愛國之行動，將來外交失敗，邢士廉即應負完全責任。至於彼所藉口封閉工商學聯合會之三大理由，(按：係借用名義，濫用職權，迫脅罷工）則皆不能成立。彼之所爲正合英人意旨，無異助英人壓迫民衆，使之降服，海內外同胞其速起而一致主張公道，補救危亡，以免我四萬萬同胞受萬劫不復之苦，是爲至幸。⑭

---

⑫ 同上書，頁三九九。
⑬ 黨史委員會編「革命文獻」，第十八輯，頁三三三，民國四十六年九月出版。
⑭ 同上書，頁三六。

其後上海學生工人商界之愛國活動，因受嚴密之監視，乃漸歸於沈寂。

四、北京政府之善後

㈠徒具形式之抗議

五卅慘案發生前，北京政局正陷於奉系張作霖與國民軍系馮玉祥水火之中。馮氏正發展勢力於河南；張氏則逗留天津，方欲入京對臨時執政政府有所要脅。而浙江督理孫傳芳，因本年春京滬沿線第二次江浙戰爭，皖屬之盧永祥得奉軍之助，敗直系之齊燮元，奉系勢力大舉南下。（八月北京政府任命楊宇霆督蘇，姜登選督皖）孫氏感到肘腋之患，方擬聯合齊軍舊部合力以驅奉。及聞五卅慘案發生，激於民族大義，均先後通電爲臨時執政政府聲援，指責英日之暴行，內戰危機因之趨於緩和。

北京臨時執政政府外交總長沈瑞麟，於接到上海交涉特派員陳世光有關五卅慘案電報後，於六月一日報告臨時總執政段祺瑞，段氏當日在私邸召開特別會議，決議一面改派許沅爲江蘇交涉特派員，駛赴上海對領事團提出嚴重交涉；一面由外交部向北京公使團提出嚴重抗議。次日沈瑞麟即向公使團首席公使義大利駐華公使致第一次抗議書，聲明保留查明詳情後再提相當要求，並請轉達駐華有關之公使，迅飭上海領事團，將被捕之華人全行釋放，照會全文如下：

爲照會事：據報告本年五月三十日，上海各大學生因爲學生被捕，及工人受傷兩事，在公共租界捕房門首遊行演說，以示抗議，而捕房竟以武力干涉，捕去學生四十餘人，登時擊斃學生四名，擊傷學生六名，已死二名，路人受傷者十七名，已死三名等情。本總長得悉之餘，至深駭異，似此不幸之事，應請貴公使特別注意。查該學生等均係青年子弟，熱心愛國，並未攜帶武器，無論其行爲性質如何，斷不能以暴徒待之。乃捕房未經採取適當方法，和平勸阻，遽用最激烈手段，實爲人道及公理所不容，自應由租界官吏完全負責。此爲本總長不得不向貴公使提出最正式之抗議，並聲明保留，俟查明詳情後，再提相當之要求。並請貴公使將前項情形轉達駐京有關係各公使查照，迅飭上海領事團速將被捕之人全行釋放，並就近與特派江蘇交涉員妥商辦理，免再發生此類情事，是所至盼。❶

同日，沈瑞麟會晤美英駐華代理公使，商討上海公共租界捕房開槍殺傷學生工人事，沈氏云：「該學生等均係青年子弟，並未攜帶武器，無論其行爲性質如何，捕房應採取適當方法。乃遽用最劇烈手段，實係違背人道。……現盼使團迅飭上海領團，速將被捕之人全行釋放，以平公憤。」❷英駐華代理公使則答曰：「貴總長所云巡捕開槍係違背人道一節，本代使

❶ 東方雜誌第二十二卷，五卅事件臨時增刊，五卅事件紀實，頁十六。
❷ 滬案檔，民國十四年六月二日，總長會晤美梅代使、英白代使，商討上海捕房開槍傷斃學生事。

未能同意。按照各國法律，維持市面秩序至關緊要，倘有暴亂滋事，不聽警察解散，反致攻擊警察，則警察亦衹有開槍之最後辦法。」美駐華代理公使亦云：「余聞此次該學生等直撲捕房，意圖强取捕房所存槍械，此舉若遂，必致釀成巨禍。」❸ 六月三日下午三時，北京公使團集會，決定訓令上海領事團以和平方法解決滬案。同時決定以强硬態度反駁外交部第一次抗議。六月四日，公使團以領袖公使義大利駐華公使名義照會外交部，略曰：

查當時有群衆遊行，在租界南京路散放違法及顯有排外性質之傳單，當經勸令散去，並拘捕爲首之人，乃當時此群衆不服巡捕之指揮，且對巡捕加以毆打，並有攻入捕房之勢，捕房僅在此時始用武力，故此事責任所在應由一般遊行者負之，不能歸咎租界之官吏。❹

外交部於接獲外交團推卸責任之覆文後，同日一面訓令駐外公使向駐在國政府闡明事實真相，一面特別訓令駐英公使朱兆莘，直接與英政府談判。同時向外交團致送第二次抗議書，略曰：

❸ 同上。
❹ 滬案檔，民國十四年六月四日收義翟使照會。

續據上海報告：租界捕房於本月一日復槍斃三人，傷十八人，其前被捕之人，仍未完全釋放。又據報告：所有傷斃之人，槍彈多從背入，巡捕無一死傷，顯係任意轟擊，毫無理由各等情。查公共租界官吏出此激烈行爲，迫動公憤，致發生工商各界多數罷市罷工之不良結果。似此蔑視人道，自應由租界官吏完全負責，爲此本總長不得不再向貴公使提出嚴重抗議，並請轉達駐京有關各國公使，迅電上海領事團，立飭停止槍擊，以免再肇慘禍，是爲至要。❺

六月五日，駐京義使晉見臨時總執政段祺瑞，建議上海罷工事件如不速了，恐有極大之影響。請段氏特別注意，上海以外其他地方之排外表示。六月六日，公使團復以義大利公使名義，第二次照會外交部，略曰：

租界官吏非但無中國政府所謂近於激烈之行爲，且曾保持其最鎮靜之態度，即以近四日來事實證之，雖有種種挑撥，並未發生重大事故，此爲貴總長聲明者也。❻

是時北京各界民氣激昂，催促外交部提出嚴重交涉，並通電全國喚起輿論，實行全國與

❺ 東方雜誌第二十二卷，五卅事件臨時增刊，五卅事件紀實，頁十七。

❻ 滬案檔，民國十四年六月六日義翟使照會。

英日經濟絶交。北京臨時執政政府以民心之不可侮，於同日通令全國曰：

此次上海租界事變，市民激於愛國，徒手奮呼，乃疊遭槍擊，傷殺纍纍，本執政聞之深滋痛惜。除飭由外交部提出嚴重抗議外，已遴派大員馳赴上海慰問被害人民，並調查經過事實，期作交涉之根據，而明責任之所歸。政府視民如傷，維護有責，必當堅持正義，以慰群情，尚冀我愛國國民率循正軌，用濟時艱，本執政有厚望焉。此令。❼

同日特任命孫寶琦爲淞滬市區督辦，外交部駐滬特派交涉員許沅爲會辦，即日南下。上海總商會長虞和德，亦兼程赴滬就職。又任命蔡廷幹、曾宗鑒爲特派調查專員，以便先行在滬進行交涉。

公使團表面態度雖强硬不肯讓步，但因美法兩國公使調停之結果，決定組織英日美法義比六國委員團至上海，與上海領事團及中國方面所派之委員，共同組織調查委員會，調查事實真相，以謀儘速之解決。委員團於六月八日由北京出發，十日到達上海。會孫寶琦不願就淞滬督辦之任，臨時執政政府以開始談判期間已至，先於六月九日通令全國，改以江蘇省長鄭謙繼其任，令曰：

---

❼ 政府公報，命令，民國十四年六月七日，第三千二百九十九號。

上海租界事變，前經令派大員調查慰問，惟市民激於義憤，輟業累日，損失滋多，政府軫念民艱，殊深憫惻。茲再特派江蘇省長鄭謙馳赴上海妥籌救濟辦法，以期早日恢復秩序，俾免重苦吾民。一面將市民被害情形詳確查明，呈報中央，以爲交涉根據。該省長有地方之責，務當詳察民隱，據實以聞，用副中央衛國保民之至意。此令。❽

十一日，復由外交部向北京公使團發出第三次抗議書，並提出談判先決條件。略曰：

中國政府鑒於此次案情之嚴重，民情之悲憤，僉以爲租界當局至少須自動先取消當地之戒嚴令，撤退海軍陸戰隊，並解除商團及巡捕之武裝，釋放被捕之人，及恢復被封與佔據各學校之原狀，庶上海地方得於最短時間內自然停止非常之狀態。❾

同日，北京公使團召開會議，決定由義使於翌日面交外交總長沈瑞麟第三次照會。略曰：

本公使等業經相當訓令所派赴滬各委員，令其與駐滬領事團及中國政府各委員，商議

❽ 同上書，命令，民國十四年六月十日，第三千三百二號。
❾ 東方雜誌第二十二卷，五卅事件臨時增刊，五卅事件紀實，頁一八至一九。

最妥方法，以挽救現下沈悶之局勢，有關係各國公使，在此重行表示願意盡力緩和民氣之明證時，不能不再向中國政府聲明，關於上海、北京，及全國各地，維持秩序之重大責任，應由中國政府負之。❿

聲明中預留要脅之餘地，雙方緊張形勢乃趨於緩和，而等待上海交涉之開始。惟因五卅事件為十分重大之外交事件，在慣例上應由外交部與公使團直接交涉，移作就地談判，實際上已將五卅事件範圍縮小，且上海為肇事所在地，衆情激憤，而外力壓迫空氣濃厚，日後交涉之破裂即伏因於此。

(二) 上海交涉之破裂

六月一日，許沅接任江蘇交涉特派員後，迭次向領事團抗議南京路英巡捕二次槍殺學生及民衆，迄無效果。六月七日，臨時執政政府所派滬案調查專員蔡廷幹、外交次長曾宗鑒等抵滬，上海工商學聯合會乃將事先開會擬定之交涉先決條件四項，正式條件十三項，交給蔡廷幹等，作為交涉之依據。

一、先決條件：(一)宣佈取消戒嚴令。(二)撤退海軍陸戰隊，並解除商團及巡捕之武裝。

---

❿ 滬案檔，義瞿使民國十四年六月十二日照會。

㈢所有被捕華人一律送回。㈣恢復公共租界被封及被佔據之各學校原狀。

二、正式條件：㈠懲罰開槍射擊學生者，並由中國政府派員監視執行。㈡死傷者、罷工、罷市，及學校被損害等直接間接之損失，應由租界當局賠償。㈢英日兩國公使代表該國政府向中國政府道歉，並擔保嗣後不再有此等事情發生。㈣撤換工部局書記魯和。㈤華人在租界有言論集會出版之絕對自由。㈥優待工人。㈦分配高級巡捕。㈧撤消印刷附律，加徵碼頭捐，交易所領照案。㈨制止越界築路。㈩收回會審公廨。㈡租界未收回前，華人應有參政權。㈢取消領事裁判權。永遠撤退駐滬之英日海陸軍⑪。

北京公使團所派之六國委員團，由法使館參贊祁畢樂(S. Trebier)、英使館一等秘書樊理克(C. G. M. Vereecur)、美使館一等秘書葛林(E. Gewy Graene)、日使館一等秘書重光葵、比使館一等秘書許丹(J. Vllens de Schootun)、義使館一等秘書孟杜那(G. Seadtug Mendoea)所組成，於十日到達上海，迅即與中國所派之委員：委員長稅務督辦蔡廷幹、外交次長曾宗鑒、江蘇省長鄭謙、江蘇交涉員許沅開始接洽。六月十六日下午二時，在上海新西區交涉使署開第一次委員會，工商學聯合會原擬之十七條件，經上海總商會修正為十三條件，由蔡廷幹向對方提出：

---

⑪ 同上，民國十四年六月七日，曾次長由上海錄送滬案提出條件。

㈠撤消非常戒嚴。㈡所有因此案被捕華人一律釋放，並恢復公共租界被封及佔據之各學校原狀。㈢懲兇，先行停職，聽候嚴辦。㈢賠償傷亡，及工商學因此案所受之損失。㈤道歉。㈥收回會審公廨，完全恢復條約上之原狀。華人犯中華民國刑法或工部局章程，須用中華民國名義爲原告，不得用工部局名義。㈦洋務職工及海員工廠工人等，因悲憤罷業者，將來仍還原職，並不扣罷業期內薪資。㈧優待工人，工人工作與否隨其自願，不得因此處罰。㈨工部局投票權案：甲、工部局董事會及納稅人代表會，由華人共同組織之。納稅人代表額數，以納稅多寡比例爲定額，其納稅人會出席投票權，與各關係國西人一律平等。乙、關於投票權須查明其產業爲己有的或代理的，代理的其投票權應歸產業所有人享有之。㈩制止越界築路，工部局不得在越界範圍外建築馬路，其已築成者由中國政府無條件收回管理。㈡撤銷印刷附律，加徵碼頭捐，交易所領照案。㈢華人在租界有言論集會出版之自由。㈢撤換工部局總書記魯和。⑫

當上海工商學聯合會提出十七條件之初，蔡廷幹曾將原文轉電外交部，外交部長沈瑞麟認爲此乃上海各界之公意，即以其中先決條件四項向六國委員團提出，作爲進行談判之前提。至於十三項正式條件，可作爲交涉之參考。而蔡廷幹於開議時，另接受總商會修改之十三條

---

⑫ 東方雜誌第二十二卷，五卅事件臨時增刊，五卅事件紀實，頁二二至三三。

件，作爲交涉之根據⑬。六國委員經考慮後，認爲自第一條至第五條願與中國委員交涉，其餘如勞資問題，六國委員無代爲處理之權力，收回會審公廨與越界築路及其他各項，皆爲歷年交涉未能解決之懸案，斷難處理。蔡廷幹等則堅持非全部承認，不能拔除禍根。十七、十八日雙方復舉行第二、第三次會議，仍然不得要領。六國委員乃於是晚發表公報，宣佈談判之決裂。文曰：

> 有關係各國駐京代表派至上海之委員團，以便調查近今事端，並力圖解決因此事端直接發生之種種糾紛者。今日在交涉公署第三次與中國代表開會，委員團在此會議中，以具體建議提交中國代表團，此項建議在委員團意見中，以爲可作解決之公允基礎，中國代表則重以與近今可悲無直接關係之要求若干條提交委員團，惟委員團於最初開始之始，即鄭重聲明，未曾奉命辦理此項事件，中國代表團且言此次事件，必須與本案同時辦理云云。要知所授予委員團之訓令，乃根據外交部致各使署之條文，文內僅開列全與本案有直接關係之條件四項。茲以雙方意見似屬完全歧異，難有就地早日解決之布望，故委員團決議於今夜返京。⑭

---

⑬ 孔另境「五卅外交史」，頁三五。

⑭ 同上書，頁三二至三三。

六國委員團所以宣佈是晚離滬，並非僅由於表面公告所言無權討論與本案「無直接關係」之若干條款，實因上海民情激昂，遠過於其他各處，此種氣氛使六國委員感受到精神上嚴重之威脅，中國委員亦受監視而不敢有所讓步。況上海英日勢力遠過於他國，英領事與英委員聯合對委員團施加壓力，不得擅越權限。六委員為交卸責任起見不得不移京交涉。故北京公使團得此消息後，亦認為在上海談判無益，乃電令在滬代表儘速返京。六月二十三日，蔡廷幹、曾宗鑒亦北上覆命，留鄭謙在滬辦理善後⓯。

㈢ **北京談判之擱淺**

上海交涉既告破裂，六月十九日北京公使團首席義大利公使面交外交總長沈瑞麟照會一件，略曰：

有關係國各公使之派往上海之委員團，僅為調查性質，後因擴充權限，遂與中國委員接洽，該中國委員所提之要求過於委員之權限，於是將該項要求閱悉回京報告。有關係國各公使等之意見，應以公理公道為基礎，速行解決上海之事為第一協定。另外如中國政府表示願望，凡有關係國之公使可以請示各該本國政府，以友誼意嚮討論上海

⓯ 晨報編輯處、清華學生會合編「五卅痛史」，頁九〇，民國十四年七月，北京出版。

提出之要求，如組織公共租界，及在租界內司法事項。⑯

沈瑞麟於六月二十日照覆義使，說明滬案交涉停頓之原因，略曰：

本國政府重視貴公使暨有關係各公使之提議，當經電令赴滬委員，即日與貴方所派委員開議，原冀雙方所派委員具同一和平精神，詳加審核討論，俾得早日解決。乃甫經開議，貴方所派委員忽宣告交涉停頓，離滬回京，准核與貴公使及有關係各國公使提議就地商議之本旨不相符合。當此群情憤激之時，萬一因交涉停頓遲延時日，其責任當有所歸，此不得不預為聲明者也。⑰

義使於二十三日答覆中國外交總長沈瑞麟二十日之照會，略曰：

有關係各國公使，認為中國政府於來照會中所述事故之報告，正與經詳密調查得到之事實相反，殊屬憾事。中國政府此種意見毫無便利友誼的解決，此事故之性質有關係各國公使僅能為之惋惜而已。此外中國政府對於滬案解決遲延，欲諉過於人，有關係

---

⑯ 滬案檔，民國十四年六月十九日義翟使面交使團交涉停頓宣言。
⑰ 同上，民國十四年六月二十日，照會義翟使質詢滬案交涉停頓由。

各國實難承認。⑱

二十四日，北京外交部正式以兩件照會分送北京公使團，其一要求滬案既移京交涉，則上海交涉中國所正式提出之十三條件，仍爲交涉所根據。文曰：

案查上海捕房慘殺華人案，前經中國委員在滬提出十三條與使團委員就地商議，未能解決。茲該案既定移京辦理，自應將中國委員在上海所提條件，暨本國政府認爲必需修正條約之問題，特向貴公使提出如左：（原註：以下即總商會擬定第十三條，已見上列，特略去。）以上十三條僅爲解決滬案局部問題，中國政府以爲欲根本改良中外之友誼，及維持永久之和平，必需將從前所訂各項不平等條約，加以修正。業於本日詳述理由，另照分達，相應照會貴公使，轉達有關係各國公使查照，希即從速開議，俾得早日解決，是所至盼。⑲

其二要求依照公平主義，修正中外所訂條約。略曰：

⑱ 同上，民國十四年六月二十三日，義翟使對沈總長二十日照會之答覆。
⑲ 東方雜誌第二十二卷，五卅事件臨時增刊，五卅事件紀實，頁七三。

此等條約不惟歷時已久，且商訂之際往往在特種情況之下，未嘗有充分自由之機會，以討論規定中外間應守普通永久之原則。在當時之意，特以應一時特殊時勢之需要，不料繼續有效，以至於今，環境業已大變，而外人所享政治經濟之非常權利，依然永久存在。既與現情不合，不特關係雙方之各種事情，因爲陳舊條約所束縛，彼此均有不便不利之處，且此種不平等情狀及非常權利之存在，常爲人民怨望之原因，甚至發生衝突，以擾及中外和好之友誼。如最近上海事變，至爲不幸。歐戰之際，協約各國曾以維持國際公法及擁護公道主義相號召，當時中國政府加入參戰，原冀對其國際地位有所改良，且關係各國亦曾表示願盡力贊助中國，在國際上享受大國當有之地位及其優待。孰料以後中國人民竟大爲失望，歐戰既勝，公共目的已達，而中國本身國際地位，毫無進步。且就某方面而論，或反不若戰敗之國家，因彼輩國家內初未見有領事法庭，外國租界，租借地，及受外界之強迫協定稅則也。（下略）[20]

二十五日，關係國公使召開會議，認爲十三條不僅是上海總商會要求，亦爲中國政府廢除不平等條約之希望，應分別報請本國政府予以考慮。二十七日，北京臨時總執政段祺瑞，任命顏惠慶、王正廷、蔡廷幹爲全權代表，負責辦理滬案及其善後事宜。七月五日段祺瑞復決定由外交部辦理十三條中之前五項，顏惠慶、王正廷、蔡廷幹三特派員辦理後八項。會漢

[20] 同上書，頁三三至三四。

口、沙基慘案相繼發生，國內反帝國主義空氣再度掀起高潮，北京公使團鑒於事態嚴重，多數主張讓步，以免各國在華利益同受損害。七月六日，乃根據六國委員團之報告，作成下列決議：㈠上海工部局總巡麥堅免職，㈡工部局參事會應嚴重譴責，㈢開槍之捕頭愛活生應依法嚴辦。並訓令駐滬領事團即日實行。如工部局抗不遵命，得解散參事會予以處分。

英駐華代理公使白樂德於會議後急電告本國政府，次日英外相張伯倫覆電反對，上海公共租界工部局因得英使密電，仍抗不遵命。法使憤英國欲推翻六委員調查報告，實施司法重查，於七月九日晚出京，並將原報告寄巴黎，聲明不再負交涉責任。其餘各國駐京公使對英使亦頗不諒解，後經英國運用各種外交手腕，一面電令駐外各公使向各國政府遊說不可讓步之理由，一面邀集各國駐英公使舉行協調會議，至八月初，日、美、法各國，終於接受英國滬案司法重查之建議㉑。

㈣忍痛復市與復工

自上海罷市以來，華商每日損失約三百萬元，至六月十二日止，損失達四千萬元以上，乃漸感不支。總商會乃決定一面繼續請願活動，對英經濟絕交，一面準備開市。十九日下午二時，七十六個實業團體代表一千五百餘人集會決定：㈠六月二十一日開市。㈡十三條件如不達目的不與日商往來，不買英國貨物。㈢內外棉紗廠事件不解決，不與日商往來，不買日

㉑ 孔另境「五卅外交史」，頁四六至五二。

本貨物。㈣募集罷工基金。㈤組織國貨提倡會。推曹慕管、陳翊等七人爲代表，向各路商界聯合會及工商學聯合會說明苦衷，允許開市。各路商界聯合會及工商學聯合會，以要求條件尚未解決，如不暫時忍耐，過去犧牲即成泡影，致無結果㉒。後經總商會、工商學聯合會、公共租界納稅華人會三團體決定開市後抵制辦法：㈠抵制英國貨至五卅慘案解決後止。㈡抵制日本貨至日紗廠案解決後止。㈢以經濟援助罷工工人。六月二十五日乃發表告全國同胞沈痛之復市宣言：

> 五卅慘變，無辜同胞死傷枕藉，凡有血氣莫不憤慨。公廨判決已證明曲不在我，政府委員亦宣言彼應負責。奈當局雖極壇坫周旋之力，而彼猶無認過知非之心，馴至六國委員藉口權限關係，中止談判，併國人最低限度之要求，亦駸以失望。今即移京交涉，若非國民一致表示繼續堅持之精神，以期獲得世界友邦之同情，恐未必能得良好之結果。國中輿論僉以罷市祇以表示人心，欲求宏濟艱難，宜先別闢途徑。否則在我坐受其敝，而在人並無若何感覺，相持既屬徒勞，積極亦難著手。夫以國民之自力，求公道之保障，遠則有甘地之運動，近則有粵港之先例。自五卅慘變以來，我滬上市民暨全國同胞，亦既風起雲湧，奉行恐後矣。自今以往，更宜固結團體，守此弗渝，一面由各行各業各幫抵制英日貨物，另組機關，嚴訂公約，一面節衣縮食，協力輸將，爲

㉒ 上海日商會議所編「邦人の紡績罷業と五卅事件及各地の動搖」，頁四八三至四八八。

停業同胞之助。至於免除非必要之犧牲，即所以蓄長期折衝之實力，事若相反，而理實相成。所謂別闢途徑，宏濟艱難者於是乎在。用是議決於本月二十六日（即夏曆初六日）先行開市，但同時仍本初志，爲伸張公理而努力，於抵制英日貨與停業工人之援助，途徑雖殊，目的未改。含辛茹苦，長勿相忘，遺大投艱，終期克濟。凡我全國人民咸有責焉！謹以此宣言，願共勉之！㉓

二十六日，上海公共租界各商店一律開市，門首均懸白旗，上書：「臥薪嘗膽，永矢不忘」八字，以表哀痛，計上海公共租界罷市風潮歷二十二日而平息。

至於英日工廠工人罷工仍繼續進行，商界且允許捐助鉅款，以接濟二十萬罷工工人，俾達到最後之目的。是時上海排外情緒已縮小至僅對英日兩國，但事實上日本所負責任實遠較英國爲輕，蓋日廠槍斃工人，猶可諉爲因勞資衝突而起，責任較小；而英國巡捕處英國警吏地位，在繁盛街道任意向無辜群衆開槍轟擊，蔑視華人生命，責任尤爲重大。日政府見形勢所趨，乃訓令在京日使及在滬日領事，對滬案暫持旁觀態度，對日紗廠罷工採取主動協調，單獨解決㉔。於是日本執政黨政友會派代表來華調查滬漢慘案之真像，並授意內外棉各廠廠主與工人團體談判解決工潮辦法。廠方代表與上海總工會代表經數度磋商，總工會要求：㈠

㉓ 東方雜誌第二十二卷，五卅事件臨時增刊，五卅事件紀實，頁二一五。

㉔ 晨報編輯處、清華學生會合編「五卅痛史」，頁八九。

懲兇，㈡撫恤，㈢承認工會權，㈣加工資百分之二十，㈤罷工時期不扣工資等項。廠方僅允由該廠撫恤死傷工人一萬元，其餘咸不接受。總工會認為不能滿意，將日廠方送至上海江蘇交涉使署之撫恤金退回不收。遲至八月二十三日，由江蘇交涉員許沅與日本領事協議，經江蘇省長鄭謙批示，又經工會代表與商界調解人會商，決定於二十五復工，其條件如下：

一、工廠俟治安維持確定後，得承認遵照中國政府所頒佈之工會條例所組織之工會，有代表工人之權。

二、罷工期間之工資不補發，惟對善良工人因常期失職所受困苦，各廠表示憐惜同情，當予相當之幫助。

三、工人之工資除依照技術進步之程度，當然予以增加，其餘應斟酌工人情形，與中國紗廠協議辦理。

四、工資以大洋計算，惟其零數照習慣以小洋支付。以後將零數滾入下期，一律付以大洋。賞金登記工摺者，亦付以大洋。

五、工廠日人平日入廠，當然不帶武器。

六、工廠無故不開除工人，並留意優待工人。

此外日人所經營各紗廠，同意負擔工人幫助費十萬元，顧正洪家屬恤金一萬元。日輪華籍海員亦於九月三十日以後陸續復工，其復工條件與日廠大同小異㉕。

五、各地之響應與救國運動之展開

(一) 北京及全國各界之聲援

自五卅慘案發生後，留日學生請願於日本外務省，旅日華僑及海員發表告日本國民書，對於滬案予以同情與支援❶。而全國上下掀起一片愛國呼聲，罷工、罷市、罷課風起雲湧。北京為全國政治文化中心，活動最為劇烈。六月二日各大學學生代表開會，決定一齊罷課，支援上海愛國學生。三日，北京學生三萬餘人示威遊行，選派代表四人，向臨時總執政段祺瑞呈遞交涉意見書，要求收回全國英日租界，收回領事裁判權，撤換上海英日領事等九項意見。六月四日晚，北京公私立大學校長及教職員，召開聯合會議，決定成立上海事件後援會，致電軍警勿干涉學生演講，發表聲明，呼籲國人督促政府對英日提出嚴重交涉。務使內政修明，共禦外侮，廢除不平等條約，作為根本解決之途❷。並請江蘇督軍盧永祥出兵上海，保護市民，同時發表譯成英、日、法、德四國文字之宣言，由旅歐之王寵惠、蔡元培，向國聯

㉕ 馬超俊主編「中國勞工運動史」，頁四二五至四三〇。

❶ 滬案檔。

❷ 同上，剪六月五日北京晨報。

行政院控訴上海公共租界捕房之不法舉動，請各國予以正義之支援。蔡元培復自撰宣言，譯成英、德、法三國文字，刊登歐美各報，說明五卅慘案發生之遠因及近因，並舉出種種例證，駁斥外人誣衊此一愛國運動係共黨分子所操縱，是光緒二十六年（一九〇〇）義和團排外行爲之再現。宣稱目前中國國民之國家責任心已日漸提高，民意已能監督政府之外交，英日兩國如欲解決五卅慘案，應本「人道」及「正義」立場，改善華工之待遇，約束英國巡捕之行爲，英日及其他列强，並應有根本之覺悟，廢除加於中國之不平等條約，不僅有利於中國，對世界各國亦有好處❸。

當時路透社東方通詢社等傳播機構，揑造事實，淆亂聽聞，國際人士多有被其蒙蔽者。北京大學全體教職員特於六月八、九兩日，草擬英文電報宣言，以北京大學全體教職員名義訴諸世界。並委托朱家驊、陳翰生、蔣夢麟前往外交部，請求代爲拍發。外人見北大教授團通電，始略知滬案真象❹。

清華學生聯合會、北京各校滬案後援會，及燕京大學全體教職員，亦發表宣言，促外交部向各國公使嚴重交涉，要求其訓令上海領事團，停止一切暴行❺。北京歐美同學會發表聲明，認爲滬案宜分治標治本兩種辦法，治標辦法首應恢復地方秩序，次宜秉公查辦案件，事

❸「革命文獻」，第十八輯，頁三七至四一。
❹滬案檔，駐英朱代辦六月二十二日電。
❺晨報編輯處、清華學生會合編「五卅痛史」，頁一二九至一三一。

理既明，責任有歸。治本辦法首在修訂中外條約，次則華人應參予租界之行政❻。

十日午後，北京各界爲昭雪國恥，援助上海被英日慘殺同胞，集會天安門，參加者達十四萬人，氣勢悲壯而秩序井然。大會通過五項決議案，請政府嚴厲執行，不得因循瞻顧，以誤國家，而失機宜。十三日在京朝野名流黃郛、王正廷、顏惠慶、鹿鍾麟、孫寶琦等，組織滬案後援會。北京總商會及銀行公會，決定在六月十五日休業半日，並著手籌措罷工工人救濟金。是日北京各校滬案後援會與各團體代表，復在北大三院開第二次籌備會，決議分總務、宣傳、庶務、籌餉等部門，每日上午八時至十一時，假北大第三院第八教室辦公，並議定各項宣傳辦法，於是救國運動益形擴大。此後學生及人民團體繼續有多次示威請願，而以二十五日天安門之集會規模爲最大，參加者十餘萬人，政界要人亦多到場，要求政府派兵接收各地英租界，撤換駐華英國公使。七月十八日午後一時之國民大會，到會者竟高達數十萬人。

是時北京知名人士，或發表言論，提出對滬案見解及交涉方向；或慷慨捐輸以爲提倡。胡適認爲解決滬案第一步，應以上海總商會所提十三條件作根據，第二步要準備修改八十年來對外所簽訂之不平等條約❼。梁啓超呼籲駐京有關係國公使，應以友誼之磋商，同情之諒解，以應付上海現狀，並重訂新約，改善中外根本關係❽。梁氏並認爲罷工係對抗外人最有

❻ 滬案檔，民國十四年六月八日，歐美同學會董事幹事兩部對滬案之宣言。
❼ 「五卅痛史」，頁二二九至二三二。
❽ 「革命文獻」，第十八輯，頁二五二。

效手段，但不可再有其他暴烈行為。減少一個敵人，就多得一分利益，後方經濟援助要多，前線對壘要集中一點。王正廷在民國大學發表演說時，主張認清敵人，確定目標，聯絡主持公道外籍人士，並注意對外之宣傳❾。

五卅慘案發生後，上海罷工工人達十餘萬人，每日生活費須三萬餘元，捐款大多來自各地中國廠商。其動機固由於愛國熱潮，亦可藉外人工廠之罷工，減少其對本國工商業之競爭力。❿南洋華僑亦踴躍輸將，捐款幾達二百萬元⓫。甚至各地軍閥亦相率倡導，如馮玉祥捐一萬二千元，孫傳芳捐一千元，張宗昌捐二千元，張學良捐三千元等。臨時執政政府國務會議通過，由政府每月撥款五萬元以支援罷工工人⓬。交通部電政司通知各區電政監督，凡交通界同仁為救濟上海罷工工人，每人每月各捐薪水三十分之一，彙送交通部出納處，交北京各界援助被難同胞籌款總會，轉匯上海施放⓭。因之上海十餘萬人之大罷工，能夠延續達三個月之久，創下國民救國運動之光輝。

(二) 漢口慘案與鎮江九江之衝突

---

❾「五卅痛史」，頁二五六。
❿馬超俊主編「中國勞工運動史」，頁四三四至四三五。
⓫滬案檔，上海總商會虞和德報告滬案經過情形。
⓬同上，民國十四年八月七日，臨時執政政府秘書廳公函第一六二九號密件。
⓭同上，民國十五年六月二十六日，交通部電政司致各電政監督電。

漢口有英日等國租界，爲長江中游最繁盛之商埠，「五卅慘案」消息傳至後，各界即開會抗爭，武昌教會所辦博文大學學生一律自動退學，並有學生遊行及罷工、罷市、罷課活動，因湖北督辦蕭耀南嚴密防範，並未發生擾亂情形。六月十日上午，英商太古輪船公司武昌輪駛抵漢口，因碼頭工人卸貨放置錯誤，被該公司雇員毆打成傷，引起碼頭工人公憤，擊碎碼頭門窗玻璃，遭軍警驅散，衆情不服，乃於十一日全體罷工，集合二千餘人，遊行示威。漢口警察廳恐釀成事變，乃於午刻會同漢黃道、鎮守使署參謀長，與太古公司經理交涉，提出四條件：㈠受傷工人送醫院診治，醫藥費由太古公司負責。㈡兇手由官廳送法院，依法懲辦。㈢工人打破玻璃一概不究。㈣太古公司今後不得無故毆打工人。經太古公司大班簽字承認⑭。交涉雖告結束，但外界不知內情，碼頭工人仍在河街口聚集不散。

晚七時，有一印捕揚棒毆打工人，被工人兩百餘人包圍，沿一碼頭追至大智門一帶，人衆擁擠，不免紛擾。漢口英領事即調集義勇隊及巡洋艦蜜蜂號，並海軍陸戰隊，分佈英租界各區，在要道架設機關槍，如臨大敵。督辦蕭耀南聞訊，立派軍警在租界附近維持秩序，衆見軍警到來，更加憤怒，乃向租界狂奔，秩序大亂，間有擲石擊中租界義勇隊、水兵，及店鋪玻璃窗者，水兵遽發射機關槍，向群衆轟擊，連續達半小時之久，當場死八人，重傷四十餘人，內中有六人送至醫院死亡。紛亂中有日商店數家被毀，並死日人一名。

事後中國軍警入租界接防，義勇隊及英海軍陸戰隊始相繼撤退，租界秩序又歸平靜。武

---

⑭ 東方雜誌第二十二卷，臨時增刊，五卅事件紀實，頁二八。

漢各界要求督辦蕭耀南採取必要手段，蕭氏一面宣佈武漢戒嚴，禁止人民示威遊行，一面命特派交涉員胡鈞，向漢口英領事提出抗議；一面請北京政府向公使團進行交涉。六月十三日，臨時執政政府單獨照會駐京英使，抗議漢口事件，略曰：

> 據漢口報告，六月十一日晚間，英國義勇隊開放機關槍，擊斃華人八名，傷十一名，並傷中國彈壓巡士二名各等情。本總長聞之深爲駭異。查上海租界開槍傷斃華人一案，經本政府提出嚴重抗議，照會駐京義國公使轉達貴代理公使在案，乃該案尚未解決之時，漢口又復發生慘禍，如此蔑視人道，情形實屬重大，相應照會貴代理公使提出最正式之抗議，並聲明保留，俟查明詳細情形後，再提相當之要求。一面並請電飭駐華各處貴國領事及租界官民，不得再有此類情事，是所至要。⑮

十四日，英駐京代理公使照覆外交部，措辭強硬，竟稱當時租界外人曾以滅火器噴水阻止群衆前進，而群衆仍包圍租界栅欄，用石塊及木棍攻擊外兵，義勇隊之開槍純係自衞之計⑯。以推卸責任。

漢口慘案發生前，六月五日復有鎮江衝突事件之發生。是日鎮江學生遊行，支援上海

---

⑮ 同上書，頁二八至二九。

⑯ 滬案檔，民國十四年六月十四日英白代使抗議書。

「五卅慘案」死難學生民衆，事前已得英領事同意，收繳巡捕槍械，遊行隊伍並未穿入租界，而租界工部局竟嗾使便衣西人，向天空連放空槍數次，全市居民爲之驚擾不安⑰。

漢口慘案發生後，六月十三日九江有工人數名，乘船赴租界，由太古碼頭登岸，英巡捕無端干涉，雙方遂發生衝突，太古、怡和二公司工人群起附和，不意久經歇業之台灣銀行屋內突然起火，波及銀行後日領事館及商店，微有損失，秩序因之紊亂。中國軍警乃入租界彈壓，日海軍陸戰隊亦登岸警戒，因江西督辦方本仁所加派之隊伍及時趕到，將工人驅散，秩序始告恢復，幸無死傷⑱。於是長江各口岸工商學各界多有愛國之表示，各國駐華海軍不得不全力加以警戒。至六月十五日，長江沿岸共有日艦十四艘，英艦十一艘，美艦十四艘，法艦六艘，義艦六艘⑲。

六月十七日，駐京英代理公使復糾集六國公使，向臨時執政政府外交部提出反擊性抗議書，列舉漢口、九江、鎮江等地之排外行動，以及上海西區英人被暗殺事件，均應由中國政府負其責。「對於瀰漫中國之不安狀態，使外人生命財產瀕於危殆，特喚起中國政府慎重注意⑳。」六月二十二日北京政府外交部根據事實，再予以嚴厲之駁覆。略曰：

⑰ 東方雜誌第二十二卷，臨時增刊，五卅事件紀實，頁二九。
⑱ 滬案檔，民國十四年六月十五日，江西督辦方本仁省長李定魁致電外務部報告事件經過。
⑲ 同上，民國十四年六月二十二日，駐英朱代辦電外交部。
⑳ 東方雜誌第二十二卷，臨時增刊，五卅事件紀實，頁二九。

來照所開各案，與地方報告有不盡符合之處，如漢口當肇事之先，群衆在大智門一帶集會，交涉員與英領事面商防衛辦法，曾聲明無論何時不得開槍。英領事業經面允，決不開槍，即至萬不得已時，亦不過向空中施放，不致傷人。乃僅逾數十分鐘，英義勇隊突然開槍，以致擊死華人八名，傷十一人，並傷中國巡士二名。此項群衆，均係徒手，乃竟採用最激烈之手段，租界當局處置實屬失當，應負全責。

九江案係因少數工人擬在太古碼頭登岸，租界巡捕驟加干涉，至生齟齬，適有久經竭業之台灣銀行屋內突然起火，秩序因之微亂，軍警入界彈壓，將火撲滅，始得無事。事後查悉，英日領館及一、二商行因救火之際，一時忙亂，什物略有損毀，此係偶然發生之事，並無他項目的。

鎭江案學生因滬案遊行租界，事前已得英領事允諾，立飭巡捕繳回槍械。學生遊行時並未穿入租界，詎租界內工部局工人在工部局舊址等處發生衝突，當有便衣西人向空放槍數次，市民受有傷害。……

總之，除上海英人被擊原因尚待查明外，其餘各處事故之發生，無不由於滬案未得即時公允解決所致，絕無所謂排外或破壞之傾向，此本總長深願貴公使暨有關係各公使予以諒解者也。㉑

㉑ 同上書，頁二九至三〇。

六月二十三日，公使團駁覆北京政府外交部照會，竟稱「中國政府故為與事實相反之陳述」，「中國政府出此種態度，於促進圓滿之旨，實相背馳。」[22]外交團之態度頑强既非書面抗議所能解決，北京政府為避免藉口起見，特於七月十五日通令全國曰：

滬案發生，中外屬目，政府迭經嚴重抗爭期伸正義，現在交涉正在進行，凡我國民自應靜氣平心，共圖挽濟。各省區軍民長官，有維持地方治安之責，務各曉諭民衆，聽候解決，毋得有越軌行為，致貽口實。商埠輻輳之區，內地僻遠之域，倘有奸徒搆煽，或易滋生事端，尤望剴切勸導，妥密防維，內遏亂源，外崇國信，尚其共喻此意，此令。[23]

是以漢口、九江、鎮江等事件之交涉，終不獲具體之結果。

(三) 沙基慘案與對英杯葛事件

中國國民黨以實行三民主義為宗旨，廣東之革命政府以奉行 國父全部著作為圭臬。早在民國十四年三月十日，革命政府曾發表宣言，略曰：「商人之組織商會，工人之組織工會，

---

[22] 同上書，頁三〇。

[23] 政府公報，命令，民國十四年七月十六日，第三千三百三十六號。

無殊。近日反對者故作謠言，謂爲實行共產，實爲中傷政府之一種手段，自應厲行禁絕，並須在各該轄屬地方，善爲解釋，必使妖言熒惑，妨礙本黨政策施行。」㉔區別國民黨與共產黨之嚴明界限。及 國父逝世，五月二十二日復發表聲明，提出對內打倒軍閥，對外廢除不平等條約，爲今後努力之方向㉕。迨上海五卅慘案發生，六月二日中國國民黨中央委員會通電全國全體黨員，「一致努力援助國民，以與英帝國主義相搏。」㉖另致電英下議院，聲明取消不平等條約爲解決此案之惟一途徑㉗。六月四日，革命政府再發表「闢共產謠諑宣言」，略曰：「本政府所知者三民主義，所行者民黨黨綱，捨此之外不知其他，鞠躬盡瘁，始終爲主義而戰，不獨無共產之事實，亦無共產之意思。不獨共產爲現在制度所不能行，抑亦爲中國經濟之所不許。」㉘六月七日，革命政府對上海公共租界暴行發表宣言，提出救國之道當從廢除不平等條約收回租界以謀根本之解決，尤應消滅帝國主義勾結之軍閥㉙。

六月十二日，革命軍平定滇軍楊希閔、桂軍劉震寰之亂，消滅內部之隱患，革命政府及粵民乃積極作上海市民之支援。六月十八日，香港、澳門、廣州間各輪船華員，宣告罷工。

㉔ 陸海軍大元師大本營公報，第七號，宣言，頁六至八。
㉕ 同上書，第十四號，附錄，頁一八六。
㉖ 東方雜誌第二十二卷，臨時增刊，重要函電彙錄，頁六至八。
㉗ 同上，頁七。
㉘ 陸海軍大元帥大本營公報，第十四號，宣言，頁二三。
㉙ 同上，宣言，頁二三至二四。

同日，廣東省長許崇智召集總商會、市商會代表入署，討論對罷工者予以經濟之援助。十九日，香港各工團秘密議決總罷工，組織全港工商聯合會指揮一切。二十一日，港、粵大罷工開始，電車及印刷排字工人開其端，其餘各業於七日內陸續罷工，香港市面完全陷入停頓狀態。沙基華人爲英人工作者，除郵電局職工及華捕因受英國巡捕監視，不能有所行動外，其餘各業華人二千餘人陸續離開沙面，組織「沙基中國工人援助上海慘案罷工委員會」，廣州市英洋行華籍職工繼之㉚。乃聯合發表宣言，表明罷工係因同情上海、漢口等地被難學生而起，非俟上海工商學聯合會所提條件完全被各國所接受，決不停止。認爲香港居住華人歷年受香港政府不平等待遇，顯然爲中華民族之最大恥辱。乃向香港政府提出下列諸條件：

一、華人應有集會、結社、言論、出版、罷工之絕對自由權。
二、取消對華人之笞刑、私刑，及驅逐出境條例。
三、以人數作比例，准華人選舉代表參加定例局。
四、制定勞動法，廢除包工制，規定最低工資，及八小時工作制。
五、取消新公佈之新屋租例，並自七月一日起減租二成五。
六、華人有居住自由權㉛。

㉚ 馬超俊主編「中國勞工運動史」，頁四〇一。
㉛ 東方雜誌第二十二卷，臨時增刊，五卅事件紀實，頁三二一。

香港政府不僅不接受罷工委員會要求，反加緊戒備，舉行軍事演習，搜查華人住宅。二十二日，沙面東西橋鐵閘完全封閉，所有重要地點均堆積沙包，由水兵架槍佈防。上午十一時，英淺水艦羅侯號駛入華界同德大街海面寄碇。下午二時，日兵艦兩艘駛入白鵝潭海面。是日省河以內計有英艦三艘，美艦二艘，日艦三艘，葡艦一艘㉜。

六月二十三日上午十二時，廣州各界在東校場舉行市民大會，到會者六萬餘人，紛持「打倒帝國主義」、「收回領事裁判權」、「取消不平等條約」、「援助五卅慘案」等標語，何應欽亦率領軍校入伍生及教導團，並粵軍、湘軍，及警衛軍各一部參加，大會分由胡漢民、廖仲愷、伍朝樞、鄒魯、汪兆銘等黨政要員主持，當場通過廢除一切不平等條約爲解決慘案之根本辦法。午後一時半舉行示威大遊行，工人農民在前，學生商民教導團殿後，秩序井然，並無越規之行動。二時四十分，當遊行隊伍前隊沿沙基馬路轉入內街，後隊進至沙基西橋時，在沙基西橋口之英兵突以排槍及機關槍向遊行隊伍轟擊，同時駐白鵝潭英法兵艦（按：初誤有葡艦參加），亦開巨砲響應，歷時數十分鐘。一時血肉橫飛，死工人民衆六十餘人，黨軍學生二十三人，傷者五百餘人，慘禍之烈，空前所未有㉝。

慘案發生當晚，中國國民黨中央執行委員會發表通告，聲明應追究此次事件之責，除取

㉜「中國勞工運動史」，頁四〇三至四〇四。

㉝錢義璋「沙基痛史」，引自「革命文獻」，第十八輯，頁五四至八二。

消不平等條約外，別無解決之道㉞。廣東省長公署即日發出照會兩道，一致廣州英法葡三國領事，提出嚴重抗議，一致日本、美、德、俄、義、荷蘭、挪威、瑞典、瑞士、比利時、丹麥等國領事，知照此次慘案情形，深望各國人民對此事件主持正義㉟。並通電全國說明事實真象。而英法領事覆文則推卸責任，反誣我徒手群衆先行開槍，英領事之覆文略曰：

此次確因華人方面先行開槍，當時本總領事曾偕同英國上級海軍官員，未攜帶武器站立橋邊，意欲監察，防守軍隊躁莽或激烈之舉時，槍彈向我方施放，密如雨下，本總領事等僅能幸免，我方不過僅爲自衛起見，始行放槍。㊱

但據外人目睹者記載，中國遊行群衆當時確未開槍，惟華兵於慘案發生時，激於義憤，間有在屋頂開槍還擊者。斃法商巴斯基愛司，傷英水兵一人，平民二人，及稅務司愛德華一人㊲。果如英領事之覆文，謂釁開自華軍，槍彈施放，「密如雨下」，則外人之死傷斷不致如此之輕微。

二十六日，廣東特派交涉員署，復向英法領事提出四項節略，（按：葡領事於六月二十四

㉞ 同上書，頁八三。
㉟ 陸海軍大元帥大本營公報，附錄第十四號，頁一九〇至一九二。
㊱ 洪鈞培「國民政府外交史」，頁二四，民國十九年七月，上海華通書局出版。
㊲ 東方雜誌第二十二卷，臨時增刊，五卅事件紀實，頁三二。

日覆文，謂其「卑地利亞」號軍艦，於昨日不幸事件發生時，並未發射一彈。）證明中國軍官學生並未首先開槍。並提出五項要求：㈠此案關係國應派大員向廣東政府謝罪。㈡懲辦關係長官。㈢除兩通報艦外，所有駐粵各關係國兵艦一律撤退。㈣將沙面租界交回廣東政府接管。㈤賠償此次傷亡華人[38]。而英法領事仍藉詞狡辯。企圖延宕時間，緩和我民氣，使鉅大慘案消滅於無形。

七月一日，國民政府成立，發表宣言，聲明爲實現先大元帥遺志，繼續致力於廢除不平等條約與統一中國之大業[39]。乃領導人民對英國實行經濟絶交，規定各國商船不得通過香港停泊，始能往來廣東各埠，並發佈取締英貨辦法，於是廣州香港間交通乃完全斷絶。七月六日，港粵商民工人組織「省港罷工委員會」，負責指揮及接待工人，數日之間香港工人退回廣州者十餘萬人。七月八日，國民政府訓令廣東省政府：㈠撥借東園省港罷工委員會辦事處。㈡徵收半月租捐繳交中央銀行，專爲省港罷工委員會之用。㈢廣東各口岸禁止糧食出口。㈣勸諭商民援助省港罷工委員會[40]。七月十一日，國民政府外交部長胡漢民，爲沙基慘案發表告世界各國人民書，希望各國主持正義，贊助中國廢除不平等條約[41]。

七月十五日，國民政府代理外交部長陳友仁，會晤廣州英領事，聲明：「時至今日，中

---

[38] 陸海軍大元帥公報，第十四號，附錄，頁一九三至一九五。

[39] 國民政府公報，宣言，第一號，頁三至四。

[40] 同上，訓令，第三號，頁三二至三三。

[41] 同上，公文，第二號，頁七至十一。

國人民實有自由工作以圖自救之必要。此固中國民族運動，亦爲社會新均衡之基本勢力之準繩也。」希望今後外人對中國，「當依平等原則以相待遇，此固國際通行之原則，凡在世界獨立國家之列者，國無論大小，一體遵守者也。」㊷

由於香港沙面約二十萬人之大罷工，生活費完全由國民政府供給，因此耗費頗爲驚人。除粵省公署征收租捐半月外，其餘由國內各地及粵省紳商捐助。並扣留仇貨拍賣所得予以彌補，仍有力不從心之感。香港政府因罷工經濟所受之打擊尤爲鉅大。自民國十四年七月，至十五年十二月，香港居民減少百分之四十，地價減少百分之七十，例閉商店四百餘家，損失時值在四千萬以上。

民國十五年七月，國民革命軍開始北伐，勢入破竹，外交形勢驟然改變。同年九月，國民政府照會英方，決定對於平常入口貨在本土發賣者，加征特別稅二釐半，奢侈品加征特別稅五釐，以其收入恤補罷工工人，英方雖不作答覆，亦未公開反對。十月十日，「罷工委員會」宣告撤消，而事件無形解決。

四 重慶南京慘案與各地英人之暴行

「五卅慘案」發生後，重慶各界組織對英日外交後援會，在各處露天演說，激發人民之愛國心。英日兩國駐成都領事，乃於六月十日照會四川省長賴心輝，請其注意警戒。十五日，

㊷ 高承元編「革命外交文獻」，頁二，民國二十二年二月，神州國光社出版。

重慶因學生團體過份激動，形勢更形惡化，英日兩國人民乃全部移往重慶長江對岸避難，日人婦孺亦登日船宜陽丸躲藏，並由日本砲艇比良號加以保護。十八、二十五、二十八等日，接連有中國學生及士兵與日本海軍陸戰隊發生衝突㊸。七月二日晚，重慶南岸龍門浩地方，有遊行學生民衆經過，長江中停泊英艦一面施放探照燈，一面派水兵登岸追殺群衆，當場死五人，失蹤四人。事後重慶鎮守使劉湘向英領事提出抗議，並要求：㈠英艦離重慶，㈡撤換重慶英領事，㈢懲兇，㈣道歉，㈤賠償，㈥廢約㊹。英領事竟狡稱龍門浩爲英國勢力所在，有正當防衛與開槍之權。駐北京英國公使反向臨時執政政府提出抗議，要求取締各地之排英運動㊺。

南京下關有英商和記洋行一所，專營牛豕等家畜裝箱運英業務，工人三千餘名。「五卅慘案」發生後，六月五日全廠工人開始罷工以示聲援，以英警逮捕工人，紛擾多日，至七月十七日始行復工。七月三十一日，英廠主忽宣佈工廠停工，工人要求發給一月遣散工資，廠主只允半月，爭論中英職員忽開槍擊殺工人一名，英海軍陸戰隊亦登岸向工人開槍射擊，當場死三人，傷者甚衆。事後南京交涉員廖恩濤向南京英領事提出抗議，並要求其撤退陸戰隊，

㊸ 上海日商會議所編「邦人の紡績罷業事件と五卅事件及各地の動搖」，頁七一七至七二一。

㊹ 東方雜誌第二二卷第十六號，時事日誌，頁一三六。

㊺ 參照杜冰波著「中國最近八十年來的革命與外交」，下冊，頁一〇一七，民國二十二年一月，神州國光社出版。

英領事竟拒絶接受，且狡稱英人並未開槍㊻。八月六日，北京英使館華籍員役二百八十餘人憤而罷工，部分不及離開使館者，則被英警所幽禁。

自「五卅慘案」發生後，半年之內，除上述之漢口、沙基、重慶、南京等慘案，及鎮江、九江之衝突外，在廣東英艦曾射擊中山縣，在四川英艦曾砲轟瀘州，於是全國各地，如九龍、汕頭、廈門、福州、寧波、蘇州、吳興、杭州、蕪湖、長沙、常德、南昌、青島、天津、濟南、開封、鄭州、瀋陽、張家口、牛莊等地，學生工商界均有示威大遊行，抵制英日貨品，實施經濟絶交，愛國高潮彌漫全國，其幕後多由國民黨員所領導。如同年十一月二十七日，中國國民黨河南新鄉縣黨部、中國國民黨軍官學校旅豫學生張隱韜、徐會之等三十餘人，致電廣州國民政府曰：

國民政府和香港政府久已成爲敵對形勢，自五卅以來，更成我南方抵禦英帝國主義者侵略中國之柱石，最近掃清帝國主義者所扶持之陳逆（按：指陳炯明），更給帝國主義者以莫大之打擊，故今後國民政府竟成爲中國民衆反帝國運動之大本營，而帝國主義者亦盡其造謠中傷甚或利用武力以對付我革命政府，希圖壓沈中國之民族革命運動。今後革命政府之使命即在努力領導中國群衆與帝國主義奮鬥，帝國主義之強暴終不敵中國群衆之覺悟，故最後之勝利必是能代表民衆利益之革命政府，深望宣戰到底，中國

㊻ 同上書，頁一〇一六。

民衆誓隨擁護革命政府而爲後援。㊼

其中南方尤較北方爲熾烈，由於「五卅慘案」係英人慘殺行爲而引起，抵制英貨尤較抵制日貨爲積極。英國在中國內地商業機構，以亞細亞煤油公司及英美煙草公司遭受損害最大，據上海亞細亞煤油公司報告：該公司內地營業經常受到阻礙，沿江沿海碼頭由於船員工人一律罷工，運輸爲之停頓㊽。又據九江英領事電稱：約有六十名學生衝入該地英美煙草公司所賃貨棧，焚毀煙捲九十二箱，價值一萬七千餘元㊾。六月二十四日，常德日本三菱洋行有裝載桐油空簍二百個之運船一艘，爲學生所焚燬㊿。七月十五日，南京日本大倉洋行生牛皮七十五捆爲學生所没收[51]。湖南省之「雪恥會」，在全省各城鎮均設立支部，禁止商人販賣英日貨物，搭乘英日輪船旅行[52]。

由於中國全國各地排外風潮之高漲，民國十四年英日對華貿易總額大爲減少。民國十三年大不列顛國協對華輸出總額爲十二億六千萬港幣，民國十四年降至九億三千一百萬港幣。

㊼ 國民政府公報，公電，第十六號，頁六一。
㊽ 滬案檔，民國十四年八月六日，黃宗法秘書接見英領使館康參贊談話記錄。
㊾ 同上，外交總長沈瑞麟會晤白代使問答。
㊿ 同上，民國十四年九月十八日，外交部發給湖南交涉員令。
[51] 同上，民國十四年九月十八日，外交部發給南京交涉員令。
[52] 同上，外交總長沈瑞麟會晤白代使問答。

英國本土民國十三年對華輸出總額爲二億八千九百萬英鎊，民國十四年減至一億九千七百萬英鎊，其中上半年一億一千一百萬英鎊，下半年僅八千八百萬英鎊[53]。民國十四年前五個月長江流域輸入日貨每月平均約六百萬美元，六月份因受「五卅慘案」影響，降低至三百萬美元。廣東在「沙基慘案」發生前六個月，平均每月輸入日貨三百萬美元，七月份則僅有十八萬二千美元[54]。

(五) 慘案交涉之終結

九月十三日，在英駐華代理公使白樂德奔走下，北京公使團在義大利公使館集會，由法比駐華公使提出折衷方案，經多數通過，一面由十二國公使委託英美日三國政府派遣司法官赴上海，進行司法重查；一面與北京政府開議與各地慘案無直接關係之廢除不平等條約談判。並於九月十五日，由領袖公使荷使歐登科照會北京政府。其所委任之法官，美國爲菲律賓大理院法官約翰生（Johnson），英國爲香港高等審判廳長柯蘭（Gollen），日本爲廣島控訴院院長須賀喜三郎[55]。外交部長沈瑞麟以事先未獲得同意，於九月二十二日照覆駐京英使，十月二日照覆駐京公使團，表示反對，而三國委員竟於十月三日抵滬，並於十月七日上午十時在

---

[53] C. F. Remer, *A Study of Chinese Boycott*, (1966), P. 119.
[54] 同上書，頁一一七。
[55] 滬案檔，九月十五日荷歐使照會。

南京路公共租界市政廳舉行第一次司法調查委員會，至二十八日宣告閉會，十一月十日結束會務，十一日發表聲明後分別離滬返京[56]。

三國司法調查委員會舉行期間，上海各界紛紛反對。十月七日各人民團體在公共體育場舉行市民大會，會後示威遊行。十八日閘北市民大會，參加者十餘萬人，因無華人肯出庭作證，三國委員對英捕之責任及事件之性質，意見紛歧，因之所分別作之報告，仍無法據以爲準[57]。

北京外交部未能妥善利用國際間矛盾，對英日關係國直接交涉，而於十月二十七日致滬案照會於公使團，提出極端讓步之要求：㈠滬案須英工部局負責，華人死者每人賠償二萬元，傷者每人賠償五千元。㈡收回會審公廨。㈢工部局董事會華董須多於洋董。十二月二十三日，三國司法調查報告發表，內容避重就輕，推卸英日對慘案之責任。上海工部局乃據以爲憑，於同日下午發出通告，總巡麥高雲、捕頭愛活生准予辭職，賠償撫恤金七萬五千元。北京政府於接到江蘇特派交涉員許沅報告後，因距離中國最低要求甚遠，於十二月二十九日訓令許沅，將該款退回[58]，滬案本身交涉遂成不了之局。

北京臨時執政政府於上海「五卅慘案」發生後，外交始强終軟，步驟零亂，主要由於政

---

[56] 孔另境「五卅外交史」，頁六〇至六一。
[57] 子寬「滬案司法調查之結果」，國聞週報卷三，第一期，頁一。
[58] 「五卅外交史」，頁七〇至七一。

府基礎不固，隨時有瓦解之虞。同年一月，長江下游有直系齊燮元與皖系盧永祥之戰，盧軍因得奉系援助，獲得勝利，江蘇、安徽遂納入奉系勢力範圍。三月，河南復發生國民軍胡景翼與直系憨玉琨爭奪豫督之戰，憨氏兵敗自殺，國民軍聲勢大張。四月十二日，外交總長沈瑞麟與法國公使訂立條約，承認用金元償還對法之庚子賠款，作爲退還被總稅務司扣留之一千六百萬元關餘鹽餘之條件。因歐戰後法國佛郎慘跌，依當時佛郎匯兑率平均價格計算，中國將增加國庫負擔八千數百萬元之鉅。消息傳出，舉國譁然，奉系張作霖因與國民軍系馮玉祥水火不容，欲左右北京政局，乃藉機通電反對，並率兵入關，逗留天津。迨五卅慘案發生，全國一致對外之呼聲高入雲霄，臨時執政政府乃得暫時保全。惟除接二連三照會公使團及各地外國領事外，實亦別無他策。無奈之下，乃羅致名流，組織外交委員會，企圖分擔責任[59]。

十月，三國司法重查滬案期間，直系孫傳芳與奉系楊宇霆、姜登選發生戰爭，奉系失敗，被迫退出江蘇及安徽，東南蘇、皖、閩、贛、浙五省，遂在孫傳芳宰制之下。十一月，奉軍第三軍團副軍長郭松齡倒戈反對張作霖，國民軍與奉軍發生戰爭。十二月，因日軍參戰援助張作霖，郭松齡敗死巨流河，而天津竟被國民軍所攻陷。時吳佩孚已東山再起，奉直雙方復聯合夾擊國民軍，北京陷入包圍形勢，此種混亂之內爭，遂使臨時總執政段祺瑞，不得不俯首屈辱於外人。

---

[59] 政之「對內對外乎？」國聞週報，第二卷第三十八期，頁一。

六、五卅慘案之餘波及影響

(一) 促成北伐之成功

國民革命之目的既在於對外廢除不平等條約，對內肅清軍閥，建立民治、民有、民享之新中國，故對五卅、沙基等慘案有切膚之痛。民國十五年六月二十三日，國民政府國民革命軍總司令　蔣中正先生，在廣州參加沙基慘案週年紀念會上特別致詞，略曰：

今天是我們紀念沙基慘案悲痛日子，去年今日有一百多個同胞爲帝國主義所慘殺，於是省港工人堅持罷工，使得香港的經濟狀況到現在尚未恢復，所以我們對於「六二三」的紀念日子，是永遠不可忘的日子。此後我們的工作要注意數點，使得省港罷工得最後勝利，使香港英夷屈服於我們取消帝國主義束縛中國的一切不平等條約，要這樣然後對得住我們的沙基死難諸烈士，使他們瞑目於地下。若果省港罷工得不到勝利，我們就不是革命黨，不是中華民族的一分子，我們高呼沙基死難烈士精神不死，省港罷工得到最後勝利❶。

---

❶ 毛思誠編「民國十五年以前之蔣介石先生」，頁六七九，一九六五年一月，香港龍門書店影印版。

七月七日，中國國民黨中央執行委員會發佈出師北伐宣言，聲明此次北伐係「遵守總理所昭示之方略，盡本黨應盡之天職。」「爲民請命，爲國除奸，成敗利鈍在所不顧，任何犧牲在所不惜。」❷七月九日，國民革命軍舉行北伐誓師典禮，蔣總司令書告廣東全省人民、士兵同志、海外僑胞，並發表就職宣言，略曰：

慨自辛亥革命迄今十有五年，禍亂相仍，擾攘不止，人民陷於水火之中，日益深烈。追求致亂之源，悉由國際帝國主義爲之厲階，彼既挾砲艦政策，以保持其脅迫而取得之不平等條約，攘奪我關稅自主，妨害我司法獨立，壟斷我全國金融與交通，使我新興工業受其扼制，所有農產受其把持，因而商業蕭條，民生凋敝，以致遍地皆匪，百廢莫舉，而彼復利用萬惡之軍閥爲其工具，摧殘愛國運動，剝奪人民自由，更驅使全國軍民同室操戈，自相殘殺，必使我內亂不絕，而彼乃得操縱我政治與經濟之全權。環境險惡，如此其甚，猶謂於國民革命以外，別有救國途徑，寧非欺人之談？革命戰爭之目的在造成獨立之國家，以三民主義爲基礎，擁護國家及人民之利益，故必集中革命之勢力於三民主義之下，乃得推倒軍閥，與軍閥所賴以生存之帝國主義。❸

❷「革命文獻」，第十二輯，頁四九至五二。
❸「蔣總統言論彙編」，卷二一，頁七至八，民國四十五年十月，正中書局發行。

於是革命軍乃依次出動，氣吞河嶽，所到之處得到民衆普遍之支持。廣東各勞工團體皆擴大組織運輸隊，擔任前線糧糈軍械補給工作。廣九、廣三、粵漢等鐵路工會均抽調部分熟練工人，各按技能，組織工程隊、電訊隊，隨軍前進，以相配合❹。

七月十日，革命軍收復醴陵，株萍鐵路工人曾炸毀湘贛孔道湘東橋，並掘斷鐵道數處，以隔絕江西方面孫傳芳之援兵，擾亂敵人軍心。十一日革命軍克復長沙時，粵漢鐵路工人曾罷工相響應。八月十九日，革命軍汨羅江前線將領白崇禧急電廣州中央執行委員會，報告前方軍情曰：

此次我軍進攻，能將敵陣地擊破，皆民衆協助之功。克岳州，收武漢，想可計日而待。我軍自到湘以來，宮兵嚴守紀律，愛護人民，尤以各軍感情之融洽，精神之團結，爲從來所未有，民衆歡騰感戴情況，不可筆述。武漢民衆對吳賊（按：指吳佩孚）均深惡痛絕，對我軍則引領企望，大有候其來蘇之慨。順逆之勢已明，勝敗之數可卜矣。❺

同日，革命軍中央右縱隊第四、第七兩軍，藉平江農民協會之助，乘虛襲擊吳佩孚部敵軍，動搖其陣線，以疾風掃落葉之勢，收復平江，進克岳陽、通城、羊樓司等地。漢陽兵工

---

❹ 馬超俊主編「中國勞工運動史」，頁五四六至五四七。

❺ 「革命文獻」，第十二輯，頁一七四至一七五。

廠工人爲制吳佩孚於死命，在敵後實行總罷工，直至九月初漢陽光復，始恢復工作。

時北方國民軍馮玉祥部，遭直奉聯軍進攻已達四月之久，於八月十五日放棄南口，經居庸關步行至康莊，賴鐵路工人協助，始能全軍登火車，西撤張家口、歸綏、包頭一帶❻。

民國十六年三月中，國民革命軍逼近上海，滬市工人乃作大規模之罷工運動，要求孫傳芳部盡速撤退。三月二十一日，上海工人所組織之工人糾察隊，攻下警察署，解除直魯聯軍武裝，佔領上海市區，三月二十二日，革命軍遂進入上海維持秩序。

民國十七年四月，國民革命軍二次北伐，奉系之安國軍作垂死之掙扎。全國鐵路總工會除組織一般反奉宣傳隊外，並通知各鐵路工會，全力從事反奉工作。控制京漢、津浦兩鐵路交通，以便利革命軍之運輸。復成立前敵鐵路工人宣傳隊，分赴戰地，用「兵工合作」、「民衆與武力結合」等口號，以擴大民衆力量。國民革命軍因所到之處得到工人群衆之協助，始能於短期內完成統一之大業。列強因感中國民氣之不可侮，逐漸改變其對華政策。

(二) 上海司法權之爭取

外人在華設立租界，始於道光二十三年（一八四三）八月十五日欽差大臣耆英與英國香港總督兼駐華公使樸鼎查（Sir Henry Portinger）所締結之虎門條約，規定英人得在五口自行

❻「劉汝明回憶錄」，頁七二至七三，民國五十五年八月，傳記文學出版社出版。

租地建屋，並享受最惠國待遇❼。英人據之，於道光二十五年（一八四五）與上海道台宮慕久簽訂「地皮章程」，得在上海租地劃界，建屋居住。美法兩國繼之，於是英界東至黃浦，西至泥城橋，南至洋涇浜，北至吳淞江，佔地三萬六百餘畝。吳淞江以北爲美租界，洋涇浜以南上海縣城以北爲法租界。

咸豐四年（一八五四），英美兩租界合併，改稱公共租界，容許其他國家加入，至同治八年（一八六九），未得清廷承認，「公共租界」竟擴充至三萬三千餘畝。另有「越界築路」區域四萬七千餘畝。英美法三國乃合組工部局，處理租界內行政事務。工部局董事僅限外人，中國人負擔市政稅最多，卻無參預市政之權❽。

先是同治二年（一八六三），北京公使團決議，規定租界工部局權力僅限於簡單市政事件，如道路、警察，及舉辦市政事務等，且均需取得中國政府之允許。此外更明白規定，市政機關內應有華人代表，以備隨時諮詢，工部局無權干涉租界內華人之生活。惟依據道光二十三年（一八五三）之中英虎門條約，暨續訂之中外國際條約，有外人觀審之權。同治十年（一八七一），江蘇巡撫張之萬復與上海各國領事議定洋涇浜設官章程，上海各國領事據之，於光緒八年（一八八二）合組「會審公廨」，用作租界司法之審判機關。主其事者向有蘇松太道遴選，由督撫札委，同知銜，所有一切開支，統由上海道庫負擔，其權限刑事方面僅限於

❼ 文慶等纂「道光朝籌辦夷務始末」，卷六十九，頁二八至二九，民國十九年北平故宮博物院影印本。
❽ 「上海研究資料」，頁一二八至一三二，民國六十二年二月，中國出版社影印版。

枷杖以下之刑，外國領事會審僅限於原告爲外人，被告爲華人之華洋訴訟，及情節較輕之違警案件，侵害中國司法權尚輕❾。民國以後，反客爲主，公廨華官竟由領事團委派，公廨之經費由工部局負擔，公廨之管理及其他大權，統歸外人所掌握。不但華洋互訟事件華官失卻判斷權力，即是華人互控案件，亦需由領事宣判。而會審公廨絕對不受中國司法機關管轄，中國會審官反居於陪席之地位，一經判決，不啻終審，無上訴之可能。故民國十年冬華盛頓會議期間，中國代表曾提出收回上海會審公廨之要求，大會僅通過組織一委員會，考察中國領事裁判權之現行辦法，以及中國法律司法制度，及司法行政手續。至於華民參預市政權力，經租界華人力爭，始於工部局內添設「華人納稅人顧問」。惟數十年來相沿成習，中國軍隊仍不能通過租界，中國政府在租界內無收稅權，租界內華人不受中國法律所管束。

五卅慘案發生後，收回「會審公廨」既成爲各界一致要求，北京公使團則以上海方面往往有政治犯避入租界，倘有問題發生，無外人加入會審，恐華官受上級壓迫，判決不能主持公道，堅持刑案繼續維持現狀，雙方相持不下，乃決定收回上海會審公廨問題併入調查法權委員會討論解決❿。調查法權委員會於民國十五年一月十二日在北京南海居仁堂舉行開幕典禮，合議結果，同情中國收回治外法權。四月，上海領事團乃決議與上海地方政府直接接洽，中國方面代表二人，一爲淞滬督辦丁文江，一爲江蘇特派交涉員許沅。幾經交涉，始決定將

❾ 東方雜誌第二十二卷第四號，陳霆銳「收回會審公廨問題」，頁一五至一六。
❿ 滬案檔，滬案開議事劉秘書錫昌會晤義翟使問答。

會審公廨完全交由中國官員管理，如遇享有領事裁判權之外人或工部局爲原告時，該國領事或領袖領事，得依照條約派遣一人會同審訊。民國十六年一月一日，上海代理領袖領事亞耳(N. Aall)，乃將會審公廨印信正式移交江蘇交涉員許沅，改稱上海臨時法院[11]。惟依照雙方新協定，對於直接影響公共租界安寧案件，有關領事仍有簽註反對之權，書記官及管理財政主簿，須由外國領事推薦，故外國領事仍實際掌握臨時法院之命運[12]。至於上海租界工部局加入華董案，民國十四年十一月二十五日，北京外交部曾照會北京公使團，提出要求，遲至十五年四月十五日，納稅西人大會時，工部局總董 Striling Tessenden 始宣佈，爲便於管理租界內居民佔百分之九十七，納稅佔總稅額百分之八十之華人，同意加入華董。工部局董事會乃通過決議，自華人納稅人會中推舉董事三人，上海總商會及租界華紳，仍嫌董事太少。遲至民國十七年四月二十日，另加入華人六名，分任各委員會委員。民國十九年，經華人力爭，復增加華董三名[13]。

(三) 漢口九江鎮江租界之收回

民國十四年各地之慘案，多發生於租界及其附近，因此收回租界乃成爲一致之口號。十

[11] J. E. Hawks 著，岑德彰譯「上海租界略史」，頁三六六至三六七，民國二十年六月，上海勤業印刷所出版。
[12] 燕樹棠「評收回滬廨協定」，載現代評論，卷四，第八十五期，頁三至五。
[13] 「上海租界略史」，頁三六五。

五年秋，國民革命軍北伐途中，英人爲保持其長江流域勢力範圍，一面在漢口英租界邊界要道遍裝鐵絲網與杪包，以資防守，一面由長江下游調來軍艦多艘，增加實力。同年十一月，革命軍因包圍直系吳佩孚殘部，由漢口英租界通過，漢口英領事乃於十一月九日向漢口革命軍總司令部提出書面抗議，總司令部置之不理，漢口英領事乃透過廣州英領事於十一月十九日向國民政府外交部提出交涉。外交部長陳友仁於十一月二十七日復函云：「漢口租界章程本來處於中國主權准許之下一種自治法規，主權者之行爲對於其所准許或曾准許之法規，本來不生違法之問題。」⑭迨武漢收復，十六年一月三日，漢口各界慶祝北伐勝利及政府遷鄂，集會於英租界附近，英水兵與義勇隊竟登岸用刺刀向人群中亂刺，衆怒難遏，乃以木棍及石塊還擊英兵，雙方互有損傷。晚間民衆愈聚愈多，形勢緊張，外交部長陳友仁乃召集英領事至外交部，告以英人苟不檢束，則民衆將使租界成無價值之物，並令其將水兵從速撤退。四日晨，英水兵盡數退回英艦，英領事乃通知我外交部，派軍警入租界維持秩序。是日民衆擁入租界者甚多，英巡捕及公務人員逃避一空。當晚七時，武漢衛戍司令部派兵入租界接防，組織英租界臨時管理委員會，主持租界內一切公安市政事宜。

一月六日，九江各界舉行市民大會，遊行示威，支援漢口事件。英水兵與碼頭工人發生衝突，工人被槍傷二人，長江英艦並鳴空砲示威，群情忿怒，英領事及官員無法維持租界秩

⑭ 高承元「革命外交文獻」，頁三七，民國二十二年二月，神州國光社印行。

序，相率逃避，即由中國軍警入租界維持治安⑮。

漢潯案發生後，英駐北京公使藍普森（Miles Lampson）遣其參贊歐瑪利(Owen O'Malley)來漢口交涉，一月十二日訪外交部長陳友仁，要求退還漢口、九江英租界，經陳氏拒絕，雙方乃以現有之新狀況爲根據，進行協商。一月二十二日，國民政府爲漢潯案發表聲明，略曰：

> 在此新中國內產生之政府，既抱新見解新政策，則爲新政府也無疑。此新政府自當規劃恢復國權之政策，而解決中外之爭端。其政策一方面在實施中國之主權，及維護國家重要之利益，而他方面仍將尊重外僑應得之公道的觀念。關於此點有一重要之事實不容忽視者，蓋當今日之外人欲保護在華僑民之生命及財產，已非區區槍砲所能爲功。蓋民族主義之中國已備有經濟的新武器，其效力之烈迥非外人發明任何軍器所可倫比。英國尤應注意，目前革命之局勢已使保護外人生命財產之權力，移轉於國民政府之手，此政府之權力，得自握有大力之民衆，能使在華外人之經濟生機爲之窒息也。⑯

英國勞工運動代表致外交部電文，對漢潯案表示同情與惋惜。主張英國政府應以「一種

⑮「革命文獻」，第十四輯，頁五六七。
⑯革命外交文獻，頁四一。

忍耐正直之和平談判，而蠲除武力壓迫之舉動，爲對於現下已失權威之各種條約之永遠廢止。」⓱於是中英雙方乃展開協商，先後會議達十六次，已有眉目，而英國有調集本國及印度軍隊集中上海之命令。國民政府認爲若於敵軍壓境時簽字，無異於屈服威迫之下，交涉遂陷於停頓。二月中旬，英代表聲稱英軍已改道向香港進發，雙方乃於十九日簽字，將漢口英租界收回，其協定內容如下：

英國當局將按照土地章程，召集納稅人年會，於三月一日開會，屆時英國市政機關即行解散，而租界内之行政事宜，將由華人新市政機關接收辦理。在華人之新市政機關，於三月十五日接收以前，租界内之警察、工務，及衛生事宜，由主管之中國當局辦理。英國工部局一經解散，國民政府即當依據現有「特別區」市政辦法，組織一特別中國市政機關，按照章程管理租界區域，此項章程由國民政府外交部通知英國公使，在漢口五租界合併爲一區域之辦法未經磋商決定以前，此項章程繼續有效。⓲

二十日，陳友仁續與英代表歐瑪利簽訂收回九江英租界協定，文曰：「關於漢口英租界所訂之協定，將即時同樣適用於九江英租界。在最近九江之騷亂中，英國僑民若受有直接損

⓱ 同上書，頁四四。
⓲ 同上書，頁五一至五二。

失，凡係出自國民政府官吏之行動，或由於其重大之疏忽者，國民政府將擔任賠償。」[19]同年二月二十三日，國民革命軍克復鎮江，市民擬於二十四日舉行慶祝大遊行，英領事懷稚特恐有不利於英租界之行動，於是日上午十一時致函我交涉署，聲明擬於十二時自動將租界內巡捕崗位撤退，由我政府派軍警接替維持治安。屆時丹徒縣長、商會會長，乃率領警察前往租界接崗。至六月十八日，鎮江市公安局將租界內之第五區署改為特別區署，前英國工部局無形取消。北伐成功後，國民政府復與英人繼續交涉，民國十八年十月三十一日，雙方交換交還租界照會，十一月十五日在鎮江舊英領事署舉行正式交收典禮[20]。

北伐期間，漢口、九江、鎮江租界之能夠順利收回，一方面因五卅慘案後全國全面抵制英貨運動，給予英人以沈重打擊；一方面國民革命軍節節勝利，國民政府聲勢日張，因之英國對於漢、潯案不敢再採取激烈之手段。最後卒得和平解決，並於十九年自動交還威海衛租借地，及廈門英租界。

(四) 經濟與社會型態之轉變

民國十四年之國民救國運動，不僅外人在華之經濟利益蒙受損失，國人所經營之企業亦遭到重大之傷害。五卅慘案後，僅上海一地日人經營之工廠罷工者三十九家，英廠罷工者二

---

[19] 同上書，頁五三。
[20] 洪鈞培「國民政府外交史」，第一集，頁一二三至一二五，民國四十九年七月，上海華通書局出版。

十六家，其他外人工廠罷工者四十三家，華人工廠罷工者十一家[21]。由於中國全面抵制英貨關係，其紡織業在中國各地滯銷，經銷商因之倒閉者五十餘家[22]。至於華人所經營罷工之十一家工廠，停工紗綻達五十三萬餘枝，兩月以內損失八十五萬元。各廠庫存棉花二十五萬擔，因罷工無法紡織，損失達三十萬元。此外社會各界津貼工人罷工生活費十九萬元，又因租界工部局停止供電，華商各廠停閉達兩月零七日，合計各項直接間接損失約三百三十萬元[23]。

五卅慘案發生後，因中日海員罷工，英日在華輪船停駛，華商貨物僅依賴招商局運輸，因船少貨多，十之八九任其堆積碼頭腐朽，損失之大尤難以估計。民國十三年中國對外僅輸出貿易總額達十七億八千九百九十九萬五千一百四十五海關兩。民國十四年因中國各地之排外運動，輸出入貿易總額減至十七億二千四百二十萬七千八百八十一海關兩。中國內河外國船隻顯著減少，中國船隻急劇增加。因之民國十四年外國船噸稅減少七萬三千五百五十海關兩，中國船噸稅則增加五萬二千海關兩。國內各港口之對外貿易，華北因罷工及抵制英日貨運動時間較短，影響程度緩和，長江流域各港口，除漢口外貿易額顯著減少，廣東因沙基慘案，對英杯葛一年有餘，影響最大，並波及汕頭等地，獨廈門貿易額反而增加[24]。

---

[21] 馬超俊主編「中國勞工運動史」，卷二，頁三八六至三九二，民國四十七年十月，台北勞工福利社出版。
[22] 同上書，頁四四〇至四四一。
[23] 滬案檔，上海華商紗廠損失概數清單。
[24] 上海日商會議所編「邦人の紡績罷業事件と五卅事件及各地の動搖」，頁二七至二八，上海輸出入貿易明細表。

至於社會方面，由於五卅慘案之發生，愛國運動波及於窮鄉僻壤，喚起各界之民族意識，國人普遍重視勞工問題，因之各種工會急速增加，組織亦日趨於嚴密。北京政府格於形勢，乃有工會法之制定。同年七月二日，上海總商會致北京臨時總執政政府電曰：

> 此次日廠工潮遷延未決，癥結即在工會一點，若我國已有法令，日廠主未必不能遵從。近來工人知識日漸增高，國家對於農會、商會、教育會，均須有法令章程，而工會獨付闕如，未免偏枯。況連年國際勞工會議，我國只派遣政府代表，以工會組織未定，無從選派。場上時聞責言，亦非久計。因請政府從速制定並頒布工會法，及施行細則，俾工人結社有所遵守，而產業發展易於進行。㉕

上海工商界聯合會亦促請政府頒佈工會法，農商部乃於民國十四年七月二十八日通過工會法，凡十四章五十條，於是各地工會相繼成立。其中上海總工會成立最早，山東繼之，由津浦鐵路總工會籌備處、魯豐紗廠工會等團體，共同成立濟南總工會。同年八月，天津印刷工會、海員工會等團體，成立天津總工會。九月，河南全省總工會成立於鄭州。雲南模範工藝局、官印局、亞細亞煙草公司等團體，亦發起成立雲南省工會。香港經省港大罷工後，亦於十五年四月一日成立香港總工會，中國工會組織乃漸普及，工人福利始獲得保障。

㉕ 陳達「中國勞工問題」，頁五四六，民國二十二年二月，上海商務印書館出版。

七、結　語

民國八年之五四運動，開近代國民救國運動之先聲。民國十四年上海「五卅慘案」之發生，激起國民之自覺，爆發全國全面之排外高潮，使國民救國運動達到空前未有之境界。此一救國運動最初起因於日本紗廠之槍殺華工，因滬市學生之示威遊行，公共租界英巡捕開槍射擊，造成空前之大慘案，以後乃演變爲專對英國抵制英貨之壯舉。英人以激烈手段製造漢口、沙基、重慶、南京等慘案，使國人之生命財產失去保障；其中尤以沙基慘案死傷最爲慘重。

北京臨時執政政府在奉系張作霖、國民軍系馮玉祥挾制下，基礎不鞏固，加以各省軍閥內戰方酣，對外交涉徒具形式，無力採取强硬態度進行談判，最後不得不俯首屈辱於外人條件之下。獨廣東方面在國民政府領導下，民氣激昂，港省之大罷工對英杯葛竟達一年四個月之久，使香港政府蒙受重大之損失。影響所及，民族意識普遍提高，國人既仇恨帝國主義對華之侵略無止境，復怨憤軍閥之禍國，故民國十五年國民革命軍出師北伐後，所到之處得到民眾之普遍協助，卒能擊敗十倍以上之敵軍，完成統一之大業。並以革命外交手段，收回漢口、九江、鎮江英租界，開廢除不平等條約之先聲。民國十七年起國民政府復與各國重訂通商新約，實行關稅自主。十九年收回上海臨時法院，撤消外國領事觀審制度，追根溯源，與五卅慘案後之國民救國運動有絕大之關係。

（台北，中央研究院國際漢學會議論文集，歷史考古組，下冊，
頁一三九三至一四二九，民國七十年十月。）